デロイト トーマツ 税理士法人
公認会計士・米国公認会計士 **梅本 淳久**●著

法律・政省令並記

逐条解説

外国子会社 合算税制

（政省令 対応版）

内国法人の
外国関係会社に係る
所得の課税の特例

ロギカ書房

はしがき

　昭和53年度の税制改正によって、タックス・ヘイブン対策税制（外国子会社合算税制）が導入されましたが、その後、平成21年度の税制改正において、外国子会社配当益金不算入制度の導入に伴い、外国子会社の未処分所得を合算する仕組みから、外国子会社の所得を合算する仕組みに改められ、また、平成29年度の税制改正において、租税回避リスクを、外国子会社の税負担率により把握する仕組みから、所得や事業の内容によって把握する仕組みに改められるなどして、現在に至っています。

　外国子会社合算税制は、１つ１つの条文が長い上、かっこ書も多く、関連条文を探すことが難しいことなどもあって、条文を読み解くのが難解な税制の１つとなっています。また、具体的事実の当てはめに際して、条文の解釈に困難を伴うことも少なくありませんが、そのような場合に、立法趣旨から読み解く方法が考えられることは、これまでの裁判例でも示されているところです。

　本書は、このような外国子会社合算税制を読み解くための一助となることを願って、条文を整理し、詳細な解説を加えました。具体的には、条文と解説を見開きに配置し、左ページには、本法・施行令・施行規則を網羅的に、かつ、関連する条文ごとに整理し、右ページには、立法趣旨を踏まえた解説を加えたほか、準用条文、関係通達及び裁判例を掲載しました。

　また、条文及び解説の文中、かっこ書の文字を小さくし、文章構造がひと目で分かるよう工夫しました。

　さらに、令和元年度税制改正において、部分的ではありますが、比較的重要な改正が行われていますので、本書では、該当条文及び解説の後に、改正後の条文及び解説をそれぞれ**令和元年度改正後条文**及び**令和元年度改正の解説**と題する囲み記事として掲載しています。

　なお、関係法令等の整理及び本書の意見にわたる部分は筆者の私見であり、デロイト　トーマツ税理士法人の公式見解ではないことを申し添えます。

　また、本書では、居住者及び連結法人に係る制度については、説明を省略していますので、あらかじめご了承ください。

　最後になりましたが、本書の全般にわたって、秋本光洋税理士に監修していただきました。また、前著（民法講義）に引き続き、株式会社ロギカ書房の橋詰守氏に大変お世話になりました。ここに記して、心よりお礼申し上げます。

2019年５月

公認会計士・
米国公認会計士　　梅本　淳久

本書の特長

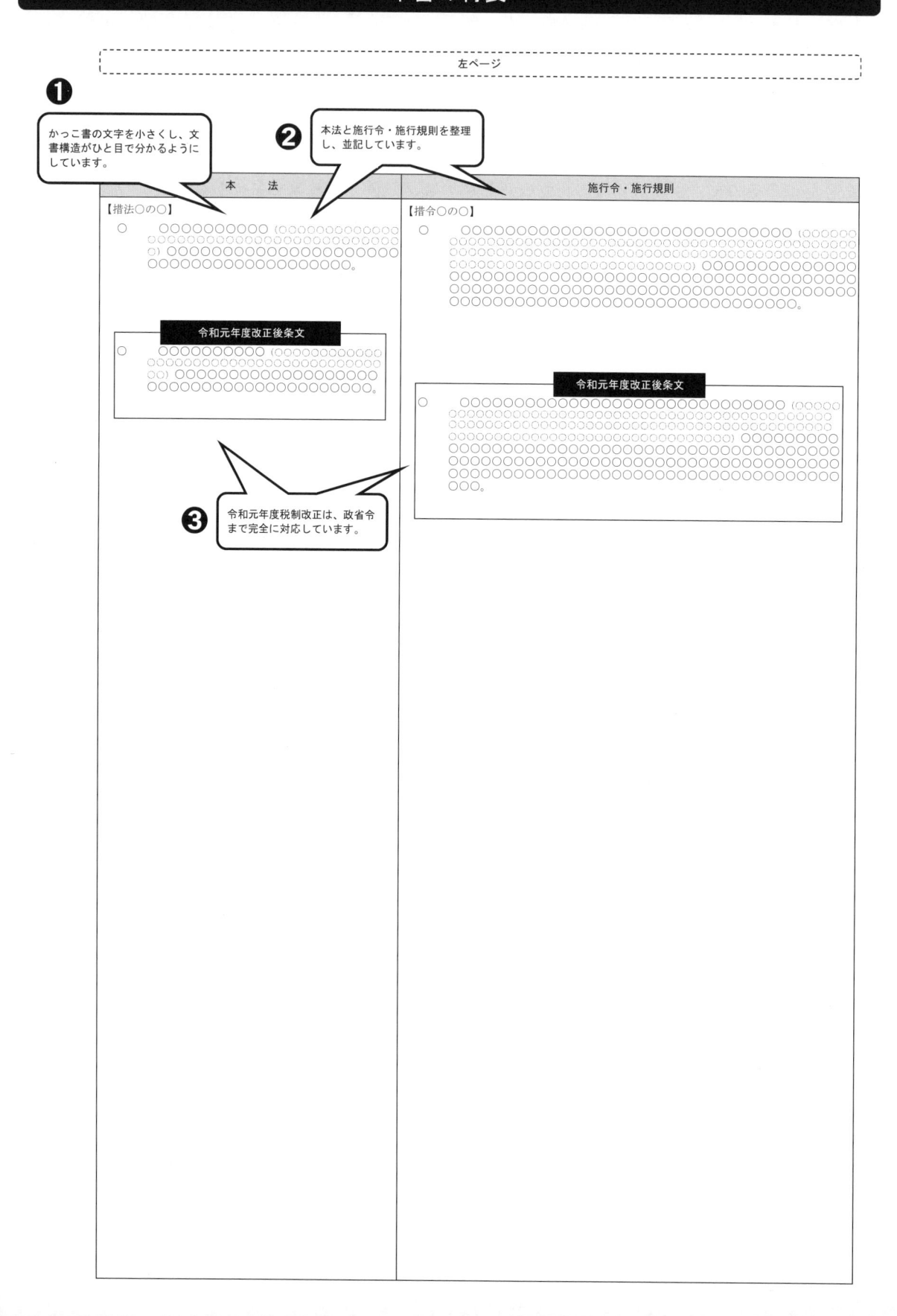

左ページ

❶ かっこ書の文字を小さくし、文書構造がひと目で分かるようにしています。

❷ 本法と施行令・施行規則を整理し、並記しています。

本　法	施行令・施行規則

【措法○の○】

【措令○の○】

令和元年度改正後条文

令和元年度改正後条文

❸ 令和元年度税制改正は、政省令まで完全に対応しています。

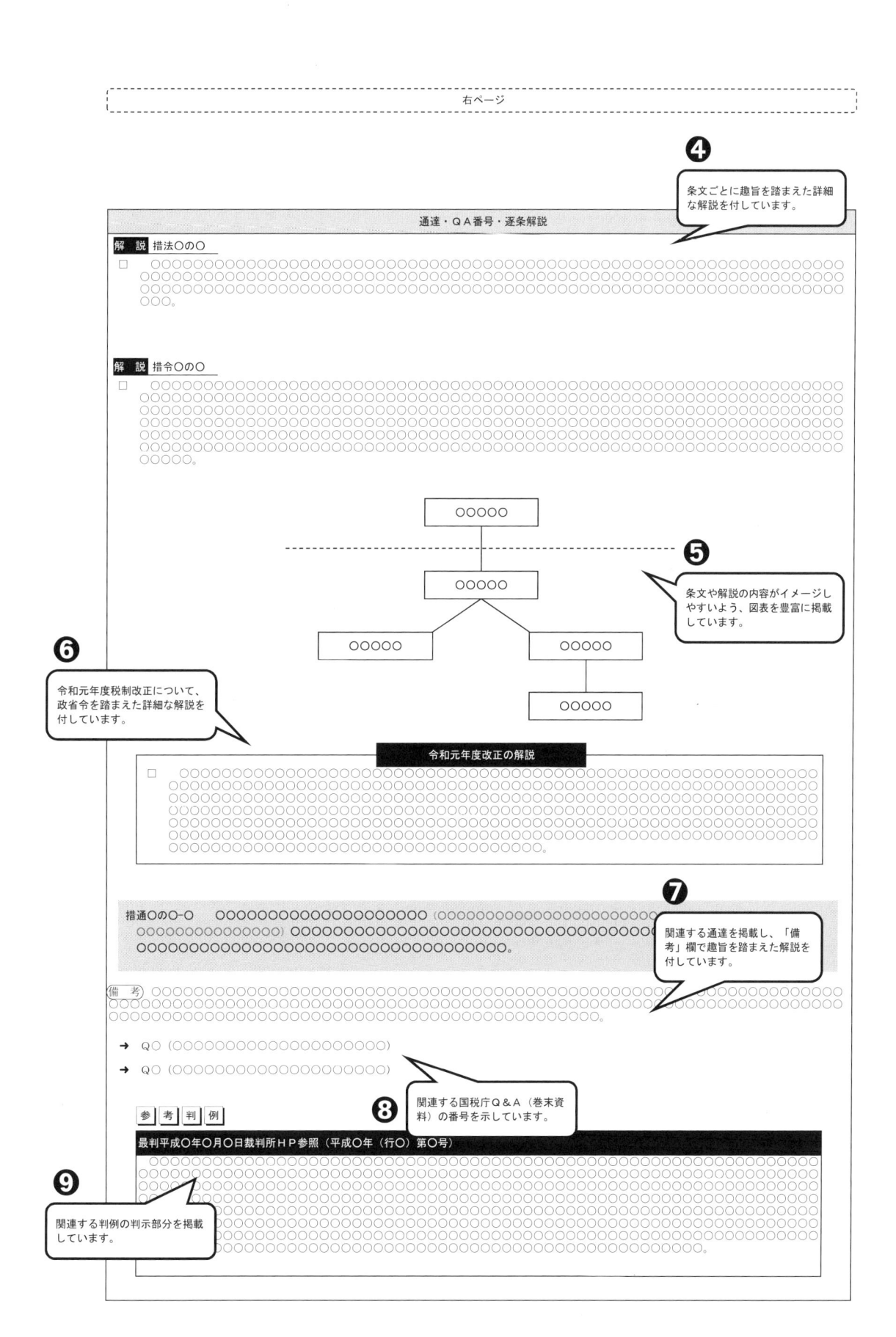

❹ 条文ごとに趣旨を踏まえた詳細な解説を付しています。

通達・QA番号・逐条解説

解説 措法〇の〇

□ 〇〇。

解説 措令〇の〇

□ 〇〇。

❺ 条文や解説の内容がイメージしやすいよう、図表を豊富に掲載しています。

❻ 令和元年度税制改正について、政省令を踏まえた詳細な解説を付しています。

令和元年度改正の解説

□ 〇〇〇。

❼ 関連する通達を掲載し、「備考」欄で趣旨を踏まえた解説を付しています。

措通〇の〇-〇　〇〇〇〇〇〇〇〇〇〇〇〇〇〇〇〇〇〇〇〇〇（〇〇〇〇〇〇〇〇〇〇〇〇〇〇〇〇〇〇〇〇〇〇〇〇〇〇〇〇〇〇〇〇〇〇〇）〇〇〇。

（備考）〇〇。

→　Q〇（〇〇〇〇〇〇〇〇〇〇〇〇〇〇〇〇〇〇〇〇〇）
→　Q〇（〇〇〇〇〇〇〇〇〇〇〇〇〇〇〇〇〇〇〇〇〇）

❽ 関連する国税庁Q&A（巻末資料）の番号を示しています。

参考判例

最判平成〇年〇月〇日裁判所HP参照（平成〇年（行〇）第〇号）

〇〇〇

❾ 関連する判例の判示部分を掲載しています。

第2章■外国子会社合算税制の適用に係る税額控除

第3章■特定課税対象金額等を有する内国法人が受ける剰余金の配当等の益金不算入

第4章■政令委任（外国関係会社の判定等）

新旧条文関連表

項　目	本　法		施行令・施行規則	
	R1改正前	R1改正後	R1改正前	R1改正後
内国法人に係る外国関係会社の課税対象金額等の益金算入				
特定外国関係会社又は対象外国関係会社の適用対象金額に係る合算課税（会社単位の合算課税）	措法66の6①	措法66の6①	措令39の14① 措令39の14② 措令39の14③ 措令39の14④ 措令39の14⑤ 措令39の14⑥ 措令39の14⑦	措令39の14① 措令39の14② 措令39の14③ 措令39の14④ 措令39の14⑤ 措令39の14⑥ 措令39の14⑦
用語の意義	措法66の6②	措法66の6②		
外国関係会社	措法66の6②一	措法66の6②一	措令39の14の2① 措令39の14の2② 措令39の14の2③ 措令39の14の2④ 措令39の14の2⑤	措令39の14の2① 措令39の14の2② 措令39の14の2③ 措令39の14の2④ 措令39の14の2⑤
特定外国関係会社	措法66の6②二	措法66の6②二		
ペーパー・カンパニー	措法66の6②二イ	措法66の6②二イ	措令39の14の3① 措令39の14の3② 措令39の14の3⑨ 措令39の14の3⑩ 措規22の11①	措令39の14の3① 措令39の14の3④ 措令39の14の3③ 措令39の14の3⑤ 措令39の14の3⑥ 措令39の14の3⑦ 措令39の14の3⑧ 措令39の14の3⑨ 措規22の11① 措規22の11② 措規22の11③ 措規22の11④ 措規22の11⑤ 措規22の11⑥ 措規22の11⑦ 措規22の11⑧ 措規22の11⑨ 措規22の11⑩ 措規22の11⑪ 措規22の11⑫ 措規22の11⑬ 措規22の11⑭ 措規22の11⑮ 措規22の11⑯ 措規22の11⑰ 措規22の11⑱
事実上のキャッシュ・ボックス	措法66の6②二ロ	措法66の6②二ロ 措法66の6②二ハ	措令39の14の3③ 措令39の14の3④	措令39の14の3⑩ 措令39の14の3⑪ 措令39の14の3⑫ 措令39の14の3⑬ 措令39の14の3⑭ 措令39の14の3⑮ 措令39の14の3⑯
ブラック・リスト国に所在する外国関係会社	措法66の6②二ハ	措法66の6②二ニ		
対象外国関係会社	措法66の6②三	措法66の6②三		
事業基準	措法66の6②三イ	措法66の6②三イ	措令39の14の3⑤ 措令39の14の3⑥ 措令39の14の3⑦ 措令39の14の3⑧ 措令39の14の3⑨ 措令39の14の3⑩ 措令39の14の3⑪ 措令39の14の3⑫	措令39の14の3⑰ 措令39の14の3⑱ 措令39の14の3⑲ 措令39の14の3⑳ 措令39の14の3㉑ 措令39の14の3㉒ 措令39の14の3㉓
実体基準及び管理支配基準	措法66の6②三ロ	措法66の6②三ロ	措令39の14の3⑫ 措令39の14の3⑬ 措令39の14の3⑭	措令39の14の3㉔ 措令39の14の3㉕ 措令39の14の3㉖
所在地国基準又は非関連者基準	措法66の6②三ハ	措法66の6②三ハ	措令39の14の3⑮ 措令39の14の3⑯ 措令39の14の3⑰ 措令39の14の3⑱ 措令39の14の3⑲ 措令39の14の3⑳ 措令39の14の3㉑ 措規22の11②	措令39の14の3㉗ 措令39の14の3㉘ 措令39の14の3㉙ 措令39の14の3㉚ 措令39の14の3㉛ 措令39の14の3㉜ 措規22の11⑲
適用対象金額	措法66の6②四	措法66の6②四	措令39の15① 措令39の15② 措令39の15③ 措令39の15④ 措令39の15⑤ 措令39の15⑥ 措令39の15⑦ 措令39の15⑧ 措令39の15⑨ 措規22の11③ 措規22の11④ 措規22の11⑤ 措規22の11⑥ 措規22の11⑦	措令39の15① 措令39の15② 措令39の15③ 措令39の15④ 措令39の15⑤ 措令39の15⑥ 措令39の15⑦ 措令39の15⑧ 措令39の15⑨ 措令39の15⑩ 措規22の11⑳ 措規22の11㉑ 措規22の11㉒ 措規22の11㉓ 措規22の11㉔
実質支配関係	措法66の6②五	措法66の6②五	措令39の16① 措令39の16② 措令39の16③	措令39の16① 措令39の16② 措令39の16③

項　　目	本　　法		施行令・施行規則	
	R1改正前	R1改正後	R1改正前	R1改正後
			措令 39 の 16④	措令 39 の 16④
部分対象外国関係会社	措法 66 の 6②六	措法 66 の 6②六		
外国金融子会社等	措法 66 の 6②七	措法 66 の 6②七	措令 39 の 17① 措令 39 の 17② 措令 39 の 17③ 措令 39 の 17④ 措令 39 の 17⑤ 措令 39 の 17⑥ 措令 39 の 17⑦ 措令 39 の 17⑧ 措令 39 の 17⑨ 措規 22 の 11⑧ 措規 22 の 11⑨	措令 39 の 17① 措令 39 の 17② 措令 39 の 17③ 措令 39 の 17④ 措令 39 の 17⑤ 措令 39 の 17⑥ 措令 39 の 17⑦ 措令 39 の 17⑧ 措令 39 の 17⑨ 措規 22 の 11㉕ 措規 22 の 11㉖
ペーパー・カンパニー非該当性基準を満たさないと推定する場合	措法 66 の 6③	措法 66 の 6③		
経済活動基準を満たさないと推定する場合	措法 66 の 6④	措法 66 の 6④		
特定外国関係会社又は対象外国関係会社の適用対象金額に係る合算課税の適用免除	措法 66 の 6⑤	措法 66 の 6⑤	措令 39 の 17 の 2① 措令 39 の 17 の 2②	措令 39 の 17 の 2① 措令 39 の 17 の 2②
部分適用対象金額に係る合算課税（部分合算課税）	措法 66 の 6⑥	措法 66 の 6⑥	措令 39 の 17 の 3① 措令 39 の 17 の 3② 措令 39 の 17 の 3③	措令 39 の 17 の 3① 措令 39 の 17 の 3② 措令 39 の 17 の 3③
剰余金の配当等	措法 66 の 6⑥一	措法 66 の 6⑥一	措令 39 の 17 の 3④ 措令 39 の 17 の 3⑤ 措令 39 の 17 の 3⑥ 措令 39 の 17 の 3⑦ 措令 39 の 17 の 3⑧ 措規 22 の 11⑩	措令 39 の 17 の 3④ 措令 39 の 17 の 3⑤ 措令 39 の 17 の 3⑥ 措令 39 の 17 の 3⑦ 措令 39 の 17 の 3⑧ 措規 22 の 11㉗
受取利子等	措法 66 の 6⑥二	措法 66 の 6⑥二	措令 39 の 17 の 3⑨ 措令 39 の 17 の 3⑩ 措規 22 の 11⑪	措令 39 の 17 の 3⑨ 措令 39 の 17 の 3⑩ 措規 22 の 11㉘
有価証券の貸付けの対価	措法 66 の 6⑥三	措法 66 の 6⑥三		
有価証券の譲渡損益	措法 66 の 6⑥四	措法 66 の 6⑥四	措令 39 の 17 の 3⑪ 措令 39 の 17 の 3⑫ 措令 39 の 17 の 3⑬ 措令 39 の 17 の 3⑭	措令 39 の 17 の 3⑪ 措令 39 の 17 の 3⑫ 措令 39 の 17 の 3⑬ 措令 39 の 17 の 3⑭
デリバティブ取引に係る損益	措法 66 の 6⑥五	措法 66 の 6⑥五	措規 22 の 11⑫ 措規 22 の 11⑬ 措規 22 の 11⑭ 措規 22 の 11⑮ 措規 22 の 11⑯ 措規 22 の 11⑰ 措規 22 の 11⑱ 措規 22 の 11⑳ 措規 22 の 11㉗	措規 22 の 11㉙ 措規 22 の 11㉚ 措規 22 の 11㉛ 措規 22 の 11㉝ 措規 22 の 11㉞ 措規 22 の 11㉟ 措規 22 の 11㊲ 措規 22 の 11㊹
外国為替差損益	措法 66 の 6⑥六	措法 66 の 6⑥六	措令 39 の 17 の 3⑮ 措規 22 の 11⑲ 措規 22 の 11⑳	措令 39 の 17 の 3⑮ 措規 22 の 11㊱ 措規 22 の 11㊲
その他の金融所得	措法 66 の 6⑥七	措法 66 の 6⑥七	措令 39 の 17 の 3⑯ 措規 22 の 11㉑	措令 39 の 17 の 3⑯ 措規 22 の 11㉘
収入保険料		措法 66 の 6⑥七の二		措令 39 の 17 の 3⑰ 措令 39 の 17 の 3⑱
固定資産の貸付けの対価	措法 66 の 6⑥八	措法 66 の 6⑥八	措令 39 の 17 の 3⑰ 措令 39 の 17 の 3⑱ 措令 39 の 17 の 3⑲ 措令 39 の 17 の 3㉒	措令 39 の 17 の 3⑲ 措令 39 の 17 の 3⑳ 措令 39 の 17 の 3㉑ 措令 39 の 17 の 3㉔ 措令 39 の 17 の 3㉕
無形資産等の使用料	措法 66 の 6⑥九	措法 66 の 6⑥九	措令 39 の 17 の 3⑳ 措令 39 の 17 の 3㉑ 措令 39 の 17 の 3㉓	措令 39 の 17 の 3㉒ 措令 39 の 17 の 3㉓ 措令 39 の 17 の 3㉔ 措令 39 の 17 の 3㉕
無形資産等の譲渡損益	措法 66 の 6⑥十	措法 66 の 6⑥十	措令 39 の 17 の 3㉔	措令 39 の 17 の 3㉖
異常所得	措法 66 の 6⑥十一	措法 66 の 6⑥十一	措令 39 の 17 の 3㉕ 措令 39 の 17 の 3㉖ 措令 39 の 17 の 3㉗ 措令 39 の 17 の 3㉘ 措令 39 の 17 の 3㉙ 措規 22 の 11㉒ 措規 22 の 11㉓	措令 39 の 17 の 3㉗ 措令 39 の 17 の 3㉘ 措令 39 の 17 の 3㉙ 措令 39 の 17 の 3㉚ 措令 39 の 17 の 3㉛ 措規 22 の 11㉟ 措規 22 の 11㊵
部分適用対象金額の意義	措法 66 の 6⑦	措法 66 の 6⑦	措令 39 の 17 の 3㉚	措令 39 の 17 の 3㉜
金融子会社等部分適用対象金額に係る合算課税（部分合算課税）	措法 66 の 6⑧	措法 66 の 6⑧	措令 39 の 17 の 4①	措令 39 の 17 の 4①
異常な水準の資本に係る所得	措法 66 の 6⑧一	措法 66 の 6⑧一	措令 39 の 17 の 4② 措令 39 の 17 の 4③ 措令 39 の 17 の 4④ 措令 39 の 17 の 4⑤ 措令 39 の 17 の 4⑥ 措令 39 の 17 の 4⑧ 措規 22 の 11㉔ 措規 22 の 11㉕	措令 39 の 17 の 4② 措令 39 の 17 の 4③ 措令 39 の 17 の 4④ 措令 39 の 17 の 4⑤ 措令 39 の 17 の 4⑥ 措令 39 の 17 の 4⑦ 措令 39 の 17 の 4⑧ 措令 39 の 17 の 4⑨ 措規 22 の 11㊶ 措規 22 の 11㊷
固定資産の貸付けの対価	措法 66 の 6⑧二	措法 66 の 6⑧二		
無形資産等の使用料	措法 66 の 6⑧三	措法 66 の 6⑧三		
無形資産等の譲渡損益	措法 66 の 6⑧四	措法 66 の 6⑧四		
異常所得	措法 66 の 6⑧五	措法 66 の 6⑧五		
金融子会社等部分適用対象金額の意義	措法 66 の 6⑨	措法 66 の 6⑨	措令 39 の 17 の 4⑩	措令 39 の 17 の 4⑩
部分適用対象金額等に係る合算課税の適用免除	措法 66 の 6⑩	措法 66 の 6⑩	措令 39 の 17 の 5	措令 39 の 17 の 5

項　目	本　法		施行令・施行規則	
	R1改正前	R1改正後	R1改正前	R1改正後
一定の外国関係会社の財務諸表等の確定申告書への添付	措法66の6⑪	措法66の6⑪	措規22の11㉖ 措規22の11㉗	措規22の11㊸ 措規22の11㊹
外国信託に対する本税制の適用	措法66の6⑫ 措法66の6⑬	措法66の6⑫ 措法66の6⑬		
ブラック・リスト国の告示	措法66の6⑭	措法66の6⑭		
外国子会社合算税制の適用に係る税額控除				
内国法人が納付するものとみなされる控除対象外国法人税の額の控除	措法66の7①	措法66の7①	措令39の18① 措令39の18② 措令39の18③ 措令39の18④ 措令39の18⑤ 措令39の18⑥ 措令39の18⑦ 措令39の18⑧ 措令39の18⑨ 措令39の18⑩ 措令39の18⑪ 措令39の18⑫ 措令39の18⑬	措令39の18① 措令39の18② 措令39の18③ 措令39の18④ 措令39の18⑤ 措令39の18⑥ 措令39の18⑦ 措令39の18⑧ 措令39の18⑩ 措令39の18⑪ 措令39の18⑫ 措令39の18⑬ 措令39の18⑭ 措令39の18⑮
連結納税制度との調整	措法66の7②	措法66の7②		措令39の18⑯ 措令39の18⑰
内国法人が納付するものとみなされる控除対象外国法人税の額の益金算入	措法66の7③	措法66の7③	措令39の18⑭	措令39の18⑱
控除対象所得税額等相当額の控除	措法66の7④	措法66の7④	措令39の18⑮ 措令39の18⑯ 措令39の18⑰ 措令39の18⑱	措令39の18⑲ 措令39の18⑳ 措令39の18㉑ 措令39の18㉒
控除対象所得税額等相当額の控除の適用要件等	措法66の7⑤	措法66の7⑤		
控除対象所得税額等相当額の益金算入	措法66の7⑥	措法66の7⑥	措令39の18⑱	措令39の18㉒
法人税額における税額控除の順序	措法66の7⑦	措法66の7⑦		
法人税法との規定の調整	措法66の7⑧	措法66の7⑧		
特別税額控除規定及び地方法人税法との規定の調整	措法66の7⑨	措法66の7⑨		
地方法人税の額からの税額控除	措法66の7⑩	措法66の7⑩		
地方法人税の額からの税額控除の適用要件等	措法66の7⑪	措法66の7⑪		
地方法人税額における税額控除の順序	措法66の7⑫	措法66の7⑫		
地方法人税法との規定の調整	措法66の7⑬	措法66の7⑬	措令39の18⑲	措令39の18㉓
特定課税対象金額等を有する内国法人が受ける剰余金の配当等の益金不算入				
特定課税対象金額を有する内国法人が持株割合25％以上等の要件を満たさない外国法人から受ける剰余金の配当等の益金不算入	措法66の8①	措法66の8①	措令39の19①	措令39の19①
特定課税対象金額を有する内国法人が外国法人から受ける剰余金の配当等（外国子会社配当益金不算入制度の適用を受けるもの）の益金不算入	措法66の8②	措法66の8②		
特定課税対象金額を有する内国法人が外国法人から受ける剰余金の配当等（法人税法第23条の2第2項の適用を受けるもの）の益金不算入	措法66の8③	措法66の8③		
特定課税対象金額の意義	措法66の8④	措法66の8④	措令39の19② 措令39の19③	措令39の19② 措令39の19③
連結納税制度との調整	措法66の8⑤	措法66の8⑤		
適格組織再編成に係る合併法人等の課税済金額の調整	措法66の8⑥	措法66の8⑥	措令39の19④ 措令39の19⑤ 措令39の19⑥	措令39の19④ 措令39の19⑤ 措令39の19⑥
適格分割等に係る分割法人等の課税済金額の調整	措法66の8⑦	措法66の8⑦		
間接特定課税対象金額を有する内国法人が持株割合25％以上等の要件を満たさない外国法人から受ける剰余金の配当等の益金不算入	措法66の8⑧	措法66の8⑧		
間接特定課税対象金額を有する内国法人が外国法人から受ける剰余金の配当等（外国子会社配当益金不算入制度の適用を受けるもの）の益金不算入	措法66の8⑨	措法66の8⑨		
間接特定課税対象金額を有する内国法人が外国法人から受ける剰余金の配当等（法人税法第23条の2第2項の適用を受けるもの）の益金不算入	措法66の8⑩	措法66の8⑩		
間接特定課税対象金額の意義	措法66の8⑪	措法66の8⑪	措令39の19⑦ 措令39の19⑧ 措令39の19⑨ 措令39の19⑩ 措令39の19⑪ 措令39の19⑫	措令39の19⑦ 措令39の19⑧ 措令39の19⑨ 措令39の19⑩ 措令39の19⑪ 措令39の19⑫
連結納税制度との調整	措法66の8⑫	措法66の8⑫		
適格組織再編成（適格分割等）に係る合併法人等（分割法人等）の間接配当等及び間接課税済金額の調整	措法66の8⑬	措法66の8⑬	措令39の19⑬	措令39の19⑬
特定課税対象金額等を有する内国法人が受ける剰余金の配当等の益金不算入の適用要件等	措法66の8⑭	措法66の8⑭		
第14項に係る宥恕規定	措法66の8⑮			
法人税法との規定の調整	措法66の8⑯ 措法66の8⑰	措法66の8⑮ 措法66の8⑯	措令39の19⑭ 措令39の19⑮	措令39の19⑭ 措令39の19⑮

項　　目	本　　法		施行令・施行規則	
	Ｒ１改正前	Ｒ１改正後	Ｒ１改正前	Ｒ１改正後
政令委任				
政令委任（外国関係会社の判定等）	措法 66 の 9	措法 66 の 9	措令 39 の 20① 措令 39 の 20② 措令 39 の 20③ 措令 39 の 20④ 措令 39 の 20⑤ 措令 39 の 20⑥	措令 39 の 20① 措令 39 の 20② 措令 39 の 20③ 措令 39 の 20④ 措令 39 の 20⑤ 措令 39 の 20⑥

外国子会社合算税制の概要（令和元年度改正後）

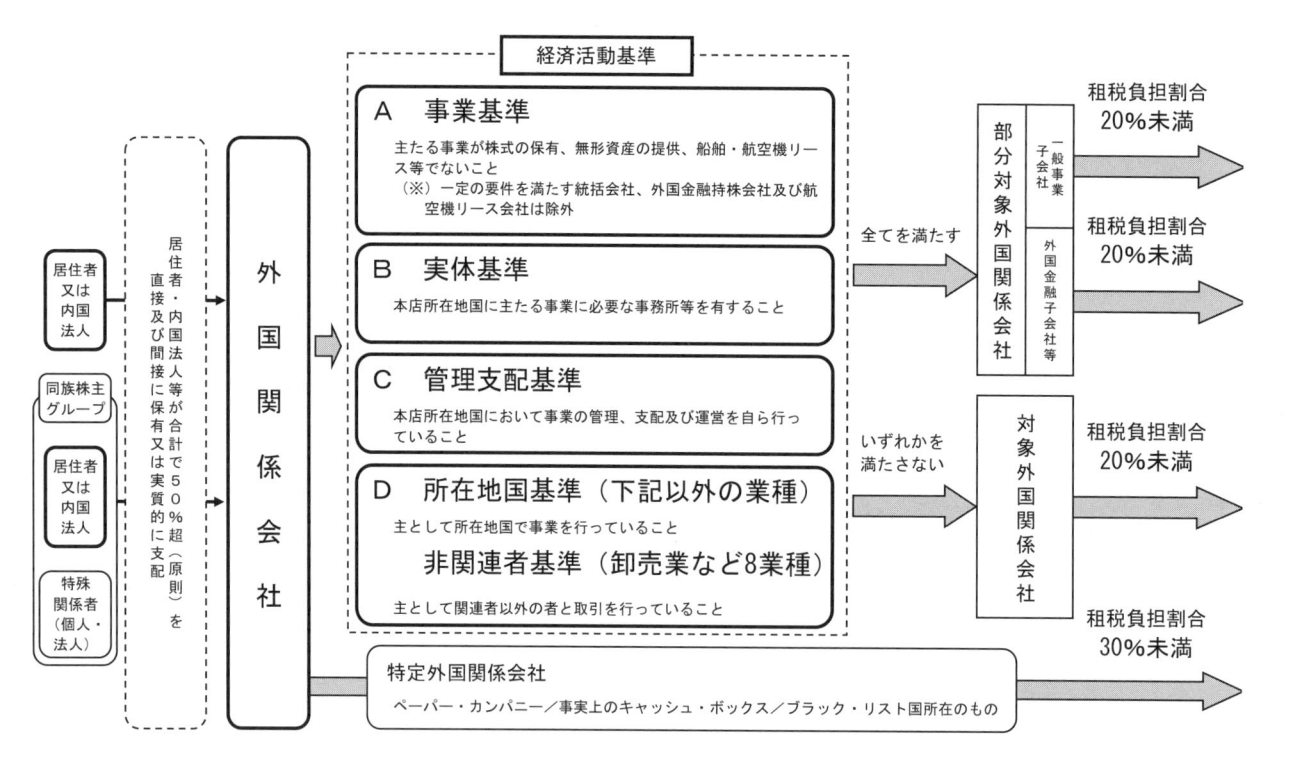

◆本税制の適用を受ける内国法人
イ　内国法人の外国関係会社に対する直接・間接の株式等保有割合が10%以上である内国法人
ロ　外国関係会社との間に実質支配関係がある内国法人
ハ　内国法人との間に実質支配関係がある外国法人の外国関係会社に対する直接・間接の
　　株式等保有割合が10%以上である場合における当該内国法人
ニ　直接・間接の株式等保有割合が10%以上である一の同族株主グループに属する内国法人

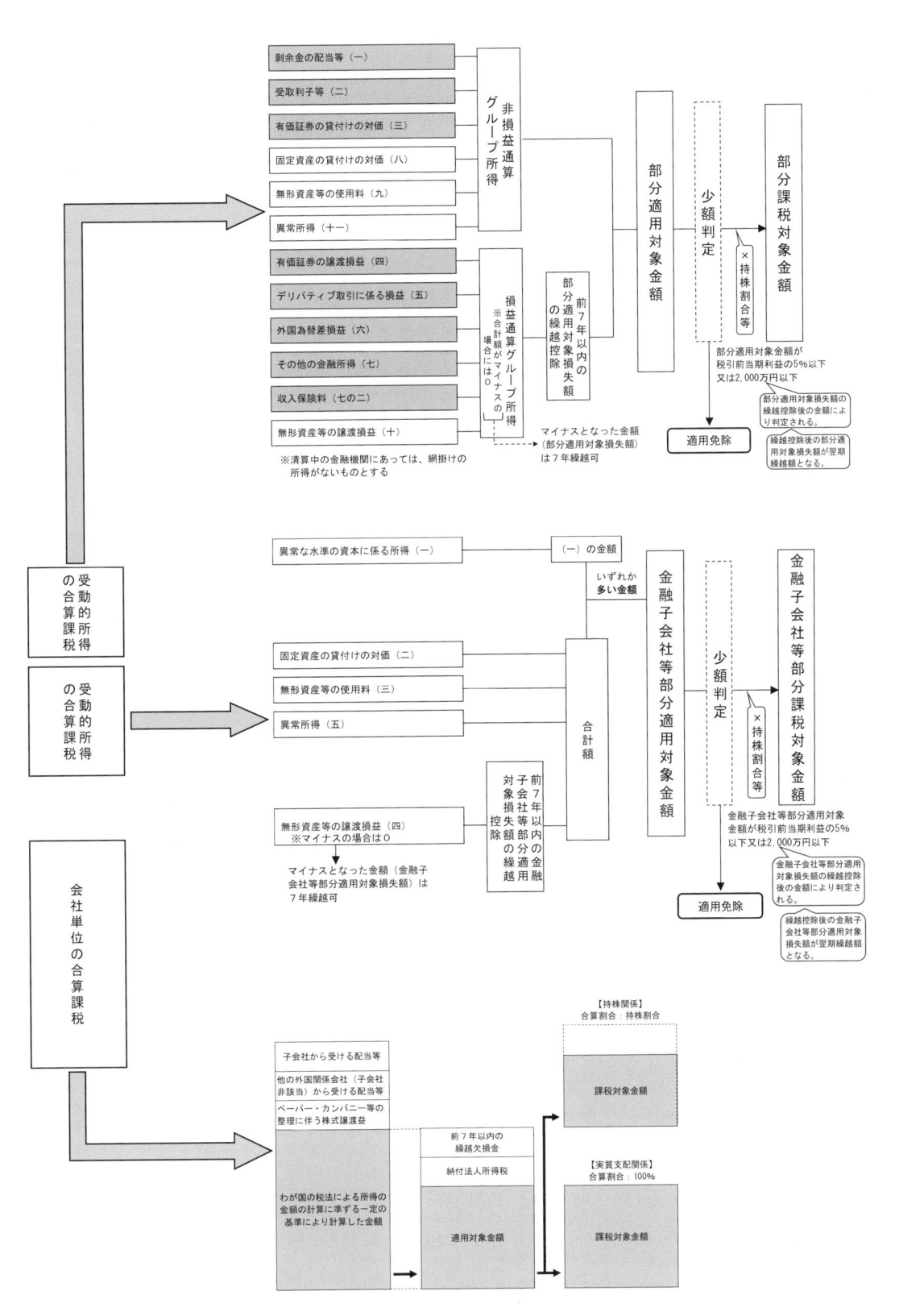

（H21-446、H29-659・714・721・731、H30-678・693を参考に作成）

凡　例

1　法令等は、特に断りのない限り、2019年1月1日現在による。

　　なお、令和元年度改正後条文と題する囲み記事及び令和元年度改正の解説と題する囲み記事は、2019年4月1日現在の法令による。

2　本書中に引用する法令については、次の略語を用いた。

法法……………………………………………法人税法

法令……………………………………………法人税法施行令

法規……………………………………………法人税法施行規則

法通……………………………………………法人税基本通達

措法……………………………………………租税特別措置法

措令……………………………………………租税特別措置法施行令

措規……………………………………………租税特別措置法施行規則

措通……………………………………………租税特別措置法関係通達（法人税編）

地法法…………………………………………地方法人税法

地法令…………………………………………地方法人税法施行令

復興財確法……………………………………東日本大震災からの復興のための施策を実施するために必要な財源の確保に関する特別措置法

3　条文や文献の引用については、次の例による。

　1）「措法66の6①一」とあるのは、租税特別措置法第66条の6第1項第1号を示す。

　2）「H30-654」とあるのは、財務省ホームページ「平成30年度税制改正の解説」（改正税法のすべて）654頁を示す。

　3）「Q1」とあるのは、国税庁ホームページ「平成29年度及び平成30年度改正　外国子会社合算税制に関するQ&A」のQ1を示す。

　4）「趣旨説明1」とあるのは、国税庁ホームページ「平成29年12月21日付課法2-22ほか2課共同『租税特別措置法関係通達（法人税編）等の一部改正について』（法令解釈通達）の趣旨説明」1頁を示す。

第1章

内国法人に係る
外国関係会社の課税対象金額等の
益金算入

措法66の6①	特定外国関係会社又は対象外国関係会社の適用対象金額に係る合算課税（会社単位の合算課税）

本　　法	施行令・施行規則
【措法66の6】 1　次に掲げる内国法人に係る外国関係会社のうち、特定外国関係会社又は対象外国関係会社に該当するものが、昭和53年4月1日以後に開始する各事業年度において適用対象金額を有する場合には、その適用対象金額のうちその内国法人が直接及び間接に有する当該特定外国関係会社又は対象外国関係会社の株式等（株式又は出資をいう。以下この条において同じ。）の数又は金額につきその請求権（剰余金の配当等（法人税法第23条第1項第1号に規定する剰余金の配当、利益の配当又は剰余金の分配をいう。以下この項及び次項において同じ。）を請求する権利をいう。以下この条において同じ。）の内容を勘案した数又は金額並びにその内国法人と当該特定外国関係会社又は対象外国関係会社との間の実質支配関係の状況を勘案して政令で定めるところにより計算した金額（次条及び第66条の8において「課税対象金額」という。）に相当する金額は、その内国法人の収益の額とみなして当該各事業年度終了の日の翌日から2月を経過する日を含むその内国法人の各事業年度の所得の金額の計算上、益金の額に算入する。	**【措令39の14】** 1　法第66条の6第1項に規定する政令で定めるところにより計算した金額は、同項各号に掲げる内国法人に係る特定外国関係会社（同条第2項第2号に規定する特定外国関係会社をいう。以下この項において同じ。）又は対象外国関係会社（同条第2項第3号に規定する対象外国関係会社をいう。以下この項において同じ。）の各事業年度の同条第1項に規定する適用対象金額に、当該各事業年度終了の時における当該内国法人の当該特定外国関係会社又は対象外国関係会社に係る請求権等勘案合算割合を乗じて計算した金額とする。 2　前項及びこの項において、次の各号に掲げる用語の意義は、当該各号に定めるところによる。 一　請求権等勘案合算割合 　　次に掲げる場合の区分に応じそれぞれ次に定める割合（イ及びハに掲げる場合のいずれにも該当する場合には、それぞれイ及びハに定める割合の合計割合）をいう。 　イ　内国法人が外国関係会社（法第66条の6第2項第1号に規定する外国関係会社をいい、被支配外国法人（同号ロに掲げる外国法人をいう。以下この項、次条第2項及び第39条の14の3第15項において同じ。）に該当するものを除く。イ及びハにおいて同じ。）の株式等（株式又は出資をいう。以下この節において同じ。）を直接又は他の外国法人を通じて間接に有している場合 　　　当該外国関係会社の発行済株式又は出資（自己が有する自己の株式等を除く。）の総数又は総額（以下この節において「発行済株式等」という。）のうちに当該内国法人の有する当該外国関係会社の請求権等勘案保有株式等の占める割合 　ロ　法第66条の6第2項第1号に規定する外国関係会社が内国法人に係る被支配外国法人に該当する場合 　　　100分の100 　ハ　内国法人に係る被支配外国法人が外国関係会社の株式等を直接又は他の外国法人を通じて間接に有している場合 　　　当該外国関係会社の発行済株式等のうちに当該被支配外国法人の有する当該外国関係会社の請求権等勘案保有株式等の占める割合 **令和元年度改正後条文** 一　同　上 　イ　内国法人が外国関係会社（法第66条の6第2項第1号に規定する外国関係会社をいい、被支配外国法人（同号ロに掲げる外国法人をいう。以下この項、次条第2項及び第39条の14の3第27項において同じ。）に該当するものを除く。イ及びハにおいて同じ。）の株式等（株式又は出資をいう。以下この節において同じ。）を直接又は他の外国法人を通じて間接に有している場合 　　　当該外国関係会社の発行済株式又は出資（自己が有する自己の株式等を除く。）の総数又は総額（以下この節において「発行済株式等」という。）のうちに当該内国法人の有する当該外国関係会社の請求権等勘案保有株式等の占める割合 　ロ・ハ　同　上

通達・ＱＡ番号・逐条解説

解　説　措法66の6①

☐　本税制の適用を受ける内国法人は、❶内国法人の外国関係会社に対する直接・間接の株式等保有割合が10％以上である場合における当該内国法人、❷外国関係会社との間に実質支配関係がある内国法人、❸内国法人との間に実質支配関係がある外国関係会社の他の外国関係会社に対する直接・間接の株式等保有割合が10％以上である場合における当該内国法人（❶に掲げる内国法人を除く。）及び❹外国関係会社に対する直接・間接の株式等保有割合が10％以上である一の同族株主グループに属する内国法人（外国関係会社に対する直接・間接の株式等保有割合が零を超えるものに限り、❶及び❸に掲げる内国法人を除く。）である。これらの要件を満たす内国法人に係る外国関係会社のうち、特定外国関係会社（❶ペーパー・カンパニー、❷事実上のキャッシュ・ボックス及び❸ブラック・リスト国に所在する外国関係会社）又は対象外国関係会社（❶事業基準、❷実体基準、❸管理支配基準及び❹非関連者基準又は所在地国基準の４つの基準のうちいずれかを満たさない外国関係会社）に該当するものが、各事業年度において所得に相当する金額（適用対象金額）を有する場合には、その金額に、当該各事業年度終了の時におけるその内国法人の当該特定外国関係会社又は対象外国関係会社に係る請求権等勘案合算割合を乗じて計算した金額（課税対象金額）は、その内国法人の収益の額とみなして当該各事業年度終了の日の翌日から２か月を経過する日を含むその内国法人の各事業年度の所得の金額の計算上、益金の額に算入する。

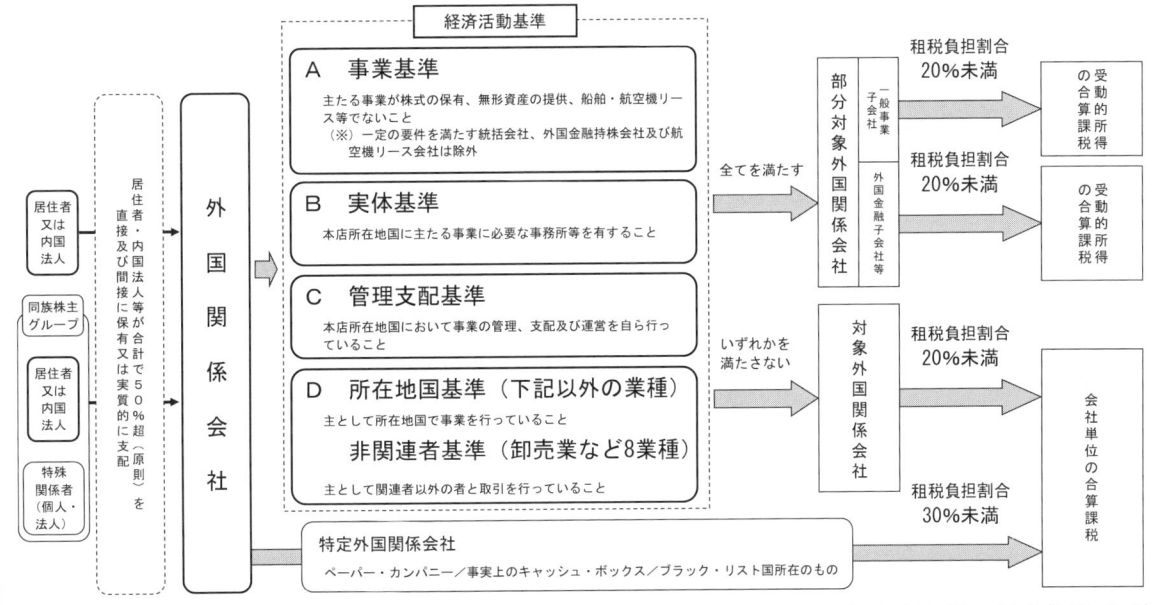

（H29-659、H30-678を参考に作成）

☐　本税制の適用を受ける内国法人は、外国関係会社に対する直接・間接の株式等保有割合が10％以上であるものを基本とすることとされているが、これは、❶外国子会社を利用した租税回避の防止という本税制の趣旨に照らせば、外国子会社の経営方針に対し十分な影響力を行使し得る水準とすることが適当であること、❷他方、小口の株主については、必ずしも租税回避のリスクが高くないと考えられるほか、本税制の申告に必要な書類等の入手が困難との指摘もあることなどを勘案し（H22-493）、平成22年度税制改正において、株式等の保有割合要件が「５％以上」から「10％以上」に引き上げられたものである。

☐　課税対象金額の計算の概要は、次図の通りである。

本　　法	施行令・施行規則
	二　請求権等勘案保有株式等 　　内国法人又は当該内国法人に係る被支配外国法人（以下この項及び次項において「内国法人等」という。）が有する外国法人の株式等の数又は金額（当該外国法人が請求権（法第66条の6第1項に規定する請求権をいう。以下この節において同じ。）の内容が異なる株式等又は実質的に請求権の内容が異なると認められる株式等（以下この項、第39条の15第4項第2号及び第39条の19において「請求権の内容が異なる株式等」という。）を発行している場合には、当該外国法人の発行済株式等に、当該内国法人等が当該請求権の内容が異なる株式等に係る請求権に基づき受けることができる法人税法第23条第1項第1号に規定する剰余金の配当、利益の配当又は剰余金の分配（次号において「剰余金の配当等」という。）の額がその総額のうちに占める割合を乗じて計算した数又は金額）及び請求権等勘案間接保有株式等を合計した数又は金額をいう。 三　請求権等勘案間接保有株式等 　　外国法人の発行済株式等に、次に掲げる場合の区分に応じそれぞれ次に定める割合（次に掲げる場合のいずれにも該当する場合には、それぞれ次に定める割合の合計割合）を乗じて計算した株式等の数又は金額をいう。 　イ　当該外国法人の株主等（法人税法第2条第14号に規定する株主等をいう。以下この号、次項第1号及び次条第2項において同じ。）である他の外国法人（イにおいて「他の外国法人」という。）の発行済株式等の全部又は一部が内国法人等により保有されている場合 　　　当該内国法人等の当該他の外国法人に係る持株割合（その株主等の有する株式等の数又は金額が当該株式等の発行法人の発行済株式等のうちに占める割合（次に掲げる場合に該当する場合には、それぞれ次に定める割合）をいう。以下この号において同じ。）に当該他の外国法人の当該外国法人に係る持株割合を乗じて計算した割合（当該他の外国法人が二以上ある場合には、二以上の当該他の外国法人につきそれぞれ計算した割合の合計割合） 　　(1)　当該発行法人が請求権の内容が異なる株式等を発行している場合（(2)に掲げる場合に該当する場合を除く。） 　　　　その株主等が当該請求権の内容が異なる株式等に係る請求権に基づき受けることができる剰余金の配当等の額がその総額のうちに占める割合 　　(2)　当該発行法人と居住者（法第2条第1項第1号の2に規定する居住者をいう。以下この節において同じ。）又は内国法人との間に実質支配関係（法第66条の6第2項第5号に規定する実質支配関係をいう。以下この節において同じ。）がある場合 　　　　零 　ロ　当該外国法人と他の外国法人（その発行済株式等の全部又は一部が内国法人等により保有されているものに限る。ロにおいて「他の外国法人」という。）との間に一又は二以上の外国法人（ロにおいて「出資関連外国法人」という。）が介在している場合であって、当該内国法人等、当該他の外国法人、出資関連外国法人及び当該外国法人が株式等の保有を通じて連鎖関係にある場合 　　　当該内国法人等の当該他の外国法人に係る持株割合、当該他の外国法人の出資関連外国法人に係る持株割合、出資関連外国法人の他の出資関連外国法人に係る持株割合及び出資関連外国法人の当該外国法人に係る持株割合を順次乗じて計算した割合（当該連鎖関係が二以上ある場合には、当該二以上の連鎖関係につき

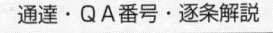

通達・ＱＡ番号・逐条解説

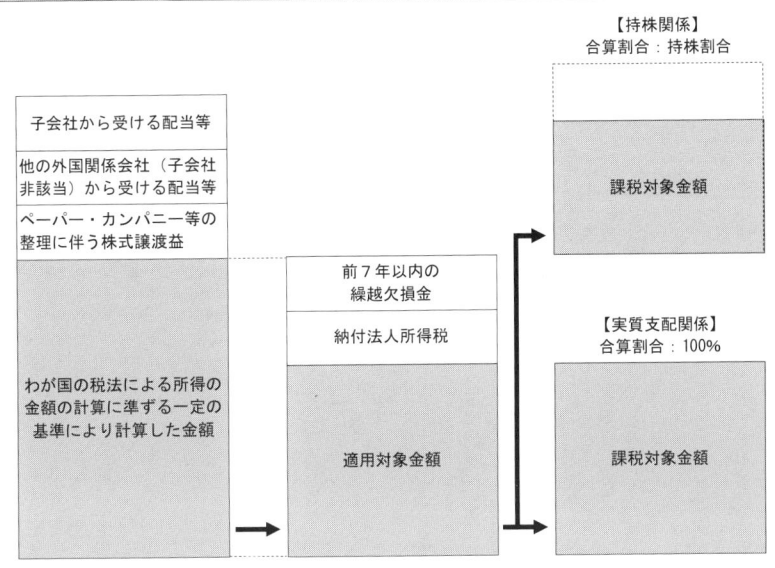

（H21-446、H29-731を参考に作成）

（直接及び間接に有する株式）

措通66の6-2　措置法第66条の6第1項、第6項又は第8項の内国法人が直接及び間接に有する外国関係会社（同条第2項第1号に規定する外国関係会社をいう。以下66の9の2-1までにおいて同じ。）の株式には、その株式の払込金額等の全部又は一部について払込み等が行われていないものも含まれるものとする。

（注）　名義株は、その実際の権利者が所有するものとして同条第1項、第6項又は第8項の規定を適用することに留意する。

備考　外国関係会社の設立根拠法令により、払込み等が行われていない株式についても、株主たる地位が与えられることになると、当該外国関係会社に対する内国法人の株式の保有割合の判定において、そのような株式をどのように取り扱うかについて疑義が生ずることから、本通達の本文において、その取扱いが明らかにされている。また、本通達の注書は、名義株については、その実際の株主を追及して適正公平な課税を実現しようというもので、法通1-3-2《名義株についての株主等の判定》と同趣旨のものである（趣旨説明3）。

（特定外国関係会社等が2以上ある場合の損益の不通算）

措通66の6-3　措置法第66条の6第1項に規定する課税対象金額は特定外国関係会社（同条第2項第2号に規定する特定外国関係会社をいう。以下66の6-12までにおいて同じ。）又は対象外国関係会社（同条第2項第3号に規定する対象外国関係会社をいう。以下66の6-12までにおいて同じ。）ごとに計算するから、内国法人に係る特定外国関係会社又は対象外国関係会社が2以上ある場合において、その特定外国関係会社又は対象外国関係会社のうちに欠損金額が生じたものがあるときであっても、他の特定外国関係会社又は対象外国関係会社の所得の金額との通算はしないことに留意する。

　　内国法人に係る部分対象外国関係会社（同条第2項第6号に規定する部分対象外国関係会社をいい、同項第7号に規定する外国金融子会社等（以下66の6-4までにおいて「外国金融子会社等」という。）に該当するものを除く。以下66の6-4において同じ。）又は外国金融子会社等が2以上ある場合についても同様とする。

備考　本通達の前段では、課税対象金額は、特定外国関係会社又は対象外国関係会社ごとに計算するもので、ある特定外国関係会社又は対象外国関係会社の欠損金額と他の特定外国関係会社又は対象外国関係会社の所得の金額とを通算することはできないことが明らかにされている。また、本通達の後段では、部分対象外国関係会社や外国金融子会社等についても同様であることが明らかにされている。

（課税対象金額等の円換算）

措通66の6-4　内国法人が措置法第66条の6第1項、第6項又は第8項の規定により特定外国関係会社若しくは対象外国関係会社に係る課税対象金額、部分対象外国関係会社に係る部分課税対象金額又は外国金融子会社等に係る金融子会社等部分課税対象金額に相当する金額を益金の額に算入する場合における当該課税対象金額、部分課税対象金額又は金融子会

本　　法	施行令・施行規則
	それぞれ計算した割合の合計割合)

通達・ＱＡ番号・逐条解説

社等部分課税対象金額及び同条第10項第２号に規定する部分適用対象金額又は金融子会社等部分適用対象金額の円換算は、当該外国関係会社の当該事業年度終了の日の翌日から２月を経過する日における電信売買相場の仲値（基本通達13の２−１−２に定める電信売買相場の仲値をいう。以下66の６-21までにおいて同じ。）による。ただし、継続適用を条件として、当該内国法人の同日を含む事業年度終了の日の電信売買相場の仲値によることができるものとする。

(注) ただし書による場合において、当該内国法人が２以上の外国関係会社を有するときは、その全ての外国関係会社につき、当該電信売買相場の仲値によるものとする。

備 考 適用対象金額等の計算は、外国通貨表示の金額で行うこととされているところ（措通66の６-19）、本通達は、課税対象金額等の円換算（部分合算課税の少額免除基準のうち金額基準における部分適用対象金額等の円換算を含む。）をいつの時点のいかなる換算レートで行うかを明らかにするもので、電信売買相場の仲値（T.T.M.）によることとされている点は、法通13の２−１−２《外貨建取引及び発生時換算法の円換算》本文と同様である。

参 考 判 例

最判平成21年10月29日裁判所 HP 参照（平成20年（行ヒ）第91号）

我が国のタックス・ヘイブン対策税制は特定外国子会社等に所得を留保して我が国の税負担を免れることとなる内国法人に対しては当該所得を当該内国法人の所得に合算して課税することによって税負担の公平性を追求しつつ特定外国子会社等の事業活動に経済合理性が認められる場合を適用除外としかつそれが適用される場合であっても所定の方法による外国法人税額の控除を認めるなど全体として合理性のある制度ということができる。そうすると我が国のタックス・ヘイブン対策税制はシンガポールの課税権や同国との間の国際取引を不当に阻害しひいては日星租税条約の趣旨目的に反するようなものということもできない。したがって措置法〔平成12年法律第97号による改正前の租税特別措置法をいう。〕66条の６第１項の規定が日星租税条約７条１項の規定に違反していると解することはできない。（〔〕内著者）

(注) 1 平成29年度税制改正前は、外国関係会社のうち無税国に所在するもの又は税負担が著しく低いもの（平成４年度税制改正前にあっては、軽課税国に本店等を有するもの）を「特定外国子会社等」といい、その株式等の一定割合以上を直接・間接に有する内国法人は、当該特定外国子会社等が適用除外基準を満たしている場合を除き、その所得（平成21年度税制改正前にあっては、未処分所得）に相当する金額のうち持株割合等に対応する部分について会社単位の合算課税を受けることとされていた。

2 日星租税条約第７条第１項は、「一方の締約国の企業の利得に対しては、その企業が他方の締約国内にある恒久的施設を通じて当該他方の締約国内において事業を行わない限り、当該一方の締約国においてのみ租税を課することができる。一方の締約国の企業が他方の締約国内にある恒久的施設を通じて当該他方の締約国内において事業を行う場合には、その企業の利得のうち当該恒久的施設に帰せられる部分に対してのみ、当該他方の締約国において租税を課することができる」と規定する。

岡山地判平成26年７月16日訟月61巻３号702頁

措置法〔原告らの平成18年５月期から平成21年５月期まで及び平成18年６月期から平成21年６月期までの各事業年度に応じ、関係各改正前の租税特別措置法をいう。〕66条の６は、課税要件を明確化することで課税執行面における安定性を確保しつつ、外国法人を利用することによる税負担の不当な回避又は軽減を防止し税負担の実質的な公平を図るため、第１項において、一定の要件を満たす外国会社を特定外国子会社等と定めた上、一定範囲の内国法人に係る課税対象留保金額に相当する金額をその内国法人の所得の金額の計算上益金の額に算入することとし、他方で、第４項において、例外的に特定外国子会社等の事業活動が経済合理性を有すると認められるための適用除外要件を定めた上、これらの要件が全て満たされる場合に第１項の規定を適用しないものとしているところ、文理上、その適用を上記内国法人において租税回避目的がある場合に限定していないことは明らかである。（〔〕内著者）

(注) 平成29年度税制改正前は、外国関係会社のうち無税国に所在するもの又は税負担が著しく低いもの（平成４年度税制改正前にあっては、軽課税国に本店等を有するもの）を「特定外国子会社等」といい、その株式等の一定割合以上を直接・間接に有する内国法人は、当該特定外国子会社等が適用除外基準を満たしている場合を除き、その所得（平成21年度税制改正前にあっては、未処分所得）に相当する金額のうち持株割合等に対応する部分について会社単位の合算課税を受けることとされていた。

解 説 措令39の14②一イ（請求権等勘案合算割合）

□ 課税対象金額は、特定外国関係会社又は対象外国関係会社の適用対象金額に、内国法人の当該特定外国関係会社又は対象外国関係会社に係る「請求権等勘案合算割合」を乗じて計算するところ、次図は、措令39の14②一イに掲げる場合における「請求権等勘案合算割合」の計算イメージである。「a％」、「b％」及び「c％」は、それぞれ持株割合（請求権の内容考慮後のもの）を示している。

本　　法	施行令・施行規則

<table>
<tr><td align="center">通達・QA番号・逐条解説</td></tr>
</table>

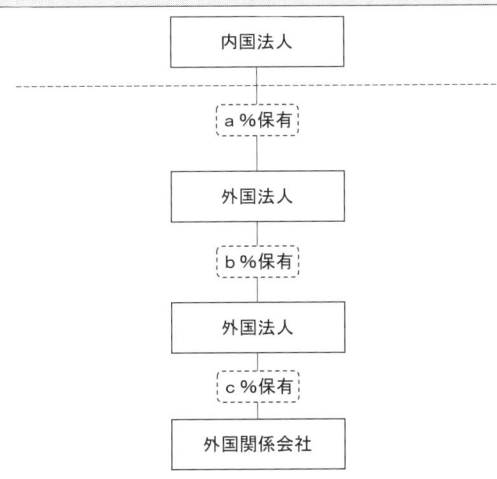

請求権等勘案合算割合：
a％×b％×c％

（H29-688を一部加工）

☐　内国法人が被支配外国法人に該当する外国関係会社の株式等を直接・間接に有している場合は、措令39の14②一イの対象外である。

解説　措令39の14②一ロ（請求権等勘案合算割合）

☐　課税対象金額は、特定外国関係会社又は対象外国関係会社の適用対象金額に、内国法人の当該特定外国関係会社又は対象外国関係会社に係る「請求権等勘案合算割合」を乗じて計算するところ、次図は、措令39の14②一ロに掲げる場合における「請求権等勘案合算割合」の計算イメージである。

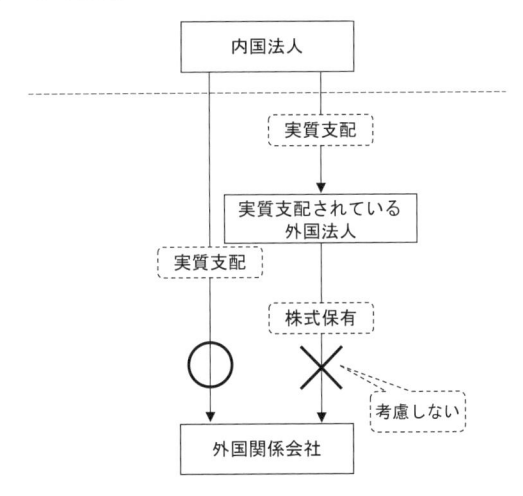

請求権等勘案合算割合：
100％

（H29-688を一部加工）

解説　措令39の14②一ハ（請求権等勘案合算割合）

☐　課税対象金額は、特定外国関係会社又は対象外国関係会社の適用対象金額に、内国法人の当該特定外国関係会社又は対象外国関係会社に係る「請求権等勘案合算割合」を乗じて計算するところ、次図は、措令39の14②一ハに掲げる場合における「請求権等勘案合算割合」の計算イメージである。「d％」及び「e％」は、それぞれ持株割合（請求権の内容考慮後のもの）を示している。

本　　法	施行令・施行規則
一　内国法人の外国関係会社に係る次に掲げる割合のいずれかが100分の10以上である場合における当該内国法人	
イ　その有する外国関係会社の株式等の数又は金額（当該外国関係会社と居住者（第2条第1	【措令39の14】 3　法第66条の6第1項第1号イに規定する間接に有するものとして

通達・ＱＡ番号・逐条解説

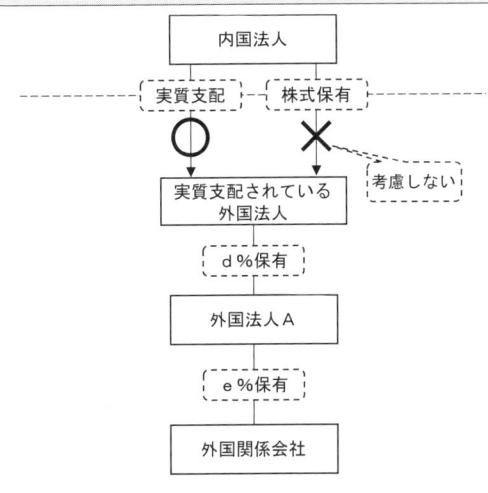

（H29-688を一部加工）

□　内国法人が被支配外国法人に該当する外国関係会社の株式等を直接・間接に有している場合は、措令39の14②一ハの対象外である。

解説　措令39の14②三（請求権等勘案間接保有株式等）

□　本税制の「間接保有」は、内国法人と外国法人との間に外国法人が介在する場合に着目するもので、内国法人が介在する場合は対象とならない。

1　本税制の適用を受ける内国法人（1号）

解説　措法66の6①一

□　措法66の6①一に掲げる内国法人は、内国法人の外国関係会社に対する直接・間接の株式等保有割合が10％以上である場合における当該内国法人である。例えば、次図の「内国法人（納税義務者）」がこれに該当する。

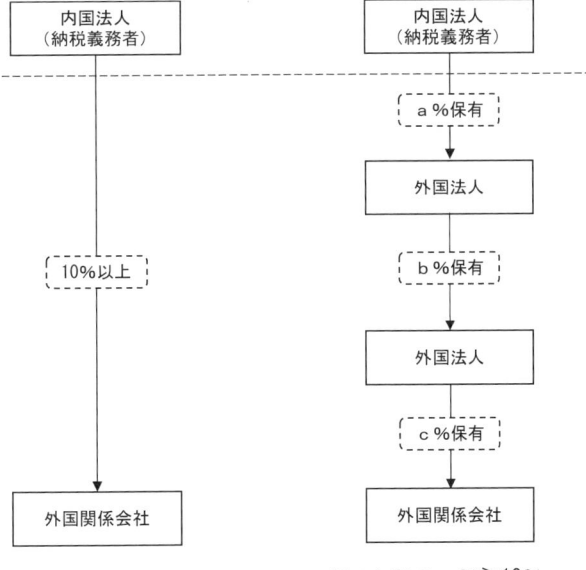

（H29-670を一部加工）

1-1　持株割合

解説　措法66の6①一イ

本　法	施行令・施行規則
項第1号の2に規定する居住者をいう。以下この項及び次項において同じ。）又は内国法人との間に実質支配関係がある場合には、零）及び他の外国法人を通じて間接に有するものとして政令で定める当該外国関係会社の株式等の数又は金額の合計数又は合計額が当該外国関係会社の発行済株式又は出資（自己が有する自己の株式等を除く。同項、第6項及び第8項において「発行済株式等」という。）の総数又は総額のうちに占める割合	政令で定める外国関係会社の株式等の数又は金額は、外国関係会社（同条第2項第1号に規定する外国関係会社をいう。以下この項において同じ。）の発行済株式等に、次の各号に掲げる場合の区分に応じ当該各号に定める割合（当該各号に掲げる場合のいずれにも該当する場合には、当該各号に定める割合の合計割合）を乗じて計算した株式等の数又は金額とする。 一　当該外国関係会社の株主等である他の外国法人（以下この号において「他の外国法人」という。）の発行済株式等の全部又は一部が内国法人等により保有されている場合 　当該内国法人等の当該他の外国法人に係る持株割合（その株主等の有する株式等の数又は金額が当該株式等の発行法人の発行済株式等のうちに占める割合をいい、当該発行法人と居住者又は内国法人との間に実質支配関係がある場合には、零とする。以下この項において同じ。）に当該他の外国法人の当該外国関係会社に係る持株割合を乗じて計算した割合（当該他の外国法人が二以上ある場合には、二以上の当該他の外国法人につきそれぞれ計算した割合の合計割合） 二　当該外国関係会社と他の外国法人（その発行済株式等の全部又は一部が内国法人等により保有されているものに限る。以下この号において「他の外国法人」という。）との間に一又は二以上の外国法人（以下この号において「出資関連外国法人」という。）が介在している場合であって、当該内国法人等、当該他の外国法人、出資関連外国法人及び当該外国関係会社が株式等の保有を通じて連鎖関係にある場合 　当該内国法人等の当該他の外国法人に係る持株割合、当該他の外国法人の出資関連外国法人に係る持株割合、出資関連外国法人の他の出資関連外国法人に係る持株割合及び出資関連外国法人の当該外国関係会社に係る持株割合を順次乗じて計算した割合（当該連鎖関係が二以上ある場合には、当該二以上の連鎖関係につきそれぞれ計算した割合の合計割合）

通達・ＱＡ番号・逐条解説

□　措法66の6①一イにいう「その有する外国関係会社の株式等の数又は金額（当該外国関係会社と居住者…又は内国法人との間に実質支配関係がある場合には、零）…が当該外国関係会社の発行済株式又は出資…の総数又は総額のうちに占める割合」の計算イメージは、次図の通りである。

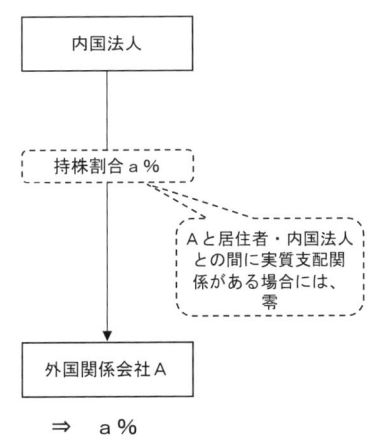

（H29-671を一部加工）

（発行済株式）

措通66の6-1　措置法第66条の6第1項第1号イの「発行済株式」には、その株式の払込み又は給付の金額（以下66の6-2において「払込金額等」という。）の全部又は一部について払込み又は給付（以下66の6-2において「払込み等」という。）が行われていないものも含まれるものとする。

（注）　例えば寄附金の損金算入限度額を計算する場合のように、いわゆる資本金基準額を計算する場合の資本金の額又は出資金の額は、払込済の金額による。

備考　外国法人の設立根拠法令により、払込み等が行われていない株式についても、株主たる地位が与えられることになると、当該外国法人が外国関係会社に該当するかどうかの判定において、そのような株式をどのように取り扱うかについて疑義が生ずることから、本通達の本文において、その取扱いが明らかにされている（趣旨説明2）。

解説　措令39の14③一

□　措令39の14③一にいう「当該内国法人等の当該他の外国法人に係る持株割合（…当該発行法人と居住者又は内国法人との間に実質支配関係がある場合には、零とする。…）に当該他の外国法人の当該外国関係会社に係る持株割合を乗じて計算した割合」の計算イメージは、次図の通りである。

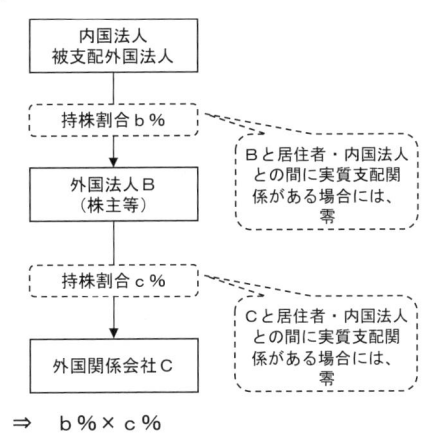

（H29-671を一部加工）

解説　措令39の14③二

□　措令39の14③二にいう「当該内国法人等の当該他の外国法人に係る持株割合、当該他の外国法人の出資関連外国法人に係る

本　　法	施行令・施行規則
ロ　その有する外国関係会社の議決権（剰余金の配当等に関する決議に係るものに限る。ロ及び次項第1号イ⑵において同じ。）の数（当該外国関係会社と居住者又は内国法人との間に実質支配関係がある場合には、零）及び他の外国法人を通じて間接に有するものとして政令で定める当該外国関係会社の議決権の数の合計数が当該外国関係会社の議決権の総数のうちに占める割合	【措令39の14】 　4　前項の規定は、法第66条の6第1項第1号ロに規定する間接に有するものとして政令で定める外国関係会社の議決権の数の計算について準用する。この場合において、前項中「発行済株式等に」とあるのは「議決権（前項第2号に規定する剰余金の配当等に関する決議に係るものに限る。以下この項において同じ。）の総数に」と、「株式等の数又は金額と」とあるのは「議決権の数と」と、同項第1号中「発行済株式等の全部」とあるのは「議決権の全部」と、「持株割合」とあるのは「議決権割合」と、「株式等の数又は金額が当該株式等の発行法人の発行済株式等」とあるのは「議決権の数がその総数」と、「発行法人と」とあるのは「議決権に係る法人と」と、同項第2号中「発行済株式等」とあるのは「議決権」と、「が株式等」とあるのは「が議決権」と、「持株割合」とあるのは「議決権割合」と読み替えるものとする。
ハ　その有する外国関係会社の株式等の請求権に基づき受けることができる剰余金の配当等の額（当該外国関係会社と居住者又は内国法人との間に実質支配関係がある場合には、零）及び他の外国法人を通じて間接に有する当該外国関係会社の株式等の請求権に基づき受けることができる剰余金の配当等の額として政令	【措令39の14】 　5　第3項の規定は、法第66条の6第1項第1号ハに規定する間接に有する外国関係会社の株式等の請求権に基づき受けることができる剰余金の配当等の額として政令で定めるものの計算について準用する。この場合において、第3項中「発行済株式等に」とあるのは「株式等の請求権に基づき受けることができる剰余金の配当等（前項第2号に規定する剰余金の配当等をいう。以下この項にお

通達・QA番号・逐条解説

持株割合···及び出資関連外国法人の当該外国関係会社に係る持株割合を順次乗じて計算した割合」の計算イメージは、次図の通りである。

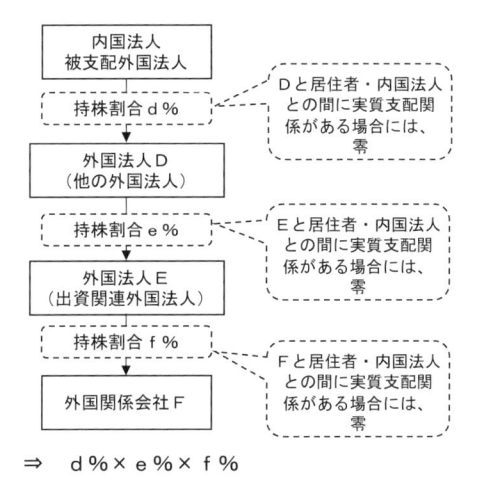

⇒　d％×e％×f％

（H29-671を一部加工）

1-2　議決権割合

解説　**措令39の14④**

□　措令39の14④による読替え後の措令39の14③は、次の通りである。

【措令39の14（読替え後）】
3　法第66条の6第1項第1号イに規定する間接に有するものとして政令で定める外国関係会社の株式等の数又は金額は、外国関係会社（同条第2項第1号に規定する外国関係会社をいう。以下この項において同じ。）の議決権（前項第2号に規定する剰余金の配当等に関する決議に係るものに限る。以下この項において同じ。）の総数に、次の各号に掲げる場合の区分に応じ当該各号に定める割合（当該各号に掲げる場合のいずれにも該当する場合には、当該各号に定める割合の合計割合）を乗じて計算した議決権の数とする。
一　当該外国関係会社の株主等である他の外国法人（以下この号において「他の外国法人」という。）の議決権の全部又は一部が内国法人等により保有されている場合
　　当該内国法人等の当該他の外国法人に係る議決権割合（その株主等の有する議決権の数がその総数のうちに占める割合をいい、当該議決権に係る法人と居住者又は内国法人との間に実質支配関係がある場合には、零とする。以下この項において同じ。）に当該他の外国法人の当該外国関係会社に係る議決権割合を乗じて計算した割合（当該他の外国法人が二以上ある場合には、二以上の当該他の外国法人につきそれぞれ計算した割合の合計割合）
二　当該外国関係会社と他の外国法人（その議決権の全部又は一部が内国法人等により保有されているものに限る。以下この号において「他の外国法人」という。）との間に一又は二以上の外国法人（以下この号において「出資関連外国法人」という。）が介在している場合であって、当該内国法人等、当該他の外国法人、出資関連外国法人及び当該外国関係会社が議決権の保有を通じて連鎖関係にある場合
　　当該内国法人等の当該他の外国法人に係る議決権割合、当該他の外国法人の出資関連外国法人に係る議決権割合、出資関連外国法人の他の出資関連外国法人に係る議決権割合及び出資関連外国法人の当該外国関係会社に係る議決権割合を順次乗じて計算した割合（当該連鎖関係が二以上ある場合には、当該二以上の連鎖関係につきそれぞれ計算した割合の合計割合）

1-3　請求権割合

解説　**措令39の14⑤**

□　措令39の14⑤による読替え後の措令39の14③は、次の通りである。

【措令39の14（読替え後）】
3　法第66条の6第1項第1号イに規定する間接に有するものとして政令で定める外国関係会社の株式等の数又は金額は、外国関係会社（同条第2項第1号に規定する外国関係会社をいう。以下この項において同じ。）の株式等の請求権に基づき受けることができる剰余金の配当等（前項第2号に規定する剰余金の配当等をいう。以下この項において同じ。）の総額に、次の各

本　　法	施行令・施行規則
で定めるものの合計額が当該外国関係会社の株式等の請求権に基づき受けることができる剰余金の配当等の総額のうちに占める割合	いて同じ。）の総額に」と、「株式等の数又は金額と」とあるのは「剰余金の配当等の額と」と、同項第1号中「発行済株式等の全部」とあるのは「株式等の請求権の全部」と、「持株割合」とあるのは「請求権割合」と、「数又は金額が当該株式等の発行法人の発行済株式等」とあるのは「請求権に基づき受けることができる剰余金の配当等の額がその総額」と、「発行法人と」とあるのは「請求権に係る株式等の発行法人と」と、同項第2号中「発行済株式等」とあるのは「株式等の請求権」と、「保有を」とあるのは「請求権の保有を」と、「持株割合」とあるのは「請求権割合」と読み替えるものとする。
二　外国関係会社との間に実質支配関係がある内国法人	
三　外国関係会社（内国法人との間に実質支配関係があるものに限る。）の他の外国関係会社に係る第1号イからハまでに掲げる割合のいずれかが100分の10以上である場合における当該内国法人（同号に掲げる内国法人を除く。）	

通達・ＱＡ番号・逐条解説

号に掲げる場合の区分に応じ当該各号に定める割合（当該各号に掲げる場合のいずれにも該当する場合には、当該各号に定める割合の合計割合）を乗じて計算した剰余金の配当等の額とする。

一　当該外国関係会社の株主等である他の外国法人（以下この号において「他の外国法人」という。）の株式等の請求権の全部又は一部が内国法人等により保有されている場合

　当該内国法人等の当該他の外国法人に係る請求権割合（その株主等の有する株式等の請求権に基づき受けることができる剰余金の配当等の額がその総額のうちに占める割合をいい、当該請求権に係る株式等の発行法人と居住者又は内国法人との間に実質支配関係がある場合には、零とする。以下この項において同じ。）に当該他の外国法人の当該外国関係会社に係る請求権割合を乗じて計算した割合（当該他の外国法人が二以上ある場合には、二以上の当該他の外国法人につきそれぞれ計算した割合の合計割合）

二　当該外国関係会社と他の外国法人（その株式等の請求権の全部又は一部が内国法人等により保有されているものに限る。以下この号において「他の外国法人」という。）との間に一又は二以上の外国法人（以下この号において「出資関連外国法人」という。）が介在している場合であって、当該内国法人等、当該他の外国法人、出資関連外国法人及び当該外国関係会社が株式等の請求権の保有を通じて連鎖関係にある場合

　当該内国法人等の当該他の外国法人に係る請求権割合、当該他の外国法人の出資関連外国法人に係る請求権割合、出資関連外国法人の他の出資関連外国法人に係る請求権割合及び出資関連外国法人の当該外国関係会社に係る請求権割合を順次乗じて計算した割合（当該連鎖関係が二以上ある場合には、当該二以上の連鎖関係につきそれぞれ計算した割合の合計割合）

2　本税制の適用を受ける内国法人（2号）

解　説　措法66の6①二

□　措法66の6①二に掲げる内国法人は、外国関係会社との間に実質支配関係がある内国法人である。例えば、次図の「内国法人（納税義務者）」がこれに該当する。

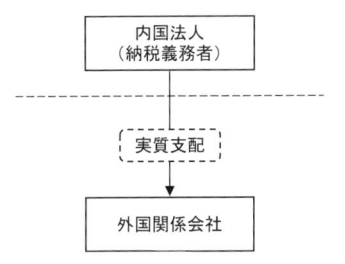

(H29-670を一部加工)

3　本税制の適用を受ける内国法人（3号）

解　説　措法66の6①三

□　措法66の6①三に掲げる内国法人は、内国法人との間に実質支配関係がある外国関係会社の他の外国関係会社に対する直接・間接の株式等保有割合が10％以上である場合における当該内国法人（措法66の6①一に掲げる内国法人を除く。）である。例えば、次図の「内国法人（納税義務者）」がこれに該当する。

本　　法	施行令・施行規則
四　外国関係会社に係る第1号イからハまでに掲げる割合のいずれかが100分の10以上である一の同族株主グループ（外国関係会社の株式等を直接又は間接に有する者及び当該株式等を直接又は間接に有する者との間に実質支配関係がある者（当該株式等を直接又は間接に有する者を除く。）のうち、一の居住者又は内国法人、当該一の居住者又は内国法人との間に実質支配関係がある者及び当該一の居住者又は内国法人と政令で定める特殊の関係のある者（外国法人を除く。）をいう。）に属する内国法人（外国関係会社に係る同号イからハまでに掲げる割合のいずれかが零を超えるものに限るものとし、同号及び前号に掲げる内国法人を除く。）	【措令39の14】 6　法第66条の6第1項第4号に規定する一の居住者又は内国法人と政令で定める特殊の関係のある者は、次に掲げる個人又は法人とする。 一　次に掲げる個人 　イ　居住者の親族 　ロ　居住者と婚姻の届出をしていないが事実上婚姻関係と同様の事情にある者 　ハ　居住者の使用人 　ニ　イからハまでに掲げる者以外の者で居住者から受ける金銭その他の資産によって生計を維持しているもの 　ホ　ロからニまでに掲げる者と生計を一にするこれらの者の親族 　ヘ　内国法人の役員（法人税法第2条第15号に規定する役員をいう。以下この節において同じ。）及び当該役員に係る法人税法施行令第72条各号に掲げる者 二　次に掲げる法人 　イ　一の居住者又は内国法人（当該居住者又は内国法人と前号に規定する特殊の関係のある個人を含む。以下この項において「居住者等」という。）が他の法人を支配している場合における当該他の法人 　ロ　一の居住者等及び当該一の居住者等とイに規定する特殊の関係のある法人が他の法人を支配している場合における当該他の法人 　ハ　一の居住者等及び当該一の居住者等とイ及びロに規定する特殊の関係のある法人が他の法人を支配している場合における当該他の法人 　ニ　同一の者とイからハまでに規定する特殊の関係のある二以上の法人のいずれかの法人が一の居住者等である場合における当該二以上の法人のうち当該一の居住者等以外の法人 7　法人税法施行令第4条第3項の規定は、前項第2号イからハまでに掲げる他の法人を支配している場合について準用する。
令和元年度改正後条文 四　外国関係会社に係る第1号イからハまでに掲げる割合のいずれかが100分の10以上である一の同族株主グループ（外国関係会社の株式等を直接又は間接に有する者及び当該株式等を直接又は間接に有する者との間に実質支配関係がある者（当該株式等を直接又は間接に有する者を除く。）のうち、一の居住者又は内国法人、当該一の居住者又は内国法人との間に実質支配関係がある者及び当該一の居住者又は内国法人と政令で定める特殊の関係のある者（外国法人を除く。）をいう。）に属する内国法人（外国関係会社に係る同号イからハまでに掲げる割合又は他の外国関係会社（内国法人との間に実質支配関係があるものに限る。）の当該外国関係会社に係る同号イからハまでに掲げる割合のいずれかが零を超えるものに限るものとし、同号及び前号に掲げる内国法人を除く。）	

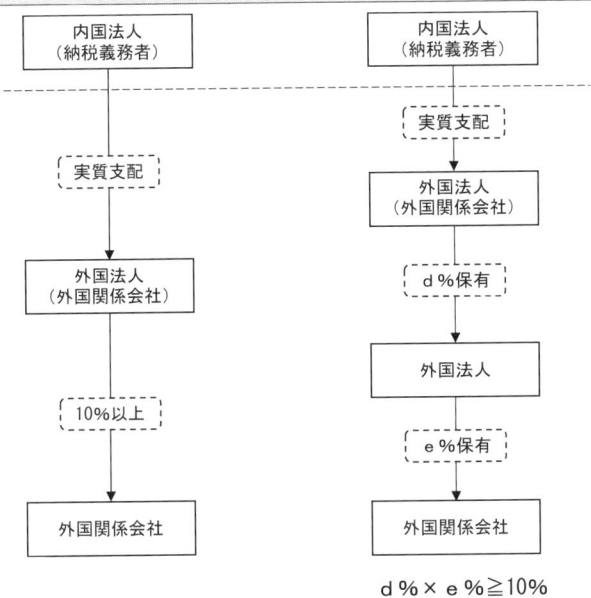

（H29-670を一部加工）

4　本税制の適用を受ける内国法人（4号）

解説 措法66の6①四

□　措法66の6①四に掲げる内国法人は、外国関係会社に対する直接・間接の株式等保有割合が10%以上である一の同族株主グループに属する内国法人（外国関係会社に対する直接・間接の株式等保有割合が零を超えるものに限り、措法66の6①一及び措法66の6①三に掲げる内国法人を除く。）である。同族株主間で株式等を分散保有することによって、本税制の適用を免れることはできない。

令和元年度改正の解説

□　次図の「一の内国法人」は、「外国関係会社に係る同号〔措法66の6①一〕イからハまでに掲げる割合……が零を超えるもの」（〔〕内著者）には該当しないが、「他の外国関係会社（内国法人との間に実質支配関係があるものに限る。）の当該外国関係会社に係る同号〔措法66の6①一〕イからハまでに掲げる割合…が零を超えるもの」（〔〕内著者）に該当するものと考えられる。

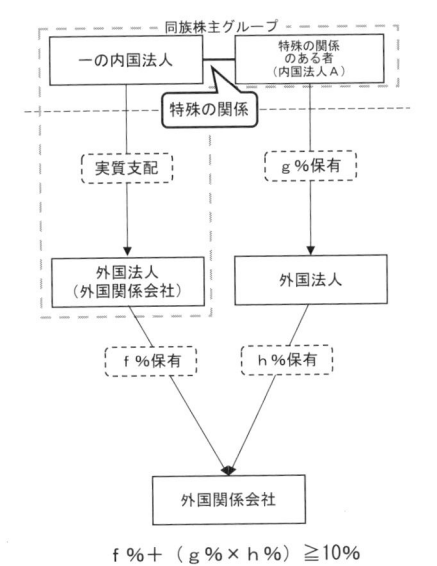

（H29-670を一部加工）

本　　法	施行令・施行規則

通達・ＱＡ番号・逐条解説

解　説　措令39の14⑥

□　内国法人の役員等が支配する法人は、当該内国法人と特殊の関係があるものとされる。

解　説　措令39の14⑦

□　法令4③は、措令39の14⑥ニイ～ハに掲げる「他の法人を支配している場合」について準用することとされている。具体的には、措令39の14⑥ニイ～ハの「支配している場合」とは、❶発行済株式等の過半数を有する場合、❷重要な事項に関する議決権の過半数を有する場合又は❸株主等の総数の過半数を占める場合のいずれかに該当する場合をいう。

【法令4】

3　前項各号に規定する他の会社を支配している場合とは、次に掲げる場合のいずれかに該当する場合をいう。

一　他の会社の発行済株式又は出資（その有する自己の株式又は出資を除く。）の総数又は総額の100分の50を超える数又は金額の株式又は出資を有する場合

二　他の会社の次に掲げる議決権のいずれかにつき、その総数（当該議決権を行使することができない株主等が有する当該議決権の数を除く。）の100分の50を超える数を有する場合

　イ　事業の全部若しくは重要な部分の譲渡、解散、継続、合併、分割、株式交換、株式移転又は現物出資に関する決議に係る議決権

　ロ　役員の選任及び解任に関する決議に係る議決権

　ハ　役員の報酬、賞与その他の職務執行の対価として会社が供与する財産上の利益に関する事項についての決議に係る議決権

　ニ　剰余金の配当又は利益の配当に関する決議に係る議決権

三　他の会社の株主等（合名会社、合資会社又は合同会社の社員（当該他の会社が業務を執行する社員を定めた場合にあっては、業務を執行する社員）に限る。）の総数の半数を超える数を占める場合

措法66の6②　用語の意義

本　　法	施行令・施行規則
【措法66の6】 　2　この条において、次の各号に掲げる用語の意義は、当該各号に定めるところによる。	
一　外国関係会社 　　　次に掲げる外国法人をいう。	

通達・QA番号・逐条解説

1　外国関係会社

解説　措法66の6②一

□　外国関係会社は、❶居住者等株主等の外国法人（実質支配されている外国法人を除く。）に係る直接・間接の株式等保有割合、議決権保有割合又は請求権保有割合のいずれかが50％を超える場合における当該外国法人、❷居住者又は内国法人との間に実質支配関係がある外国法人及び❸「部分対象外国関係会社」を経済活動基準の全てを満たす外国法人であるとして措法66の6②六及び七を適用した場合に外国金融機関に該当することとなる外国法人で、外国金融持株会社等との間に、その外国金融持株会社等がその外国法人の経営管理を行っている関係その他の特殊の関係がある外国法人（例えば、次図の「外国金融機関（特定外国金融機関）」）がこれに該当する。

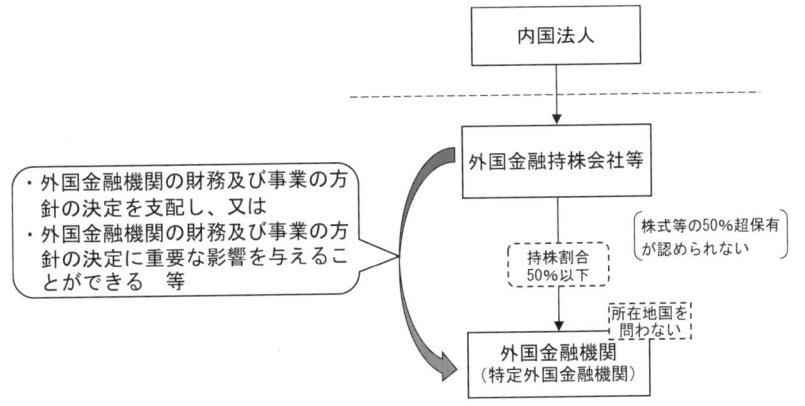

（H30-700を一部加工）

□　50％を超える持株割合等の連鎖がある場合に「外国関係会社」に該当することとされており、例えば、内国法人と外国法人（上場会社）が共同で50％・50％を出資して外国子会社を設立した場合において、共同出資の相手方である外国法人の株式を日本の居住者が1株取得したときであっても、外国関係会社の判定上、当該居住者による間接保有割合を考慮する必要はない。

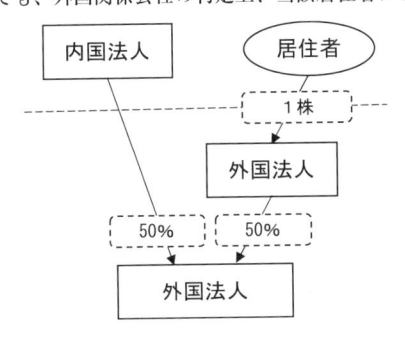

（H29-662を参考に作成）

参考判例

最判平成27年7月17日裁判所HP参照（平成25年（行ヒ）第166号）

　外国法に基づいて設立された組織体が所得税法2条1項7号等〔所得税法2条1項7号及び法人税法2条4号〕に定める外国法人に該当するか否かを判断するに当たっては、まず、…①当該組織体に係る設立根拠法令の規定の文言や法制の仕組みから、当該組織体が当該外国の法令において日本法上の法人に相当する法的地位を付与されていること又は付与されていないことが疑義のない程度に明白であるか否かを検討することとなり、これができない場合には、次に、…②当該組織体が権利義務の帰属主体であると認められるか否かを検討して判断すべきものであり、具体的には、当該組織体の設立根拠法令の規定の内容や趣旨等から、当該組織体が自ら法律行為の当事者となることができ、かつ、その法律効果が当該組織体に帰属すると認められるか否かという点を検討することとなるものと解される。（〔〕内著者）

（注）　本判決は、米国デラウェア州改正統一リミテッド・パートナーシップ法（州LPS法：Delaware Revised Uniform

本　　法	施行令・施行規則
イ　居住者及び内国法人並びに特殊関係非居住者（居住者又は内国法人と政令で定める特殊の関係のある第2条第1項第1号の2に規定する非居住者をいう。）及びロに掲げる外国法人（イにおいて「居住者等株主等」という。）の外国法人に係る次に掲げる割合のいずれかが100分の50を超える場合における当該外国法人	【措令39の14の2】 1　法第66条の6第2項第1号イに規定する居住者又は内国法人と政令で定める特殊の関係のある非居住者は、法第2条第1項第1号の2に規定する非居住者で、前条第6項第1号イからへまでに掲げるものとする。
（1）　居住者等株主等の外国法人（ロに掲げる外国法人を除く。）に係る直接保有株式等保有割合（居住者等株主等の有する当該外国法人の株式等の数又は金額がその発行済株式等の総数又は総額のうちに占める割合をいう。）及び居住者等株主等の当該外国法人に係る間接保有株式等保有割合（居住者等株主等の他の外国法人を通じて間接に有する当該外国法人の株式等の数又は金額がその発行済株式等の総数又は総額のうちに占める割合として政令で定める割合をいう。）を合計した割合	【措令39の14の2】 2　法第66条の6第2項第1号イ(1)に規定する政令で定める割合は、次の各号に掲げる場合の区分に応じ当該各号に定める割合（当該各号に掲げる場合のいずれにも該当する場合には、当該各号に定める割合の合計割合）とする。 一　法第66条の6第2項第1号イ(1)の外国法人（以下この項において「判定対象外国法人」という。）の株主等である外国法人（被支配外国法人に該当するものを除く。）の発行済株式等の100分の50を超える数又は金額の株式等が居住者等株主等（同号イに規定する居住者等株主等をいう。次号において同じ。）によって保有されている場合 　　当該株主等である外国法人の有する当該判定対象外国法人の株式等の数又は金額がその発行済株式等のうちに占める割合（当該株主等である外国法人が二以上ある場合には、当該二以上の株主等である外国法人につきそれぞれ計算した割合の合計割合） 二　判定対象外国法人の株主等である外国法人（前号に掲げる場合に該当する同号の株主等である外国法人及び被支配外国法人に該当するものを除く。）と居住者等株主等との間にこれらの者と株式等の保有を通じて連鎖関係にある一又は二以上の外国法人（被支配外国法人に該当するものを除く。以下この号において「出資関連外国法人」という。）が介在している場合（出資関連外国法人及び当該株主等である外国法人がそれぞれその発行済株式等の100分の50を超える数又は金額の株式等を居住者等株主等又は出資関連外国法人（その発行済株式等の100分の50を超える数又は金額の株式等が居住者等株主等又は他の出資関連外国法人によって保有されているものに限る。）によって保有されている場合に限る。） 　　当該株主等である外国法人の有する当該判定対象外国法人の株式等の数又は金額がその発行済株式等のうちに占める割合（当該株主等である外国法人が二以上ある場合には、当該二以上の株主等である外国法人につきそれぞれ計算した割合の合計割合）

Limited Partnership Act) に基づいて設立されたリミテッド・パートナーシップ（LPS：Limited Partnership）は、州LPS法の規定及びパートナーシップ契約の定めに照らせば、所得税法2条1項7号及び法人税法2条4号に定める外国法人に該当するものというべきであると判示した。

なお、米国のリミテッド・ライアビリティー・カンパニー（LLC：Limited Liability Company）については、国税庁が、そのホームページ上において、原則的には我が国の私法上、外国法人に該当するものと取り扱われるとする質疑事例を公表している（【資料2】「米国LLCに係る税務上の取扱い（国税庁）」参照。）。

1-1　50%超の連鎖関係がある外国法人

解説　措法66の6②一イ

□ 「居住者等株主等」の意義は、措法66の6②一イ柱書において明らかにされており、次図の「居住者等株主等」は、そのイメージである。

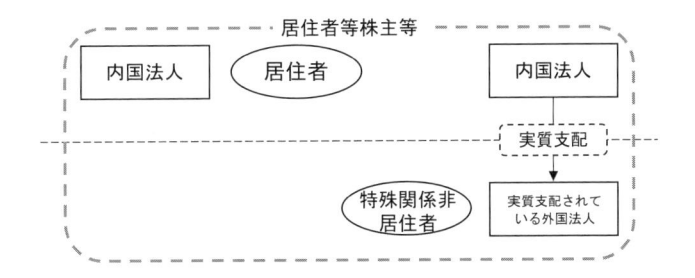

(H29-662を一部加工)

1-1〈1〉持株割合

解説　措法66の6②一イ(1)

□ 「直接保有株式等保有割合」の意義は、措法66の6②一イ(1)かっこ書において明らかにされており、次図の「保有割合」は、そのイメージである。

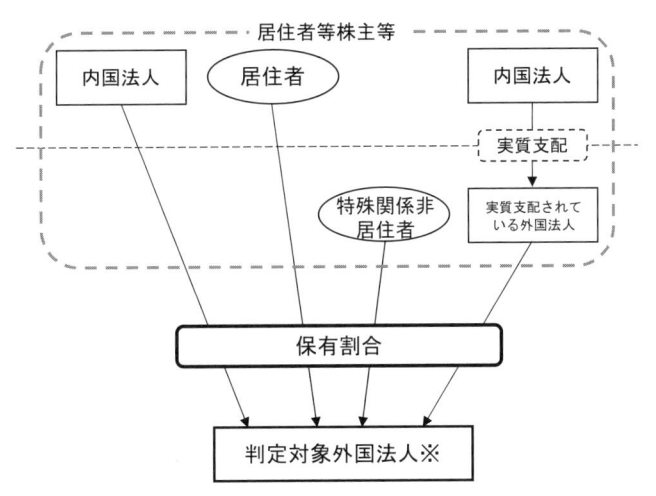

※ 居住者・内国法人に実質支配されている外国法人に該当するものを除く。

(H29-662を一部加工)

□ 次図の「外国関係会社」は、措法66の6②一イ(1)にいう「居住者等株主等の外国法人・・・に係る直接保有株式等保有割合」が50%超である場合における当該外国法人のイメージである。

本　　法	施行令・施行規則

通達・QA番号・逐条解説

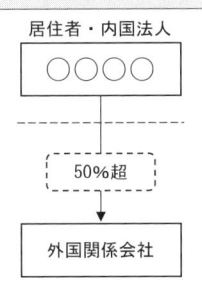

（H29-660を一部加工）

解説 措令39の14の2②一

☐ 次図の「保有割合」は、措令39の14の2②一に掲げる場合における「間接保有株式等保有割合」に該当する。

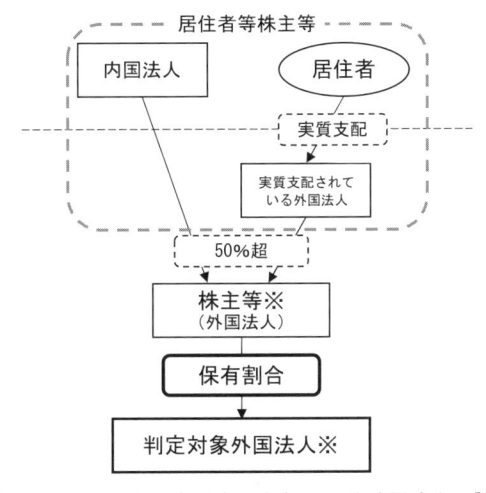

※ 居住者・内国法人に実質支配されている外国法人に該当するものを除く。

（H29-662を一部加工）

解説 措令39の14の2②二

☐ 次図の「保有割合」は、措令39の14の2②二に掲げる場合における「間接保有株式等保有割合」に該当する。

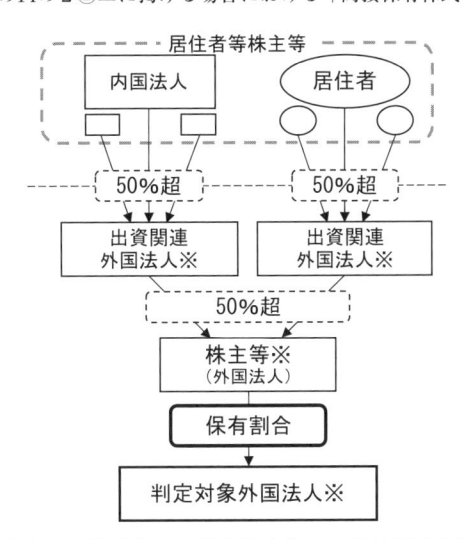

※ 居住者・内国法人に実質支配されている外国法人に該当するものを除く。

本　　　法	施行令・施行規則
(2)　居住者等株主等の外国法人（ロに掲げる外国法人を除く。）に係る直接保有議決権保有割合（居住者等株主等の有する当該外国法人の議決権の数がその総数のうちに占める割合をいう。）及び居住者等株主等の当該外国法人に係る間接保有議決権保有割合（居住者等株主等の他の外国法人を通じて間接に有する当該外国法人の議決権の数がその総数のうちに占める割合として政令で定める割合をいう。）を合計した割合	【措令39の14の2】 3　前項の規定は、法第66条の6第2項第1号イ(2)に規定する政令で定める割合の計算について準用する。この場合において、前項第1号中「第66条の6第2項第1号イ(1)」とあるのは「第66条の6第2項第1号イ(2)」と、「）の発行済株式等」とあるのは「）の議決権（前条第2項第2号に規定する剰余金の配当等に関する決議に係るものに限る。以下この項において同じ。）の総数」と、「又は金額の株式等」とあるのは「の議決権」と、「同号イ」とあるのは「法第66条の6第2項第1号イ」と、「株式等の数又は金額がその発行済株式等」とあるのは「議決権の数がその総数」と、同項第2号中「株式等の保有」とあるのは「議決権の保有」と、「発行済株式等の100分の50」とあるのは「議決権の総数の100分の50」と、「又は金額の株式等」とあるのは「の議決権」と、「株式等の数又は金額がその発行済株式等」とあるのは「議決権の数がその総数」と読み替えるものとする。
(3)　居住者等株主等の外国法人（ロに掲げる外国法人を除く。）に係る直接保有請求権保有割合（居住者等株主等の有する当該外国法人の株式等の請求権に基づき受けることができる剰余金の配当等の額がその総額のうちに占める割合をいう。）及び居住者等株主等の当該外国法人に係る間接保有請求権保有割合（居住者等株主等の他の外国法人を通じて間接に有する当該外国法人の株式等の請求権に基づき受けることができる剰余金の配当等の額がその総額のうちに占める割合として政令で定める割合をいう。）を合計した割合	【措令39の14の2】 4　第2項の規定は、法第66条の6第2項第1号イ(3)に規定する政令で定める割合の計算について準用する。この場合において、第2項第1号中「第66条の6第2項第1号イ(1)」とあるのは「第66条の6第2項第1号イ(3)」と、「）の発行済株式等」とあるのは「）の支払う剰余金の配当等（前条第2項第2号に規定する剰余金の配当等をいう。以下この項において同じ。）の総額」と、「数又は金額の株式等」とあるのは「金額の剰余金の配当等を受けることができる株式等の請求権」と、「同号イ」とあるのは「法第66条の6第2項第1号イ」と、「数又は金額がその発行済株式等」とあるのは「請求権に基づき受けることができる剰余金の配当等の額がその総額」と、同項第2号中「保有を」とあるのは「請求権の保有を」と、「発行済株式等の100分の50を超える数又は金額の株式等」とあるのは「支払う剰余金の配当等の総額の100分の50を超える金額の剰余金の配当等を受けることができる株式等の請求権」と、「数又は金額がその発行済株式等」とあるのは「請求権に基づき受けることができる剰余金の配当等の額がその総額」と読み替えるものとする。
ロ　居住者又は内国法人との間に実質支配関係がある外国法人	

通達・ＱＡ番号・逐条解説

(H29-662を一部加工)

1-1〈2〉 議決権割合

解 説 措令39の14の2③

☐ 措令39の14の2③による読替え後の措令39の14の2②は、次の通りである。

【措令39の14の2（読替え後）】

2　法第66条の6第2項第1号イ⑴に規定する政令で定める割合は、次の各号に掲げる場合の区分に応じ当該各号に定める割合（当該各号に掲げる場合のいずれにも該当する場合には、当該各号に定める割合の合計割合）とする。

一　法第66条の6第2項第1号イ⑵の外国法人（以下この項において「判定対象外国法人」という。）の株主等である外国法人（被支配外国法人に該当するものを除く。）の議決権（前条第2項第2号に規定する剰余金の配当等に関する決議に係るものに限る。以下この項において同じ。）の総数の100分の50を超える数の議決権が居住者等株主等（法第66条の6第2項第1号イに規定する居住者等株主等をいう。次号において同じ。）によって保有されている場合

　　当該株主等である外国法人の有する当該判定対象外国法人の議決権の数がその総数のうちに占める割合（当該株主等である外国法人が二以上ある場合には、当該二以上の株主等である外国法人につきそれぞれ計算した割合の合計割合）

二　判定対象外国法人の株主等である外国法人（前号に掲げる場合に該当する同号の株主等である外国法人及び被支配外国法人に該当するものを除く。）と居住者等株主等との間にこれらの者と議決権の保有を通じて連鎖関係にある一又は二以上の外国法人（被支配外国法人に該当するものを除く。以下この号において「出資関連外国法人」という。）が介在している場合（出資関連外国法人及び当該株主等である外国法人がそれぞれその議決権の総数の100分の50を超える数の議決権を居住者等株主等又は出資関連外国法人（その議決権の総数の100分の50を超える数の議決権が居住者等株主等又は他の出資関連外国法人によって保有されているものに限る。）によって保有されている場合に限る。）

　　当該株主等である外国法人の有する当該判定対象外国法人の議決権の数がその総数のうちに占める割合（当該株主等である外国法人が二以上ある場合には、当該二以上の株主等である外国法人につきそれぞれ計算した割合の合計割合）

1-1〈3〉 請求権割合

解 説 措令39の14の2④

☐ 措令39の14の2④による読替え後の措令39の14の2②は、次の通りである。

【措令39の14の2（読替え後）】

2　法第66条の6第2項第1号イ⑴に規定する政令で定める割合は、次の各号に掲げる場合の区分に応じ当該各号に定める割合（当該各号に掲げる場合のいずれにも該当する場合には、当該各号に定める割合の合計割合）とする。

一　法第66条の6第2項第1号イ⑶の外国法人（以下この項において「判定対象外国法人」という。）の株主等である外国法人（被支配外国法人に該当するものを除く。）の支払う剰余金の配当等（前条第2項第2号に規定する剰余金の配当等をいう。以下この項において同じ。）の総額の100分の50を超える金額の剰余金の配当等を受けることができる株式等の請求権が居住者等株主等（法第66条の6第2項第1号イに規定する居住者等株主等をいう。次号において同じ。）によって保有されている場合

　　当該株主等である外国法人の有する当該判定対象外国法人の株式等の請求権に基づき受けることができる剰余金の配当等の額がその総額のうちに占める割合（当該株主等である外国法人が二以上ある場合には、当該二以上の株主等である外国法人につきそれぞれ計算した割合の合計割合）

二　判定対象外国法人の株主等である外国法人（前号に掲げる場合に該当する同号の株主等である外国法人及び被支配外国法人に該当するものを除く。）と居住者等株主等との間にこれらの者と株式等の請求権の保有を通じて連鎖関係にある一又は二以上の外国法人（被支配外国法人に該当するものを除く。以下この号において「出資関連外国法人」という。）が介在している場合（出資関連外国法人及び当該株主等である外国法人がそれぞれその支払う剰余金の配当等の総額の100分の50を超える金額の剰余金の配当等を受けることができる株式等の請求権を居住者等株主等又は出資関連外国法人（その支払う剰余金の配当等の総額の100分の50を超える金額の剰余金の配当等を受けることができる株式等の請求権が居住者等株主等又は他の出資関連外国法人によって保有されているものに限る。）によって保有されている場合に限る。）

　　当該株主等である外国法人の有する当該判定対象外国法人の株式等の請求権に基づき受けることができる剰余金の配当等の額がその総額のうちに占める割合（当該株主等である外国法人が二以上ある場合には、当該二以上の株主等である外国法人につきそれぞれ計算した割合の合計割合）

1-2　実質支配関係がある外国法人

本　　法	施行令・施行規則
ハ　第6号中「外国関係会社（特定外国関係会社に該当するものを除く。）」とあるのを「外国法人」として同号及び第7号の規定を適用した場合に同号に規定する外国金融機関に該当することとなる外国法人で、同号に規定する外国金融機関に準ずるものとして政令で定める部分対象外国関係会社との間に、当該部分対象外国関係会社が当該外国法人の経営管理を行っている関係その他の特殊の関係がある外国法人として政令で定める外国法人	**【措令39の14の2】** 5　法第66条の6第2項第1号ハに規定する政令で定める外国法人は、第39条の17第3項に規定する部分対象外国関係会社に係る同項第1号イに規定する特定外国金融機関（同号イ⑵に掲げる外国法人に限る。）及び同条第9項第2号に規定する特定外国金融機関（同号ロに掲げる外国法人に限る。）とする。
二　特定外国関係会社 　次に掲げる外国関係会社をいう。	
イ　次のいずれにも該当しない外国関係会社	
⑴　その主たる事業を行うに必要と認められる事務所、店舗、工場その他の固定施設を有している外国関係会社（これらを有している外国関係会社と同様の状況にあるものとして政令で定める外国関係会社を含む。）	**【措令39の14の3】** 1　法第66条の6第2項第2号イ⑴に規定する政令で定める外国関係会社は、次に掲げる外国関係会社（同項第1号に規定する外国関係会社をいう。以下この条において同じ。）とする。 　一　一の内国法人によってその発行済株式等の全部を直接又は間接に保有されている外国関係会社で保険業法第219条第1項に規定する引受社員に該当するもの（以下この条及び第39条の17において「特定保険外国子会社等」という。）に係る特定保険協議者（特定保険外国子会社等が行う保険の引受けについて保険契約の内容を確定するための協議を行う者として財務省令で定めるもので次に掲げる要件を満たすものをいう。以下この条及び第39条の17において同じ。）がその本店又は主たる事務所の所在する国又は地域（以下この節において「本店所在地国」という。）においてその主たる事業を行うに必要と認められる事務所、店舗その他の固定施設を有している場合における当該特定保険協議者に係る当該特定保険外国子会社等に該当する外国関係会社 　　イ　当該一の内国法人によってその発行済株式等の全部を直接又は間接に保有されている外国関係会社に該当すること。 　　ロ　当該特定保険外国子会社等の本店所在地国と同一の国又は地域に本店又は主たる事務所が所在すること。 　**令和元年度改正後条文** 　一　一の内国法人等（一の内国法人（保険業を主たる事業とするもの又は保険業法第2条第16項に規定する保険持株会社に該当するも

通達・QA番号・逐条解説

1-3　出資規制がある外国金融機関

解　説　措法66の6②一ハ

☐　措法66の6②一ハが、「第6号中『外国関係会社（特定外国関係会社に該当するものを除く。）』とあるのを『外国法人』として同号及び第7号の規定を適用した場合に同号に規定する外国金融機関に該当することとなる外国法人」と規定しているのは、措法66の6②七において、「外国金融機関」とは、一定の要件を満たす部分対象外国関係会社をいうものとされ、措法66の6②六において、「部分対象外国関係会社」とは、経済活動基準の全てを満たす外国関係会社をいうものとされているところ、ここでは、「部分対象外国関係会社」を経済活動基準の全てを満たす外国法人であるとして措法66の6②六及び七を適用した場合に外国金融機関に該当することとなる外国法人がこれに該当するという趣旨である（H30-679）。

2　特定外国関係会社

解　説　措法66の6②二

☐　特定外国関係会社は、❶ペーパー・カンパニー、❷事実上のキャッシュ・ボックス及び❸ブラック・リスト国に所在する外国関係会社がこれに該当し、租税回避リスクが高いと考えられることから、租税負担割合が30％以上となる事業年度を除いて、外国関係会社単位の合算課税の対象とされる。

2-1　ペーパー・カンパニー

解　説　措法66の6②二イ

☐　措法66の6②二イに掲げる外国関係会社は、ペーパー・カンパニーがこれに該当し、❶実体基準（その主たる事業を行うに必要と認められる事務所、店舗、工場その他の固定施設を有している外国関係会社）及び❷管理支配基準（本店所在地国においてその事業の管理、支配及び運営を自ら行っている外国関係会社）のいずれにも該当しない外国関係会社とされている。

令和元年度改正の解説

> ☐　ペーパー・カンパニーの範囲から、❶外国子会社に係る持株会社である一定の外国関係会社、❷特定子会社に係る持株会社である一定の外国関係会社及び❸特定不動産の保有、資源開発等プロジェクトに係る一定の外国関係会社を除外することとされた。

2-1〈1〉　実体基準

解　説　措法66の6②二イ(1)

☐　措法66の6②二イ(1)にいう「固定施設」は、「その主たる事業を行うに必要と認められる」ことが要件とされているので、たとえ固定施設を有していても、その固定施設が主たる事業を行うに当たって必要なものと認められない場合には、措法66の6②二イ(1)の要件を満たさないのであるが、❶固定施設が所有か賃貸かといった形式は問われず、また、❷外国関係会社の本店所在地国以外に有している固定施設であっても、措法66の6②二イ(1)の要件を満たし得る（ただし、我が国にその主たる事業を行うに必要な固定施設を有する場合には、その固定施設が恒久的施設に該当し、その恒久的施設に帰せられるべき所得に対して法人税が課されることはある。）（H29-672・673）。

（主たる事業の判定）

措通66の6-5　措置法第66条の6第2項第2号イ(1)、同項第3号、同条第6項第1号ロ若しくは同項第2号又は措置法令第39条の15第1項第4号イ若しくは第39条の17の2第2項第4号イの規定を適用する場合において、外国関係会社が2以上の事業を営んでいるときは、そのいずれが主たる事業であるかは、それぞれの事業に属する収入金額又は所得金額の状況、使用人の数、固定施設の状況等を総合的に勘案して判定する。

（備　考）　最高裁平成29年10月24日第三小法廷判決は、「措置法〔平成21年法律第13号による改正前の租税特別措置法をいう。〕66条の6第3項及び4項にいう主たる事業は、特定外国子会社等〔外国関係会社〕の当該事業年度における事業活動の具体的かつ客観的な内容から判定することが相当であ〔る〕」（〔〕内著者）とした上で、主たる事業の判定について、措通66の6-5と同様の判断方法を示している。また、静岡地裁平成7年11月9日判決は、「特定外国子会社等〔外国関係会社〕の主たる事業の判定は、各事業年度ごとに行われるということは当然であ〔る〕」（〔〕内著者）と判示している。

（主たる事業を行うに必要と認められる事務所等の意義）

措通66の6-6　措置法第66条の6第2項第2号イ(1)及び第3号ロのその主たる事業を行うに必要と認められる事務所、店舗、工場その他の固定施設を有していることとは、外国関係会社がその主たる事業に係る活動を行うために必要となる固定施設を有していることをいうのであるから、同項第2号イ(1)及び第3号ロの規定の適用に当たっては、次のことに留意

本　　法	施行令・施行規則
	のに限る。）及び当該一の内国法人との間に第39条の17第4項に規定する特定資本関係のある内国法人（保険業を主たる事業とするもの又は同法第2条第16項に規定する保険持株会社に該当するものに限る。）をいう。以下この項及び次項において同じ。）によってその発行済株式等の全部を直接又は間接に保有されている外国関係会社で同法第219条第1項に規定する引受社員に該当するもの（以下この条及び第39条の17において「特定保険外国子会社等」という。）に係る特定保険協議者（特定保険外国子会社等が行う保険の引受けについて保険契約の内容を確定するための協議を行う者として財務省令で定めるもので次に掲げる要件の全てを満たすものをいう。以下この条及び第39条の17において同じ。）がその本店又は主たる事務所の所在する国又は地域（以下この節において「本店所在地国」という。）においてその主たる事業を行うに必要と認められる事務所、店舗その他の固定施設を有している場合における当該特定保険協議者に係る当該特定保険外国子会社等に該当する外国関係会社 　イ　当該一の内国法人等によってその発行済株式等の全部を直接又は間接に保有されている外国関係会社に該当すること。 　ロ　同　上 　ハ　その役員又は使用人がその本店所在地国において保険業を的確に遂行するために通常必要と認められる業務の全てに従事していること。 　二　一の内国法人（保険業を主たる事業とするものに限る。イにおいて同じ。）によってその発行済株式等の全部を直接又は間接に保有されている外国関係会社でその本店所在地国の法令の規定によりその本店所在地国において保険業の免許（当該免許に類する許可、登録その他の行政処分を含む。以下この号において同じ。）を受けているもの（以下この条及び第39条の17において「特定保険委託者」という。）に係る特定保険受託者（特定保険委託者が当該法令の規定によりその本店所在地国において保険業の免許の申請をする際又は当該法令の規定により保険業を営むために必要な事項の届出をする際にその保険業に関する業務を委託するものとして申請又は届出をされた者で次に掲げる要件を満たすものをいう。以下この条及び第39条の17において同じ。）がその本店所在地国においてその主たる事業を行うに必要と認められる事務所、店舗その他の固定施設を有している場合における当該特定保険受託者に係る当該特定保険委託者に該当する外国関係会社 　イ　当該一の内国法人によってその発行済株式等の全部を直接又は間接に保有されている外国関係会社に該当すること。 　ロ　当該特定保険委託者の本店所在地国と同一の国又は地域に本店又は主たる事務所が所在すること。 **令和元年度改正後条文** 　二　一の内国法人等によってその発行済株式等の全部を直接又は間接に保有されている外国関係会社でその本店所在地国の法令の規定によりその本店所在地国において保険業の免許（当該免許に類する許可、登録その他の行政処分を含む。以下この号において同じ。）を受けているもの（以下この条及び第39条の17において「特定保険委託者」という。）に係る特定保険受託者

通達・ＱＡ番号・逐条解説

する。
（1）　外国関係会社の有する固定施設が、当該外国関係会社の主たる事業を行うに必要と認められる事務所、店舗、工場その他の固定施設（以下66の6−6において「事務所等」という。）に該当するか否かは、当該外国関係会社の主たる事業の業種や業態、主たる事業に係る活動の内容等を踏まえて判定すること。ただし、当該外国関係会社の有する固定施設が、主たる事業に係る活動を行うために使用されるものでない場合には、主たる事業を行うに必要と認められる事務所等には該当しない。
（2）　外国関係会社が主たる事業を行うに必要と認められる事務所等を賃借により使用している場合であっても、事務所等を有していることに含まれること。

（備　考）　平成29年度税制改正後の経済活動基準における実体基準とペーパー・カンパニーの判定における実体基準は、同改正前の適用除外基準における実体基準と概ね同様の要件とされていることから、本通達は、従来の取扱いを変更するものではない。本通達の本文では、実体基準にいう「固定施設」とは、単なる物的設備ではなく、そこで行われる活動を前提とした概念であることが明らかにされている。また、本通達の(1)の「外国関係会社の有する固定施設が、当該外国関係会社の主たる事業を行うに必要と認められる・・・事務所・・・に該当するか否か」は、例えば、小売業なら店舗、製造業なら工場などが該当すると考えられる。なお、主たる事業が人の活動を要しない事業である場合には、主たる事業を行うに必要と認められる固定施設は有していないことになると考えられる（趣旨説明8−9）。
→　Q1（子会社の事業の進捗への関与等を行っている場合）
→　Q2（関係会社の事業所の一室を賃借して子会社の事業の進捗への関与等を行っている場合）
→　Q3（主たる事業を行うに必要な固定施設を有していると認められない場合）

【解　説】　措令39の14の3①

□　我が国の損害保険会社が英国ロイズ市場で事業を行うためには、英国ロイズ法に従った組織形態をとる必要があり、2つの法人（保険引受会社と管理運営会社）を設立しなければならないこととされている。そこで、英国ロイズ市場において、我が国の損害保険会社の英国子会社である保険引受会社（メンバー）と管理運営会社（マネージング・エージェント）が一体となって保険業を営むという活動実態に着目し（H28-598、H29-673）、措令39の14の3①一は、その保険引受会社（特定保険外国子会社等）と管理運営会社（特定保険協議者）を一体として固定施設等の実体を有するかどうかの判定を行うこととしている。
□　英国ロイズ市場以外でも、保険引受子会社と管理運営子会社を別会社とした上で、これらを一体として保険業を営む場合があることから（H29-673・674）、措令39の14の3①二は、別々の会社が一体として保険業を営む形態での活動が保険規制当局に認められていること等を要件にその保険引受子会社と管理運営子会社を一体として固定施設等の実体を有するかどうかの判定を行うこととしている。

令和元年度改正の解説

（背景）
□　「平成29年度税制改正において、現地に事業所等がない場合は合算対象となる改正がなされたが、実質的に現地で事業（保険）を営んでいると認められる場合には、競争上不利にならないよう合算課税の対象から除外される措置がなされているところ。しかしながら、実質的に現地で事業（保険）を営んでおり、租税回避目的がないにもかかわらず、未だ措置の対象にならない場合があり、早期是正を望む声がある」（金融庁ＨＰ）として、金融庁が、所要の措置を講ずるよう求めていた。

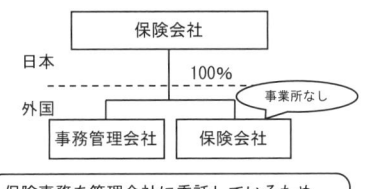

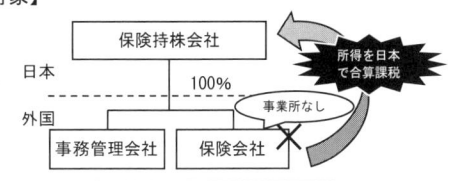

（出典：金融庁ＨＰ）

（改正の内容）
□　ロイズ特例の対象となる外国関係会社に関する「一の内国法人によってその発行済株式等の全部を直接又は間接に保

本　　　法	施行令・施行規則
	（特定保険委託者が当該法令の規定によりその本店所在地国において保険業の免許の申請をする際又は当該法令の規定により保険業を営むために必要な事項の届出をする際にその保険業に関する業務を委託するものとして申請又は届出をされた者で次に掲げる要件<u>の全てを満たすもの（その申請又は届出をされた者が当該一の内国法人等に係る他の特定保険委託者に該当する場合には、当該他の特定保険委託者が当該法令の規定によりその本店所在地国において保険業の免許の申請をする際又は当該法令の規定により保険業を営むために必要な事項の届出をする際にその保険業に関する業務を委託するものとして申請又は届出をされた者で次に掲げる要件の全てを満たすものを含む。）</u>をいう。以下この条及び第39条の17において同じ。）がその本店所在地国においてその主たる事業を行うに必要と認められる事務所、店舗その他の固定施設を有している場合における当該特定保険受託者に係る当該特定保険委託者に該当する外国関係会社 　イ　当該一の内国法人等によってその発行済株式等の全部を直接又は間接に保有されている外国関係会社に該当すること。 　ロ　同　　上 　<u>ハ　その役員又は使用人がその本店所在地国において保険業を的確に遂行するために通常必要と認められる業務の全てに従事していること。</u>

9　第1項及び前項において、発行済株式等の全部を直接又は間接に保有されているかどうかの判定は、これらの規定の一の内国法人の外国関係会社に係る直接保有株式等保有割合（当該一の内国法人の有する外国法人の株式等の数又は金額が当該外国法人の発行済株式等のうちに占める割合をいう。）と当該一の内国法人の当該外国関係会社に係る間接保有株式等保有割合（当該一の内国法人の外国法人を通じて間接に有する他の外国法人の株式等の数又は金額が当該他の外国法人の発行済株式等のうちに占める割合をいう。）とを合計した割合により行うものとする。

令和元年度改正後条文

<u>2</u>　前項において、発行済株式等の全部を直接又は間接に保有されているかどうかの判定は、同項の一の内国法人等の外国関係会社に係る直接保有株式等保有割合（当該一の内国法人等の有する外国法人の株式等の数又は金額が当該外国法人の発行済株式等のうちに占める割合をいう。）と当該一の内国法人等の当該外国関係会社に係る間接保有株式等保有割合とを合計した割合により行うものとする。

10　第39条の14第3項の規定は、前項に規定する間接に有する他の外国法人の株式等の数又は金額の計算について準用する。この場合において、同条第3項中「外国関係会社（同条第2項第1号に規定する外国関係会社をいう。以下この項において同じ。）」とあるのは「外国法人」と、同項第1号中「外国関係会社」とあるのは「外国法人」と、「内国法人等」とあるのは「一の内国法人」と、「いい、当該発行法人と居住者又は内国法人との間に実質支配関係がある場合には、零とする」とあるのは「いう」と、同項第2号中「外国関係会社」とあるのは「外国法人」と、「内国法人等」とあるのは「一の

通達・QA番号・逐条解説

有されている外国関係会社」との要件について、「一の内国法人（保険業を主たる事業とするもの又は…保険持株会社に該当するものに限る。）及び当該一の内国法人との間に…特定資本関係のある内国法人（保険業を主たる事業とするもの又は…保険持株会社に該当するものに限る。）…によってその発行済株式等の全部を直接又は間接に保有されている外国関係会社」との要件に見直すこととされた。

☐ 特定保険協議者の要件に、「その役員又は使用人がその本店所在地国において保険業を的確に遂行するために通常必要と認められる業務の全てに従事していること」との要件が追加された。

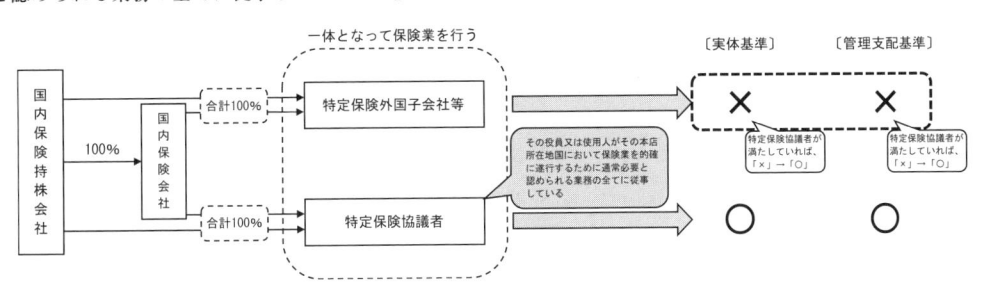

（H30-696を参考に作成）

☐ 保険委託者特例の対象となる外国関係会社に関する「一の内国法人（保険業を主たる事業とするものに限る。…）によってその発行済株式等の全部を直接又は間接に保有されている外国関係会社」との要件について、「一の内国法人（保険業を主たる事業とするもの又は…保険持株会社に該当するものに限る。）及び当該一の内国法人との間に…特定資本関係のある内国法人（保険業を主たる事業とするもの又は…保険持株会社に該当するものに限る。）…によってその発行済株式等の全部を直接又は間接に保有されている外国関係会社」との要件に見直すこととされた。

☐ 特定保険受託者の要件に、「その役員又は使用人がその本店所在地国において保険業を的確に遂行するために通常必要と認められる業務の全てに従事していること」との要件が追加された。

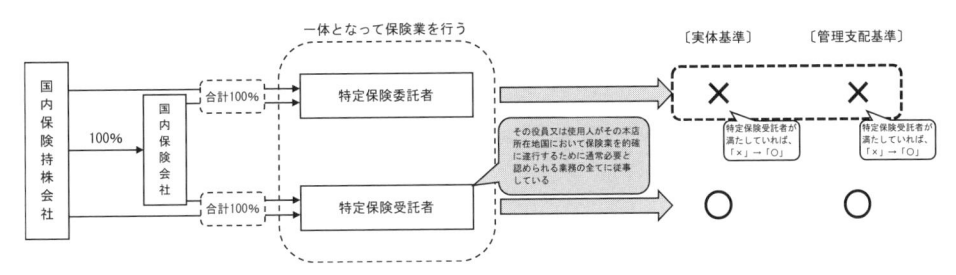

（H30-696を参考に作成）

☐ 「〔特定保険委託者の保険業に関する業務を委託するものとして〕申請又は届出をされた者が…一の内国法人等に係る他の特定保険委託者に該当する場合には、当該他の特定保険委託者が…その保険業に関する業務を委託するものとして申請又は届出をされた者」で一定の要件を満たすものは、特定保険受託者に含まれることとされた。

☐ 措令39の14の3③による読替え後の措令39の17⑦は、次の通りである。

【措令39の17（読替え後）】

7 前項に規定する間接保有株式等保有割合とは、次の各号に掲げる場合の区分に応じ当該各号に定める割合（当該各号に掲げる場合のいずれにも該当する場合には、当該各号に定める割合の合計割合）をいう。

一 外国関係会社（法第66条の6第2項第1号に規定する外国関係会社をいう。以下この項において同じ。）の株主等（法人税法第2条第14号に規定する株主等をいう。以下この項において同じ。）である外国法人の発行済株式等の全部が<u>一の内国法人等</u>（第39条の14の3第1項第1号に規定する一の内国法人等をいう。次号において同じ。）によって保有されている場合

　　当該株主等である外国法人の有する<u>当該外国関係会社</u>の株式等の数又は金額がその発行済株式等のうちに占める割合（当該株主等である外国法人が二以上ある場合には、当該二以上の株主等である外国法人につきそれぞれ計算した割合の合計割合）

二 外国関係会社の株主等である外国法人（前号に掲げる場合に該当する同号の株主等である外国法人を除く。）と一の内国法人等との間にこれらの者と株式等の保有を通じて連鎖関係にある一又は二以上の外国法人（以下この号において「出資関連外国法人」という。）が介在している場合（出資関連外国法人及び当該株主等である外国法人がそれぞれそ

本　　法	施行令・施行規則
	内国法人」と読み替えるものとする。

令和元年度改正後条文

> <u>3</u>　第39条の17第7項の規定は、前項に規定する間接保有株式等保有割合について準用する。この場合において、同条第7項第1号中「部分対象外国関係会社の株主等」とあるのは「外国関係会社（法第66条の6第2項第1号に規定する外国関係会社をいう。以下この項において同じ。）の株主等」と、「一の内国法人等」とあるのは「一の内国法人等（第39条の14の3第1項第1号に規定する一の内国法人等をいう。次号において同じ。）」と、「当該部分対象外国関係会社」とあるのは「当該外国関係会社」と、同項第2号中「部分対象外国関係会社」とあるのは「外国関係会社」と読み替えるものとする。

【措規22の11】

1　施行令第39条の14の3第1項第1号に規定する財務省令で定める者は、保険業法第219条第1項に規定する特定法人の規約により保険契約者と保険契約の内容を確定するための協議を行うことが認められている者のうち、同号に規定する特定保険外国子会社等が行う保険の引受けについて保険契約の内容を確定するための協議を行う者とする。

本　　法	施行令・施行規則
(2)　その本店又は主たる事務所の所在する国又は地域（以下この項、第6項及び第8項において「本店所在地国」という。）においてその事業の管理、支配及び運営を自ら行っている外国関係会社（これらを自ら行っている外国関係会社と同様の状況にあるものとして政令で定める外国関係会社を含む。）	**【措令39の14の3】** 2　法第66条の6第2項第2号イ(2)に規定する政令で定める外国関係会社は、次に掲げる外国関係会社とする。 一　外国関係会社（特定保険外国子会社等に該当するものに限る。以下この号において同じ。）に係る特定保険協議者がその本店所在地国においてその事業の管理、支配及び運営を自ら行っている場合における当該外国関係会社 二　外国関係会社（特定保険委託者に該当するものに限る。以下この号において同じ。）に係る特定保険受託者がその本店所在地国においてその事業の管理、支配及び運営を自ら行っている場合における当該外国関係会社

令和元年度改正後条文

> <u>4</u>　同　上

通達・QA番号・逐条解説
の発行済株式等の全部を一の内国法人等又は出資関連外国法人（その発行済株式等の全部が一の内国法人等又は他の出資関連外国法人によって保有されているものに限る。）によって保有されている場合に限る。） 　当該株主等である外国法人の有する当該外国関係会社の株式等の数又は金額がその発行済株式等のうちに占める割合（当該株主等である外国法人が二以上ある場合には、当該二以上の株主等である外国法人につきそれぞれ計算した割合の合計割合）

2-1 〈2〉 管理支配基準

解 説 措法66の6②ニイ(2)

□ 「本店又は主たる事務所の所在する国又は地域」は、管理支配地主義ではなく、本店所在地主義により判定した場所をいうものと解される。

（自ら事業の管理、支配等を行っていることの意義）
措通66の6-7　措置法第66条の6第2項第2号イ(2)及び第3号ロの「その事業の管理、支配及び運営を自ら行っている」こととは、外国関係会社が、当該外国関係会社の事業計画の策定等を行い、その事業計画等に従い裁量をもって事業を執行することであり、これらの行為に係る結果及び責任が当該外国関係会社に帰属していることをいうのであるが、次の事実があるとしてもそのことだけでこの要件を満たさないことにはならないことに留意する。
(1)　当該外国関係会社の役員が当該外国関係会社以外の法人の役員又は使用人（以下66の6-8において「役員等」という。）を兼務していること。
(2)　当該外国関係会社の事業計画の策定等に当たり、親会社等と協議し、その意見を求めていること。
(3)　当該事業計画等に基づき、当該外国関係会社の業務の一部を委託していること。

備 考　平成29年度税制改正後の経済活動基準における管理支配基準とペーパー・カンパニーの判定における管理支配基準は、同改正前の適用除外基準における管理支配基準と概ね同様の要件とされていることから、本通達は、従来の取扱いを変更するものではない。なお、本通達の(1)については、外国関係会社の役員は、必ずしも常勤である必要はないが、名義だけの役員や、不特定多数の会社のための業として行う役員である場合には、一般的に、その役員が外国関係会社の事業計画の策定等を自ら行っているとは認められないものと考えられる（趣旨説明10-11）。

（事業の管理、支配等を本店所在地国において行っていることの判定）
措通66の6-8　措置法第66条の6第2項第2号イ(2)及び第3号ロにおけるその事業の管理、支配及び運営を本店所在地国（同項第2号イ(2)に規定する本店所在地国をいう。以下66の6-27までにおいて同じ。）において行っているかどうかの判定は、外国関係会社の株主総会及び取締役会等の開催、事業計画の策定等、役員等の職務執行、会計帳簿の作成及び保管等が行われている場所並びにその他の状況を総合的に勘案の上行うことに留意する。

備 考　例えば、外国関係会社の株主総会の開催が本店所在地国以外の場所で行われていたとしても、そのことだけでは、当該外国関係会社が管理支配基準を満たさないことにはならない（趣旨説明12）。また、外国関係会社の株主総会及び取締役会の開催に当たりテレビ会議システム等の情報通信機器を利用したとの一事をもって、直ちに管理支配基準を満たさなくなるというこ

本　　法	施行令・施行規則

(3)　外国子会社（当該外国関係会社とその本店所在地国を同じくする外国法人で、当該外国関係会社の有する当該外国法人の株式等の数又は金額のその発行済株式等の総数又は総額のうちに占める割合が100分の25以上であることその他の政令で定める要件に該当するものをいう。）の株式等の保有を主たる事業とする外国関係会社で、その収入金額のうちに占める当該株式等に係る剰余金の配当等の額の割合が著しく高いことその他の政令で定める要件に該当するもの

(4)　特定子会社（前項各号に掲げる内国法人に係る他の外国関係会社で、部分対象外国関係会社に該当するものその他の政令で定めるものをいう。）の株式等の保有を主たる事業とする外国関係会社で、その本店所在地国を同じくする管理支配会社（当該内国法人に係る他の外国関係会社のうち、部分対象外国関係会社に該当するもので、その本

【措令39の14の3】

5　法第66条の6第2項第2号イ(3)に規定する政令で定める要件に該当する外国法人は、外国法人（外国関係会社とその本店所在地国を同じくするものに限る。以下この項において同じ。）の発行済株式等のうちに当該外国関係会社が保有しているその株式等の数若しくは金額の占める割合又は当該外国法人の発行済株式等のうちの議決権のある株式等の数若しくは金額のうちに当該外国関係会社が保有しているその議決権のある株式等の数若しくは金額の占める割合のいずれかが100分の25以上であり、かつ、その状態が当該外国関係会社が当該外国法人から受ける剰余金の配当等（同条第1項に規定する剰余金の配当等をいう。以下この条において同じ。）の額の支払義務が確定する日（当該剰余金の配当等の額が法人税法第24条第1項に規定する事由に係る財務省令で定める剰余金の配当等の額である場合には、同日の前日。以下この項において同じ。）以前6月以上（当該外国法人が当該確定する日以前6月以内に設立された外国法人である場合には、その設立の日から当該確定する日まで）継続している場合の当該外国法人とする。

6　法第66条の6第2項第2号イ(3)に規定する政令で定める要件に該当する外国関係会社は、外国子会社（同号イ(3)に規定する外

通達・QA番号・逐条解説

とにはならないと考えられる（【資料４】「外国子会社合算税制の適用除外基準である管理支配基準の判定（株主総会等のテレビ会議システム等の活用について）（経済産業省）」参照）。

- ➡ Q4（役員が兼務役員である場合）
- ➡ Q5（一部の業務につき親会社等に確認を求めることがある場合）
- ➡ Q6（事業計画の策定は親会社等が行い、外国関係会社の役員はその策定された計画に従って職務を執行しているのみである場合）
- ➡ Q7（業務の一部を委託している場合）
- ➡ Q8（外国関係会社の事業が工業所有権に係る使用料を得ることのみである場合）

解 説 措令39の14の３②

☐ 我が国の損害保険会社が英国ロイズ市場で事業を行うためには、英国ロイズ法に従った組織形態をとる必要があり、２つの法人（保険引受会社と管理運営会社）を設立しなければならないこととされている。そこで、英国ロイズ市場において、我が国の損害保険会社の英国子会社である保険引受会社（メンバー）と管理運営会社（マネージング・エージェント）が一体となって保険業を営むという活動実態に着目し（H28-598、H29-673）、措令39の14の３②一は、その保険引受会社（特定保険外国子会社等）と管理運営会社（特定保険協議者）を一体として自ら管理支配を行っているかどうかの判定を行うこととしている。

☐ 英国ロイズ市場以外でも、保険引受子会社と管理運営子会社を別会社とした上で、これらを一体として保険業を営む場合があることから（H29-673・674）、措令39の14の３②二は、別々の会社が一体として保険業を営む形態での活動が保険規制当局に認められていること等を要件にその保険引受子会社と管理運営子会社を一体として自ら管理支配を行っているかどうかの判定を行うこととしている。

（特定保険協議者又は特定保険受託者の管理支配基準の判定）

措通66の６-９ 措置法令第39条の14の３第２項及び第14項の特定保険協議者又は特定保険受託者がその本店所在地国においてその事業の管理、支配及び運営を自ら行っているかどうかの判定は、66の６-７及び66の６-８の取扱いにより行うことに留意する。

備 考 特定保険協議者又は特定保険受託者も外国関係会社に該当することから、本通達では、特定保険外国子会社等又は特定保険委託者の管理支配基準における特定保険協議者又は特定保険受託者の管理支配基準の判定については、措通66の６-７《自ら事業の管理、支配等を行っていることの意義》及び66の６-８《事業の管理、支配等を本店所在地国において行っていることの判定》により行うことが明らかにされている。

外国子会社に係る持株会社である一定の外国関係会社

2-1 〈3〉 特定子会社に係る持株会社である一定の外国関係会社

特定不動産の保有、資源開発等プロジェクトに係る一定の外国関係会社

令和元年度改正の解説

（背景）

☐ ❶「米国連邦法人税率が35％から21％に引き下げられたため、日本企業が出資する米国子会社に同制度〔外国子会社合算税制〕が適用される可能性あり」、❷「米国でのビジネスにおいては、株式会社のみならず、設立手続きが簡易で柔軟に運営方法を決定できるLLC（Limited Liability Company）やLPS（Limited Partnership）といった事業体による共同事業が通常行われている。また、ビジネス上の理由に基づきペーパー・カンパニーが活用されることも通常」、❸「日本の現行CFC税制を米国に適用しようとした場合・・・、数多くの問題点が生じる」（経済産業省ＨＰ、〔〕内著者）として、経済産業省が、所要の措置を講ずるよう求めていた。

本　　法	施行令・施行規則
店所在地国において、その役員（法人税法第2条第15号に規定する役員をいう。次号及び第7号並びに第6項において同じ。）又は使用人がその主たる事業を的確に遂行するために通常必要と認められる業務の全てに従事しているものをいう。(4)及び(5)において同じ。）によってその事業の管理、支配及び運営が行われていること、当該管理支配会社がその本店所在地国で行う事業の遂行上欠くことのできない機能を果たしていること、その収入金額のうちに占める当該株式等に係る剰余金の配当等の額及び当該株式等の譲渡に係る対価の額の割合が著しく高いことその他の政令で定める要件に該当するもの (5)　その本店所在地国にある不動産の保有、その本店所在地国における石油その他の天然資源の探鉱、開発若しくは採取又はその本店所在地国の社会資本の整備に関する事業の遂行上欠くことのできない機能を果たしている外国関係会社で、その本店所在地国を同じくする管理支配会社によってその事業の管理、支配及び運営が行われていることその他の政令で定める要件に該当するもの	国子会社をいう。以下この項において同じ。）の株式等の保有を主たる事業とする外国関係会社で、次に掲げる要件の全てに該当するものとする。 一　当該事業年度の収入金額の合計額のうちに占める外国子会社から受ける剰余金の配当等の額（その受ける剰余金の配当等の額の全部又は一部が当該外国子会社の本店所在地国の法令において当該外国子会社の所得の金額の計算上損金の額に算入することとされている剰余金の配当等の額に該当する場合におけるその受ける剰余金の配当等の額を除く。）その他財務省令で定める収入金額の合計額の割合が100分の95を超えていること。 二　当該事業年度終了の時における貸借対照表（これに準ずるものを含む。以下この節及び次節において同じ。）に計上されている総資産の帳簿価額のうちに占める外国子会社の株式等その他財務省令で定める資産の帳簿価額の合計額の割合が100分の95を超えていること。 7　法第66条の6第2項第2号イ(4)に規定する同条第1項各号に掲げる内国法人に係る他の外国関係会社で政令で定めるものは、当該内国法人に係る他の外国関係会社（管理支配会社（同号イ(4)に規定する管理支配会社をいう。次項及び第9項において同じ。）とその本店所在地国を同じくするものに限る。）で、部分対象外国関係会社（同条第2項第6号に規定する部分対象外国関係会社をいう。第9項第3号イ(1)(ii)において同じ。）に該当するものとする。 8　法第66条の6第2項第2号イ(4)に規定する政令で定める要件に該当する外国関係会社は、特定子会社（同号イ(4)に規定する特定子会社をいう。第6号及び第7号において同じ。）の株式等の保有を主たる事業とする外国関係会社で次に掲げる要件の全てに該当するものその他財務省令で定めるものとする。 一　その事業の管理、支配及び運営が管理支配会社によって行われていること。 二　管理支配会社の行う事業（当該管理支配会社の本店所在地国において行うものに限る。）の遂行上欠くことのできない機能を果たしていること。 三　その事業を的確に遂行するために通常必要と認められる業務の全てが、その本店所在地国において、管理支配会社の役員又は使用人によって行われていること。 四　その本店所在地国を管理支配会社の本店所在地国と同じくすること。 五　次に掲げる外国関係会社の区分に応じそれぞれ次に定める要件に該当すること。 　イ　ロに掲げる外国関係会社以外の外国関係会社 　　その本店所在地国の法令においてその外国関係会社の所得（その外国関係会社の属する企業集団の所得を含む。）に対して外国法人税（法人税法第69条第1項に規定する外国法人税をいう。以下この節において同じ。）を課されるものとされていること。 　ロ　その本店所在地国の法令において、その外国関係会社の所得がその株主等（法人税法第2条第14号に規定する株主等をいう。ロ及び次条第6項第3号において同じ。）である者の所得として取り扱われる外国関係会社 　　その本店所在地国の法令において、当該株主等である者（法第66条の6第1項各号に掲げる内国法人に係る他の外国関係会社に該当するものに限る。）の所得として取り扱われる所得

通達・QA番号・逐条解説

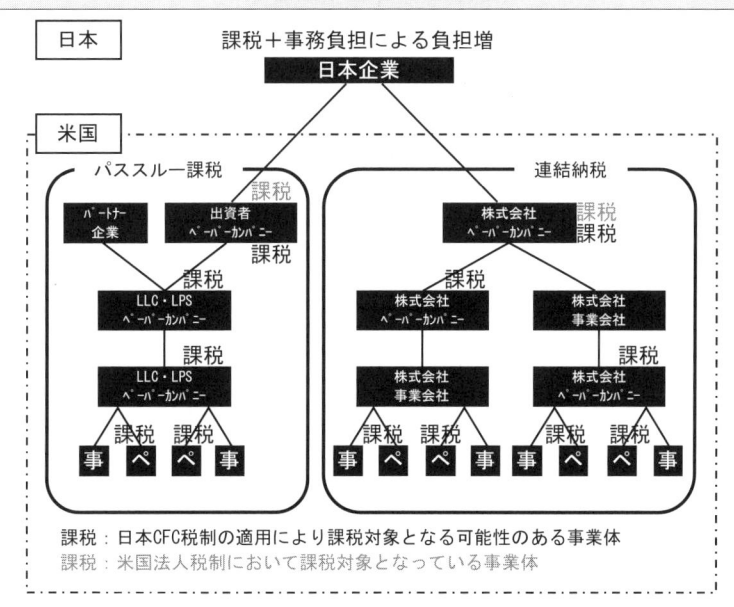

（出典：経済産業省ＨＰ）

（改正の内容）

☐ ペーパー・カンパニーの範囲から除外することとされた「外国子会社に係る持株会社である一定の外国関係会社」（措法66の6②二イ(3)）の概要は、【図表1】の通りである。

【図表1】

		政　　　令	措令39の14の3⑥
外国子会社に係る持株会社である一定の外国関係会社 （措法66の6②二イ(3)）		事　業　要　件	外国子会社の株式等の保有を主たる事業とする
		収　入　要　件	❶外国子会社から受ける剰余金の配当等の額（損金算入配当等の額を除く。）及び❷外国関係会社の行う主たる事業に係る業務の通常の過程において生ずる預金利子の額の合計額 ／ 収入金額の合計額　＞ 95％
		資　産　要　件	その事業年度終了の時における❶外国子会社の株式等の帳簿価額、❷未収金（収入要件の分子の金額に係るものに限る。）の帳簿価額及び❸現預金の帳簿価額（当該事業年度における外国子会社の株式等に係る剰余金の配当等の額を限度とする。）の合計額 ／ その事業年度終了の時における総資産の帳簿価額　＞ 95％
用語の意義	外国子会社 （措令39の14の3⑤）	法　人　の　種　類	外国法人
		所在地国要件	外国関係会社の本店所在地国と同一の国又は地域に所在する
		持株割合要件	持株割合又は議決権のある株式等に係る持株割合のいずれかが25％以上 かつ 剰余金の配当等の額の支払義務が確定する日以前6か月以上継続して保有（原則）

☐ 次図の「外国関係会社A」は、【図表1】の外国関係会社のイメージである。

本　　法	施行令・施行規則
	に対して外国法人税を課されるものとされていること。
	六　当該事業年度の収入金額の合計額のうちに占める次に掲げる金額の合計額の割合が100分の95を超えていること。
	イ　当該事業年度の特定子会社から受ける剰余金の配当等の額（その受ける剰余金の配当等の額の全部又は一部が当該特定子会社の本店所在地国の法令において当該特定子会社の所得の金額の計算上損金の額に算入することとされている剰余金の配当等の額に該当する場合におけるその受ける剰余金の配当等の額を除く。）
	ロ　特定子会社の株式等の譲渡（当該外国関係会社に係る関連者（法第66条の6第2項第2号ハ(1)に規定する関連者をいう。以下第15項までにおいて同じ。）以外の者への譲渡に限るものとし、当該株式等の取得の日から1年以内に譲渡が行われることが見込まれていた場合の当該譲渡及びその譲渡を受けた株式等を当該外国関係会社又は当該外国関係会社に係る関連者に移転することが見込まれる場合の当該譲渡を除く。）に係る対価の額
	ハ　その他財務省令で定める収入金額
	七　当該事業年度終了の時における貸借対照表に計上されている総資産の帳簿価額のうちに占める特定子会社の株式等その他財務省令で定める資産の帳簿価額の合計額の割合が100分の95を超えていること。
	9　法第66条の6第2項第2号イ(5)に規定する政令で定める要件に該当する外国関係会社は、次に掲げる外国関係会社とする。
	一　特定不動産（その本店所在地国にある不動産（不動産の上に存する権利を含む。以下この項及び第32項第1号において同じ。）で、その外国関係会社に係る管理支配会社の事業の遂行上欠くことのできないものをいう。以下この号において同じ。）の保有を主たる事業とする外国関係会社で次に掲げる要件の全てに該当するものその他財務省令で定めるもの
	イ　管理支配会社の行う事業（当該管理支配会社の本店所在地国において行うもので不動産業に限る。）の遂行上欠くことのできない機能を果たしていること。
	ロ　前項第1号及び第3号から第5号までに掲げる要件の全てに該当すること。
	ハ　当該事業年度の収入金額の合計額のうちに占める次に掲げる金額の合計額の割合が100分の95を超えていること。
	(1)　特定不動産の譲渡に係る対価の額
	(2)　特定不動産の貸付け（特定不動産を使用させる行為を含む。）による対価の額
	(3)　その他財務省令で定める収入金額
	ニ　当該事業年度終了の時における貸借対照表に計上されている総資産の帳簿価額のうちに占める特定不動産その他財務省令で定める資産の帳簿価額の合計額の割合が100分の95を超えていること。
	二　特定不動産（その本店所在地国にある不動産で、その外国関係会社に係る管理支配会社が自ら使用するものをいう。以下この号において同じ。）の保有を主たる事業とする外国関係会社で、次に掲げる要件の全てに該当するもの
	イ　前項第1号から第5号までに掲げる要件の全てに該当すること。
	ロ　当該事業年度の収入金額の合計額のうちに占める次に掲げる金額の合計額の割合が100分の95を超えていること。

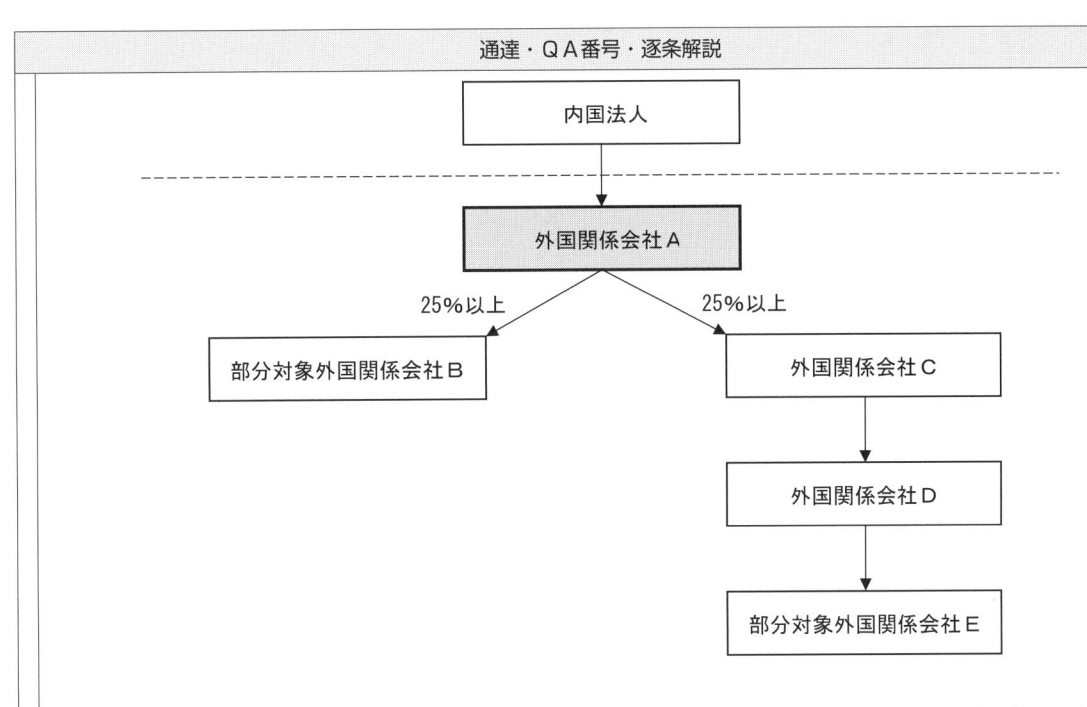

□ 　ペーパー・カンパニーの範囲から除外することとされた「特定子会社に係る持株会社である一定の外国関係会社」
（措法66の6②二イ⑷）の概要は、【図表2】の通りである。

【図表2】

	政令・財務省令	措令39の14の3⑧	措規22の11⑤
特定子会社に係る持株会社である一定の外国関係会社（措法66の6②二イ⑷）	事 業 要 件	特定子会社の株式等の保有を主たる事業とする	被管理支配会社の株式等の保有を主たる事業とする
	管理支配要件	その事業の管理、支配及び運営が管理支配会社によって行われている	その事業の管理、支配及び運営が管理支配会社によって行われている
	機 能 要 件	管理支配会社のその本店所在地国において行う事業の遂行上欠くことのできない機能を果たしている	管理支配会社のその本店所在地国において行う事業の遂行上欠くことのできない機能を果たしている
	業務従事要件	その事業を的確に遂行するために通常必要と認められる業務の全てが、その本店所在地国において、管理支配会社の役員又は使用人によって行われている	その事業を的確に遂行するために通常必要と認められる業務の全てが、その本店所在地国において、管理支配会社の役員又は使用人によって行われている
	所在地国要件	管理支配会社の本店所在地国と同一の国又は地域に所在する	管理支配会社の本店所在地国と同一の国又は地域に所在する
	課 税 要 件	その本店所在地国の法令においてその外国関係会社（その属する企業集団を含む。）の所得に対して外国法人税を課されるものとされている 又は その本店所在地国の法令において、外国関係会社の株主等である他の外国関係会社の所得として取り扱われる所得に対して外国法人税を課されるものとされている	
	収 入 要 件	$$\frac{\text{❶特定子会社から受ける剰余金の配当等の額（損金算入配当等の額を除く。）、❷特定子会社の株式等の非関連者への一定の譲渡に係る対価の額及び❸外国関係会社の行う主たる事業に係る業務の通常の過程において生ずる預金利子の額の合計額}}{\text{収入金額の合計額}} > 95\%$$	$$\frac{\text{❶被管理支配会社又は特定子会社から受ける剰余金の配当等の額（損金算入配当等の額を除く。）、❷被管理支配会社の株式等の非関連者への一定の譲渡に係る対価の額及び特定子会社の株式等の非関連者への一定の譲渡に係る対価の額並びに❸外国関係会社の行う主たる事業に係る業務の通常の過程において生ずる預金利子の額の合計額}}{\text{収入金額の合計額}} > 95\%$$

本　　　法	施行令・施行規則
	⑴　特定不動産の譲渡に係る対価の額 ⑵　特定不動産の貸付け（特定不動産を使用させる行為を含む。）による対価の額 ⑶　その他財務省令で定める収入金額 ハ　当該事業年度終了の時における貸借対照表に計上されている総資産の帳簿価額のうちに占める特定不動産その他財務省令で定める資産の帳簿価額の合計額の割合が100分の95を超えていること。 三　次に掲げる要件の全てに該当する外国関係会社その他財務省令で定める外国関係会社 イ　その主たる事業が次のいずれかに該当すること。 ⑴　特定子会社（当該外国関係会社とその本店所在地国を同じくする外国法人で、次に掲げる要件の全てに該当するものをいう。以下この号において同じ。）の株式等の保有 　（ⅰ）　当該外国関係会社の当該事業年度開始の時又は終了の時において、その発行済株式等のうちに当該外国関係会社が有するその株式等の数若しくは金額の占める割合又はその発行済株式等のうちの議決権のある株式等の数若しくは金額のうちに当該外国関係会社が有するその議決権のある株式等の数若しくは金額の占める割合のいずれかが100分の10以上となっていること。 　（ⅱ）　管理支配会社等（法第66条の6第1項各号に掲げる内国法人に係る他の外国関係会社のうち、部分対象外国関係会社に該当するもので、その本店所在地国において、その役員又は使用人がその本店所在地国（当該本店所在地国に係る第31項に規定する水域を含む。）において行う石油その他の天然資源の探鉱、開発若しくは採取の事業（採取した天然資源に密接に関連する事業を含む。）又はその本店所在地国の社会資本の整備に関する事業（以下この号において「資源開発等プロジェクト」という。）を的確に遂行するために通常必要と認められる業務の全てに従事しているものをいい、当該内国法人に係る他の外国関係会社のうち部分対象外国関係会社に該当するものの役員又は使用人とその本店所在地国を同じくする他の外国法人の役員又は使用人がその本店所在地国において共同で資源開発等プロジェクトを的確に遂行するために通常必要と認められる業務の全てに従事している場合の当該他の外国関係会社及び当該他の外国法人を含む。以下この号において同じ。）の行う当該資源開発等プロジェクトの遂行上欠くことのできない機能を果たしていること。 ⑵　当該外国関係会社に係る関連者以外の者からの資源開発等プロジェクトの遂行のための資金の調達及び特定子会社に対して行う当該資金の提供 ⑶　特定不動産（その本店所在地国にある不動産で、資源開発等プロジェクトの遂行上欠くことのできない機能を果たしているものをいう。以下この号において同じ。）の保有 ロ　その事業の管理、支配及び運営が管理支配会社等によって行われていること。 ハ　管理支配会社等の行う資源開発等プロジェクトの遂行上欠くことのできない機能を果たしていること。 ニ　その事業を的確に遂行するために通常必要と認められる業務の全てが、その本店所在地国において、管理支配会社

通達・QA番号・逐条解説				

<table>
<tr>
<td rowspan="8">用語の意義</td>
<td colspan="2">資産要件</td>
<td>その事業年度終了の時における❶特定子会社の株式等の帳簿価額、❷未収金（収入要件の分子の金額に係るものに限る。）の帳簿価額及び❸現預金の帳簿価額（当該事業年度における特定子会社の株式等に係る剰余金の配当等の額及び特定子会社の株式等の譲渡に係る対価の額の合計額を限度とする。）の合計額<hr>その事業年度終了の時における総資産の帳簿価額 ＞95%</td>
<td>その事業年度終了の時における❶被管理支配会社の株式等及び特定子会社の株式等の帳簿価額、❷未収金（収入要件の分子の金額に係るものに限る。）の帳簿価額並びに❸現預金の帳簿価額（当該事業年度における被管理支配会社又は特定子会社の株式等に係る剰余金の配当等の額並びに被管理支配会社及び特定子会社の株式等の譲渡に係る対価の額の合計額を限度とする。）の合計額<hr>その事業年度終了の時における総資産の帳簿価額 ＞95%</td>
</tr>
<tr>
<td rowspan="2">特定子会社
（措令39の14の3⑦）</td>
<td>法人の種類</td>
<td colspan="2">内国法人に係る他の外国関係会社で、部分対象外国関係会社に該当するもの</td>
</tr>
<tr>
<td>所在地国要件</td>
<td colspan="2">管理支配会社の本店所在地国と同一の国又は地域に所在する</td>
</tr>
<tr>
<td rowspan="2">管理支配会社
（措法66の6②二イ⑷）</td>
<td>法人の種類</td>
<td colspan="2">内国法人に係る他の外国関係会社のうち、部分対象外国関係会社に該当するもの</td>
</tr>
<tr>
<td>業務従事要件</td>
<td colspan="2">その本店所在地国において、その役員又は使用人がその主たる事業を的確に遂行するために通常必要と認められる業務の全てに従事している</td>
</tr>
<tr>
<td rowspan="3">被管理支配会社
（措規22の11⑤）</td>
<td>法人の種類</td>
<td colspan="2">外国関係会社</td>
</tr>
<tr>
<td>事業要件</td>
<td colspan="2">特定子会社の株式等の保有を主たる事業とする</td>
</tr>
<tr>
<td>管理支配要件
機能要件
業務従事要件
所在地国要件
課税要件
収入要件
資産要件</td>
<td colspan="2">措令39の14の3⑧各号に掲げる要件の全てに該当する</td>
</tr>
</table>

（注）　措規22の11⑤に規定する外国関係会社（他の被管理支配会社）には、当該他の被管理支配会社と内国法人との間にこれらの者と株式等の保有を通じて連鎖関係にある一又は二以上の外国関係会社で、他の被管理支配会社に準ずるものを含む（措規22の11⑥）。

□　次図の「外国関係会社C」及び「外国関係会社D」は、【図表2】の外国関係会社のイメージである。

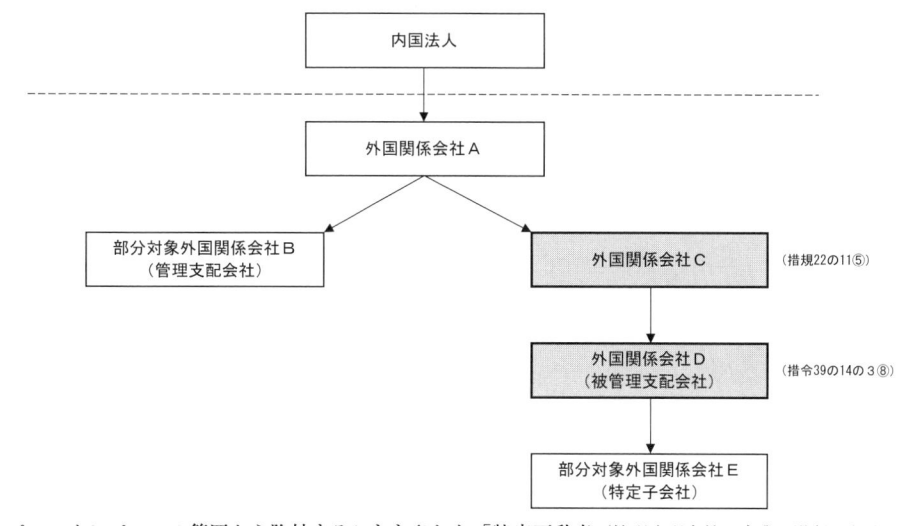

□　ペーパー・カンパニーの範囲から除外することとされた「特定不動産（管理支配会社の事業の遂行上欠くことのできないもの）の保有に係る一定の外国関係会社」（措法66の6②二イ⑸、措令39の14の3⑨一に係るもの）の概要は、【図表3-1】の通りである。

本　　法	施行令・施行規則
	等の役員又は使用人によって行われていること。 ホ　その本店所在地国を管理支配会社等の本店所在地国と同じくすること。 ヘ　前項第5号に掲げる要件に該当すること。 ト　当該事業年度の収入金額の合計額のうちに占める次に掲げる金額の合計額の割合が100分の95を超えていること。 　(1)　特定子会社から受ける剰余金の配当等の額（その受ける剰余金の配当等の額の全部又は一部が当該特定子会社の本店所在地国の法令において当該特定子会社の所得の金額の計算上損金の額に算入することとされている剰余金の配当等の額に該当する場合におけるその受ける剰余金の配当等の額を除く。） 　(2)　特定子会社の株式等の譲渡（当該外国関係会社に係る関連者以外の者への譲渡に限るものとし、当該株式等の取得の日から1年以内に譲渡が行われることが見込まれていた場合の当該譲渡及びその譲渡を受けた株式等を当該外国関係会社又は当該外国関係会社に係る関連者に移転することが見込まれる場合の当該譲渡を除く。）に係る対価の額 　(3)　特定子会社に対する貸付金（資源開発等プロジェクトの遂行上欠くことのできないものに限る。チにおいて同じ。）に係る利子の額 　(4)　特定不動産の譲渡に係る対価の額 　(5)　特定不動産の貸付け（特定不動産を使用させる行為を含む。）による対価の額 　(6)　その他財務省令で定める収入金額 チ　当該事業年度終了の時における貸借対照表に計上されている総資産の帳簿価額のうちに占める特定子会社の株式等、特定子会社に対する貸付金、特定不動産その他財務省令で定める資産の帳簿価額の合計額の割合が100分の95を超えていること。

令和元年度改正後条文

【措規22の11】

2　施行令第39条の14の3第5項に規定する財務省令で定める剰余金の配当等の額は、法人税法第24条第1項（同項第2号に掲げる分割型分割、同項第3号に掲げる株式分配又は同項第4号に規定する資本の払戻しに係る部分を除く。）の規定の例によるものとした場合に同法第23条第1項第1号又は第2号に掲げる金額とみなされる金額に相当する金額とする。

3　施行令第39条の14の3第6項第1号に規定する財務省令で定める収入金額は、外国関係会社（法第66条の6第2項第1号に規定する外国関係会社をいう。以下この条において同じ。）の行う主たる事業に係る業務の通常の過程において生ずる預金又は貯金の利子の額とする。

4　施行令第39条の14の3第6項第2号に規定する財務省令で定める資産の帳簿価額は、次に掲げる金額とする。

一　未収金（次に掲げる金額に係るものに限る。）の帳簿価額

　イ　外国子会社（施行令第39条の14の3第6項に規定する外国子会社をいう。以下この項において同じ。）から受ける剰余金の配当等（法第66条の6第1項に規定する剰余金の配当等をいう。以下この条において同じ。）の額（その受ける剰余金の配当等の額の全部又は一部が当該外国子会社の本店所在地国（本店又は主たる事務所の所在する国又は地域をいう。以下この条及び次条に

通達・ＱＡ番号・逐条解説

【図表3-1】

	政令・財務省令	措令39の14の3⑨一	措規22の11⑨
特定不動産（管理支配会社の事業の遂行上欠くことのできないもの）の保有に係る一定の外国関係会社（措法66の6②ニイ(5)）	事業要件	特定不動産の保有を主たる事業とする	被管理支配会社の株式等の保有を主たる事業とする
	管理支配要件	その事業の管理、支配及び運営が管理支配会社によって行われている	その事業の管理、支配及び運営が管理支配会社によって行われている
	機能要件	管理支配会社のその本店所在地国において行う不動産業の遂行上欠くことのできない機能を果たしている	管理支配会社のその本店所在地国において行う不動産業の遂行上欠くことのできない機能を果たしている
	業務従事要件	その事業を的確に遂行するために通常必要と認められる業務の全てが、その本店所在地国において、管理支配会社の役員又は使用人によって行われている	その事業を的確に遂行するために通常必要と認められる業務の全てが、その本店所在地国において、管理支配会社の役員又は使用人によって行われている
	所在地国要件	管理支配会社の本店所在地国と同一の国又は地域に所在する	管理支配会社の本店所在地国と同一の国又は地域に所在する
	課税要件	その本店所在地国の法令においてその外国関係会社（その属する企業集団を含む。）の所得に対して外国法人税を課されるものとされている　又は　その本店所在地国の法令において、外国関係会社の株主等である他の外国関係会社の所得として取り扱われる所得に対して外国法人税を課されるものとされている	
	収入要件	（❶特定不動産の譲渡に係る対価の額、❷特定不動産の貸付け等による対価の額及び❸外国関係会社の行う主たる事業に係る業務の通常の過程において生ずる預金利子の額の合計額）／収入金額の合計額 ＞ 95％	（❶被管理支配会社から受ける剰余金の配当等の額（損金算入配当等の額を除く。）、❷被管理支配会社の株式等の非関連者への一定の譲渡に係る対価の額、❸特定不動産の譲渡に係る対価の額、❹特定不動産の貸付け等による対価の額及び❺外国関係会社の行う事業（被管理支配会社の株式等の保有又は特定不動産の保有に限る。）に係る業務の通常の過程において生ずる預金利子の額の合計額）／収入金額の合計額 ＞ 95％
	資産要件	（その事業年度終了の時における❶特定不動産の帳簿価額、❷未収金、前払費用等（特定不動産に係るものに限る。）の帳簿価額及び❸現預金の帳簿価額（外国関係会社の行う主たる事業に係る業務の通常の過程において生ずるもの）の合計額）／その事業年度終了の時における総資産の帳簿価額 ＞ 95％	（その事業年度終了の時における❶被管理支配会社の株式等の帳簿価額、❷未収金（収入要件の分子の金額に係るものに限る。）の帳簿価額、❸特定不動産の帳簿価額、❹未収金、前払費用等（特定不動産に係るものに限り、❷に掲げる金額を除く。）の帳簿価額及び❺現預金の帳簿価額（外国関係会社の行う事業（被管理支配会社の株式等の保有又は特定不動産の保有に限る。）に係る業務の通常の過程において生ずるもの）の合計額）／その事業年度終了の時における総資産の帳簿価額 ＞ 95％
用語の意義	特定不動産（措令39の14の3⑨一）| 不動産の内容	不動産の上に存する権利を含み、その外国関係会社に係る管理支配会社の事業の遂行上欠くことのできないもの	
		所在地国要件	外国関係会社の本店所在地国に所在する	
	管理支配会社（措法66の6②ニイ(4)）| 法人の種類	内国法人に係る他の外国関係会社のうち、部分対象外国関係会社に該当するもの	
		業務従事要件	その本店所在地国において、その役員又は使用人がその主たる事業を的確に遂行するために通常必要と認められる業務の全てに従事している	
	被管理支配会社（措規22の11⑨）| 法人の種類	外国関係会社	
		事業要件	特定不動産の保有を主たる事業とする	
		管理支配要件／機能要件／業務従事要件／所在地国要件／課税要件／収入要件／資産要件	措令39の14の3⑨一イ～ニに掲げる要件の全てに該当する	

(注)　措規22の11⑨に規定する外国関係会社（他の被管理支配会社）には、当該他の被管理支配会社と内国法人との間にこ

本　　法	施行令・施行規則
	おいて同じ。）の法令において当該外国子会社の所得の金額の計算上損金の額に算入することとされている剰余金の配当等の額に該当する場合におけるその受ける剰余金の配当等の額を除く。次号において同じ。） 　ロ　前項に規定する利子の額 　二　現金、預金及び貯金（以下この条において「現預金」という。）の帳簿価額（外国子会社から剰余金の配当等の額を受けた日を含む事業年度にあっては当該事業年度において受けた当該剰余金の配当等の額に相当する金額を限度とし、同日を含む事業年度以外の事業年度にあっては零とする。） 　5　施行令第39条の14の3第8項に規定する財務省令で定める外国関係会社は、被管理支配会社（特定子会社（同項に規定する特定子会社をいう。以下この項において同じ。）の株式又は出資（以下この条において「株式等」という。）の保有を主たる事業とする外国関係会社で、施行令第39条の14の3第8項各号に掲げる要件の全てに該当するものをいう。以下この項において同じ。）の株式等の保有を主たる事業とする外国関係会社で、次に掲げる要件の全てに該当するものとする。 　一　その事業の管理、支配及び運営が管理支配会社（法第66条の6第2項第2号イ(4)に規定する管理支配会社をいう。以下この項及び第9項第1号において同じ。）によって行われていること。 　二　管理支配会社の行う事業（当該管理支配会社の本店所在地国において行うものに限る。）の遂行上欠くことのできない機能を果たしていること。 　三　その事業を的確に遂行するために通常必要と認められる業務の全てが、その本店所在地国において、管理支配会社の役員（法人税法第2条第15号に規定する役員をいう。第15項第3号及び第25項第1号ロ(1)において同じ。）又は使用人によって行われていること。 　四　その本店所在地国を管理支配会社の本店所在地国と同じくすること。 　五　施行令第39条の14の3第8項第5号に掲げる要件に該当すること。 　六　当該事業年度の収入金額の合計額のうちに占める次に掲げる金額の合計額の割合が100分の95を超えていること。 　　イ　被管理支配会社又は特定子会社から受ける剰余金の配当等の額（その受ける剰余金の配当等の額の全部又は一部が当該被管理支配会社の本店所在地国の法令において当該被管理支配会社の所得の金額の計算上損金の額に算入することとされている剰余金の配当等の額に該当する場合におけるその受ける剰余金の配当等の額及びその受ける剰余金の配当等の額の全部又は一部が当該特定子会社の本店所在地国の法令において当該特定子会社の所得の金額の計算上損金の額に算入することとされている剰余金の配当等の額に該当する場合におけるその受ける剰余金の配当等の額を除く。） 　　ロ　被管理支配会社の株式等の譲渡（当該外国関係会社に係る関連者（法第66条の6第2項第2号ハ(1)に規定する関連者をいう。以下この条において同じ。）以外の者への譲渡に限るものとし、その取得の日から1年以内に譲渡が行われることが見込まれていた場合の当該譲渡及びその譲渡を受けた株式等を当該外国関係会社又は当該外国関係会社に係る関連者に移転することが見込まれる場合の当該譲渡を除く。ロにおいて同じ。）及び特定子会

通達・ＱＡ番号・逐条解説

れらの者と株式等の保有を通じて連鎖関係にある一又は二以上の外国関係会社で、他の被管理支配会社に準ずるものを含む（措規22の11⑩）。

□　次図の「外国関係会社Ｃ」及び「外国関係会社Ｄ」は、【図表3−1】の外国関係会社のイメージである。

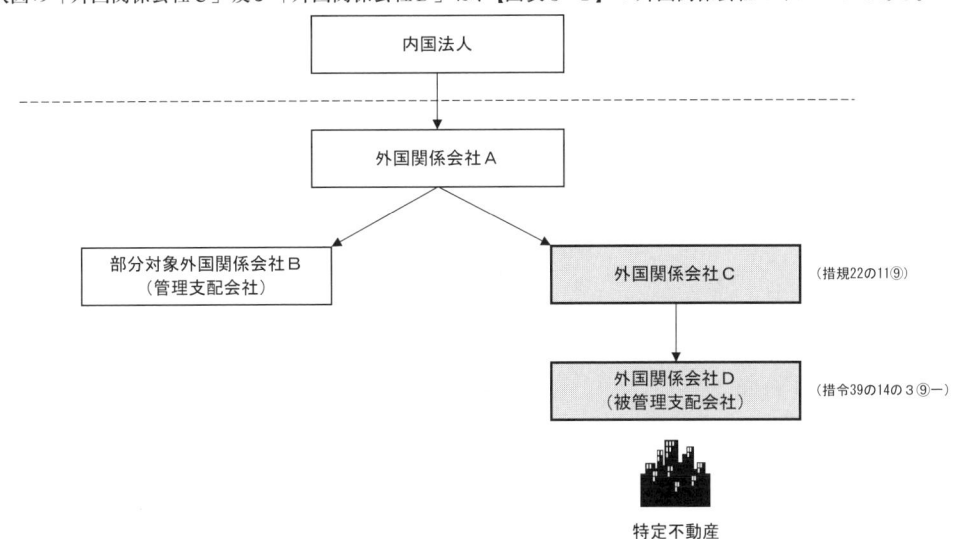

□　ペーパー・カンパニーの範囲から除外することとされた「特定不動産（管理支配会社が自ら使用するもの）の保有に係る一定の外国関係会社」（措法66の6②ニイ⑸、措令39の14の3⑨ニに係るもの）の概要は、【図表3−2】の通りである。

【図表3−2】

		政　令	措令39の14の3⑨ニ
特定不動産（管理支配会社が自ら使用するもの）の保有に係る一定の外国関係会社（措法66の6②ニイ⑸）		事業要件	特定不動産の保有を主たる事業とする
		管理支配要件	その事業の管理、支配及び運営が管理支配会社によって行われている
		機能要件	管理支配会社のその本店所在地国において行う事業の遂行上欠くことのできない機能を果たしている
		業務従事要件	その事業を的確に遂行するために通常必要と認められる業務の全てが、その本店所在地国において、管理支配会社の役員又は使用人によって行われている
		所在地国要件	管理支配会社の本店所在地国と同一の国又は地域に所在する
		課税要件	その本店所在地国の法令においてその外国関係会社（その属する企業集団を含む。）の所得に対して外国法人税を課されるものとされている 又は その本店所在地国の法令において、外国関係会社の株主等である他の外国関係会社の所得として取り扱われる所得に対して外国法人税を課されるものとされている
		収入要件	❶特定不動産の譲渡に係る対価の額、❷特定不動産の貸付け等による対価の額及び❸外国関係会社の行う主たる事業に係る業務の通常の過程において生ずる預金利子の額の合計額 ／ 収入金額の合計額 ＞ 95％
		資産要件	その事業年度終了の時における❶特定不動産の帳簿価額、❷未収金、前払費用等（特定不動産に係るものに限る。）の帳簿価額及び❸現預金の帳簿価額（外国関係会社の行う主たる事業に係る業務の通常の過程において生ずるもの）の合計額 ／ その事業年度終了の時における総資産の帳簿価額 ＞ 95％
用語の意義	特定不動産（措令39の14の3⑨ニ）	不動産の内容	外国関係会社に係る管理支配会社が自ら使用するもの
		所在地国要件	外国関係会社の本店所在地国に所在する
	管理支配会社（措法66の6②ニイ⑷）	法人の種類	内国法人に係る他の外国関係会社のうち、部分対象外国関係会社に該当するもの
		業務従事要件	その本店所在地国において、その役員又は使用人がその主たる事業を的確に遂行するために通常必要と認められる業務の全てに従事している

本　　　法	施行令・施行規則
	社の株式等の譲渡に係る対価の額 　　ハ　その行う主たる事業に係る業務の通常の過程において生ずる預金又は貯金の利子の額 　七　当該事業年度終了の時における貸借対照表（これに準ずるものを含む。以下この条及び次条において同じ。）に計上されている総資産の帳簿価額のうちに占める次に掲げる金額の合計額の割合が100分の95を超えていること。 　　イ　被管理支配会社の株式等及び特定子会社の株式等の帳簿価額 　　ロ　未収金（前号イからハまでに掲げる金額に係るものに限る。）の帳簿価額 　　ハ　現預金の帳簿価額（前号イ又はロに掲げる金額が生じた日を含む事業年度にあっては当該事業年度に係る同号イ及びロに掲げる金額の合計額に相当する金額を限度とし、同日を含む事業年度以外の事業年度にあっては零とする。） 　6　前項に規定する財務省令で定める外国関係会社（以下この項において「他の被管理支配会社」という。）には、当該他の被管理支配会社と法第66条の6第1項各号に掲げる内国法人との間にこれらの者と株式等の保有を通じて連鎖関係にある一又は二以上の外国関係会社で、他の被管理支配会社に準ずるものを含むものとする。 　7　施行令第39条の14の3第8項第6号ハに規定する財務省令で定める収入金額は、その行う主たる事業に係る業務の通常の過程において生ずる預金又は貯金の利子の額とする。 　8　施行令第39条の14の3第8項第7号に規定する財務省令で定める資産の帳簿価額は、次に掲げる金額とする。 　一　未収金（施行令第39条の14の3第8項第6号イ及びロに掲げる金額並びに前項に規定する利子の額に係るものに限る。）の帳簿価額 　二　現預金の帳簿価額（施行令第39条の14の3第8項第6号イ又はロに掲げる金額が生じた日を含む事業年度にあっては当該事業年度に係る同号イ及びロに掲げる金額の合計額に相当する金額を限度とし、同日を含む事業年度以外の事業年度にあっては零とする。） 　9　施行令第39条の14の3第9項第1号に規定する財務省令で定める外国関係会社は、被管理支配会社（特定不動産（同号に規定する特定不動産をいう。以下この項及び第12項第1号において同じ。）の保有を主たる事業とする外国関係会社で、同条第9項第1号からニまでに掲げる要件の全てに該当するものをいう。以下この項において同じ。）の株式等の保有を主たる事業とする外国関係会社で、次に掲げる要件の全てに該当するものとする。 　一　管理支配会社の行う事業（当該管理支配会社の本店所在地国において行うもので、不動産業に限る。）の遂行上欠くことのできない機能を果たしていること。 　二　第5項第1号及び第3号から第5号までに掲げる要件の全てに該当すること。 　三　当該事業年度の収入金額の合計額のうちに占める次に掲げる金額の合計額の割合が100分の95を超えていること。 　　イ　被管理支配会社から受ける剰余金の配当等の額（その受ける剰余金の配当等の額の全部又は一部が当該被管理支配会社の本店所在地国の法令において当該被管理支配会社の所得の金額の計算上損金の額に算入することとされている剰余金の配当等の額に該当する場合におけるその受ける剰余金の配当等の額を除く。）

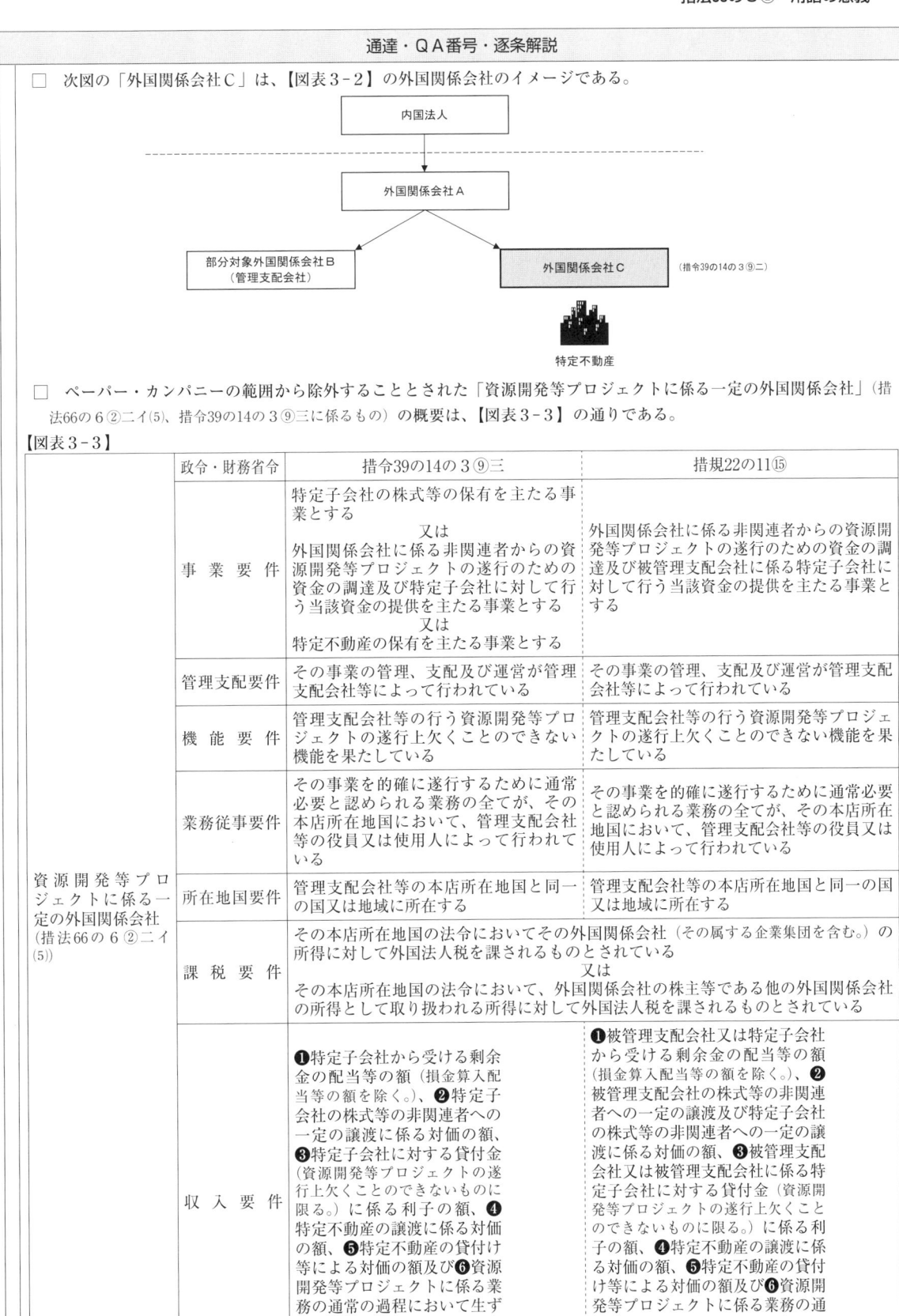

□ 次図の「外国関係会社C」は、【図表3-2】の外国関係会社のイメージである。

□ ペーパー・カンパニーの範囲から除外することとされた「資源開発等プロジェクトに係る一定の外国関係会社」（措法66の6②二イ⑸、措令39の14の3⑨三に係るもの）の概要は、【図表3-3】の通りである。

【図表3-3】

	政令・財務省令	措令39の14の3⑨三	措規22の11⑮
資源開発等プロジェクトに係る一定の外国関係会社（措法66の6②二イ⑸）	事 業 要 件	特定子会社の株式等の保有を主たる事業とする 又は 外国関係会社に係る非関連者からの資源開発等プロジェクトの遂行のための資金の調達及び特定子会社に対して行う当該資金の提供を主たる事業とする 又は 特定不動産の保有を主たる事業とする	外国関係会社に係る非関連者からの資源開発等プロジェクトの遂行のための資金の調達及び被管理支配会社に係る特定子会社に対して行う当該資金の提供を主たる事業とする
	管理支配要件	その事業の管理、支配及び運営が管理支配会社等によって行われている	その事業の管理、支配及び運営が管理支配会社等によって行われている
	機 能 要 件	管理支配会社等の行う資源開発等プロジェクトの遂行上欠くことのできない機能を果たしている	管理支配会社等の行う資源開発等プロジェクトの遂行上欠くことのできない機能を果たしている
	業務従事要件	その事業を的確に遂行するために通常必要と認められる業務の全てが、その本店所在地国において、管理支配会社等の役員又は使用人によって行われている	その事業を的確に遂行するために通常必要と認められる業務の全てが、その本店所在地国において、管理支配会社等の役員又は使用人によって行われている
	所在地国要件	管理支配会社等の本店所在地国と同一の国又は地域に所在する	管理支配会社等の本店所在地国と同一の国又は地域に所在する
	課 税 要 件	その本店所在地国の法令においてその外国関係会社（その属する企業集団を含む。）の所得に対して外国法人税を課されるものとされている 又は その本店所在地国の法令において、外国関係会社の株主等である他の外国関係会社の所得として取り扱われる所得に対して外国法人税を課されるものとされている	
	収 入 要 件	❶特定子会社から受ける剰余金の配当等の額（損金算入配当等の額を除く。）、❷特定子会社の株式等の非関連者への一定の譲渡に係る対価の額、❸特定子会社に対する貸付金（資源開発等プロジェクトの遂行上欠くことのできないものに限る。）に係る利子の額、❹特定不動産の譲渡に係る対価の額、❺特定不動産の貸付け等による対価の額及び❻資源開発等プロジェクトに係る業務の通常の過程において生ずる預金利子の額の合計額／収入金額の合計額 ＞95％	❶被管理支配会社又は特定子会社から受ける剰余金の配当等の額（損金算入配当等の額を除く。）、❷被管理支配会社の株式等の非関連者への一定の譲渡及び特定子会社の株式等の非関連者への一定の譲渡に係る対価の額、❸被管理支配会社又は被管理支配会社に係る特定子会社に対する貸付金（資源開発等プロジェクトの遂行上欠くことのできないものに限る。）に係る利子の額、❹特定不動産の譲渡に係る対価の額、❺特定不動産の貸付け等による対価の額及び❻資源開発等プロジェクトに係る業務の通常の過程において生ずる預金利子の額の合計額／収入金額の合計額 ＞95％

本　　　法	施行令・施行規則
	ロ　被管理支配会社の株式等の譲渡（当該外国関係会社に係る関連者以外の者への譲渡に限るものとし、その取得の日から1年以内に譲渡が行われることが見込まれていた場合の当該譲渡及びその譲渡を受けた株式等を当該外国関係会社又は当該外国関係会社に係る関連者に移転することが見込まれる場合の当該譲渡を除く。）に係る対価の額 ハ　特定不動産の譲渡に係る対価の額 ニ　特定不動産の貸付け（特定不動産を使用させる行為を含む。）による対価の額 ホ　その行う事業（被管理支配会社の株式等の保有又は特定不動産の保有に限る。次号ホにおいて同じ。）に係る業務の通常の過程において生ずる預金又は貯金の利子の額 四　当該事業年度終了の時における貸借対照表に計上されている総資産の帳簿価額のうちに占める次に掲げる金額の合計額の割合が100分の95を超えていること。 イ　被管理支配会社の株式等の帳簿価額 ロ　未収金（前号イからホまでに掲げる金額に係るものに限る。）の帳簿価額 ハ　特定不動産の帳簿価額 ニ　未収金、前払費用その他これらに類する資産（特定不動産に係るものに限る。）の帳簿価額（ロに掲げる金額を除く。） ホ　その行う事業に係る業務の通常の過程において生ずる現預金の帳簿価額 10　前項に規定する財務省令で定める外国関係会社（以下この項において「他の被管理支配会社」という。）には、当該他の被管理支配会社と法第66条の6第1項各号に掲げる内国法人との間にこれらの者と株式等の保有を通じて連鎖関係にある一又は二以上の外国関係会社で、他の被管理支配会社に準ずるものを含むものとする。 11　施行令第39条の14の3第9項第1号ハ(3)に規定する財務省令で定める収入金額は、その行う主たる事業に係る業務の通常の過程において生ずる預金又は貯金の利子の額とする。 12　施行令第39条の14の3第9項第1号ニに規定する財務省令で定める資産の帳簿価額は、次に掲げる金額とする。 一　未収金、前払費用その他これらに類する資産（特定不動産に係るものに限る。）の帳簿価額 二　その行う主たる事業に係る業務の通常の過程において生ずる現預金の帳簿価額 13　施行令第39条の14の3第9項第2号ロ(3)に規定する財務省令で定める収入金額は、その行う主たる事業に係る業務の通常の過程において生ずる預金又は貯金の利子の額とする。 14　施行令第39条の14の3第9項第2号ハに規定する財務省令で定める資産の帳簿価額は、次に掲げる金額とする。 一　未収金、前払費用その他これらに類する資産（施行令第39条の14の3第9項第2号に規定する特定不動産に係るものに限る。）の帳簿価額 二　その行う主たる事業に係る業務の通常の過程において生ずる現預金の帳簿価額 15　施行令第39条の14の3第9項第3号に規定する財務省令で定める外国関係会社は、その関連者以外の者からの資源開発等プロジェクト（同号イ(1)(ⅱ)に規定する資源開発プロジェクトをいう。以下この項、第17項及び第18項第3号において同じ。）の遂行の

通達・ＱＡ番号・逐条解説			

<table>
<tr><td rowspan="7">用語の意義</td><td colspan="2">資　産　要　件</td><td>その事業年度終了の時における❶特定子会社の株式等の帳簿価額、❷特定子会社に対する貸付金（資源開発等プロジェクトの遂行上欠くことのできないものに限る。）の帳簿価額、❸特定不動産の帳簿価額、❹未収金（収入要件の分子の額に係るものに限る。）の帳簿価額、❺未収金、前払費用等（特定不動産に係るものに限り、❹に掲げる金額を除く。）の帳簿価額及び❻現預金の帳簿価額（資源開発等プロジェクトに係る業務の通常の過程において生ずるもの）の合計額／その事業年度終了の時における総資産の帳簿価額　＞95%</td><td>その事業年度終了の時における❶被管理支配会社の株式等及び被管理支配会社に係る特定子会社の株式等の帳簿価額、❷被管理支配会社又は被管理支配会社に係る特定子会社に対する貸付金（資源開発等プロジェクトの遂行上欠くことのできないものに限る。）の帳簿価額、❸未収金（収入要件の分子の額に係るものに限る。）の帳簿価額、❹特定不動産の帳簿価額、❺未収金、前払費用等（特定不動産に係るものに限り、❸に掲げる金額を除く。）の帳簿価額及び❻現預金の帳簿価額（資源開発等プロジェクトに係る業務の通常の過程において生ずるもの）の合計額／その事業年度終了の時における総資産の帳簿価額　＞95%</td></tr>
</table>

	特定子会社（措令39の14の3⑨三イ(1)）	法人の種類	外国法人
		所在地国要件	外国関係会社の本店所在地国と同一の国又は地域に所在する
		持株割合要件	外国関係会社の事業年度開始の時又は終了の時において、持株割合又は議決権のある株式等に係る持株割合のいずれかが10%以上
		機能要件	管理支配会社等の行う資源開発等プロジェクトの遂行上欠くことのできない機能を果たしている
	管理支配会社等（措令39の14の3⑨三イ(1)(ⅱ)）	法人の種類	内国法人に係る他の外国関係会社のうち、部分対象外国関係会社に該当するもの
		業務従事要件	その本店所在地国において、その役員又は使用人が資源開発等プロジェクトを的確に遂行するために通常必要と認められる業務の全てに従事している
		備考	内国法人に係る他の外国関係会社のうち部分対象外国関係会社に該当するものの役員又は使用人と同一国に所在する他の外国法人の役員又は使用人がその本店所在地国において共同で資源開発等プロジェクトを的確に遂行するために通常必要と認められる業務の全てに従事している場合の当該他の外国関係会社及び当該他の外国法人を含む
	資源開発等プロジェクト（措令39の14の3⑨三イ(1)(ⅱ)）	プロジェクトの内容	その本店所在地国（当該本店所在地図に係る内水及び領海並びに排他的経済水域又は大陸棚に相当する水域を含む。）において行う石油その他の天然資源の探鉱、開発若しくは採取の事業（採取した天然資源に密接に関連する事業を含む。）又はその本店所在地国の社会資本の整備に関する事業
	特定不動産（措令39の14の3⑨三イ(3)）	不動産の内容	資源開発等プロジェクトの遂行上欠くことのできない機能を果たしているもの
		所在地要件	外国関係会社の本店所在地国に所在する
	被管理支配会社（措規22の11⑮）	法人の種類	外国関係会社
		事業要件	特定子会社の株式等の保有を主たる事業とする／又は／外国関係会社に係る非関連者からの資源開発等プロジェクトの遂行のための資金の調達及び特定子会社に対して行う当該資金の提供を主たる事業とする／又は／特定不動産の保有を主たる事業とする
		管理支配要件／機能要件／業務従事要件／所在地国要件／課税要件／収入要件／資産要件	措令39の14の3⑨三ロ～チに掲げる要件の全てに該当する

（注）措規22の11⑮に規定する外国関係会社（他の被管理支配会社）には、当該他の被管理支配会社と内国法人との間にこれらの者と株式等の保有を通じて連鎖関係にある一又は二以上の外国関係会社で、他の被管理支配会社に準ずるものを含む（措規22の11⑯）。

□　次図の「外国関係会社Ｃ」、「外国関係会社Ｅ」及び「外国関係会社Ｆ」は、【図表3-3】の外国関係会社のイメージである。

本　　　法	施行令・施行規則
	ための資金の調達及び被管理支配会社（同条第9項第3号イ(1)から(3)までに掲げる事業のいずれかを主たる事業とする外国関係会社で、同号ロからチまでに掲げる要件の全てに該当するものをいう。以下この項において同じ。）に係る特定子会社（同号イ(1)に規定する特定子会社をいう。以下この項において同じ。）に対して行う当該資金の提供を主たる事業とする外国関係会社で、次に掲げる要件の全てに該当するものとする。
	一　その事業の管理、支配及び運営が管理支配会社等（施行令第39条の14の3第9項第3号イ(1)(ⅱ)に規定する管理支配会社等をいう。以下この項において同じ。）によって行われていること。
	二　管理支配会社等の行う資源開発等プロジェクトの遂行上欠くことのできない機能を果たしていること。
	三　その事業を的確に遂行するために通常必要と認められる業務の全てが、その本店所在地国において、管理支配会社等の役員又は使用人によって行われていること。
	四　その本店所在地国を管理支配会社等の本店所在地国と同じくすること。
	五　第5項第5号に掲げる要件に該当すること。
	六　当該事業年度の収入金額の合計額のうちに占める次に掲げる金額の合計額の割合が100分の95を超えていること。
	イ　被管理支配会社又は特定子会社から受ける剰余金の配当等の額（その受ける剰余金の配当等の額の全部又は一部が当該被管理支配会社の本店所在地国の法令において当該被管理支配会社の所得の金額の計算上損金の額に算入することとされている剰余金の配当等の額に該当する場合におけるその受ける剰余金の配当等の額及びその受ける剰余金の配当等の額の全部又は一部が当該特定子会社の本店所在地国の法令において当該特定子会社の所得の金額の計算上損金の額に算入することとされている剰余金の配当等の額に該当する場合におけるその受ける剰余金の配当等の額を除く。）
	ロ　被管理支配会社の株式等の譲渡（当該外国関係会社に係る関連者以外の者への譲渡に限るものとし、その取得の日から1年以内に譲渡が行われることが見込まれていた場合の当該譲渡及びその譲渡を受けた株式等を当該外国関係会社又は当該外国関係会社に係る関連者に移転することが見込まれる場合の当該譲渡を除く。ロにおいて同じ。）及び特定子会社の株式等の譲渡に係る対価の額
	ハ　被管理支配会社又は被管理支配会社に係る特定子会社に対する貸付金（資源開発等プロジェクトの遂行上欠くことのできないものに限る。次号ロにおいて同じ。）に係る利子の額
	ニ　特定不動産（施行令第39条の14の3第9項第3号イ(3)に規定する特定不動産をいう。以下この項及び第18項第2号において同じ。）の譲渡に係る対価の額
	ホ　特定不動産の貸付け（特定不動産を使用させる行為を含む。）による対価の額
	ヘ　資源開発等プロジェクトに係る業務の通常の過程において生ずる預金又は貯金の利子の額
	七　当該事業年度終了の時における貸借対照表に計上されている総資産の帳簿価額のうちに占める次に掲げる金額の合計額の割合が100分の95を超えていること。
	イ　被管理支配会社の株式等及び被管理支配会社に係る特定子会社の株式等の帳簿価額

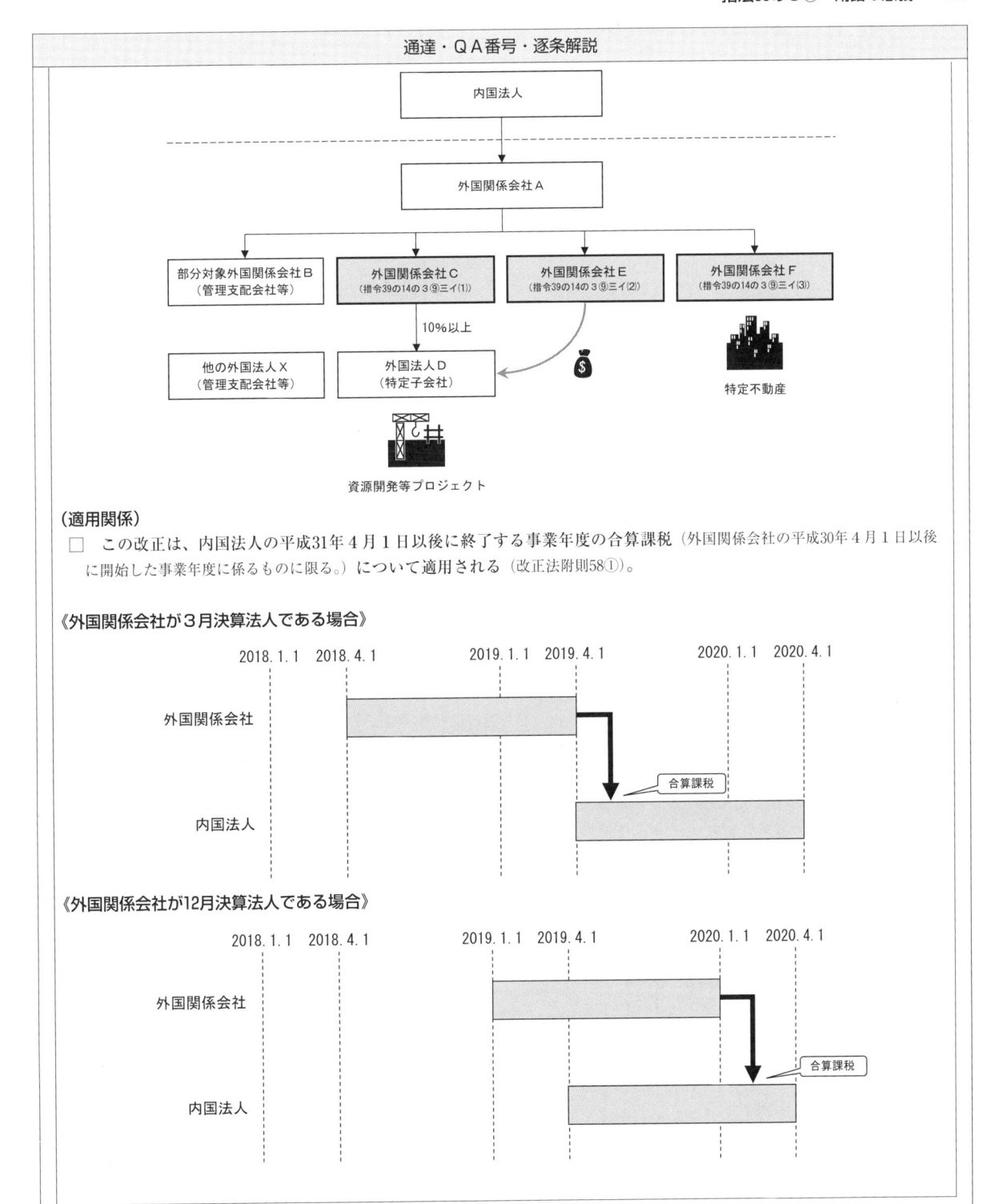

（適用関係）

□ この改正は、内国法人の平成31年4月1日以後に終了する事業年度の合算課税（外国関係会社の平成30年4月1日以後に開始した事業年度に係るものに限る。）について適用される（改正法附則58①）。

本　　　法	施行令・施行規則
	ロ　被管理支配会社又は被管理支配会社に係る特定子会社に対する貸付金の帳簿価額 ハ　未収金（前号イからへまでに掲げる金額に係るものに限る。）の帳簿価額 ニ　特定不動産の帳簿価額 ホ　未収金、前払費用その他これらに類する資産（特定不動産に係るものに限る。）の帳簿価額（ハに掲げる金額を除く。） ヘ　資源開発等プロジェクトに係る業務の通常の過程において生ずる現預金の帳簿価額 <u>16</u>　前項に規定する財務省令で定める外国関係会社（以下この項において「他の被管理支配会社」という。）には、当該他の被管理支配会社と法第66条の6第1項各号に掲げる内国法人との間にこれらの者と株式等の保有を通じて連鎖関係にある一又は二以上の外国関係会社で、他の被管理支配会社に準ずるものを含むものとする。 <u>17</u>　施行令第39条の14の3第9項第3号ト(6)に規定する財務省令で定める収入金額は、資源開発等プロジェクトに係る業務の通常の過程において生ずる預金又は貯金の利子の額とする。 <u>18</u>　施行令第39条の14の3第9項第3号チに規定する財務省令で定める資産の帳簿価額は、次に掲げる金額とする。 一　未収金（施行令第39条の14の3第9項第3号ト(1)から(5)までに掲げる金額及び前項に規定する利子の額に係るものに限る。）の帳簿価額 二　未収金、前払費用その他これらに類する資産（特定不動産に係るものに限る。）の帳簿価額（前号に掲げる金額を除く。） 三　資源開発等プロジェクトに係る業務の通常の過程において生ずる現預金の帳簿価額
ロ　その総資産の額として政令で定める金額（ロにおいて「総資産額」という。）に対する第6項第1号から第10号までに掲げる金額に相当する金額の合計額の割合（第6号中「外国関係会社（特定外国関係会社に該当するものを除く。）」とあるのを「外国関係会社」として同号及び第7号の規定を適用した場合に外国金融子会社等に該当することとなる外国関係会社にあっては総資産額に対する第8項第1号に掲げる金額に相当する金額又は同項第2号から第4号までに掲げる金額に相当する金額の合計額のうちいずれか多い金額の割合とし、第6号中「外国関係会社（特定外国関係会社に該当するものを除く。）」とあるのを「外国関係会社」として同号及び第6項の規定を適用した場合に同項に規定する清算外国金融子会社等に該当することとなる外国関係会社の同項に規定する特定清算事業年度にあっては総資産額に対する同項に規定する特定金融所得金額がないものとした場合の同項第1号から第10号までに掲げる金額に相当する金額の合計額の割合とする。）が100分の30を超える外国関係会社（総資産額に対する有価証券（法人税法第2条第21号に規定する有価証券をいう。同項において同じ。）、貸付金その他政令で定める資産の額の合計	【措令39の14の3】 3　法第66条の6第2項第2号ロに規定する総資産の額として政令で定める金額は、外国関係会社の当該事業年度（当該事業年度が残余財産の確定の日を含む事業年度である場合には、当該事業年度の前事業年度。次項において同じ。）終了の時における貸借対照表に計上されている総資産の帳簿価額とする。 ■令和元年度改正後条文■ <u>10</u>　同　上 4　法第66条の6第2項第2号ロに規定する政令で定める資産の額の合計額として政令で定める金額は、外国関係会社の当該事業年度終了の時における貸借対照表に計上されている有価証券、貸付金、固定資産（無形資産等（同条第6項第9号に規定する無形資産等をいう。以下この項及び第39条の17の3において同じ。）を除くものとし、貸付けの用に供しているものに限る。）及び無形資産等の帳簿価額の合計額とする。 ■令和元年度改正後条文■ <u>11</u>　同　上

2-2 事実上のキャッシュ・ボックス

解 説 措法66の6②二ロ

□ 措法66の6②二ロに掲げる外国関係会社は、事実上のキャッシュ・ボックスがこれに該当し、事業会社である外国関係会社にあっては、総資産の額に対する一定の受動的所得の割合が30％を超えるもの（ただし、総資産の額に対する有価証券、貸付金、固定資産（無形資産等を除くものとし、貸付けの用に供しているものに限る。）及び無形資産等の合計額の割合が50％を超えるものに限る。）とされている。この「一定の受動的所得」の範囲は、次図の通りであり、部分合算課税の対象となる各種所得の範囲を基礎とするものであるが、部分適用対象金額の計算の場合と異なり、事実上のキャッシュ・ボックスの判定上は、損益通算グループ所得と非損益通算グループ所得とを区分する必要はなく、また、損益通算グループ所得の金額がマイナスとなった場合であっても、その繰越控除は行わない。

	受取配当等	受取利子等	有価証券貸付対価	有価証券譲渡損益	デリバティブ取引損益	外国為替差損益	その他の金融所得	固定資産貸付対価	無形資産等使用料	無形資産等譲渡損益	異常所得
事業会社	○	○	○	○	○	○	○	○	○	○	×

（H30-681を一部加工）

□ 事実上のキャッシュ・ボックスに分類される外国金融子会社等は、その総資産額に対する❶異常資本に係る所得（措法66の6⑧一）に相当する金額又は❷固定資産の貸付けの対価（措法66の6⑧二）、無形資産等の使用料（措法66の6⑧三）及び無形資産等の譲渡損益（措法66の6⑧四）のそれぞれに相当する金額の合計額のうちいずれか多い金額の割合が30％を超えるもの（ただし、総資産の額に対する有価証券、貸付金、固定資産（無形資産等を除くものとし、貸付けの用に供しているものに限る。）及び無形資産等の合計額の割合が50％を超えるものに限る。）とされている。

本　　法	施行令・施行規則
額として政令で定める金額の割合が100分の50を超える外国関係会社に限る。）	

令和元年度改正後条文

ロ　その総資産の額として政令で定める金額（ロにおいて「総資産額」という。）に対する第6項第1号から第7号まで及び第8号から第10号までに掲げる金額に相当する金額の合計額の割合（第6号中「外国関係会社（特定外国関係会社に該当するものを除く。）」とあるのを「外国関係会社」として同号及び第7号の規定を適用した場合に外国金融子会社等に該当することとなる外国関係会社にあっては総資産額に対する第8項第1号に掲げる金額に相当する金額又は同項第2号から第4号までに掲げる金額に相当する金額の合計額のうちいずれか多い金額の割合とし、第6号中「外国関係会社（特定外国関係会社に該当するものを除く。）」とあるのを「外国関係会社」として同号及び第6項の規定を適用した場合に同項に規定する清算外国金融子会社等に該当することとなる外国関係会社の同項に規定する特定清算事業年度にあっては総資産額に対する同項に規定する特定金融所得金額がないものとした場合の同項第1号から第7号まで及び第8号から第10号までに掲げる金額に相当する金額の合計額の割合とする。）が100分の30を超える外国関係会社（総資産額に対する有価証券（法人税法第2条第21号に規定する有価証券をいう。同項において同じ。）、貸付金その他政令で定める資産の額の合計額として政令で定める金額の割合が100分の50を超える外国関係会社に限る。）

令和元年度改正後条文

ハ　次に掲げる要件のいずれにも該当する外国関係会社

(1)　各事業年度の非関連者等収入保険料（関連者（当該外国関係会社に係る第40条の4第1項各号に掲げる居住者、前項各号に掲げる内国法人、第68条の90第1項各号に掲げる連結法人その他これらの者に準ずる者として政令で定めるものをいう。(2)において同じ。）以外の者から収入するものとして政令で定める収入保険料

令和元年度改正後条文

12　法第66条の6第2項第2号ハ(1)に規定する政令で定める者は、第27項第1号中「法第66条の6第2項第3号ハ(1)に掲げる事業を主として行う外国関係会社」とあるのを「外国関係会社」と、同項第2号中「法第66条の6第2項第3号ハ(1)に掲げる事業を主として行う外国関係会社」とあるのを「外国関係会社」と、「同条第1項各号」とあるのを「法第66条の6第1項各号」と、同項第3号から第5号までの規定中「法第66条の6第2項第3号ハ(1)に掲げる事業を主として行う外国関係会社」とあり、並びに同項第6号中「同条第2項第3号ハ(1)に掲げる事業を主として行う外国関係会社」とあり、及び「法第66条の6第2項第

通達・QA番号・逐条解説

	異常資本に係る所得	固定資産貸付対価	無形資産等使用料	無形資産等譲渡損益
外国金融子会社等相当	○	○	○	○

いずれか多い金額

(H30-681を一部加工)

□ 事実上のキャッシュ・ボックスに分類される外国金融子会社等の該当性の要件において、「第6号中『外国関係会社（特定外国関係会社に該当するものを除く。）』とあるのを『外国関係会社』として同号及び第7号の規定を適用した場合に外国金融子会社等に該当することとなる外国関係会社」と規定しているのは、外国金融子会社等の定義上は、特定外国関係会社に該当するものが除かれていることから、規定の循環を回避する趣旨である（H29-675・676）。

□ 清算外国金融子会社等の特定清算事業年度にあっては、事実上のキャッシュ・ボックスに該当するかどうかの判定は、総資産の額に対する一定の受動的所得の割合が30％を超えるかどうかで行う。この「一定の受動的所得」の範囲は、次図の通りであり、特定金融所得金額がないものとして計算する。

	受取配当等	受取利子等	有価証券貸付対価	有価証券譲渡損益	デリバティブ取引損益	外国為替差損益	その他の金融所得	固定資産貸付対価	無形資産等使用料	無形資産等譲渡損益	異常所得
清算外国金融子会社等相当	※特定清算事業年度においては特定金融所得金額がないものとして計算							○	○	○	×

(H30-681を一部加工)

令和元年度改正の解説

□ 総資産の額に対する一定の受動的所得の割合が30％を超える外国関係会社（ただし、総資産の額に対する有価証券、貸付金、固定資産（無形資産等を除くものとし、貸付けの用に供しているものに限る。）及び無形資産等の合計額の割合が50％を超えるものに限る。）については、特定外国関係会社に該当することとされているところ、この「一定の受動的所得」の範囲は、次図の通りであり、措法66の6⑥七の二に掲げる金額（収入保険料）は、この「一定の受動的所得」の範囲に含まれないこととされた。

	受取配当等	受取利子等	有価証券貸付対価	有価証券譲渡損益	デリバティブ取引損益	外国為替差損益	その他の金融所得	収入保険料	固定資産貸付対価	無形資産等使用料	無形資産等譲渡損益	異常所得
事業会社	○	○	○	○	○	○	○	×	○	○	○	×

(H30-681を一部加工)

解 説 措令39の14の3③

□ 措令39の14の3③にいう帳簿価額は、外国関係会社がその会計帳簿に記載した金額を念頭に置いたものである（H29-675）。

令和元年度改正の解説

□ 特定外国関係会社の範囲に次のいずれにも該当する外国関係会社が追加された。

(1) $\dfrac{当該各事業年度の非関連者等収入保険料（注1）の合計額}{各事業年度の収入保険料の合計額} < 10\%$

(2) $\dfrac{当該各事業年度の非関連者等支払再保険料合計額（注2）}{各事業年度の関連者等収入保険料の合計額} < 50\%$

(注1) ❶外国関係会社に係る非関連者から収入する収入保険料（当該収入保険料が再保険に係るものである場合には、非関連者が有する資産又は非関連者が負う損害賠償責任を保険の目的とする保険に係る収入保険料に限る。）並びに❷特定保険委託者に該当する外国関係会社が特定保険受託者又は同一の特定保険受託者に係る他の特定保険委託者から収入する収入保険料（措令39の14の3㉘五ロ(1)〜(3)に掲げる要件の全てに該当する再保険に係るものに限る。）及び特定

本　　法	施行令・施行規則
をいう。⑵において同じ。）の合計額の収入保険料の合計額に対する割合として政令で定めるところにより計算した割合が100分の10未満であること。 　⑵　各事業年度の非関連者等支払再保険料合計額（関連者以外の者に支払う再保険料の合計額を関連者等収入保険料（非関連者等収入保険料以外の収入保険料をいう。⑵において同じ。）の合計額の収入保険料の合計額に対する割合で按分した金額として政令で定める金額をいう。）の関連者等収入保険料の合計額に対する割合として政令で定めるところにより計算した割合が100分の50未満であること。	３号ハ⑴に掲げる事業を主として行う外国関係会社」とあるのを「外国関係会社」と読み替えた場合における同条第２項第２号ハ⑴の外国関係会社に係る第27項各号に掲げる者とする。 13　法第66条の６第２項第２号ハ⑴に規定する政令で定める収入保険料は、次に掲げる収入保険料とする。 　一　外国関係会社に係る関連者以外の者から収入する収入保険料（当該収入保険料が再保険に係るものである場合には、関連者以外の者が有する資産又は関連者以外の者が負う損害賠償責任を保険の目的とする保険に係る収入保険料に限る。） 　二　特定保険委託者に該当する外国関係会社が当該特定保険委託者に係る特定保険受託者又は当該特定保険委託者と特定保険受託者を同じくする他の特定保険委託者から収入する収入保険料（第28項第５号ロ⑴から⑶までに掲げる要件の全てに該当する再保険に係るものに限る。）及び特定保険受託者に該当する外国関係会社が当該特定保険受託者に係る特定保険委託者から収入する収入保険料（同号ロ⑴から⑶までに掲げる要件の全てに該当する再保険に係るものに限る。） 14　法第66条の６第２項第２号ハ⑴に規定する政令で定めるところにより計算した割合は、外国関係会社の各事業年度の同号ハ⑴に規定する非関連者等収入保険料の合計額を当該各事業年度の収入保険料の合計額で除して計算した割合とする。 15　法第66条の６第２項第２号ハ⑵に規定する政令で定める金額は、第１号に掲げる金額に第２号に掲げる割合を乗じて計算した金額とする。 　一　外国関係会社が各事業年度において当該外国関係会社に係る関連者以外の者に支払う再保険料（特定保険委託者に該当する外国関係会社が当該特定保険委託者に係る特定保険受託者又は当該特定保険委託者と特定保険受託者を同じくする他の特定保険委託者に支払う再保険料及び特定保険受託者に該当する外国関係会社が当該特定保険受託者に係る特定保険委託者に支払う再保険料を含む。）の合計額 　二　外国関係会社の各事業年度の関連者等収入保険料（法第66条の６第２項第２号ハ⑵に規定する関連者等収入保険料をいう。次項において同じ。）の合計額の収入保険料の合計額に対する割合 16　法第66条の６第２項第２号ハ⑵に規定する政令で定めるところにより計算した割合は、外国関係会社の各事業年度の同号ハ⑵に規定する非関連者等支払再保険料合計額を当該各事業年度の関連者等収入保険料の合計額で除して計算した割合とする。
ハ　租税に関する情報の交換に関する国際的な取組への協力が著しく不十分な国又は地域として財務大臣が指定する国又は地域に本店又は主たる事務所を有する外国関係会社 　　■令和元年度改正後条文■ 　二　同　上	

通達・QA番号・逐条解説

　　　保険受託者に該当する外国関係会社が特定保険委託者から収入する収入保険料（措令39の14の3㉘五ロ(1)～(3)に掲げる要件の全てに該当する再保険に係るものに限る。）とすることとされている。

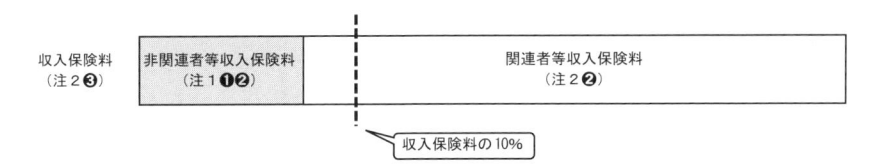

収入保険料
（注2❸）

| 非関連者等収入保険料
（注1❶❷） | 関連者等収入保険料
（注2❷） |

収入保険料の10%

(注2)　❶外国関係会社が各事業年度において非関連者に支払う再保険料（特定保険委託者に該当する外国関係会社が特定保険受託者又は同一の特定保険受託者に係る他の特定保険委託者に支払う再保険料及び特定保険受託者に該当する外国関係会社が特定保険委託者に支払う再保険料を含む。）の合計額に❷外国関係会社の各事業年度の関連者等収入保険料（非関連者等収入保険料（注1）以外の収入保険料）の合計額の❸収入保険料の合計額に対する割合を乗じて計算した金額とすることとされている。

$$❶非関連者に支払う再保険料 \times \frac{❷関連者等収入保険料}{❸収入保険料}$$

(注3)　ここにいう「非関連者」は、その外国関係会社にとっての非関連者基準（が適用されるものとした場合）における関連者以外の者がこれに該当する。

☐　措令39の14の3㉘五ロ(1)～(3)に掲げる要件は、次の通りである。

---

(1)　❶特定保険委託者と特定保険受託者との間で行われる再保険又は❷特定保険委託者と同一の特定保険受託者に係る他の特定保険委託者との間で行われる再保険であること。

(2)　再保険の引受けに係る保険に係る収入保険料の合計額のうちに一定の非関連者を被保険者とする保険に係るものの占める割合が95％以上であること。

(3)　❶特定保険委託者と特定保険受託者との間で行われる再保険にあっては、当該再保険を行うことにより当該特定保険委託者及び当該特定保険受託者の資本の効率的な使用と収益性の向上に資することとなると認められ、❷特定保険委託者と同一の特定保険受託者に係る他の特定保険委託者との間で行われる再保険にあっては、当該再保険を行うことによりこれらの特定保険委託者の資本の効率的な使用と収益性の向上に資することとなると認められること。

☐　この改正は、外国関係会社の平成31年4月1日以後に開始する事業年度について適用される（改正法附則58②）。

2-3　ブラック・リスト国に所在する外国関係会社

解　説　措法66の6②二ハ

☐　措法66の6②二ハに掲げる外国関係会社は、ブラック・リスト国に所在する外国関係会社がこれに該当し、財務大臣が指定する情報交換に関する国際的な取組みへの協力が著しく不十分な国又は地域に本店等を有する外国関係会社とされている。

本　　　法	施行令・施行規則
三　対象外国関係会社 　　次に掲げる要件のいずれかに該当しない外国関係会社（特定外国関係会社に該当するものを除く。）をいう。	
イ　株式等若しくは債券の保有、工業所有権その他の技術に関する権利、特別の技術による生産方式若しくはこれらに準ずるもの（これらの権利に関する使用権を含む。）若しくは著作権（出版権及び著作隣接権その他これに準ずるものを含む。）の提供又は船舶若しくは航空機の貸付けを主たる事業とするもの（次に掲げるものを除く。）でないこと。	

通達・ＱＡ番号・逐条解説
3　対象外国関係会社

解　説　措法66の6②三

□　対象外国関係会社は、❶事業基準、❷実体基準、❸管理支配基準及び❹非関連者基準又は所在地国基準の4つの基準（経済活動基準）のうちいずれかを満たさない外国関係会社がこれに該当し、能動的所得を得る上で必要な経済活動の実体を備えていないと判断され、租税負担割合が20％以上となる事業年度を除いて、外国関係会社単位の合算課税の対象とされる。

□　経済活動基準を満たすかどうかの判定は、事業年度ごとに行うべきものであるため、例えば、対象外国関係会社に該当する事業年度と部分対象外国関係会社に該当する事業年度とが交互することもあり得る。

（主たる事業の判定）

措通66の6-5　措置法第66条の6第2項第2号イ(1)、同項第3号、同条第6項第1号ロ若しくは同項第2号又は措置法令第39条の15第1項第4号イ若しくは第39条の17の2第2項第4号イの規定を適用する場合において、外国関係会社が2以上の事業を営んでいるときは、そのいずれが主たる事業であるかは、それぞれの事業に属する収入金額又は所得金額の状況、使用人の数、固定施設の状況等を総合的に勘案して判定する。

（備　考）　最高裁平成29年10月24日第三小法廷判決は、「措置法〔平成21年法律第13号による改正前の租税特別措置法をいう。〕66条の6第3項及び4項にいう主たる事業は、特定外国子会社等の当該事業年度における事業活動の具体的かつ客観的な内容から判定することが相当であ〔る〕」（〔〕内著者）とした上で、主たる事業の判定について、措通66の6-5と同様の判断方法を示している。また、静岡地裁平成7年11月9日判決は、「特定外国子会社等の主たる事業の判定は、各事業年度ごとに行われるということは当然であ〔る〕」（〔〕内著者）と判示している。

（被統括会社に該当する外国関係会社の経済活動基準の判定）

措通66の6-12　被統括会社に該当する外国関係会社（特定外国関係会社に該当するものを除く。）が措置法第66条の6第2項第3号に掲げる要件のいずれにも該当する場合には、当該被統括会社は対象外国関係会社に該当せず、同条第1項の規定の適用はないことに留意する。

（注）　当該被統括会社が本店所在地国においてその事業の管理、支配及び運営を自ら行っているかどうかの判定は、66の6-7及び66の6-8の取扱いにより行う。

（備　考）　統括会社が被統括会社に対して行う「事業活動の総合的な管理及び調整」（措法66の6②三イ(1)）とは、被統括会社の総合的な事業方針の決定等を行うことをいい、被統括会社はその事業方針の下で具体的な事業の運営を行うのであるから、統括会社が被統括会社の「事業活動の総合的な管理及び調整」を行っていたとしても、管理支配基準における「管理、支配及び運営」が統括会社によってなされているとは限らない（趣旨説明18）。

3-1　事業基準

解　説　措法66の6②三イ

□　事業基準（措法66の6②三イ）は、主たる事業が株式等の保有、工業所有権・著作権等の提供又は船舶・航空機の貸付けでないことを要件とするものであり、その地に本店を置いて事業を行う積極的な経済合理性を見い出すことが困難なものを限定列挙している（H29-678）。

（船舶又は航空機の貸付けの意義）

措通66の6-15　措置法第66条の6第2項第3号イ又は同条第6項第8号の規定の適用上、船舶又は航空機の貸付けとは、いわゆる裸用船（機）契約に基づく船舶（又は航空機）の貸付けをいい、いわゆる定期用船（機）契約又は航海用船（機）契約に基づく船舶（又は航空機）の用船（機）は、これに該当しない。

（備　考）　本通達にいう「裸用船（機）契約に基づく船舶（又は航空機）の貸付け」とは、単なる船体又は機体の貸付契約をいい、「定期用船（機）契約又は航海用船（機）契約に基づく船舶（又は航空機）の用船（機）」とは、運行サービスの提供と一体となって行われる船体又は機体の貸付契約ないし一種の再運送契約をいう（趣旨説明22）。

参　考　判　例

東京地判平成19年3月29日裁判所 HP 参照（平成16年（行ウ）第170号）

CP〔コマーシャル・ペーパー〕も投資対象たる証券としての経済的意義を有していることでは上記の〔事業基準にいう〕株式等と同様である上、その取引のための市場も成立しているのであるから、その保有が我が国において十分行える事業であるかどうかという観点から考える限り、これを上記の株式等と区別する理由はないものというべきである。（〔〕内著者）

本　　　法	施行令・施行規則
（1）　株式等の保有を主たる事業とする外国関係会社のうち当該外国関係会社が他の法人の事業活動の総合的な管理及び調整を通じてその収益性の向上に資する業務として政令で定めるもの（ロにおいて「統括業務」という。）を行う場合における当該他の法人として政令で定めるものの株式等の保有を行うものとして政令で定めるもの	【措令39の14の３】 5　法第66条の６第２項第３号イ(1)に規定する政令で定める業務は、外国関係会社が被統括会社（次項に規定する被統括会社をいう。以下この項において同じ。）との間における契約に基づき行う業務のうち当該被統括会社の事業の方針の決定又は調整に係るもの（当該事業の遂行上欠くことのできないものに限る。）であって、当該外国関係会社が二以上の被統括会社に係る当該業務を一括して行うことによりこれらの被統括会社の収益性の向上に資することとなると認められるもの（以下この条において「統括業務」という。）とする。 **令和元年度改正後条文** 17　同　上 6　法第66条の６第２項第３号イ(1)に規定する政令で定める他の法人は、次に掲げる法人で、当該法人の発行済株式等のうちに外国関係会社（当該法人に対して統括業務を行うものに限る。以下この項において同じ。）の有する当該法人の株式等の数又は金額の占める割合及

通達・ＱＡ番号・逐条解説

最判平成29年10月24日裁判所 HP 参照（平成28年（行ヒ）第224号）

1　措置法〔平成21年法律第13号による改正前の租税特別措置法をいう。〕66条の6第4項は、同条3項にいう株式の保有を主たる事業とする特定外国子会社等につき事業基準を満たさないとしているところ、株式を保有する者は、利益配当請求権等の自益権や株主総会の議決権等の共益権を行使することができるほか、保有に係る株式の運用として売買差益等を得ることが可能であり、それゆえ、他の会社に係る議決権の過半数の株式を保有する特定外国子会社等は、上記の株主権の行使を通じて、当該会社の経営を支配し、これを管理することができる。しかし、他の会社の株式を保有する特定外国子会社等が、当該会社を統括し管理するための活動として事業方針の策定や業務執行の管理、調整等に係る業務を行う場合、このような業務は、通常、当該会社の業務の合理化、効率化等を通じてその収益性の向上を図ることを直接の目的として、その内容も上記のとおり幅広い範囲に及び、これによって当該会社を含む一定の範囲に属する会社を統括していくものであるから、その結果として当該会社の配当額の増加や資産価値の上昇に資することがあるとしても、株主権の行使や株式の運用に関連する業務等とは異なる独自の目的、内容、機能等を有するものというべきであって、上記の業務が株式の保有に係る事業に包含されその一部を構成すると解するのは相当ではない。（〔〕内著者）

2　平成22年法律第6号による租税特別措置法の改正によって、株式等の保有を主たる事業とする特定外国子会社等のうち、当該特定外国子会社等が他の外国法人の事業活動の総合的な管理及び調整を通じてその収益性の向上に資する業務を行う場合における当該他の外国法人として政令で定めるものの株式等の保有を行うものとして政令で定めるもの（平成22年政令第58号による改正後の租税特別措置法施行令39条の17第4項に定める統括業務を行う同条3項各号に掲げる要件を満たす統括会社）を株式等の保有を主たる事業とするものから除外することとされた（前記改正後の租税特別措置法66条の6第3項）が、これによって事業基準を満たすこととなる統括会社は、もともと株式等の保有を主たる事業とするものであって（同項柱書き）、それ以外の統括会社はその対象となるものではないから、これらの改正経過を根拠に上記の統括業務が株式の保有に係る事業に包含される関係にあるものということはでき…ない。

(注)　1　平成29年度税制改正前は、外国関係会社のうち無税国に所在するもの又は税負担が著しく低いもの（平成4年度税制改正前にあっては、軽課税国に本店等を有するもの）を「特定外国子会社等」といい、その株式等の一定割合以上を直接・間接に有する内国法人は、当該特定外国子会社等が適用除外基準を満たしている場合を除き、その所得（平成21年度税制改正前にあっては、未処分所得）に相当する金額のうち持株割合等に対応する部分について会社単位の合算課税を受けることとされていた。

　　　　　2　本判決は、内国法人に係る特定外国子会社等につき、❶域内グループ会社に対して行う地域企画、調達、財務、材料技術、人事、情報システム及び物流改善に係る地域統括業務の中の物流改善業務に関する売上高が収入金額の多くを占めていたこと、❷所得金額は保有株式の受取配当の占める割合が高かったものの、その配当収入の中には地域統括業務によって域内グループ会社全体に原価率が低減した結果生じた利益が相当程度反映されていたこと、❸その現地事務所で勤務する従業員の多くが地域統括業務に従事し、その保有する有形固定資産の大半が地域統括業務に供されていたことなどの事情の下においては、地域統括業務が、旧措法66の6③④にいう当該特定外国子会社等の主たる事業であったと認めるのが相当であると判示した。

3-1 〈1〉 統括会社特例

解説 措法66の6の②三イ(1)

□　地域ごとの海外拠点を統合するいわば「ミニ本社」としての機能を有する統括会社の活用が、地域経済圏に展開するグループ企業の間接部門（経理・人事・システム・事業管理等）の合理化を通じて、グループ傘下の企業収益の向上に著しく寄与している実状に鑑み、そうした統括会社には、十分な経済合理性があるものと評価することが適当であることから（H22-494）、経済活動基準を満たさない株式等の保有を主たる事業とする外国関係会社から、被統括会社の株式等の保有を行う統括会社（事業持株会社）を除外することとされている。

（被統括会社の事業の方針の決定又は調整に係るものの意義）

措通66の6-11　措置法令第39条の14の3第5項に規定する「被統括会社の事業の方針の決定又は調整に係るもの（当該事業の遂行上欠くことのできないものに限る。）」とは、被統括会社（同条第6項に規定する被統括会社をいう。以下66の6-12までにおいて同じ。）の事業方針の策定及び指示並びに業務執行の管理及び事業方針の調整の業務で、当該事業の遂行上欠くことのできないものをいう。

(注)　例えば、同条第5項に規定する外国関係会社が被統括会社の事業の方針の策定等のために補完的に行う広告宣伝、情報収集等の業務は、「被統括会社の事業の方針の決定又は調整に係るもの」に該当しないことに留意する。

備考　本通達において、❶「事業方針の策定及び指示」とは、統括会社が、被統括会社の置かれた状況を踏まえ、事業方針

本　　　　法	施行令・施行規則
	び当該法人の議決権の総数のうちに当該外国関係会社の有する当該法人の議決権の数の占める割合のいずれもが100分の25（当該法人が内国法人である場合には、100分の50）以上であり、かつ、その本店所在地国にその事業を行うに必要と認められる当該事業に従事する者を有するもの（以下この条において「被統括会社」という。）とする。 一　当該外国関係会社及び当該外国関係会社に係る法第66条の6第1項各号に掲げる内国法人並びに当該内国法人が当該外国関係会社に係る間接保有の株式等（第39条の14第3項に規定する計算した株式等の数又は金額をいう。以下この号において同じ。）を有する場合における当該間接保有の株式等に係る第39条の14第3項第1号に規定する他の外国法人又は同項第2号に規定する他の外国法人及び出資関連外国法人（以下この項において「判定株主等」という。）が法人を支配している場合における当該法人（以下この項において「子会社」という。） 二　判定株主等及び子会社が法人を支配している場合における当該法人（次号において「孫会社」という。） 三　判定株主等並びに子会社及び孫会社が法人を支配している場合における当該法人 **令和元年度改正後条文** 18　同　上 7　法人税法施行令第4条第3項の規定は、前項各号に掲げる法人を支配している場合について準用する。 **令和元年度改正後条文** 19　同　上 8　法第66条の6第2項第3号イ(1)に規定する政令で定める外国関係会社は、一の内国法人によってその発行済株式等の全部を直接又は間接に保有されている外国関係会社で次に掲げる要件を満たすもの（以下この条において「統括会社」という。）のうち、株式等の保有を主たる事業とするもの（当該統括会社の当該事業年度終了の時において有する当該統括会社に係る被統括会社の株式等の当該事業年度終了の時における貸借対照表に計上されている帳簿価額の合計額が当該統括会社の当該事業年度終了の時において有する株式等の当該貸借対照表に計上されている帳簿価額の合計額の100分の50に相当する金額を超える場合で、かつ、当該統括会社の当該事業年度終了の時において有する当該統括会社に係る外国法人である被統括会社の株式等の当該事業年度終了の時における貸借対照表に計上されている帳簿価額の合計額の当該統括会社の当該事業年度終了の時において有する当該統括会社に係る被統括会社の株式等の当該貸借対照表に計上されている帳簿価額の合計額に対する割合又は当該統括会社の当該事業年度における当該統括会社に係る外国法人である被統括会社に対して行う統括業務に係る対価の額の合計額の当該統括会社の当該事業年度における当該統括会社に係る被統括会社に対して行う統括業務に係る対価の額の合計額に対する割合のいずれかが100分の50を超える場合における当該統括会社に限る。）とする。 一　当該外国関係会社に係る複数の被統括会社（外国法人である二以上の被統括会社を含む場合に限る。）に対して統括業務を行っていること。 二　その本店所在地国に統括業務に係る事務所、店舗、工場その他

通達・ＱＡ番号・逐条解説

を練り上げ、策定し、その方針に基づいた事業展開を図るよう指示を与えることが、❷「業務執行の管理」とは、指示した事業方針に即した企業活動が被統括会社において行われているかどうかを継続的に管理し、適宜指導を行うような場面が、❸「事業方針の調整」とは、例えば、当該地域における市況の変化など後発的な事情により当初決定した事業方針に修正や調整を加える必要が生じた場面がそれぞれ想定されている。上記❶から❸までの業務は、通常、被統括会社の行う事業の方向性を左右する業務であることから、一般的には、措令39の14の3⑤かっこ書にいう「当該事業の遂行上欠くことのできないもの」に該当すると考えられる。なお、統括業務は、具体的な業績の数値結果等が求められるものではないが、地域経済圏に展開するグループ企業の商流の一本化や間接部門の合理化に通じるなどの当該業務の重要性及びグループ傘下の企業収益の向上に対する貢献を合理的に説明できることが求められる（趣旨説明16-17）。

解説 措令39の14の3⑥

☐　買収した外国企業グループの中に日本企業が含まれている場合などには、その組織形態をそのまま活用することが事業上効率的であるケースも考えられることから（H27-693）、措令39の14の3⑥において、被統括会社は、一定の要件を満たす「法人」をいうものとされ、内国法人も被統括会社に該当し得ることとされている。ただし、内国法人である被統括会社については、外国関係会社にわが国の課税ベースを移転することが可能であり、かつ、所得移転を受けた外国関係会社について本税制の適用対象から除外すると、わが国の税源浸食リスクが高まることから、そのような所得移転に対し移転価格税制を発動するため（H27-693）、措令39の14の3⑥柱書かっこ書において、内国法人である被統括会社については、持株割合要件（25％以上）を50％以上とすることとしている。

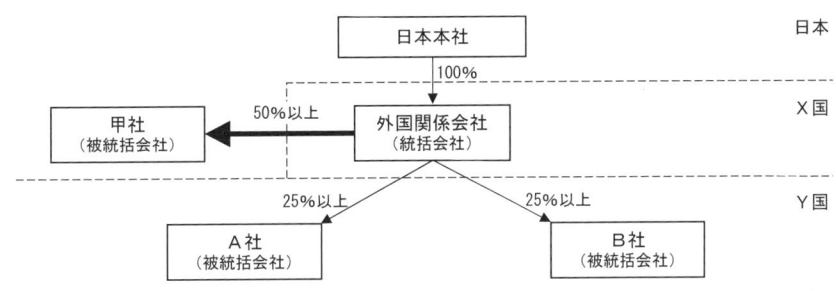

(H27-695を一部加工)

（被統括会社の事業を行うに必要と認められる者）

措通66の6-13　措置法令第39条の14の3第6項に規定する「その本店所在地国にその事業を行うに必要と認められる当該事業に従事する者を有する」とは、同項の法人がその事業の内容、規模等に応じて必要な従事者を本店所在地国に有していることをいうのであるから、当該事業に従事する者は当該法人の事業に専属的に従事している者に限られないことに留意する。

（備考）「当該事業に従事する者」（措令39の14の3⑥）は、その法人の事業に専属的に従事せず、他の法人の事業にも従事している者もこれに含まれ得る（趣旨説明20）。

解説 措令39の14の3⑦

☐　法令4③は、措令39の14の3⑥各号に掲げる「法人を支配している場合」について準用することとされている。具体的には、措令39の14の3⑥各号の「支配している場合」とは、❶発行済株式等の過半数を有する場合、❷重要な事項に関する議決権の過半数を有する場合又は❸株主等の総数の過半数を占める場合のいずれかに該当する場合をいう。

【法令4】

3　前項各号に規定する他の会社を支配している場合とは、次に掲げる場合のいずれかに該当する場合をいう。
　一　他の会社の発行済株式又は出資（その有する自己の株式又は出資を除く。）の総数又は総額の100分の50を超える数又は金額の株式又は出資を有する場合
　二　他の会社の次に掲げる議決権のいずれかにつき、その総数（当該議決権を行使することができない株主等が有する当該議決権の数を除く。）の100分の50を超える数を有する場合
　　イ　事業の全部若しくは重要な部分の譲渡、解散、継続、合併、分割、株式交換、株式移転又は現物出資に関する決議に係る議決権
　　ロ　役員の選任及び解任に関する決議に係る議決権

本　　　法	施行令・施行規則
	の固定施設及び当該統括業務を行うに必要と認められる当該統括業務に従事する者（専ら当該統括業務に従事する者に限るものとし、当該外国関係会社の役員及び当該役員に係る法人税法施行令第72条各号に掲げる者を除く。）を有していること。

令和元年度改正後条文

20　同　上

9　第1項及び前項において、発行済株式等の全部を直接又は間接に保有されているかどうかの判定は、これらの規定の一の内国法人の外国関係会社に係る直接保有株式等保有割合（当該一の内国法人の有する外国法人の株式等の数又は金額が当該外国法人の発行済株式等のうちに占める割合をいう。）と当該一の内国法人の当該外国関係会社に係る間接保有株式等保有割合（当該一の内国法人の外国法人を通じて間接に有する他の外国法人の株式等の数又は金額が当該他の外国法人の発行済株式等のうちに占める割合をいう。）とを合計した割合により行うものとする。

令和元年度改正後条文

21　前項において、発行済株式等の全部を直接又は間接に保有されているかどうかの判定は、同項の一の内国法人の外国関係会社に係る直接保有株式等保有割合（当該一の内国法人の有する外国法人の株式等の数又は金額が当該外国法人の発行済株式等のうちに占める割合をいう。）と当該一の内国法人の当該外国関係会社に係る間接保有株式等保有割合（当該一の内国法人の外国法人を通じて間接に有する他の外国法人の株式等の数又は金額が当該他の外国法人の発行済株式等のうちに占める割合をいう。）とを合計した割合により行うものとする。

10　第39条の14第3項の規定は、前項に規定する間接に有する他の外国法人の株式等の数又は金額の計算について準用する。この場合において、同条第3項中「外国関係会社（同条第2項第1号に規定する外国関係会社をいう。以下この項において同じ。）」とあるのは「外国法人」と、同項第1号中「外国関係会社」とあるのは「外国法人」と、「内国法人等」とあるのは「一の内国法人」と、「いい、当該発行法人と居住者又は内国法人との間に実質支配関係がある場合には、零とする」とあるのは「いう」と、同項第2号中「外国関係会社」とあるのは「外国法人」と、「内国法人等」とあるのは「一の内国法人」と読み替えるものとする。

令和元年度改正後条文

22　同　上

22　法第66条の6第2項（第3号に係る部分に限る。）の規定を適用する場合において、法人が被統括会社に該当するかどうかの判定については当該法人に対して統括業務を行う外国関係会社の各事業年度終了の時の現況によるものとし、外国関係会社が統括会社に該当するかどうかの判定については当該外国関係会社の各事業年度終了の時の現況によるものとする。

通達・QA番号・逐条解説

　　ハ　役員の報酬、賞与その他の職務執行の対価として会社が供与する財産上の利益に関する事項についての決議に係る議決権

　　ニ　剰余金の配当又は利益の配当に関する決議に係る議決権

　三　他の会社の株主等（合名会社、合資会社又は合同会社の社員（当該他の会社が業務を執行する社員を定めた場合にあっては、業務を執行する社員）に限る。）の総数の半数を超える数を占める場合

解　説　措令39の14の3⑧

□　「統括会社」とは、一の内国法人によってその発行済株式等の全部を直接・間接に保有されている外国関係会社で、❶複数の被統括会社（外国法人である2以上の被統括会社を含む場合に限る。）に対して統括業務を行っていること及び❷本店所在地に統括業務に係る固定施設及び統括業務の専従者（外国関係会社の役員等を除く。）を有していることの各要件を満たすものをいう。

□　事業基準を満たすこととされる「事業持株会社」とは、統括会社のうち、次に掲げる❶から❸までの要件を満たすものをいう。内国法人であっても被統括会社に該当し得ることとされているところ、❸の要件は、主として海外子会社を統括していることを要件とするものである。

---

❶　主たる事業が株式保有業

❷　$\dfrac{\text{被統括会社株式簿価（内国法人・外国法人）}}{\text{全保有株式簿価}} > 50\%$

❸　$\dfrac{\text{被統括会社株式簿価（外国法人）}}{\text{被統括会社株式簿価（内国法人・外国法人）}} > 50\%$　又は

　　$\dfrac{\text{統括業務対価（外国法人）}}{\text{統括業務対価（内国法人・外国法人）}} > 50\%$

（専ら統括業務に従事する者）

措通66の6-14　措置法令第39条の14の3第8項第2号に規定する「専ら当該統括業務に従事する者……を有している」とは、同項の外国関係会社に同条第5項に規定する統括業務を行う専門部署（以下66の6-14において「統括部署」という。）が存している場合には当該統括部署で当該統括業務に従事する者を有していることをいい、当該外国関係会社に統括部署が存していない場合には当該統括業務に専属的に従事する者を有していることをいう。

（備　考）「専ら当該統括業務に従事する者を有している」（措令39の14の3⑧二）にいう「専ら」とは、物理的・時間的に専属しているということではなく、機能的な面で専属していることを指すと考えられるから、本通達にいう「当該外国関係会社に統括部署が存していない場合には当該統括業務に専属的に従事する者を有している」とは、例えば、統括業務の担当者が1人しかいない場合に、当該者が普段は統括業務に従事し、統括業務の手隙を見計らって統括業務以外の業務にも従事するが、それは統括業務に支障がない程度のものであるなど、当該者が統括業務の担当者としての機能を果たしているときには、この要件に該当することとなる（趣旨説明21）。

解　説　措令39の14の3㉒

□　法人が被統括会社に該当するかどうかの判定は、当該法人に対して統括業務を行う外国関係会社の各事業年度終了の時の現況による。また、外国関係会社が統括会社に該当するかどうかの判定は、当該外国関係会社の各事業年度終了の時の現況による。

本　　法	施行令・施行規則
	令和元年度改正後条文 __33__　同　上
(2)　株式等の保有を主たる事業とする外国関係会社のうち第7号中「部分対象外国関係会社」とあるのを「外国関係会社」として同号の規定を適用した場合に外国金融子会社等に該当することとなるもの（同号に規定する外国金融機関に該当することとなるもの及び(1)に掲げるものを除く。）	
(3)　航空機の貸付けを主たる事業とする外国関係会社のうちその役員（法人税法第2条第15号に規定する役員をいう。第7号及び第6項において同じ。）又は使用人がその本店所在地国において航空機の貸付けを的確に遂行するために通常必要と認められる業務の全てに従事していることその他の政令で定める要件を満たすもの **令和元年度改正後条文** (3)　航空機の貸付けを主たる事業とする外国関係会社のうちその役員又は使用人がその本店所在地国において航空機の貸付けを的確に遂行するために通常必要と認められる業務の全てに従事していることその他の政令で定める要件を満たすもの	**【措令39の14の3】** 11　法第66条の6第2項第3号イ(3)に規定する政令で定める要件は、次に掲げる要件とする。 　一　外国関係会社の役員又は使用人がその本店所在地国において航空機の貸付けを的確に遂行するために通常必要と認められる業務の全てに従事していること。 　二　外国関係会社の当該事業年度における航空機の貸付けに係る業務の委託に係る対価の支払額の合計額の当該外国関係会社の当該事業年度における航空機の貸付けに係る業務に従事する役員及び使用人に係る人件費の額の合計額に対する割合が100分の30を超えていないこと。 　三　外国関係会社の当該事業年度における航空機の貸付けに係る業務に従事する役員及び使用人に係る人件費の額の合計額の当該外国関係会社の当該事業年度における航空機の貸付けによる収入金額から当該事業年度における貸付けの用に供する航空機に係る償却費の額の合計額を控除した残額（当該残額がない場合には、当該人件費の額の合計額に相当する金額）に対する割合が100分の5を超えていること。 **令和元年度改正後条文** __23__　同　上

3-1 〈2〉　外国金融持株会社特例

解　説　措法66の6②三イ(2)

☐　株式等の保有を主たる事業とする外国子会社については、原則として、事業基準を満たさないこととされているが、外国の金融規制においては、他国の金融機関がその国に進出する際には、リスク管理を行う持株会社を設けることを求める場合があることから（H30-682）、そのような持株会社を設けたときは、例外として、傘下の外国金融機関の経営管理を行うなど、実体のある事業活動を行っていると認められるものについて、事業基準を満たすこととされている。

☐　措法66の6②三イ(2)が、「株式等の保有を主たる事業とする外国関係会社のうち第7号中『部分対象外国関係会社』とあるのを『外国関係会社』として同号の規定を適用した場合に外国金融子会社等に該当することとなるもの」と規定しているのは、措法66の6②七において、「外国金融子会社等」とは、経済活動基準の全てを満たす外国関係会社のうち一定の要件を満たすものをいうものとされているところ、ここでは、「外国金融子会社等」を外国関係会社のうち一定の要件を満たすものであるとして措法66の6②七を適用した場合に外国金融子会社等に該当することとなる外国関係会社がこれに該当するという趣旨である。

3-1 〈3〉　航空機リース会社特例

解　説　措法66の6②三イ(3)

☐　「航空機の貸付け」については、単に税負担を軽減するためではなく、外国におけるノウハウや高度な人材を活用して自ら航空機の調達及び貸付けを行う外国関係会社が見られる（例えば、アイルランドは、航空機リース業に係る専門人材が豊富であり、取引先へのアクセスも容易であることなどから、同国所在の一部の航空機リース会社は、実体のある事業を行っているとの指摘がある。）ことを踏まえ（H29-678）、❶業務従事基準（措令39の14の3⑪一）、❷業務委託対価基準（措令39の14の3⑪二）及び❸人件費割合基準（措令39の14の3⑪三）の各要件を満たすものについて、事業基準を満たすこととしている。

➡　Q9（事業基準から除外される航空機リース会社における「通常必要と認められる業務」の範囲）

➡　Q10（通常必要と認められる業務の全てに従事しているかどうかの判定）

令和元年度改正の解説

☐　措法66の6②三イ(3)にいう「役員」は、措法66の6②二イ(4)かっこ書において、「法人税法第2条第15号に規定する役員をいう」ものとされている。

解　説　措令39の14の3⑪

☐　措令39の14の3⑪三にいう「償却費の額」は、外国関係会社における会計上の償却費の額を念頭に置いたものである（H29-678）。

（全てに従事していることの範囲）

措通66の6-16　措置法第66条の6第2項第3号イ(3)に規定する「全てに従事している」ことには、外国関係会社の業務の一部の委託（補助業務（広告宣伝、市場調査、専門的知識の提供その他の当該外国関係会社が業務を行う上での補助的な機能を有する業務をいう。）以外の業務の委託にあっては、当該外国関係会社が仕様書等を作成し、又は指揮命令している場合に限る。）が含まれることに留意する。

　同項第7号及び措置法令第39条の17第2項各号、第3項各号及び第8項第2号並びに措置法第66条の6第6項第2号、第5号及び第8号並びに措置法令第39条の17の3第10項第1号及び第2号に規定する「全てに従事している」ことについても、同様とする。

（備　考）　本通達にいう「補助業務」を委託する場合とは、例えば、契約書の作成等に当たって現地法令に詳しい弁護士等の外部専門家に助言を求めるといった場合がこれに該当する。また、「仕様書等」とは、工事、工作などの内容や手順などを説明した書面その他これに類するものをいう（趣旨説明23）。

本　　法	施行令・施行規則
ロ　その本店所在地国においてその主たる事業 （イ⑴に掲げる外国関係会社にあっては統括業務 とし、イ⑵に掲げる外国関係会社にあっては政令 で定める経営管理とする。ハにおいて同じ。）を 行うに必要と認められる事務所、店舗、工場 その他の固定施設を有していること（これら を有していることと同様の状況にあるものとして 政令で定める状況にあることを含む。）並びにそ の本店所在地国においてその事業の管理、支 配及び運営を自ら行っていること（これらを 自ら行っていることと同様の状況にあるものとし て政令で定める状況にあることを含む。）のいず れにも該当すること。	【措令39の14の3】 12　法第66条の6第2項第3号ロに規定する政令で定める経営管理 は、同号イ⑵に掲げる外国関係会社に係る第39条の17第3項第1号 イに規定する特定外国金融機関及び同条第9項第2号に規定する特 定外国金融機関の経営管理とする。 ＝＝＝令和元年度改正後条文＝＝＝ <u>24</u>　同　　上 13　法第66条の6第2項第3号ロに規定する事務所、店舗、工場その 他の固定施設を有していることと同様の状況にあるものとして政令 で定める状況は、次に掲げる状況とする。 一　外国関係会社（特定保険外国子会社等に該当するものに限る。）に 　係る特定保険協議者がその本店所在地国においてその主たる事業 　を行うに必要と認められる事務所、店舗その他の固定施設を有し 　ている状況 二　外国関係会社（特定保険委託者に該当するものに限る。）に係る特 　定保険受託者がその本店所在地国においてその主たる事業を行う 　に必要と認められる事務所、店舗その他の固定施設を有している 　状況 ＝＝＝令和元年度改正後条文＝＝＝ <u>25</u>　同　　上 14　法第66条の6第2項第3号ロに規定する事業の管理、支配及び運 営を自ら行っていることと同様の状況にあるものとして政令で定め る状況は、次に掲げる状況とする。 一　外国関係会社（特定保険外国子会社等に該当するものに限る。）に 　係る特定保険協議者がその本店所在地国においてその事業の管 　理、支配及び運営を自ら行っている状況 二　外国関係会社（特定保険委託者に該当するものに限る。）に係る特 　定保険受託者がその本店所在地国においてその事業の管理、支配 　及び運営を自ら行っている状況 ＝＝＝令和元年度改正後条文＝＝＝ <u>26</u>　同　　上

通達・QA番号・逐条解説

3-2　実体基準及び管理支配基準

解　説　措法66の6②三ロ

□　実体基準及び管理支配基準は、❶本店所在地国に主たる事業に必要な事務所、店舗、工場その他の固定施設を有すること及び❷本店所在地国において事業の管理、支配及び運営を自ら行っていることを要件とするものである。

□　「本店所在地国」は、管理支配地主義ではなく、本店所在地主義により判定した場所をいうものと解される。

（主たる事業を行うに必要と認められる事務所等の意義）

措通66の6-6　措置法第66条の6第2項第2号イ(1)及び第3号ロのその主たる事業を行うに必要と認められる事務所、店舗、工場その他の固定施設を有していることとは、外国関係会社がその主たる事業に係る活動を行うために必要となる固定施設を有していることをいうのであるから、同項第2号イ(1)及び第3号ロの規定の適用に当たって、次のことに留意する。

(1)　外国関係会社の有する固定施設が、当該外国関係会社の主たる事業を行うに必要と認められる事務所、店舗、工場その他の固定施設（以下66の6-6において「事務所等」という。）に該当するか否かは、当該外国関係会社の主たる事業の業種や業態、主たる事業に係る活動の内容等を踏まえて判定すること。ただし、当該外国関係会社の有する固定施設が、主たる事業に係る活動を行うために使用されるものでない場合には、主たる事業を行うに必要と認められる事務所等には該当しない。

(2)　外国関係会社が主たる事業を行うに必要と認められる事務所等を賃借により使用している場合であっても、事務所等を有していることに含まれること。

備　考　平成29年度税制改正後の経済活動基準における実体基準とペーパー・カンパニーの判定における実体基準は、同改正前の適用除外基準における実体基準と概ね同様の要件とされていることから、本通達は、従来の取扱いを変更するものではない。本通達の本文では、実体基準にいう「固定施設」とは、単なる物的設備ではなく、そこで行われる活動を前提とした概念であることが明らかにされている。また、本通達の(1)の「外国関係会社の有する固定施設が、当該外国関係会社の主たる事業を行うに必要と認められる…事務所等…に該当するか否か」は、例えば、小売業なら店舗、製造業なら工場などが該当すると考えられる。なお、主たる事業が人の活動を要しない事業である場合には、主たる事業を行うに必要と認められる固定施設は有していないことになると考えられる（趣旨説明8-9）。

（自ら事業の管理、支配等を行っていることの意義）

措通66の6-7　措置法第66条の6第2項第2号イ(2)及び第3号ロの「その事業の管理、支配及び運営を自ら行っている」こととは、外国関係会社が、当該外国関係会社の事業計画の策定等を行い、その事業計画等に従い裁量をもって事業を執行することであり、これらの行為に係る結果及び責任が当該外国関係会社に帰属していることをいうのであるが、次の事実があるとしてもそのことだけでこの要件を満たさないことにはならないことに留意する。

(1)　当該外国関係会社の役員が当該外国関係会社以外の法人の役員又は使用人（以下66の6-8において「役員等」という。）を兼務していること。

(2)　当該外国関係会社の事業計画の策定等に当たり、親会社等と協議し、その意見を求めていること。

(3)　当該事業計画等に基づき、当該外国関係会社の業務の一部を委託していること。

備　考　平成29年度税制改正後の経済活動基準における管理支配基準とペーパー・カンパニーの判定における管理支配基準は、同改正前の適用除外基準における管理支配基準と概ね同様の要件とされていることから、本通達は、従来の取扱いを変更するものではない。なお、本通達の(1)については、外国関係会社の役員は、必ずしも常勤である必要はないが、名義だけの役員や、不特定多数の会社のための業として行う役員である場合には、一般的に、その役員が外国関係会社の事業計画の策定等を自ら行っているとは認められないものと考えられる（趣旨説明10-11）。

（事業の管理、支配等を本店所在地国において行っていることの判定）

措通66の6-8　措置法第66条の6第2項第2号イ(2)及び第3号ロにおけるその事業の管理、支配及び運営を本店所在地国（同項第2号イ(2)に規定する本店所在地国をいう。以下66の6-27までにおいて同じ。）において行っているかどうかの判定は、外国関係会社の株主総会及び取締役会等の開催、事業計画の策定等、役員等の職務執行、会計帳簿の作成及び保管等が行われている場所並びにその他の状況を総合的に勘案の上行うことに留意する。

備　考　例えば、外国関係会社の株主総会の開催が本店所在地国以外の場所で行われていたとしても、そのことだけでは、当該外国関係会社が管理支配基準を満たさないことにはならない（趣旨説明12）。また、外国関係会社の株主総会及び取締役会の開催に当たりテレビ会議システム等の情報通信機器を利用したとの一事をもって、直ちに管理支配基準を満たさなくなるということにはならないと考えられる（【資料4】「外国子会社合算税制の適用除外基準である管理支配基準の判定（株主総会等のテレビ会議シス

本　　法	施行令・施行規則

通達・ＱＡ番号・逐条解説

テム等の活用について）（経済産業省）」参照。）。

（株式等の保有を主たる事業とする統括会社の経済活動基準の判定）

措通66の6-10 措置法第66条の6第2項第3号の規定の適用上、統括会社（措置法令第39条の14の3第8項に規定する統括会社をいう。）に該当する株式等の保有を主たる事業とする外国関係会社が、「その本店所在地国においてその主たる事業（…）を行うに必要と認められる事務所、店舗、工場その他の固定施設を有していること（…）並びにその本店所在地国においてその事業の管理、支配及び運営を自ら行っていること（…）」に該当するかどうかは、当該外国関係会社の行う統括業務を「その主たる事業」として、その判定を行うことに留意する。

措置法令第39条の14の3第21項に規定する「主たる事業」が同項第4号に規定する「主として本店所在地国において行っている場合」に該当するかどうかの判定についても、同様とする。

備考　統括会社に該当する株式等の保有を主たる事業とする外国関係会社は、被統括会社の株式等の保有を前提に、実態的には、当該被統括会社の統括業務を行っていることから、当該外国関係会社が行う統括業務を主たる事業として、経済活動基準の判定を行う（趣旨説明14）。

参考判例

熊本地判平成12年7月27日裁判所HP参照（平成9年（行ウ）第3号）

1　旧措置法66条の6第3項に定める管理支配基準に照らし、Ｘ社〔本店所在地香港〕が本件対応事業年度（平成2年9月1日から平成3年8月31日）において、その管理支配基準を充足するか否かについて検討する。

　　まず、Ｘ社の設立当初から本件対応事業年度のうちＸ社が原告〔内国法人〕へ本件ビルを売却した平成3年3月28日以前のＸ社の実態につき検討する。

　　……①Ｘ社は原告の100パーセントの子会社であり、その設立当時の代表取締役であるＡは同時に原告の貿易開発部長を兼ねておりその他の役員4名も原告の役員を兼務していたこと、②Ｘ社の役員のうちＡ以外の取締役はいずれも香港での勤務を全くしておらず取締役会も日本で開催されていたこと、③香港で開催された3回の株主総会も形式的なものであったこと、④Ｘ社の業務である不動産賃貸業も、Ａがテナントの決定・賃貸借契約の内容の決定をするほかは、香港の賃貸業者にテナントの募集、賃借人との交渉、賃料の回収、共用部分の管理を行わせており、Ｘ社の従業員としては、現地でＡの中学時代の教師であるＦ他1名を雇用し、Ｆに不動産賃貸業務における日常的な管理事務、経理事務を行わせ、他の職員には主に本件ビル内の清掃等を行わせていたにすぎないこと、⑤Ａは、昭和63年8月以降香港に滞在時には、原告の海外事業部の部長として、主に原告の中国でのホテル事業に携わっていたこと、⑥Ａの香港での滞在日数は限られており、特に昭和63年以降の滞在日数は少なく、本件対応事業年度内である平成2年11月8日から平成3年8月31日までの間の勤務日数は、295日間のうち15日間に過ぎなかったこと、⑦Ｘ社の唯一の基本的財産である本件ビルの取得は原告において決定し、また、本件ビルの地下1階及び1階の一部のＸ社からＰへの売却については原告の取締役会の承認を受けており、さらに、Ｘ社から原告への本件ビルの8階及び1階の一部の売却についても、原告が自らの株式市場への上場に向けた条件整備の中で本件ビルをＸ社から買い受けその売買代金から原告のＸ社に対する貸付金の回収を図ることが最善であるとの原告側の事情と判断のもとで行われていること、⑧原告のＸ社に対する貸付金は平成3年3月時点で約24億円あったこと、などが認められる。

　　右によると、Ｘ社が原告へ本件ビルを売却した平成3年3月28日の以前においても、Ｘ社の事業の管理、運営について、親会社である原告の管理、支配が強く及んでおり、Ｘ社の独立性の程度は低いものであったことがうかがえる。（〔　〕内著者）

2　次に、Ｘ社の本件対応事業年度のうち、Ｘ社が原告に対し本件ビルを売却した平成3年3月28日以降のＸ社の実態について検討するに、……Ｘ社は原告の委託を受けて本件ビルの不動産管理業をしているにすぎず、その管理業務や中国でのホテル事業の投資についての重要事項については、逐一原告の決裁のもとで行われており、その間のＸ社の事業の運営についての原告の関与の実態からみると、Ｘ社は、ほぼ完全に原告の管理、支配の下に置かれているものと評価することができる。

3　以上のＸ社の本件対応事業年度における業務に関する各事情に・・・諸般の事実を総合考慮すると、Ｘ社は、本件対応事業年度において、その本店所在地である香港において、独立した企業として、その事業の管理、支配及び運営を自ら行っていたとはいえず、旧措置法66条の6第3項所定の管理支配基準を充足していなかったというべきである。

本　　法	施行令・施行規則

東京地判平成24年10月11日裁判所HP参照（平成22年（行ウ）第725号）

1　……〔シンガポールにおいて設立された〕P1社〔特定外国子会社等〕には、シンガポールに在住する取締役であるP4及びP6ら営業担当者が存在する。

　　この点、被告〔国〕は、P1社には常勤役員が存在しない旨主張し、その根拠として、P4が、〔シンガポールで設立された〕P5社のマネージングディレクター（役員）であり、他に7社の法人の役員を兼務しており、P1社からP1社各事業年度において役員報酬を受領していないことを挙げる。

　　確かに、……P1社各事業年度において、P4は、P1社から役員報酬を受領していないことが認められるところ、……原告〔日本に住所を有する者であり、P1社の発行済株式総数7800株のうちの7799株を保有する株主〕とP4は、P1社設立時にP1社の経営が軌道に乗るまで無報酬で業務に当たる旨合意しており、実際に、原告自身もP1社各事業年度において役員報酬を受領していないことが認められる。また、……P4は、P1社各事業年度において、P1社以外に7社の法人の役員を兼務していたことが認められるところ、P4が役員に就任するか否かは、単にP5社が業務サポートサービスを提供している取引先であるということのみならず、P4自身が当該法人の事業内容について知識を有している等の事情により自己が取締役に就任しても責任を持てると考えた法人に限られ、兼務していた法人の業務成績いかんにより役員報酬をもらっていない法人もあったことが認められるから、P5社がP1社から業務委託を受けておりその報酬が得られることのみをもってP4がP1社の取締役に名目的に就任したものと推認することはできない。さらに、……P4は、シンガポール在住取締役として、P1社が法令・規制を遵守するために必要な各種届出等や税務申告を行い、P1社の経理及び銀行取引及び為替管理を含む資金管理、営業担当者に対する指揮監督、売掛債権の督促・回収等の業務を行っていたものと認められるから、P1社がその本店を置くシンガポールに取締役を置いていなかったものということはできない。

　　また、被告は、P1社には、従業員が存在しない旨主張するところ、P6ら営業担当者は、P1社が直接雇用するものではなく、……P5社から派遣を受けてP1社の営業業務を行っていたものと認められるが、特定外国子会社等が親会社等から独立して自ら事業を管理、支配しているといえるためには、居住取締役の指揮監督を受けて実際に日常業務を行う従業員が存在すれば足り、当該従業員について特定外国子会社等自らが直接雇用していることまでは必要ではなく、親会社等以外の第三者から従業員の派遣を受けている場合を含むと解すべきである。……P6ら営業担当者は、P5社の中間管理職による指揮監督ではなく、P4又は原告による指揮監督を受けていたものであり、P4による指揮監督はP5社のマネージングディレクターとしてではなく、P1社の取締役としてされたものと推認するのが相当である。

　　したがって、P1社に居住取締役及び従業員が存在しない旨の被告の主張を採用することはできない。（〔　〕内著者）

2　……P1社各事業年度において、P1社の株主総会はシンガポールにおいて開催されたものと認められる。

　　この点、被告は、原告がP1社の発行済株式総数の99.9％を保有し、シンガポール会社法の定めによれば、P1社の意思決定権を原告が掌握しているから、株主総会による意思決定は、原告の所在する場所で行われていたと解すべきである旨主張する。

　　……シンガポール会社法上は、株式会社の株主総会決議には普通決議と特別決議との2種類が存在し、原告の保有株式数は、普通決議及び特別決議のどちらにおいてもその帰趨を決するに足りる割合であることが認められるが、……P1社各事業年度においては、株主総会の招集及び開催は、シンガポールにおいて行われており、P4は株主として株主総会に参加していることが認められるところ、招集及び開催手続がシンガポールにおいて行われ、株主2名のうちの1名が実際にシンガポールで参加し、その旨の株主総会議事録も作成されているのであるから、P1社の株主総会は、その本社が所在するシンガポールにおいて開催されたものと認められる。被告の主張は、P1社の大株主である原告の所在地を過度に重視し、大株主の所在地と株主総会の開催地とを混同するものであって採用することができない。

3　……P1社にとって経営に重大な影響を及ぼし得る事項としては、重大なクレーム処理に際して顧客との間でP1社が大きな損失を被るような合意をする場合や、大口の取引先の獲得が考えられるが、P1社各事業年度においては、上記のような経営に重大な影響を及ぼし得る事項は発生せず、P1社が行う投資として検討されたのは、関連会社であるP2社及びP3社が行う増資の引受けをするか否かであったところ、……P3社が行う増資については、最終的にはP1社が引き受けなかったものの、その可否について原告とP4が相談していたこと、……P2社の行う本件増資の引受けの可否については、原告とP4が相談し、P1社の資金繰りの事情により、引受けの総額及び引受けの時期が決定されたことが認められる。

本　　法	施行令・施行規則

通達・QA番号・逐条解説

> この点、被告は、原告がP4に相談せずに本件増資の引受けの可否を決定し、仮に原告がP4に相談していたとしても、P4もP1社の重要事項について意思決定していたとみるのは適当ではない旨主張する。しかしながら、原告がP1社の大株主であることからすれば、原告の意向を無視することはできないと考えられるものの、P1社の取締役は原告とP4の2名であり、……それぞれの役割分担や権限分配を決め、実際にそのとおりに役割や権限を分担・分配しながらP1社の経営に当たり、P4が分担する事項については裁量権を有していたものと認められるから、P1社の重要事項について、専ら原告のみが意思決定していたものと推認することはできない。被告の主張は、単なる推測の域を出るものではなく、採用することはできない。
>
> 4 ……P4は、シンガポールのカンパニーセクレタリー会社に指示してP1社の会計帳簿書類を作成させ、・・・それらの会計帳簿等は、新しいものはP5社に、古いものはP7〔P7 Pte Ltd〕において保管されていたことが認められるところ、上記の指示は、P4のP1社の取締役としての権限に基づいてされたものと認められる。
>
> 5 以上に加えて、……P1社がその事業を行うために必要な固定施設を有していたことを考慮すると、P1社においては、経営上重要な事項に関する意思決定及び会計帳簿書類の作成・保管を含む日常的な業務の遂行は、いずれもP1社の取締役であるP4及びP6ら営業担当者により行われていたことが認められるから、P1社はその本店所在地国であるシンガポールにおいて、独立した法人としてその事業の管理・支配及び運営を自ら行っていたものと認められる。
>
> したがって、P1社は、管理支配基準を満たしていないとは認められない。

解説 措令39の14の3⑫

□ 株式等の保有を主たる事業とする外国関係会社のうち、「外国金融子会社等」を外国関係会社のうち一定の要件を満たすものであるとして措法66の6②七を適用した場合に外国金融子会社等に該当することとなるもの（外国金融機関に該当することとなるもの及び事業持株会社を除く。）は、事業基準を満たすこととされているところ、その実体基準の判定においては、その主たる事業を❶当該外国関係会社がその株式等を有する特定外国金融機関及び❷当該外国関係会社がその株式等を有する特定中間持株会社に係る特定外国金融機関の経営管理であるものとして、同基準の判定を行う。

解説 措令39の14の3⑬⑭

□ 我が国の損害保険会社が英国ロイズ市場で事業を行うためには、英国ロイズ法に従った組織形態をとる必要があり、2つの法人（保険引受会社と管理運営会社）を設立しなければならないこととされている。そこで、英国ロイズ市場において、我が国の損害保険会社の英国子会社である保険引受会社（メンバー）と管理運営会社（マネージング・エージェント）が一体となって保険業を営むという活動実態に着目し（H28-598、H29-673・679）、措令39の14の3⑬一及び⑭一は、その保険引受会社（特定保険外国子会社等）と管理運営会社（特定保険協議者）を一体として実体基準及び管理支配基準の判定を行うこととしている。

□ 英国ロイズ市場以外でも、保険引受子会社と管理運営子会社を別会社とした上で、これらを一体として保険業を営む場合があることから（H29-673・674）、措令39の14の3⑬二及び⑭二は、別々の会社が一体として保険業を営む形態での活動が保険規制当局に認められていること等を要件にその保険引受子会社と管理運営子会社を一体として実体基準及び管理支配基準の判定を行うこととしている。

（特定保険協議者又は特定保険受託者の管理支配基準の判定）

措通66の6-9 措置法令第39条の14の3第2項及び第14項の特定保険協議者又は特定保険受託者がその本店所在地国においてその事業の管理、支配及び運営を自ら行っているかどうかの判定は、66の6-7及び66の6-8の取扱いにより行うことに留意する。

（備考） 特定保険協議者又は特定保険受託者も外国関係会社に該当することから、本通達では、特定保険外国子会社等又は特定保険委託者の管理支配基準における特定保険協議者又は特定保険受託者の管理支配基準の判定については、措通66の6-7《自ら事業の管理、支配等を行っていることの意義》及び66の6-8《事業の管理、支配等を本店所在地国において行っていることの判定》により行うことが明らかにされている。

本　　法	施行令・施行規則
ハ　各事業年度においてその行う主たる事業が次に掲げる事業のいずれに該当するかに応じそれぞれ次に定める場合に該当すること。	
(1)　卸売業、銀行業、信託業、金融商品取引業、保険業、水運業、航空運送業又は物品賃貸業（航空機の貸付けを主たる事業とするものに限る。） 　その事業を主として当該外国関係会社に係る第40条の4第1項各号に掲げる居住者、当該外国関係会社に係る前項各号に掲げる内国法人、当該外国関係会社に係る第68条の90第1項各号に掲げる連結法人その他これらの者に準ずる者として政令で定めるもの以外の者との間で行っている場合として政令で定める場合 **令和元年度改正後条文** (1)　卸売業、銀行業、信託業、金融商品取引業、保険業、水運業、航空運送業又は物品賃貸業（航空機の貸付けを主たる事業とするものに限る。） 　その事業を主として当該外国関係会社に係る第40条の4第1項各号に掲げる<u>居住者、前項各号に掲げる内国法人、第68条の90第1項各号に掲げる連結法人</u>その他これらの者に準ずる者として政令で定めるもの以外の者との間で行っている場合として政令で定める場合	【措令39の14の3】 15　法第66条の6第2項第3号ハ(1)に規定する政令で定める者は、次に掲げる者とする。 一　法第66条の6第2項第3号ハ(1)に掲げる事業を主として行う外国関係会社に係る法第68条の90第1項各号に掲げる連結法人との間に連結完全支配関係がある他の連結法人 二　法第66条の6第2項第3号ハ(1)に掲げる事業を主として行う外国関係会社に係る同条第1項各号に掲げる内国法人の発行済株式等の100分の50を超える数又は金額の株式等を有する者（当該外国関係会社に係る法第40条の4第1項各号、第66条の6第1項各号及び第68条の90第1項各号並びに前号に掲げる者に該当する者を除く。） 三　法第66条の6第2項第3号ハ(1)に掲げる事業を主として行う外国関係会社に係る法第68条の90第1項各号に掲げる連結法人（当該連結法人が連結子法人である場合には、当該連結法人に係る連結親法人）の発行済株式等の100分の50を超える数又は金額の株式等を有する者（当該外国関係会社に係る法第40条の4第1項各号、第66条の6第1項各号及び第68条の90第1項各号並びに前二号に掲げる者に該当する者を除く。） 四　法第66条の6第2項第3号ハ(1)に掲げる事業を主として行う外国関係会社に係る法第40条の4第1項各号、第66条の6第1項各号又は第68条の90第1項各号に掲げる者に係る被支配外国法人（前二号に掲げる者に該当する者を除く。） 五　法第66条の6第2項第3号ハ(1)に掲げる事業を主として行う外国関係会社に係る法第40条の4第1項各号、第66条の6第1項各号若しくは第68条の90第1項各号に掲げる者又はこれらの者に係る被支配外国法人が当該外国関係会社に係る間接保有の株式等（第25条の19第5項、第39条の14第3項又は第39条の114第3項に規定する計算した株式等の数又は金額をいう。以下この号において同じ。）を有する場合における当該間接保有の株式等に係る第25条の19第5項第1号、第39条の14第3項第1号若しくは第39条の114第3項第1号に規定する他の外国法人又は第25条の19第5項第2号、第39条の14第3項第2号若しくは第39条の114第3項第2号に規定する他の外国法人及び出資関連外国法人 六　次に掲げる者と法第66条の6第1項第4号に規定する政令で定める特殊の関係のある者（同条第2項第3号ハ(1)に掲げる事業を主として行う外国関係会社に係る法第40条の4第1項各号、第66条の6第1項各号及び第68条の90第1項各号並びに前各号に掲げる者に該当する者を除く。） 　イ　法第66条の6第2項第3号ハ(1)に掲げる事業を主として行う外国関係会社 　ロ　法第66条の6第2項第3号ハ(1)に掲げる事業を主として行う外国関係会社に係る法第40条の4第1項各号、第66条の6第1

通達・ＱＡ番号・逐条解説

3-3　所在地国基準又は非関連者基準

解　説　**措法66の6②三ハ**

- [ ]　所在地国基準は、主たる事業が製造業、小売業、農業、林業、水産業等（非関連者基準の適用される事業以外の事業）に該当する場合について、その事業にとって本質的な行為が本店所在地国で行われていれば、そこに存在することの経済合理性があるとするものである（S53-164）。

- [ ]　非関連者基準は、主たる事業が卸売業、銀行業、信託業、金融商品取引業、保険業、水運業、航空運送業又は物品賃貸業（航空機の貸付けを主たる事業とするものに限る。）に該当する場合について、その事業の本来的な性格が国際的であり、その取引は必然的に国外に及ぶので、関連者以外の者との取引の多寡によって経済合理性の判断を行うこととするものである（S53-164）。

3-3〈1〉　非関連者基準

解　説　**措法66の6②三ハ(1)**

- [ ]　非関連者基準は、外国関係会社の主たる事業が、卸売業、銀行業、信託業、金融商品取引業、保険業、水運業、航空運送業又は物品賃貸業（航空機の貸付けを主たる事業とするものに限る。）に該当する場合に適用される。

（事業の判定）

措通66の6-17　外国関係会社の営む事業が措置法第66条の6第2項第3号ハ(1)又は措置法令第39条の14の3第21項第1号から第3号までに掲げる事業のいずれに該当するかどうかは、原則として日本標準産業分類（総務省）の分類を基準として判定する。

（備　考）　本通達では、非関連者基準又は所在地国基準のいずれが適用されるかを決定するための外国関係会社の「主たる事業」について、原則として日本標準産業分類（総務省）の分類を基準として判定することが明らかにされている。ただし、日本標準産業分類の分類は、統計上の必要性から定められたものであって、措通66の6-17に掲げる各規定の適用関係を明らかにすることを目的として定められたものではないから、上記各規定に掲げる事業のいずれに該当するかの判定はすべての場合において日本標準産業分類の分類どおりに判定するものではなく、上記各規定の立法趣旨・目的等も勘案した上で、上記各規定に掲げる事業のいずれに当たるかどうかの判定をすべきであり、措通66の6-17が「原則として」としているのも、このような趣旨であると解される（国税不服審判所平成19年10月16日裁決）。

　なお、名古屋地裁平成23年9月29日判決は、「非関連者基準又は所在地国基準のいずれが適用されるかを決するための特定外国子会社等〔外国関係会社〕の『主たる事業』の判定は、特定外国子会社等〔外国関係会社〕が現実に行っている主要な経済活動がどのような事業に該当するかを、客観的な事実関係に即して、当該特定外国子会社等〔外国関係会社〕の事業の目的、内容、態様等の諸般の事情を総合的に考慮して個別具体的に行われるべきものである。そして、関係当事者の間の法律関係は、主たる事業は何であるかという事実状態によって判断されるべき事柄を直接決定付けるものではなく、契約書の記載内容等は、『事業』の実態を明らかにする手がかりとして、『主たる事業』の判断に当たっての一事情として考慮されるものである」（〔〕内著者）と判示している。

解　説　**措令39の14の3⑮**

- [ ]　非関連者基準における外国関係会社に係る「関連者」は、❶外国関係会社に係る措法40の4①各号に掲げる居住者、❷外国関係会社に係る措法66の6①各号に掲げる内国法人、❸外国関係会社に係る措法68の90①各号に掲げる連結法人、❹上記❸の連結法人との間に連結完全支配関係がある他の連結法人、❺上記❷の内国法人の発行済株式等の50％超の株式等を有する者（上記❶～❹に掲げる者に該当する者を除く。）、❻上記❸の連結法人の発行済株式等の50％超の株式等を有する者（上記❶～❺に掲げる者に該当する者を除く。）、❼上記❶～❸に掲げる者に係る被支配外国法人（上記❺・❻に掲げる者に該当する者を除く。）、❽上記❶～❸又は上記❼に掲げる者が外国関係会社に係る間接保有の株式等を有する場合における当該間接保有の株式等に係る他の外国法人及び出資関連外国法人並びに❾外国関係会社又は上記❶～❽に掲げる者と特殊の関係のある者（上記❶～❽に掲げる者に該当する者を除く。）をいい、その範囲は、次図の通りである。

本　　法	施行令・施行規則
	項各号又は第68条の90第1項各号に掲げる者 　ハ　前各号に掲げる者

令和元年度改正後条文

<u>27</u>　同　上

16　法第66条の6第2項第3号ハ(1)に規定する政令で定める場合は、外国関係会社の各事業年度において行う主たる事業が次の各号に掲げる事業のいずれに該当するかに応じ当該各号に定める場合とする。

令和元年度改正後条文

<u>28</u>　同　上

　一　卸売業
　　　当該各事業年度の棚卸資産の販売に係る収入金額（当該各事業年度において棚卸資産の売買の代理又は媒介に関し受け取る手数料がある場合には、その手数料を受け取る基因となった売買の取引金額を含む。以下この号において「販売取扱金額」という。）の合計額のうちに関連者（当該外国関係会社に係る法第40条の4第1項各号、第66条の6第1項各号及び第68条の90第1項各号並びに前項各号に掲げる者をいう。以下この項及び次項において同じ。）以外の者との間の取引に係る販売取扱金額の合計額の占める割合が100分の50を超える場合又は当該各事業年度において取得した棚卸資産の取得価額（当該各事業年度において棚卸資産の売買の代理又は媒介に関し受け取る手数料がある場合には、その手数料を受け取る基因となった売買の取引金額を含む。以下この号において「仕入取扱金額」という。）の合計額のうちに関連者以外の者との間の取引に係る仕入取扱金額の合計額の占める割合が100分の50を超える場合
　二　銀行業
　　　当該各事業年度の受入利息の合計額のうちに当該受入利息で関連者以外の者から受けるものの合計額の占める割合が100分の50を超える場合又は当該各事業年度の支払利息の合計額のうちに当該支払利息で関連者以外の者に対して支払うものの合計額の占める割合が100分の50を超える場合
　三　信託業
　　　当該各事業年度の信託報酬の合計額のうちに当該信託報酬で関連者以外の者から受けるものの合計額の占める割合が100分の50を超える場合
　四　金融商品取引業
　　　当該各事業年度の受入手数料（有価証券の売買による利益を含む。）の合計額のうちに当該受入手数料で関連者以外の者から受けるものの合計額の占める割合が100分の50を超える場合
　五　保険業
　　　当該各事業年度の収入保険料の合計額のうちに当該収入保険料で関連者以外の者から収入するもの（当該収入保険料が再保険に係るものである場合には、関連者以外の者が有する資産又は関連者以外の者が負う損害賠償責任を保険の目的とする保険に係る収入保険料に限る。）の合計額の占める割合が100分の50を超える場合

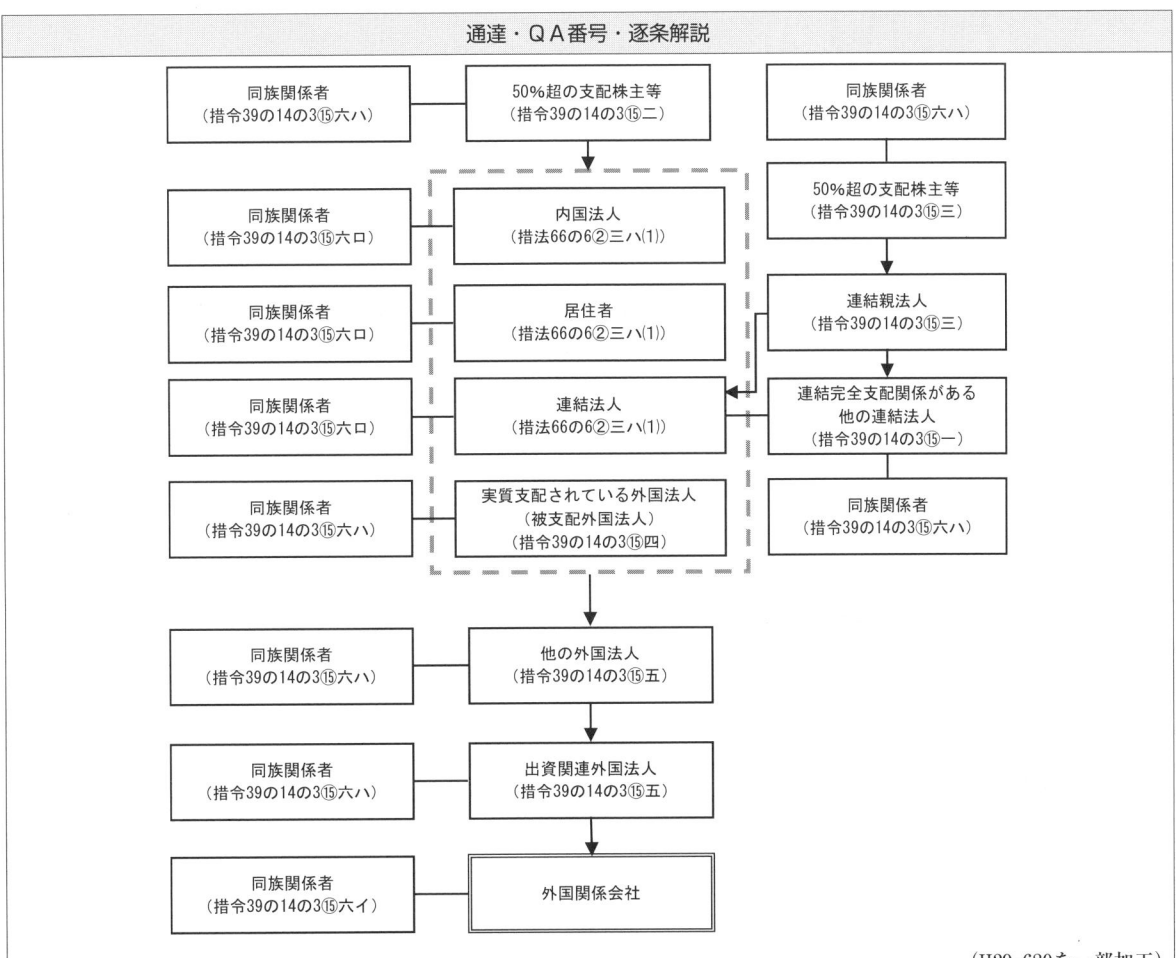

通達・QA番号・逐条解説

（H29-680を一部加工）

□　内国法人の役員等が支配する法人は、当該内国法人がその役員を通じて、当該法人と外国関係会社との間の取引価格に支配力を及ぼすことができることから（H20-514）、当該内国法人と特殊の関係があるものとされ、非関連者基準における外国関係会社に係る「関連者」に該当する。

解　説　措令39の14の3⑯一

□　主たる事業として、卸売業を行っている場合において、棚卸資産の売買の代理又は媒介に関し受け取る手数料があるときは、その手数料を受け取る基因となった売買の取引金額を収入金額等に含めて、その収入金額等の50%超が関連者以外の者との取引からなっているか否かを判定することとされている。次図の例では、収入金額等の90.9%（100÷（100＋10））が関連者以外の者との取引からなっていると判断することになる。

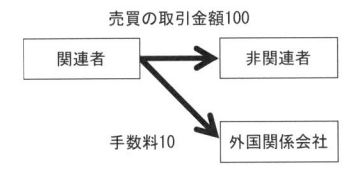

売買の取引金額100

解　説　措令39の14の3⑯二

□　我が国の銀行の財務諸表では、幅広い項目が「受入利息」として取り扱われていることに留意する。

（金融商品取引業を営む外国関係会社が受けるいわゆる分与口銭）

措通66の6-18　金融商品取引業を営む内国法人に係る外国関係会社で金融商品取引業を営むものが、その本店所在地国においてその顧客から受けた有価証券の売買に係る注文（募集又は売出しに係る有価証券の取得の申込みを含む。以下66の6-18において同じ。）を当該内国法人に取り次いだ場合において、その取り次いだことにより当該内国法人からその注文に係る

本　　法	施行令・施行規則

施行令・施行規則側：

令和元年度改正後条文

五　保険業

当該各事業年度の収入保険料（ハに掲げる金額を含む。）のうちに次に掲げる金額の合計額の占める割合が100分の50を超える場合

イ　関連者以外の者から収入する収入保険料（当該収入保険料が再保険に係るものである場合には、関連者以外の者が有する資産又は関連者以外の者が負う損害賠償責任を保険の目的とする保険に係る収入保険料に限る。）

ロ　特定保険委託者に該当する外国関係会社が当該特定保険委託者に係る特定保険受託者又は当該特定保険委託者と特定保険受託者を同じくする他の特定保険委託者から収入する収入保険料（次に掲げる要件の全てに該当する再保険に係るものに限る。）及び特定保険受託者に該当する外国関係会社が当該特定保険受託者に係る特定保険委託者から収入する収入保険料（次に掲げる要件の全てに該当する再保険に係るものに限る。）

(1)　特定保険委託者と当該特定保険委託者に係る特定保険受託者との間で行われる再保険又は特定保険委託者と当該特定保険委託者と特定保険受託者を同じくする他の特定保険委託者との間で行われる再保険であること。

(2)　再保険の引受けに係る保険に係る収入保険料の合計額のうちに関連者以外の者（当該外国関係会社の本店所在地国と同一の国又は地域に住所を有する個人又は本店若しくは主たる事務所を有する法人に限る。）を被保険者とする保険に係るものの占める割合が100分の95以上であること。

(3)　特定保険委託者と当該特定保険委託者に係る特定保険受託者との間で行われる再保険にあっては当該再保険を行うことにより当該特定保険委託者及び当該特定保険受託者の資本の効率的な使用と収益性の向上に資することとなると認められ、特定保険委託者と当該特定保険委託者と特定保険受託者を同じくする他の特定保険委託者との間で行われる再保険にあっては当該再保険を行うことによりこれらの特定保険委託者の資本の効率的な使用と収益性の向上に資することとなると認められること。

ハ　特定保険協議者に該当する外国関係会社が当該特定保険協議者に係る特定保険外国子会社等が行う保険の引受けについて保険契約の内容を確定するための協議その他の業務に係る対価として当該特定保険外国子会社等から支払を受ける手数料の額及び特定保険受託者に該当する外国関係会社が当該特定保険受託者に係る特定保険委託者から受託した保険業に関する業務に係る対価として当該特定保険委託者から支払を受ける手数料の額

六　水運業又は航空運送業

当該各事業年度の船舶の運航及び貸付け又は航空機の運航及び貸付けによる収入金額の合計額のうちに当該収入金額で関連者以外の者から収入するものの合計額の占める割合が100分の50を超える場合

七　物品賃貸業（航空機の貸付けを主たる事業とするものに限る。）

売買等の手数料（手数料を含む価額で売買が行われた場合における売買価額のうち手数料に相当する部分を含む。）の一部をいわゆる分与口銭として受け取ったときは、その分与口銭は措置法令第39条の14の３第16項第４号に規定する関連者以外の者から受ける受入手数料に該当するものとして取り扱う。

（備　考）　証券会社である外国子会社が現地の顧客から注文を受けた場合に、その注文が日本における有価証券の取得等であるときは、その注文を親会社である日本の証券会社に取り次ぐことがある。このような「つなぎ取引」に基づく分与口銭の収受は、形式的には、関連者からの収入に該当するが、分与口銭の収受は、証券業界において一般的に行われていることから、「非関連者取引」に係る収入として認めるものである（趣旨説明25）。

解　説　措令39の14の３⑯五

□　ここでいう「収入保険料」は、措法57の５③の文言（正味収入保険料）との比較などから、グロスの保険料をいうものと解される。

令和元年度改正の解説

□　保険業を主たる事業とする外国関係会社の非関連者基準の判定は、次によることとされた。

$$\frac{Ⓐ措令39の14の３㉘五イに掲げる金額＋Ⓑ措令39の14の３㉘五ロに掲げる金額＋Ⓒ措令39の14の３㉘五ハに掲げる金額}{各事業年度の収入保険料（Ⓒ措令39の14の３㉘五ハに掲げる金額を含む。）} > 50\%$$

□　保険業を主たる事業とする外国関係会社の非関連者基準の判定上、❶特定保険委託者に該当する外国関係会社が特定保険受託者又は同一の特定保険受託者に係る他の特定保険委託者から収入する収入保険料のうち、次の(1)～(3)に掲げる要件の全てに該当する再保険に係るものについて、関連者から収入するものに該当しないこととされた。また、❷特定保険受託者に該当する外国関係会社が特定保険委託者から収入する収入保険料のうち、次の(1)～(3)に掲げる要件の全てに該当する再保険に係るものについて、関連者から収入するものに該当しないこととされた（上記算式のⒷ）。

(1)　❶特定保険委託者と特定保険受託者との間で行われる再保険又は❷特定保険受託者と同一の特定保険受託者に係る他の特定保険委託者との間で行われる再保険であること。

(2)　再保険の引受けに係る保険に係る収入保険料の合計額のうちに一定の非関連者を被保険者とする保険に係るものの占める割合が95％以上であること。

(3)　❶特定保険委託者と特定保険受託者との間で行われる再保険にあっては、当該再保険を行うことにより当該特定保険委託者及び当該特定保険受託者の資本の効率的な使用と収益性の向上に資することとなると認められ、❷特定保険受託者と同一の特定保険受託者に係る他の特定保険委託者との間で行われる再保険にあっては、当該再保険を行うことによりこれらの特定保険委託者の資本の効率的な使用と収益性の向上に資することとなると認められること。

□　保険業を主たる事業とする外国関係会社の非関連者基準の判定上、特定保険協議者に該当する外国関係会社が特定保険外国子会社等が行う保険の引受けについて保険契約の内容を確定するための協議その他の業務に係る対価として当該特定保険外国子会社等から支払を受ける手数料の額について、❶収入保険料及び❷収入保険料のうち非関連者取引に係るもののいずれにも含まれることとされた（上記算式のⒸ）。

□　保険業を主たる事業とする外国関係会社の非関連者基準の判定上、特定保険受託者に該当する外国関係会社が特定保険委託者から受託した保険業に関する業務に係る対価として当該特定保険委託者から支払を受ける手数料の額について、❶収入保険料及び❷収入保険料のうち非関連者取引に係るもののいずれにも含まれることとされた（上記算式のⒸ）。

解　説　措令39の14の３⑯六

□　裸用船（機）契約に基づく船舶（又は航空機）の貸付けを主たる事業とするものは、事業基準を満たさないことに留意する。

解　説　措令39の14の３⑰

□　❶取引の対象資産等が、外国関係会社から非関連者を介して関連者に移転等をされることがあらかじめ定まっている場合には、当該外国関係会社と当該非関連者との間で行う取引は、関連者取引とみなすこととされている。また、❷取引の対象資産等が、関連者から非関連者を介して外国関係会社に移転等をされることがあらかじめ定まっている場合も、同様とされている。

本　　法	施行令・施行規則
	当該各事業年度の航空機の貸付けによる収入金額の合計額のうちに当該収入金額で関連者以外の者から収入するものの合計額の占める割合が100分の50を超える場合

17　次に掲げる取引は、外国関係会社と当該外国関係会社に係る関連者との間で行われた取引とみなして、前項各号の規定を適用する。

一　外国関係会社と当該外国関係会社に係る関連者以外の者（以下この項において「非関連者」という。）との間で行う取引（以下この号において「対象取引」という。）により当該非関連者に移転又は提供をされる資産、役務その他のものが当該外国関係会社に係る関連者に移転又は提供をされることが当該対象取引を行った時において契約その他によりあらかじめ定まっている場合における当該対象取引

二　外国関係会社に係る関連者と当該外国関係会社に係る非関連者との間で行う取引（以下この号において「先行取引」という。）により当該非関連者に移転又は提供をされる資産、役務その他のものが当該外国関係会社に係る非関連者と当該外国関係会社との間の取引（以下この号において「対象取引」という。）により当該外国関係会社に移転又は提供をされることが当該先行取引を行った時において契約その他によりあらかじめ定まっている場合における当該対象取引

令和元年度改正後条文

29　同　上

18　外国関係会社（第16項第1号に掲げる事業を主たる事業とするものに限る。以下この項において同じ。）が統括会社に該当する場合における前二項の規定の適用については、同号及び前項に規定する関連者には、当該外国関係会社に係る外国法人である被統括会社を含まないものとする。

令和元年度改正後条文

30　外国関係会社（第28項第1号に掲げる事業を主たる事業とするものに限る。以下この項において同じ。）が統括会社に該当する場合における前二項の規定の適用については、同号及び前項に規定する関連者には、当該外国関係会社に係る外国法人である被統括会社を含まないものとする。

19　外国関係会社（第16項第5号に掲げる事業を主たる事業とするものに限る。以下この項において同じ。）が特定保険協議者又は特定保険受託者に該当する場合における第16項及び第17項の規定の適用については、同号及び同項に規定する関連者には、当該外国関係会社に係る特定保険外国子会社等又は特定保険委託者を含まないものとする。

令和元年度改正後条文

19　削　除

通達・QA番号・逐条解説

《❶のケース》

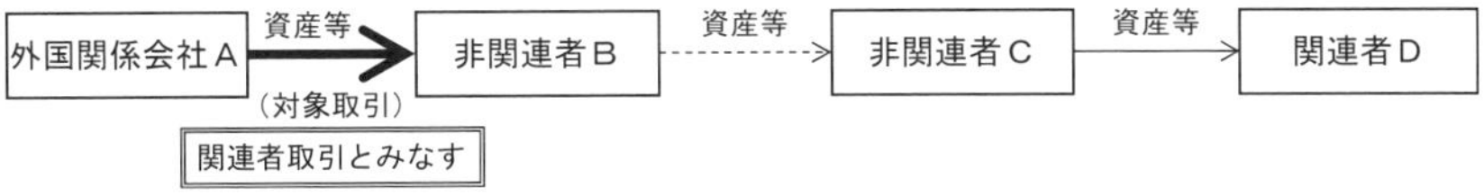

外国関係会社Ａ ──資産等（対象取引）──▶ 非関連者Ｂ ┈資産等┈▶ 非関連者Ｃ ──資産等──▶ 関連者Ｄ

関連者取引とみなす

《❷のケース》

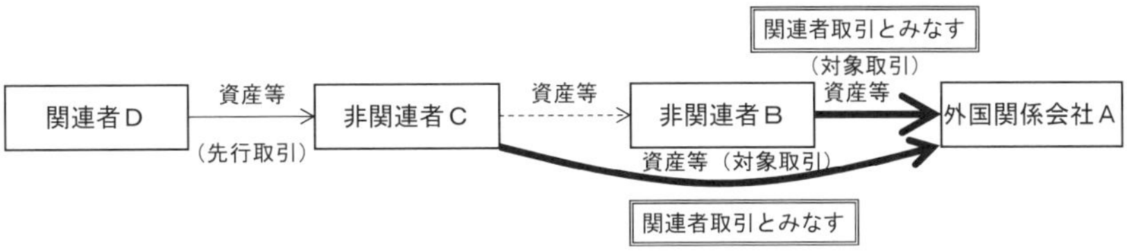

関連者取引とみなす（対象取引）

関連者Ｄ ──資産等（先行取引）──▶ 非関連者Ｃ ┈資産等┈▶ 非関連者Ｂ ──資産等──▶ 外国関係会社Ａ

資産等（対象取引）

関連者取引とみなす

(H29-682)

解　説　措令39の14の3⑱

☐　地域経済圏に展開するグループ企業の商流を合理化するいわゆる物流統括会社の活用が、グループ企業の収益の向上に寄与している実状に鑑みれば、そうした物流統括会社には経済合理性があるものと評価することが適当であることから（H22-495）、外国関係会社が卸売業を主たる事業とする統括会社に該当する場合には、その外国関係会社に係る被統括会社を関連者の範囲から除外して、非関連者基準の判定を行う特例が措置されている。ただし、内国法人である被統括会社との間で行う取引については、わが国の課税ベースの海外移転リスクがあることから（H27-694）、本特例の対象外とされている。

本　　法	施行令・施行規則
(2)　(1)に掲げる事業以外の事業 　　その事業を主としてその本店所在地国（当該本店所在地国に係る水域で政令で定めるものを含む。）において行っている場合として政令で定める場合	【措令39の14の3】 20　法第66条の6第2項第3号ハ(2)に規定する政令で定める水域は、同号ハ(2)に規定する本店所在地国に係る内水及び領海並びに排他的経済水域又は大陸棚に相当する水域とする。

令和元年度改正後条文

<u>31</u>　同　上

21　法第66条の6第2項第3号ハ(2)に規定する政令で定める場合は、外国関係会社の各事業年度において行う主たる事業（同号イ(1)に掲げる外国関係会社にあっては統括業務とし、同号イ(2)に掲げる外国関係会社にあっては第12項に規定する経営管理とする。以下この項において同じ。）が次の各号に掲げる事業のいずれに該当するかに応じ当該各号に定める場合とする。

令和元年度改正後条文

<u>32</u>　法第66条の6第2項第3号ハ(2)に規定する政令で定める場合は、外国関係会社の各事業年度において行う主たる事業（同号イ(1)に掲げる外国関係会社にあっては統括業務とし、同号イ(2)に掲げる外国関係会社にあっては<u>第24項</u>に規定する経営管理とする。以下この項において同じ。）が次の各号に掲げる事業のいずれに該当するかに応じ当該各号に定める場合とする。

一　不動産業
　　主として本店所在地国にある不動産（不動産の上に存する権利を含む。以下この号において同じ。）の売買又は貸付け（当該不動産を使用させる行為を含む。）、当該不動産の売買又は貸付けの代理又は媒介及び当該不動産の管理を行っている場合

令和元年度改正後条文

一　不動産業
　　主として本店所在地国にある不動産の売買又は貸付け（当該不動産を使用させる行為を含む。）、当該不動産の売買又は貸付けの代理又は媒介及び当該不動産の管理を行っている場合

二　物品賃貸業（航空機の貸付けを主たる事業とするものを除く。）
　　主として本店所在地国において使用に供される物品の貸付けを行っている場合
三　製造業
　　主として本店所在地国において製品の製造を行っている場合（製造における重要な業務を通じて製造に主体的に関与していると認められる場合として財務省令で定める場合を含む。）
四　第16項各号及び前三号に掲げる事業以外の事業
　　主として本店所在地国において行っている場合

令和元年度改正後条文

四　<u>第28項</u>各号及び前三号に掲げる事業以外の事業
　　主として本店所在地国において行っている場合

通達・ＱＡ番号・逐条解説

3-3 〈2〉 所在地国基準

解説 措法66の6②三ハ②

☐ 所在地国基準は、外国関係会社の主たる事業が、非関連者基準の適用される事業以外の事業に該当する場合に適用される。

解説 措令39の14の3⑳

☐ 所在地国基準にいう「本店所在地国」は、本店所在地国に係る内水及び領海並びに排他的経済水域又は大陸棚に相当する水域を含む。例えば、主たる事業が水産業に該当する場合には、上記水域内でその事業を行っているかどうかが問題となるものと考えられる。

解説 措令39の14の3㉑

☐ 株式等の保有を主たる事業とする外国関係会社のうち、「外国金融子会社等」を外国関係会社のうち一定の要件を満たすものであるとして措法66の6②七を適用した場合に外国金融子会社等に該当することとなるもの（外国金融機関に該当することとなるもの及び事業持株会社を除く。）は、事業基準を満たすこととされているところ、その所在地国基準の判定においては、その主たる事業を❶当該外国関係会社がその株式等を有する特定外国金融機関及び❷当該外国関係会社がその株式等を有する特定中間持株会社に係る特定外国金融機関の経営管理であるものとして、同基準の判定を行う。

☐ 製造業を主たる事業とする外国関係会社については、「主として本店所在地国において製品の製造を行っている場合」に所在地国基準を満たすこととされているほか、「外国子会社の経済実態に即して課税すべき」との BEPS プロジェクトの基本的な考え方を踏まえ、「本店所在地国において製造における重要な業務を通じて製造に主体的に関与している場合」にも所在地国基準を満たすこととされている。この「本店所在地国において製造における重要な業務を通じて製造に主体的に関与している場合」には、自社工場が本店所在地国以外の国又は地域に所在する場合のほか、本店所在地国以外の国又は地域に製造委託先の工場が所在する場合も含まれる。なお、措規22の11②に掲げる業務の全てを行っていなければ、主体的に関与していると認められないというものではなく、外国関係会社の規模、製品の種類等によって勘案すべき業務の内容は異なるものと考えられる（H29-682・683）。

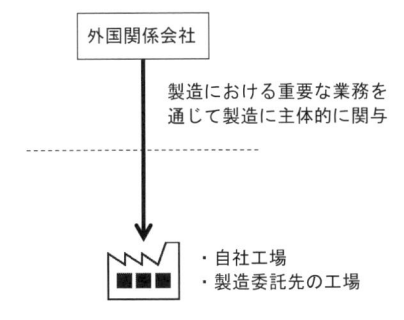

令和元年度改正の解説

☐ 措令39の14の3㉜一にいう「不動産」は、措令39の14の3⑨一かっこ書において、「不動産の上に存する権利を含む」ものとされている。

（株式等の保有を主たる事業とする統括会社の経済活動基準の判定）

措通66の6-10 措置法第66条の6第2項第3号の規定の適用上、統括会社（措置法令第39条の14の3第8項に規定する統括会社をいう。）に該当する株式等の保有を主たる事業とする外国関係会社が、「その本店所在地国においてその主たる事業（……）を行うに必要と認められる事務所、店舗、工場その他の固定施設を有していること（……）並びにその本店所在地国においてその事業の管理、支配及び運営を自ら行っていること（……）」に該当するかどうかは、当該外国関係会社の行う統括業務を「その主たる事業」として、その判定を行うことに留意する。

措置法令第39条の14の3第21項に規定する「主たる事業」が同項第4号に規定する「主として本店所在地国において行っている場合」に該当するかどうかの判定についても、同様とする。

備考 統括会社に該当する株式等の保有を主たる事業とする外国関係会社は、被統括会社の株式等の保有を前提に、実態的には、当該被統括会社の統括業務を行っていることから、当該外国関係会社が行う統括業務を主たる事業として、経済活動基準

本　　　法	施行令・施行規則
	【措規22の11】 2　施行令第39条の14の3第21項第3号に規定する財務省令で定める場合は、外国関係会社（法第66条の6第2項第1号に規定する外国関係会社をいう。以下この項及び第26項において同じ。）がその本店又は主たる事務所の所在する国又は地域（以下この項、第8項及び第25項において「本店所在地国」という。）において行う次に掲げる業務の状況を勘案して、当該外国関係会社がその本店所在地国においてこれらの業務を通じて製品の製造に主体的に関与していると認められる場合とする。 一　工場その他の製品の製造に係る施設又は製品の製造に係る設備の確保、整備及び管理 二　製品の製造に必要な原料又は材料の調達及び管理 三　製品の製造管理及び品質管理の実施又はこれらの業務に対する監督 四　製品の製造に必要な人員の確保、組織化、配置及び労務管理又はこれらの業務に対する監督 五　製品の製造に係る財務管理（損益管理、原価管理、資産管理、資金管理その他の管理を含む。） 六　事業計画、製品の生産計画、製品の生産設備の投資計画その他製品の製造を行うために必要な計画の策定 七　その他製品の製造における重要な業務 **令和元年度改正後条文** 19　施行令第39条の14の3第32項第3号に規定する財務省令で定める場合は、外国関係会社がその本店所在地国において行う次に掲げる業務の状況を勘案して、当該外国関係会社がその本店所在地国においてこれらの業務を通じて製品の製造に主体的に関与していると認められる場合とする。 一～七　同　上

通達・ＱＡ番号・逐条解説

の判定を行う（趣旨説明14）。

（事業の判定）

措通66の6-17 外国関係会社の営む事業が措置法第66条の6第2項第3号ハ(1)又は措置法令第39条の14の3第21項第1号から第3号までに掲げる事業のいずれに該当するかどうかは、原則として日本標準産業分類（総務省）の分類を基準として判定する。

備　考　本通達では、非関連者基準又は所在地国基準のいずれが適用されるかを決定するための外国関係会社の「主たる事業」について、原則として日本標準産業分類（総務省）の分類を基準として判定することが明らかにされている。ただし、日本標準産業分類の分類は、統計上の必要性から定められたものであって、措通66の6-17に掲げる各規定の適用関係を明らかにすることを目的として定められたものではないから、上記各規定に掲げる事業のいずれに該当するかの判定はすべての場合において日本標準産業分類の分類どおりに判定するものではなく、上記各規定の立法趣旨・目的等も勘案した上で、上記各規定に掲げる事業のいずれに当たるかどうかの判定をすべきであり、措通66の6-17が「原則として」としているのも、このような趣旨であると解される（国税不服審判所平成19年10月16日裁決）。

なお、名古屋地裁平成23年9月29日判決は、「非関連者基準又は所在地国基準のいずれが適用されるかを決するための特定外国子会社等〔外国関係会社〕の『主たる事業』の判定は、特定外国子会社等〔外国関係会社〕が現実に行っている主要な経済活動がどのような事業に該当するかを、客観的な事実関係に即して、当該特定外国子会社等〔外国関係会社〕の事業の目的、内容、態様等の諸般の事情を総合的に考慮して個別具体的に行われるべきものである。そして、関係当事者の間の法律関係は、主たる事業は何であるかという事実状態によって判断されるべき事柄を直接決定付けるものではなく、契約書の記載内容等は、『事業』の実態を明らかにする手がかりとして、『主たる事業』の判断に当たっての一事情として考慮されるものである」（〔〕内著者）と判示している。

参 考 判 例

東京地判平成21年5月28日裁判所 HP 参照（平成18年（行ウ）第322号）

措置法〔平成17年法律第21号による改正前の租税特別措置法をいう。〕66条の6第1項において租税の負担が著しく低い「国又は地域」に本店又は主たる事務所が所在する外国関係会社に対してタックス・ヘイブン税制が設けられることとなった趣旨は、仮に、「国」単位のみで外国子会社合算税制を適用するとした場合、例えば、租税の負担の著しく低いタックス・ヘイブンとして著名なグレートブリテン及び北アイルランド連合王国（以下「英国」という。）領バミューダ、同ケイマン諸島、同ヴァージン諸島など、一般的には必ずしも租税の負担が著しく低いとはいえない「国」のうちの租税の負担の著しく低い特定の「地域」に所在する外国関係会社の留保利益が合算課税の対象とならないこととなるため、「国又は地域」と規定することによって、ある「国」のうちの租税の負担が著しく低く定められた特定の「地域」に所在する外国関係会社についても、外国子会社合算税制の適用対象に含めることとした点にあるものと解される。このような同条1項の趣旨に加えて、同条3項の規定は、内国法人の外国関係会社が同条1項所定の特定外国子会社等の要件を満たしている場合に、同項所定の課税対象留保金額の益金算入の法律効果が生ずることを前提とした上で、同条3項に規定する適用除外要件がすべて充足された場合には、同条1項の規定を「適用しない」という例外を定めたものであるという同条の1項と3項との条文の構造・対応関係にかんがみると、所在地国基準（同項2号）を満たすためには、同条1項との関係で、特定外国子会社等の本店又は主たる事務所が租税の負担が著しく低い「地域」に所在する場合には、同条3項との関係でも、当然に、特定外国子会社等がその事業を主として本店又は主たる事務所の所在する「地域」において行っていると認められることを要するものと解される。〔〕内著者）

（注）1　平成29年度税制改正前は、外国関係会社のうち無税国に所在するもの又は税負担が著しく低いもの（平成4年度税制改正前にあっては、軽課税国に本店等を有するもの）を「特定外国子会社等」といい、その株式等の一定割合以上を直接・間接に有する内国法人は、当該特定外国子会社等が適用除外基準を満たしている場合を除き、その所得（平成21年度税制改正前にあっては、未処分所得）に相当する金額のうち持株割合等に対応する部分について会社単位の合算課税を受けることとされていた。

2　平成29年度税制改正では、トリガー税率を廃止し、所得や事業の内容によって租税回避リスクを把握する仕組みに改められたため、本判決の判示事項は、現行制度においては当てはまらない部分もあるが、所在地国基準における「国又は地域」の解釈を示したものとして、参考になるものと考えられる。

本　　法	施行令・施行規則
四　適用対象金額 　　特定外国関係会社又は対象外国関係会社の各事業年度の決算に基づく所得の金額につき法人税法及びこの法律による各事業年度の所得の金額の計算に準ずるものとして政令で定める基準により計算した金額（以下この号において「基準所得金額」という。）を基礎として、政令で定めるところにより、当該各事業年度開始の日前7年以内に開始した各事業年度において生じた欠損の金額及び当該基準所得金額に係る税額に関する調整を加えた金額をいう。	【措令39の15】 1　法第66条の6第2項第4号に規定する政令で定める基準により計算した金額は、外国関係会社（同項第1号に規定する外国関係会社をいい、同項第2号に規定する特定外国関係会社又は同項第3号に規定する対象外国関係会社に該当するものに限る。以下この条において同じ。）の各事業年度の決算に基づく所得の金額に係る第1号及び第2号に掲げる金額の合計額から当該所得の金額に係る第3号から第5号までに掲げる金額の合計額を控除した残額（当該所得の金額に係る第1号に掲げる金額が欠損の金額である場合には、当該所得の金額に係る第2号に掲げる金額から当該欠損の金額と当該所得の金額に係る第3号から第5号までに掲げる金額との合計額を控除した残額）とする。 一　当該各事業年度の決算に基づく所得の金額につき、法人税法第2編第1章第1節第2款から第9款まで（同法第23条、第23条の2、第25条の2、第26条第1項から第5項まで、第27条、第33条第5項、第37条第2項、第38条から第41条まで、第55条第3項、第57条、第58条、第59条、第61条の2第17項、第61条の11から第61条の13まで、第62条の5第3項から第6項まで及び第62条の7（適格現物分配に係る部分に限る。）を除く。）及び第11款の規定並びに法第43条、第45条の2、第52条の2、第57条の5、第57条の6、第57条の8、第57条の9、第61条の4、第65条の7から第65条の9まで（法第65条の7第1項の表の第8号に係る部分に限る。）、第66条の4第3項、第67条の12及び第67条の13の規定（以下この号において「本邦法令の規定」という。）の例に準じて計算した場合に算出される所得の金額又は欠損の金額（当該外国関係会社に係る法第66条の6第1項各号に掲げる内国法人との間の取引につき法第66条の4第1項又は第68条の88第1項の規定の適用がある場合には、当該取引がこれらの規定に規定する独立企業間価格で行われたものとして本邦法令の規定の例に準じて計算した場合に算出される所得の金額又は欠損の金額） 二　当該各事業年度において納付する法人所得税（本店所在地国若しくは本店所在地国以外の国若しくは地域又はこれらの国若しくは地域の地方公共団体により法人の所得を課税標準として課される税（これらの国若しくは地域又はこれらの国若しくは地域の地方公共団体により課される法人税法施行令第141条第2項各号に掲げる税を含む。）及びこれに附帯して課される法人税法第2条第41号に規定する附帯税（利子税を除く。）に相当する税その他当該附帯税に相当する税に類する税をいう。以下この条において同じ。）の額 三　当該各事業年度において還付を受ける法人所得税の額 四　当該各事業年度において子会社（他の法人の発行済株式等のうちに当該外国関係会社が保有しているその株式等の数若しくは金額の占める割合又は当該他の法人の発行済株式等のうちの議決権のある株式等の数若しくは金額のうちに当該外国関係会社が保有している当該株式等の数若しくは金額の占める割合のいずれかが100分の25（当該他の法人が次に掲げる要件を満たす法人である場合には、100分の10）以上であり、かつ、その状態が当該外国関係会社が当該他の法人から受ける法人税法第23条第1項第1号及び第2号に掲げる金額（同法第24条第1項の規定の例によるものとした場合にこれらの号に掲げる金額とみなされる金額に相当する金額を含む。以下この条及び第39条の17の2第2項において「配当等の額」という。）の支払義務が確定する日（当該配当等の額が同法第24条第1項に規定する事由に係る財務省令で定める配当等の額である場合には、同日の前日。以下この号において同じ。）以前6月以上（当該他の法人が当該確定する日以前6月以内に設立された法人である場合には、その設立の日から当該確定する日ま

通達・ＱＡ番号・逐条解説
4　適用対象金額

解説　措法66の6②四

□　「適用対象金額」とは、外国関係会社（特定外国関係会社又は対象外国関係会社に該当するものに限る。以下、措法66の6②四及び措令39の15の解説において同じ。）の各事業年度の決算に基づく所得の金額につき我が国の税法による各事業年度の所得の金額の計算に準ずる一定の基準により計算した金額（以下「基準所得金額」という。）から❶当該外国関係会社の当該各事業年度開始の日前7年以内に開始した事業年度において生じた欠損金額の合計額に相当する金額及び❷当該外国関係会社が当該各事業年度において納付をすることとなる法人所得税の額の合計額を控除した残額とされており、そのイメージは、次図の通りである。

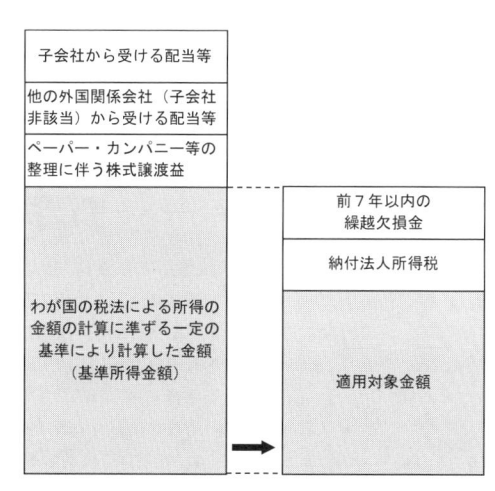

（H21-446を参考に作成）

（適用対象金額等の計算）

措通66の6-19　措置法第66条の6第2項第4号に規定する適用対象金額、同条第7項に規定する部分適用対象金額及び同条第9項に規定する金融子会社等部分適用対象金額並びに措置法令第39条の15第5項に規定する欠損金額、措置法令第39条の17の3第30項に規定する部分適用対象損失額及び措置法令第39条の17の4第10項に規定する金融子会社等部分適用対象損失額は、外国関係会社が会計帳簿の作成に当たり使用する外国通貨表示の金額により計算するものとする。この場合において、例えば措置法第61条の4の規定の例に準じて交際費等の損金不算入額を計算する場合における同条に定める800万円のように、法令中本邦通貨表示で定められている金額については、66の6-4により内国法人が外国関係会社の課税対象金額、部分課税対象金額又は金融子会社等部分課税対象金額の円換算に当たり適用する為替相場により当該本邦通貨表示で定められている金額を当該外国通貨表示の金額に換算した金額によるものとする。

(備考)　本通達の前段は、適用対象金額等の計算については、じ後の事業年度の所得計算を考慮し、外国通貨表示で行うこととするものである（趣旨説明27）。

4-1　基準所得金額の計算（本邦の法令による場合）

解説　措令39の15①

□　「基準所得金額」は、外国関係会社の❶各事業年度の決算に基づく所得の金額につき、我が国の税法の規定の例に準じて計算した場合に算出される所得の金額又は欠損の金額及び❷各事業年度において納付する法人所得税の額の合計額から、❸各事業年度において還付を受ける法人所得税の額、❹各事業年度において子会社から受ける配当等の額及び❺買収した外国企業の傘下にあるペーパー・カンパニー等を整理する場合に各事業年度において生ずる一定の株式譲渡益の額の合計額を控除した残額とされている。

□　「基準所得金額」を構成する「各事業年度の決算に基づく所得の金額につき、我が国の税法の規定の例に準じて計算した場合に算出される所得の金額又は欠損の金額」は、具体的には、各事業年度の決算に基づく所得の金額につき、❶法人税法第2編第1章第1節第2款から第9款まで（注1）及び第11款の規定並びに❷租税特別措置法第43条《特定設備等の特別償却》、第45条の2《医療用機器等の特別償却》、第52条の2《特別償却不足額がある場合の償却限度額の計算の特例》、第57条の5《保険会社等の異常危険準備金》、第57条の6《原子力保険又は地震保険に係る異常危険準備金》、第57条の8《特定船舶に係る特別修繕準備金》、第57条の9《中小企業等の貸倒引当金の特例》、第61条の4《交際費等の損金不算入》、第65条の7《特定の資産の買換えの場合の課税の特例》から第65条の9《特定の資産を交換した場合の課税の特例》まで（注2）、第66条の4第

本　　　法	施行令・施行規則
	で）継続している場合の当該他の法人をいう。）**から受ける配当等の** **額**（その受ける配当等の額の全部又は一部が当該子会社の本店所在地 国の法令において当該子会社の所得の金額の計算上損金の額に算入す ることとされている配当等の額に該当する場合におけるその受ける配 当等の額を除く。） イ　その主たる事業が化石燃料（原油、石油ガス、可燃性天然ガス 　又は石炭をいう。以下この号において同じ。）を採取する事業（自 　ら採取した化石燃料に密接に関連する事業を含む。）であること。 ロ　租税条約（財務省令で定めるものを除く。第39条の17の3第7項 　において同じ。）の我が国以外の締約国又は締約者（当該締約国 　又は締約者に係る内水及び領海並びに排他的経済水域又は大陸棚に 　相当する水域を含む。）内に化石燃料を採取する場所を有してい 　ること。 ■ 令和元年度改正後条文 四　当該各事業年度において子会社（他の法人の発行済株式等の 　うちに当該外国関係会社が保有しているその株式等の数若しくは金 　額の占める割合又は当該他の法人の発行済株式等のうちの議決権の 　ある株式等の数若しくは金額のうちに当該外国関係会社が保有して 　いる当該株式等の数若しくは金額の占める割合のいずれかが100分 　の25（当該他の法人が次に掲げる要件を満たす外国法人である場合 　には、100分の10）以上であり、かつ、その状態が当該外国関係会 　社が当該他の法人から受ける法人税法第23条第1項第1号及び第2 　号に掲げる金額（同法第24条第1項の規定の例によるものとした場 　合にこれらの号に掲げる金額とみなされる金額に相当する金額を含 　む。以下この条及び第39条の17の2第2項において「配当等の額」 　という。）の支払義務が確定する日（当該配当等の額が同法第24条 　第1項に規定する事由に係る財務省令で定める配当等の額である場 　合には、同日の前日。以下この号において同じ。）以前6月以上 　（当該他の法人が当該確定する日以前6月以内に設立された法人で 　ある場合には、その設立の日から当該確定する日まで）継続してい 　る場合の当該他の法人をいう。）**から受ける配当等の額**（その受 　ける配当等の額の全部又は一部が当該子会社の本店所在地国の法令 　において当該子会社の所得の金額の計算上損金の額に算入すること 　とされている配当等の額に該当する場合におけるその受ける配当等 　の額を除く。） イ　同　　上 ロ　同　　上 五　当該外国関係会社（その発行済株式等の全部又は一部が法第66条の 　6第1項各号又は第68条の90第1項各号に掲げる者により保有されて 　いるものを除く。以下この号において同じ。）の当該各事業年度にお 　**ける部分対象外国関係会社**（法第66条の6第2項第6号に規定する 　部分対象外国関係会社をいう。以下この号において同じ。）**の株式等** 　（同項第1号イに規定する居住者等株主等の当該外国関係会社に係る同 　号イ(1)から(3)までに掲げる割合のいずれかが100分の50を超えること 　となった場合（当該外国関係会社が設立された場合を除く。）の当該超え 　ることとなった日（以下この号において「特定関係発生日」という。） 　に当該外国関係会社が有する部分対象外国関係会社に該当する外国法 　人の株式等に限る。以下この号において「特定部分対象外国関係会社 　株式等」という。）の**特定譲渡**（次に掲げる要件の全てに該当する特

通達・QA番号・逐条解説

3項《国外関連者に対する寄附金の損金不算入》、第67条の12《組合事業等による損失がある場合の課税の特例》及び第67条の13《有限責任事業組合契約に係る組合事業による損失がある場合の課税の特例》の規定の例に準じて計算した場合に算出される所得の金額又は欠損の金額(注3)とされている。

(注) 1 次に掲げる各規定を除くこととされている。別途調整を行う項目(受取配当等、税金、欠損金)のほか、完全支配関係や連結納税制度を前提とする取扱い等に関する規定を除く趣旨である。

- 法法23《100%グループ内の法人間の受取配当等の益金不算入》
- 法法23の2《外国子会社から受ける配当等の益金不算入》
- 法法25の2(100%グループ内の法人間の受贈益の益金不算入)
- 法法26《還付金等の益金不算入》①～⑤
- 法法27《中間申告における繰戻しによる還付に係る災害損失欠損金額の益金算入》
- 法法33⑤(100%グループ内の他の内国法人の株式の評価損の損金不算入)
- 法法37②(100%グループ内の法人間の寄附金の損金不算入)
- 法法38《法人税額等の損金不算入》
- 法法39《第二次納税義務に係る納付税額の損金不算入等》
- 法法39の2《外国子会社から受ける配当等に係る外国源泉税等の損金不算入》
- 法法40《法人税額から控除する所得税額の損金不算入》
- 法法41《法人税額から控除する外国税額の損金不算入》
- 法法55③(国税に係る延滞税等及び地方税法の規定による延滞金等の損金不算入)
- 法法57《青色申告書を提出した事業年度の欠損金の繰越し》
- 法法58《青色申告書を提出しなかった事業年度の災害による損失金の繰越し》
- 法法59《会社更生等による債務免除等があった場合の欠損金の損金算入》
- 法法61の2⑰(100%グループ内法人の株式の発行法人に対する譲渡に係る譲渡損益の非計上)
- 法法61の11《連結納税の開始に伴う資産の時価評価損益》
- 法法61の12《連結納税への加入に伴う資産の時価評価損益》
- 法法61の13(完全支配関係がある法人の間の取引の損益)
- 法法62の5《現物分配による資産の譲渡》③～⑥
- 法法62の7《特定資産に係る譲渡等損失額の損金不算入》(適格現物分配に係る部分に限る。)

2 措法65の7《特定の資産の買換えの場合の課税の特例》①表八(船舶(船舶法第1条に規定する日本船舶に限るものとし、漁業(水産動植物の採捕又は養殖の事業をいう。)の用に供されるものを除く。)のうちその進水の日からその譲渡の日までの期間が一定の期間に満たないもの)に係る部分に限る。

3 外国関係会社に係る内国法人との間の取引につき移転価格税制の適用がある場合には、当該取引が独立企業間価格で行われたものとして計算した場合に算出される所得の金額又は欠損の金額とされる。

(法人税法等の規定の例に準じて計算する場合の取扱い)

措通66の6-20 措置法令第39条の15第1項第1号の規定により同項の外国関係会社の適用対象金額につき法及び措置法の規定の例に準じて計算する場合には、次に定めるものは、次によるものとする。

(1) 青色申告書を提出する法人であることを要件として適用することとされている規定については、当該外国関係会社は当該要件を満たすものとして当該規定の例に準じて計算する。

(2) 減価償却費、評価損、圧縮記帳、引当金の繰入額、準備金の積立額等の損金算入又はリース譲渡に係る延払基準による収益及び費用の計上等確定した決算における経理を要件として適用することとされている規定については、当該外国関係会社がその決算において行った経理のほか、内国法人が措置法第66条の6の規定の適用に当たり当該外国関係会社の決算を修正して作成した当該外国関係会社に係る損益計算書等において行った経理をもって当該要件を満たすものとして取り扱う。この場合には、決算の修正の過程を明らかにする書類を当該損益計算書等に添付するものとする。

(注) 当該外国関係会社の決算の修正は、当該外国関係会社に係る内国法人が統一的に行うものとし、個々の内国法人ごとに行うことはできない。

(3) 内国法人が措置法第66条の6の規定の適用に当たり採用した棚卸資産の評価方法、減価償却資産の償却方法、有価証券の一単位当たりの帳簿価額の算出方法等は、同条を適用して最初に提出する確定申告書に添付する当該外国関係会社に係る損益計算書等に付記するものとし、一旦採用したこれらの方法は、特別の事情がない限り、継続して適用するものとする。

本　　　法	施行令・施行規則
	定部分対象外国関係会社株式等の譲渡をいう。）に係る譲渡利益額（法人税法第61条の2（第17項を除く。）の規定の例に準じて計算した場合に算出される同条第1項に規定する譲渡利益額に相当する金額をいう。） イ　当該外国関係会社に係る法第66条の6第1項各号若しくは第68条の90第1項各号に掲げる者又は当該者に係る部分対象外国関係会社への譲渡（その譲渡を受けた特定部分対象外国関係会社株式等を他の者（当該法第66条の6第1項各号又は第68条の90第1項各号に掲げる者に係る部分対象外国関係会社その他の財務省令で定める者を除く。）に移転することが見込まれる場合の当該譲渡を除く。）であること。 ロ　当該外国関係会社の特定関係発生日から当該特定関係発生日以後2年を経過する日までの期間内の日を含む事業年度において行われる譲渡（その本店所在地国の法令又は慣行その他やむを得ない理由により当該期間内の日を含む事業年度において譲渡をすることが困難であると認められる場合には、特定関係発生日から当該特定関係発生日以後5年を経過する日までの期間内の日を含む事業年度において行われる譲渡）であること。 ハ　次のいずれかに該当する譲渡であること。 ⑴　当該外国関係会社の清算中の事業年度において行われる譲渡 ⑵　特定部分対象外国関係会社株式等の譲渡の日から2年以内に当該外国関係会社が解散をすることが見込まれる場合の当該譲渡 ⑶　特定部分対象外国関係会社株式等の譲渡の日から2年以内に次に掲げる者以外の者が当該外国関係会社の発行済株式等の全部を有することとなると見込まれる場合の当該譲渡 　⒤　当該外国関係会社に係る法第40条の4第1項各号、第66条の6第1項各号及び第68条の90第1項各号に掲げる者 　⒤⒤　前条第15項第1号中「法第66条の6第2項第3号ハ⑴に掲げる事業を主として行う」とあるのを「次条第1項第5号に規定する」と、同項第2号中「法第66条の6第2項第3号ハ⑴に掲げる事業を主として行う」とあるのを「次条第1項第5号に規定する」と、「同条第1項各号」とあるのを「法第66条の6第1項各号」と、同項第3号から第5号までの規定中「法第66条の6第2項第3号ハ⑴に掲げる事業を主として行う」とあり、並びに同項第6号中「同条第2項第3号ハ⑴に掲げる事業を主として行う」とあり、及び「法第66条の6第2項第3号ハ⑴に掲げる事業を主として行う」とあるのを「次条第1項第5号に規定する」と読み替えた場合における当該外国関係会社に係る同項各号に掲げる者 ニ　次に掲げる事項を記載した計画書に基づいて行われる譲渡であること。 ⑴　外国法人に係る法第66条の6第2項第1号イ⑴から⑶までに掲げる割合のいずれかが100分の50を超えることとする目的 ⑵　⑴に掲げる目的を達成するための基本方針 ⑶　⑴に掲げる目的を達成するために行う組織再編成（合併、分割、現物出資、現物分配、株式交換、株式移転、清算その他の行為をいい、特定部分対象外国関係会社株式等の譲渡を含む。）に係る基本方針

通達・ＱＡ番号・逐条解説

(注)　当該確定申告書の提出前において、既に措置法第68条の90の規定の適用を受けて最初に提出した連結確定申告書があり、かつ、当該連結確定申告書に添付した当該外国関係会社に係る損益計算書等に評価方法等を付記している場合には、新たに当該確定申告書に添付する損益計算書等への付記を要しないものとする。

なお、既に同条の規定の適用に当たり一旦採用したこれらの方法については、措置法第66条の6の規定の適用においても、特別の事情がない限り、継続して適用することに留意する。

備考　本通達の(2)の決算の修正は、我が国と外国との会計制度の相違を調整するために認められるものであるから、当該外国関係会社に係る内国法人が2以上ある場合には統一的に行うものとされている。一方、本通達の(3)の評価方法等は、外国関係会社ごとに選定でき、また、外国関係会社に係る内国法人が選定している評価方法等と異なる評価方法等を選定することもできる（趣旨説明29）。

（大法人により発行済株式等の全部を保有される場合の適用対象金額の計算）

措通66の6-21　措置法令第39条の15第1項第1号の規定により同項の外国関係会社の適用対象金額につき本邦法令の規定の例に準じて計算するに当たり、当該外国関係会社の発行済株式等の全部を直接又は間接に保有する者のいずれかに大法人（当該外国関係会社の当該事業年度終了の時における資本金の額又は出資金の額が5億円以上である法人など法第66条第6項第2号の大法人をいう。以下66の6-21において同じ。）が含まれている場合には、当該外国関係会社が中小法人（当該事業年度終了の時における資本金の額又は出資金の額が1億円以下である法人をいう。）に該当するときであっても、措置法第57条の9第1項及び第61条の4第2項の規定の適用はないことに留意する。

当該外国関係会社が、法第2条第12号の7の6に規定する完全支配関係のある複数の大法人に発行済株式等の全部を直接又は間接に保有されている場合についても、同様とする。

(注)　1　当該外国関係会社の資本金の額又は出資金の額の円換算については、当該事業年度終了の日の電信売買相場の仲値による。

　　　2　当該外国関係会社の発行済株式等の全部を直接又は間接に保有する者が外国法人である場合において、当該外国法人が大法人に該当するかどうかは、当該外国関係会社の当該事業年度終了の時における当該外国法人の資本金の額又は出資金の額について、当該事業年度終了の日の電信売買相場の仲値により換算した円換算による。

備考　本通達の前段では、外国関係会社の基準所得金額について、我が国の税法の規定の例に準じて計算するに当たり、当該外国関係会社が大法人によって発行済株式等の全部を直接・間接に保有されている場合には、当該外国関係会社の資本金の額等が1億円以下であっても、中小企業向けの特例措置の適用はないことが明らかにされている。

参考判例

東京地判平成29年1月31日裁判所HP参照（平成24年（行ウ）第809号）

措置法施行令39条の15第1項1号に掲げる金額を算出するために法人税法31条の規定の例に準じて減価償却費の金額の計算をする場合、特定外国子会社等が既にその決算において減価償却費について経理をしているときは、当該決算に当該特定外国子会社等の本店所在地国の法令の重大な違反があるためその経理に係る減価償却費の金額を基礎として未処分所得の金額の計算をすることが著しく不当であると認められる特段の事情のない限り、当該決算において経理された減価償却費の金額を基礎として同条1項所定の償却限度額の限度で損金の額に算入されるものと解するのが相当であり、当該決算において減価償却費として経理された金額を事後に任意の金額に修正して措置法施行令39条の15第1項1号に掲げる金額を算出することは許されないというべきである。そのため、上記のときにおいて減価償却費として損金の額に算入される金額は、特定外国子会社等がその決算において減価償却費として経理した金額と償却限度額のいずれか低い方の金額であり、減価償却費として経理した金額が償却限度額を超える場合には、その超える金額（以下「償却超過額」という。）は、これが生じた事業年度の翌年の事業年度において償却限度額に達するまでの金額が損金の額に算入されることになる（法人税法31条4項）。

(注)　1　本件では、措令（平成18年政令第135号による改正前のもの）25の20①に規定する措令39の15①一に掲げる金額としての減価償却費の算出につき、特定外国子会社等がその決算において作成した損益計算書に基づいて行うべきか、居住者が事後に修正した損益計算書に基づいて行うべきかが争われた。

　　　2　本判決は、措令39の15①一について、「同号所定の所得の金額を本邦法令の規定の例に準じて計算するものとしているのは、飽くまで、我が国と会計制度の異なる特定外国子会社等の決算について損金経理等のような形式的な要件を要求すると不都合が生ずる可能性があることから、そのような形式的な要件を満たさない場合においても本邦法令の規定の適用を認める趣旨に出たものにとどまり、……法人税法31条1項が減価償却費を損金の額

本　　　法	施行令・施行規則
	⑷　その他財務省令で定める事項 ホ　特定部分対象外国関係会社株式等を発行した外国法人の法人税法第24条第1項各号に掲げる事由により金銭その他の資産の交付を受けた場合における当該特定部分対象外国関係会社株式等の譲渡でないこと。

令和元年度改正後条文

五　同　　上
　イ・ロ　同　　上
　ハ　同　　上
　⑴・⑵　同　　上
　⑶　同　　上
　　（ⅰ）　同　　上
　　（ⅱ）　<u>前条第27項第1号</u>中「法第66条の6第2項第3号ハ⑴に掲げる事業を主として行う」とあるのを「次条第1項第5号に規定する」と、同項第2号中「法第66条の6第2項第3号ハ⑴に掲げる事業を主として行う」とあるのを「次条第1項第5号に規定する」と、「同条第1項各号」とあるのを「法第66条の6第1項各号」と、同項第3号から第5号までの規定中「法第66条の6第2項第3号ハ⑴に掲げる事業を主として行う」とあり、並びに同項第6号中「同条第2項第3号ハ⑴に掲げる事業を主として行う」とあり、及び「法第66条の6第2項第3号ハ⑴に掲げる事業を主として行う」とあるのを「次条第1項第5号に規定する」と読み替えた場合における当該外国関係会社に係る同項各号に掲げる者
　ニ・ホ　同　　上

2　法第66条の6第1項各号に掲げる内国法人は、前項の規定にかかわらず、外国関係会社の各事業年度の決算に基づく所得の金額につき、当該外国関係会社の本店所在地国の法人所得税に関する法令（当該法人所得税に関する法令が二以上ある場合には、そのうち主たる法人所得税に関する法令をいう。以下この項において「本店所在地国の法令」という。）の規定により計算した所得の金額（当該外国関係会社と当該内国法人との間の取引につき法第66条の4第1項又は第68条の88第1項の規定の適用がある場合には、当該取引がこれらの規定に規定する独立企業間価格で行われたものとして本店所在地国の法令の規定により計算した場合に算出される所得の金額）に当該所得の金額に係る第1号から第13号までに掲げる金額の合計額を加算した金額から当該所得の金額に係る第14号から第18号までに掲げる金額の合計額を控除した残額（本店所在地国の法令の規定により計算した金額が欠損の金額となる場合には、当該計算した金額に係る第1号から第13号までに掲げる金額の合計額から当該欠損の金額に当該計算した金額に係る第14号から第18号までに掲げる金額の合計額を加算した金額を控除した残額）をもって法第66条の6第2項第4号に規定する政令で定める基準により計算した金額とすることができる。

令和元年度改正後条文

2　法第66条の6第1項各号に掲げる内国法人は、前項の規定にかかわらず、外国関係会社の各事業年度の決算に基づく所

に算入するために損金経理を要するものとした趣旨、すなわち、選択的又は恣意的な経理を抑制し適正な課税の実現を図るという趣旨までをも不要とするものではないというべきである」、措通66の6-20⑵について、「上記……において説示した措置法施行令39条の15第1項1号に関する解釈に基づいて課税実務上の取扱いを定めたものであるとみる限りにおいて、法令の趣旨に沿った正当なものとして是認することができるものといえる」とそれぞれ判示している。

4-1〈1〉　子会社から受ける剰余金の配当等の額の控除

解説　措令39の15①四・②十七

□　外国子会社配当益金不算入制度により内国法人が持株割合25％以上等の要件を満たす外国子会社から受ける剰余金の配当等は益金不算入となるが、外国関係会社がその子会社から受ける剰余金の配当等が基準所得金額に含まれると、その剰余金の配当等は結果的に内国法人の課税対象とされることになる。そこで、内国法人が直接剰余金の配当等を受ける場合とのバランスを考慮し（H21-444）、外国関係会社が子会社（持株割合25％以上等の要件を満たすものに限る。）から受ける剰余金の配当等の額は、基準所得金額の計算上控除することとされている。なお、外国子会社配当益金不算入制度において、内国法人が外国子会社から受ける損金算入配当等の額は、益金不算入の対象から除外することとされていることに対応して（H27-696）、外国関係会社が子会社から受ける損金算入配当等の額は、基準所得金額の計算上控除する剰余金の配当等の額から除外されている。

□　外国関係会社が持株割合25％以上等の要件を満たす子会社から受ける剰余金の配当等は、基準所得金額の計算上控除することとされているところ、化石燃料の採取を行う一定の要件を満たす子会社から受ける剰余金の配当等については、化石燃料確保の重要性及びその経済活動実態等に鑑みて、持株割合要件（25％以上）を10％以上に緩和する措置が講じられている。この「一定の要件」のうち「租税条約…の我が国以外の締約国又は締約者…内に化石燃料を採取する場所を有していること」にいう「租税条約」の意義について、措令39の12⑤は、「〔法人税〕法第2条第12号の19ただし書に規定する条約をいう。以下第39条の17の3までにおいて同じ」と規定し、法法2十二の十九ただし書は、「我が国が締結した所得に対する租税に関する二重課税の回避又は脱税の防止のための条約」と規定しているところ、この租税条約の定義には「租税に関する相互行政支援に関する条約」（税務行政執行共助条約）及び「税源浸食及び利益移転を防止するための租税条約関連措置を実施するための多数国間条約」（いわゆるBEPS防止措置実施条約）が含まれることから、措令39の15①四ロかっこ書及び措規22の11④は、これらを除くこととしている。

令和元年度改正の解説

□　適用対象金額に算入しない受取配当等に関し、化石燃料の採取を行う一定の法人から受ける配当等について、持株割合要件を緩和する措置が講じられているところ、当該一定の法人は、外国法人を念頭に置いたものであることが明記された（cf H29-684）。

（主たる事業の判定）

措通66の6-5　措置法第66条の6第2項第2号イ⑴、同項第3号、同条第6項第1号ロ若しくは同項第2号又は措置法令第39条の15第1項第4号イ若しくは第39条の17の2第2項第4号イの規定を適用する場合において、外国関係会社が2以上の事業を営んでいるときは、そのいずれが主たる事業であるかは、それぞれの事業に属する収入金額又は所得金額の状況、使用人の数、固定施設の状況等を総合的に勘案して判定する。

備考　最高裁平成29年10月24日第三小法廷判決は、「措置法〔平成21年法律第13号による改正前の租税特別措置法をいう。〕66条の6第3項及び4項にいう主たる事業は、特定外国子会社等の当該事業年度における事業活動の具体的かつ客観的な内容から判定することが相当であ〔る〕」（〔〕内著者）とした上で、主たる事業の判定について、措通66の6-5と同様の判断方法を示している。また、静岡地裁平成7年11月9日判決は、「特定外国子会社等の主たる事業の判定は、各事業年度ごとに行われるということは当然であ〔る〕」（〔〕内著者）と判示している。

4-1〈2〉　ペーパー・カンパニー等の整理に伴う一定の株式譲渡益の免除特例

解説　措令39の15①五・②十八

□　外国企業を買収した場合、その傘下に存在するペーパー・カンパニー等を整理することは、企業の税務コンプライアンス上も、また、買収後の企業経営上も重要であると考えられる。しかし、ペーパー・カンパニー等を整理した場合に生ずる所得が本税制による合算課税の対象となることが、ペーパー・カンパニー等を存置する一因となっているという状況を踏まえ（H30-684）、ペーパー・カンパニー等の整理に当たって生ずる一定の株式譲渡益について、基準所得金額の計算上控除する特例が設けられている。

□　例えば、次図において、「地域統括会社B」の買収日から2年以内に、傘下に入った「事業会社D」の株式を「地域統括会

本　　　法	施行令・施行規則
	得の金額につき、当該外国関係会社の本店所在地国の法人所得税に関する法令（法人所得税に関する法令が二以上ある場合には、そのうち主たる法人所得税に関する法令）の規定（企業集団等所得課税規定を除く。以下この項において「本店所在地国の法令の規定」という。）により計算した所得の金額（当該外国関係会社と当該内国法人との間の取引につき法第66条の4第1項又は第68条の88第1項の規定の適用がある場合には、当該取引がこれらの規定に規定する独立企業間価格で行われたものとして本店所在地国の法令の規定により計算した場合に算出される所得の金額）に当該所得の金額に係る第1号から第13号までに掲げる金額の合計額を加算した金額から当該所得の金額に係る第14号から第18号までに掲げる金額の合計額を控除した残額（本店所在地国の法令の規定により計算した金額が欠損の金額となる場合には、当該計算した金額に係る第1号から第13号までに掲げる金額の合計額から当該欠損の金額に当該計算した金額に係る第14号から第18号までに掲げる金額の合計額を加算した金額を控除した残額）をもって法第66条の6第2項第4号に規定する政令で定める基準により計算した金額とすることができる。
	一　その本店所在地国の法令により当該各事業年度の法人所得税の課税標準に含まれないこととされる所得の金額
	令和元年度改正後条文
	一　その本店所在地国の法令の規定により当該各事業年度の法人所得税の課税標準に含まれないこととされる所得の金額
	二　その支払う配当等の額で当該各事業年度の損金の額に算入している金額
	三　その有する減価償却資産（平成10年3月31日以前に取得した営業権を除く。）につきその償却費として当該各事業年度の損金の額に算入している金額（その減価償却資産の取得価額（既にした償却の額で各事業年度の損金の額に算入されたものがある場合には、当該金額を控除した金額）を各事業年度の損金の額に算入する金額の限度額として償却する方法を用いて計算されたものに限る。）のうち、法人税法第31条の規定の例によるものとした場合に損金の額に算入されることとなる金額に相当する金額を超える部分の金額
	四　その有する資産の評価換えにより当該各事業年度の損金の額に算入している金額で法人税法第33条（第5項を除く。）の規定の例によるものとした場合に損金の額に算入されないこととなる金額に相当する金額
	五　その役員に対して支給する給与の額のうち、当該各事業年度の損金の額に算入している金額で法人税法第34条の規定の例によるものとした場合に損金の額に算入されないこととなる金額に相当する金額
	六　その使用人に対して支給する給与の額のうち、当該各事業年度の損金の額に算入している金額で法人税法第36条の規定の例によるものとした場合に損金の額に算入されないこととなる金額に相当する金額
	七　その支出する寄附金（その本店所在地国又はその地方公共団体に対する寄附金で法人税法第37条第3項第1号に規定する寄附金に相当するものを除く。）の額のうち、当該各事業年度の損金の額に算入

通達・QA番号・逐条解説

社Ａ」に譲渡し、当該譲渡から２年以内に「ペーパー・カンパニーＣ」を解散した場合には、「事業会社Ｄ」の株式の譲渡益は、合算対象から除外される。

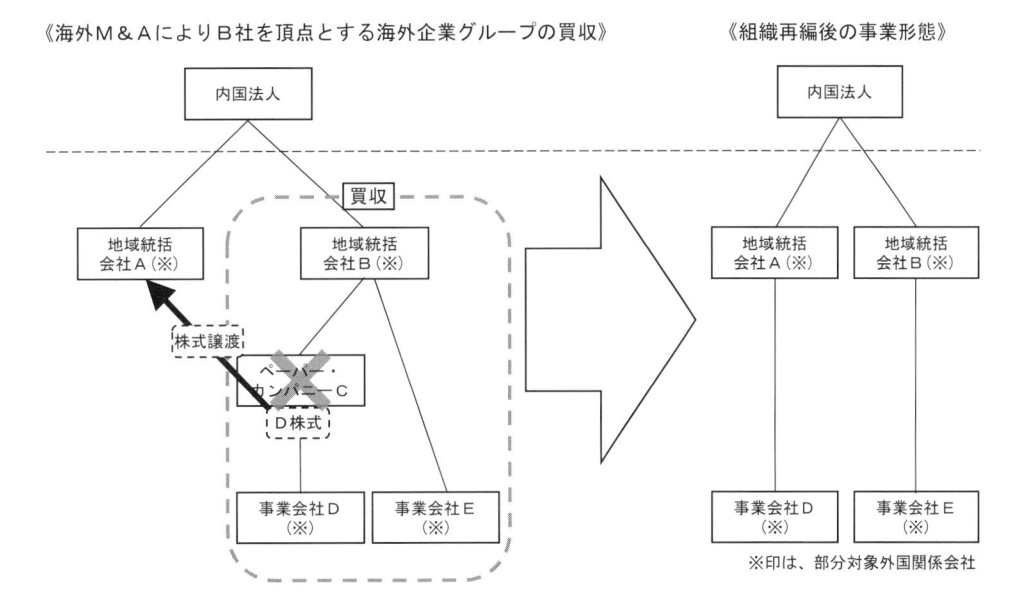

《海外Ｍ＆ＡによりＢ社を頂点とする海外企業グループの買収》　　《組織再編後の事業形態》

※印は、部分対象外国関係会社

(H30-684を一部加工)

□　本特例の対象となる「特定部分対象外国関係会社株式等」とは、居住者等株主等のペーパー・カンパニー等に係る持株割合等が50％を超えることとなった場合の当該超えることとなった日（特定関係発生日）に当該ペーパー・カンパニー等が有する部分対象外国関係会社に該当する外国法人の株式等をいう。この点、❶特定関係発生日後に当該ペーパー・カンパニーが取得した部分対象外国関係会社の株式等は、特定部分対象外国関係会社株式等には該当せず、また、❷例えば、他の内国法人の傘下にあった外国子会社群を買収によって取得した場合のように、他の内国法人のもとで外国関係会社に該当していた外国法人の直接・間接の株式等を取得した場合は、「居住者等株主等のペーパー・カンパニー等に係る持株割合等が50％を超えることとなった場合」に該当せず、さらに、❸自ら設立したペーパー・カンパニー等は本免除特例の対象外とされている（H30-686）。

□　本税制の適用を受ける内国法人が、外国関係会社の発行済株式等の全部又は一部を保有している場合において、当該外国関係会社が清算して、その株主等である内国法人に残余財産として特定部分対象外国関係会社株式等の分配を行うときは、外国関係会社において特定部分対象外国関係会社株式等の譲渡益が発生したとしても合算課税の対象から除外され、さらに、株主である内国法人においては、みなし配当とともに、その有する外国関係会社株式の譲渡損が認識される可能性がある。また、外国関係会社が特定部分対象外国関係会社株式等を譲渡し、一定期間後に解散・清算をする場合にも同様の状況が生じ得る。このような状況が生ずる可能性があることから（H30-685）、その発行済株式等の全部又は一部が本税制の適用を受ける内国法人により保有されている外国関係会社を本特例の対象から除くこととされている。

□　措令39の15①五柱書かっこ書にいう「譲渡」は、株式の売却のほか、合併・分割・現物出資若しくは現物分配による保有株式の移転、株式交換若しくは株式移転による保有株式の交換など、法人税の取扱いにおいて譲渡と認識されるものが該当する（H30-686）。

□　措令39の15①五柱書かっこ書は、「譲渡利益額」の意義について、「法人税法第61条の２（第17項を除く。）の規定の例に準じて計算した場合に算出される同条第１項に規定する譲渡利益額に相当する金額をいう」と規定しているので、一事業年度中の譲渡益と譲渡損の額をネットした後の譲渡益の額ではなく、譲渡の都度に計算される譲渡益の額となる（H30-688・689）。また、譲渡の都度に計算される譲渡益の額は、❶外国関係会社の適用対象金額について、本邦の法令によって計算する場合にあっては、その株式等の譲渡の時におけるその株式等の譲渡により通常得べき対価等の額からその株式等の譲渡に係る原価の額を控除して計算した金額となり（法法61の２①）、❷外国関係会社の適用対象金額について、本店所在地国の法令によって計算する場合にあっては、譲渡に係る対価の額が原価の額を超える場合におけるその超える部分の金額とされる（措令39の15②十八かっこ書）。

□　措令39の15①五イ（譲渡先要件）は、❶本税制の適用を受ける内国法人若しくは連結法人又は❷他の部分対象外国関係会社への譲渡であることを要件としている。

□　措令39の15①五ロ（期間要件）において、「当該外国関係会社の特定関係発生日から当該特定関係発生日以後２年を経過する日までの期間内の日を含む事業年度において行われる譲渡」であることが要件とされているのは、買収後の統合再編が完了す

本　　法	施行令・施行規則
	している金額で同条第1項及び法第66条の4第3項の規定の例に準ずるものとした場合に損金の額に算入されないこととなる金額に相当する金額 八　その納付する法人所得税の額で当該各事業年度の損金の額に算入している金額 **令和元年度改正後条文** 八　その納付する法人所得税の<u>額（法人所得税に関する法令に企業集団等所得課税規定がある場合の当該法人所得税にあっては、企業集団等所得課税規定の適用がないものとした場合に納付するものとして計算される法人所得税の額。第5項第2号において「個別計算納付法人所得税額」という。）</u>で当該各事業年度の損金の額に算入している金額 九　その本店所在地国の法令の法人税法第57条、第58条又は第59条の規定に相当する規定により、当該各事業年度前の事業年度において生じた欠損の金額で当該各事業年度の損金の額に算入している金額 **令和元年度改正後条文** 九　その本店所在地国の<u>法令の規定（法人税法第57条、第58条又は第59条の規定に相当する規定に限る。）</u>により、当該各事業年度前の事業年度において生じた欠損の金額で当該各事業年度の損金の額に算入している金額 十　その積み立てた法第57条の5第1項又は第57条の6第1項の異常危険準備金に類する準備金（次号及び第39条の17の2第2項第1号において「保険準備金」という。）の額のうち、当該各事業年度の損金の額に算入している金額で法第57条の5又は第57条の6の規定の例によるものとした場合に損金の額に算入されないこととなる金額に相当する金額 十一　その積み立てた保険準備金（法第57条の5又は第57条の6の規定の例によるものとした場合に積み立てられるものに限る。）につき当該各事業年度の益金の額に算入した金額がこれらの規定の例によるものとした場合に益金の額に算入すべき金額に相当する金額に満たない場合におけるその満たない部分の金額 十二　その支出する法第61条の4第1項に規定する交際費等に相当する費用の額のうち、当該各事業年度の損金の額に算入している金額で同条の規定の例によるものとした場合に損金の額に算入されないこととなる金額に相当する金額 十三　その損失の額（法第67条の12第1項に規定する組合等損失額又は法第67条の13第1項に規定する組合事業による同項に規定する損失の額をいう。）で法第67条の12第1項又は第67条の13第1項の規定の例によるものとした場合に損金の額に算入されないこととなる金額に相当する金額 十四　法第67条の12第2項又は第67条の13第2項の規定の例によるものとした場合に損金の額に算入されることとなる金額に相当する金額 十五　その還付を受ける法人所得税の額で当該各事業年度の益金の額に算入している金額

るまでに通常要する期間を考慮したものである（H30-686、687）。

☐ 措令39の15①五ロ（期間要件）かっこ書の「やむを得ない理由」には、例えば、その外国関係会社の本店所在地国の当局の許認可が得られないためにその期間内の日を含む事業年度においてその株式等の譲渡が認められないような場合が考えられる（H30-686）。

☐ 外国関係会社の平成30年（2018年）4月1日から令和2年（2020年）3月31日までの間に開始する事業年度における本特例の適用については、措令39の15①五ロ（期間要件）の「2年」とあるのを「5年」と、「譲渡（その本店所在地国の法令又は慣行その他やむを得ない理由により当該期間内の日を含む事業年度において譲渡をすることが困難であると認められる場合には、特定関係発生日から当該特定関係発生日以後5年を経過する日までの期間内の日を含む事業年度において行われる譲渡）」とあるのを「譲渡」とする経過措置が設けられている。具体的には、次の通りである。

《外国関係会社が3月決算法人である場合》

譲渡が行われる事業年度	特定関係発生日の範囲（注）
平成31年（2019年）3月期	平成25年（2013年）4月2日から平成31年（2019年）3月31日まで（経過措置）
令和2年（2020年）3月期	平成26年（2014年）4月2日から令和2年（2020年）3月31日まで（経過措置）
令和3年（2021年）3月期	平成30年（2018年）4月2日から令和3年（2021年）3月31日まで（原則）

《外国関係会社が12月決算法人である場合》

譲渡が行われる事業年度	特定関係発生日の範囲（注）
令和元年（2019年）12月期	平成26年（2014年）1月2日から令和元年（2019年）12月31日まで（経過措置）
令和2年（2020年）12月期	平成27年（2015年）1月2日から令和2年（2020年）12月31日まで（経過措置）
令和3年（2021年）12月期	平成31年（2019年）1月2日から令和3年（2021年）12月31日まで（原則）

（注）特定関係発生日から当該特定関係発生日以後2年（原則）又は5年（経過措置）を経過する日までの期間内の日がそれぞれの「譲渡が行われる事業年度」に含まれることとなるその特定関係発生日の範囲をいう。

☐ 措令39の15①五ハ（解散等要件）は、❶清算中のペーパー・カンパニー等が行う譲渡であること、❷譲渡日から2年以内にペーパー・カンパニー等の解散が見込まれること又は❸譲渡日から2年以内にペーパー・カンパニー等に係る居住者、内国法人及び連結法人並びに関連者以外の者（非関連者）が当該ペーパー・カンパニー等の発行済株式等の全部を有することとなると見込まれることのいずれかに該当することを要件としているところ、同(3)(ⅱ)に掲げる者（関連者）は、その外国関係会社にとっての非関連者基準（が適用されるものとした場合）における関連者がこれに該当する。

☐ 措令39の15①五ニ（統合計画書要件）は、M&Aの目的を達成するための事業上の目的がなく株式譲渡を行うこと等によって、本特例が濫用されることを防止するために設けられているものである（【資料3】「CFC税制におけるPMI計画書の具体例について（経済産業省）」参照。）。なお、「計画書に基づいて行われる譲渡であること」が要件となっているので、この計画書は、本特例の適用を受けようとする譲渡が行われるまでに作成される必要がある（H30-688）。

☐ 措令39の15①五ホ（特定事由非該当要件）は、ペーパー・カンパニー等が保有する株式の発行法人において行われる合併、分割、資本の払戻し、残余財産の分配等の行為に伴ってその株主であるペーパー・カンパニー等において反射的に生じる株式譲渡益については、本特例の対象外としている。本特例は、本税制がペーパー・カンパニー等の整理を阻害することのないよう、整理に当たって生ずる一定の株式譲渡益について、合算対象から除外するものであるからである（H30-688）。

➡ Q8の3（ペーパー・カンパニー等の整理に伴う一定の株式譲渡益の免除特例の具体例）

4-2　基準所得金額の計算（本店所在地国の法令による場合）

解説 措令39の15②

☐ 「基準所得金額」については、外国関係会社の各事業年度の決算に基づく所得の金額につき、我が国の税法の規定の例に準じて計算した場合に算出される所得の金額又は欠損の金額を基礎として計算することに代えて、外国関係会社の各事業年度の決算に基づく所得の金額につき、当該外国関係会社の本店所在地国の法人所得税に関する法令（注1）の規定により計算した所得の金額（注2）に当該所得の金額に係る次に掲げる調整を加えた残額（注3）をもって「基準所得金額」とすることができる。これらの調整は、別途調整を行うもの（税金、欠損金）について、その控除等をする前の金額とするほか、我が国の法人税法上の取扱いとの権衡を保つ等のため行うものである。

（加算）
・本店所在地国の法令により法人所得税の課税標準に含まれないこととされる所得の金額

本　　法	施行令・施行規則

令和元年度改正後条文

十五　その還付を受ける法人所得税の額（法人所得税に関する法令に企業集団等所得課税規定がある場合の当該法人所得税にあっては、企業集団等所得課税規定の適用がないものとした場合に還付を受けるものとして計算される法人所得税の額。第5項第2号において「個別計算還付法人所得税額」という。）で当該各事業年度の益金の額に算入している金額

十六　その有する資産の評価換えにより当該各事業年度の益金の額に算入している金額で法人税法第25条の規定の例によるものとした場合に益金の額に算入されないこととなる金額に相当する金額

十七　前項第4号に掲げる金額

十八　当該外国関係会社（その発行済株式等の全部又は一部が法第66条の6第1項各号又は第68条の90第1項各号に掲げる者により保有されているものを除く。）の当該各事業年度における前項第5号に規定する特定部分対象外国関係会社株式等の同号に規定する特定譲渡に係る譲渡利益額（譲渡に係る対価の額が原価の額を超える場合におけるその超える部分の金額をいう。）

3　法第66条の6第1項各号に掲げる内国法人に係る外国関係会社の各事業年度につき控除対象配当等の額（次の各号に掲げる場合の区分に応じ当該各号に定める金額に相当する金額をいう。以下この項において同じ。）がある場合には、同条第2項第4号に規定する政令で定める基準により計算した金額は、第1項又は前項の規定にかかわらず、これらの規定により計算した金額から当該控除対象配当等の額を控除した残額とする。

一　当該外国関係会社が当該各事業年度において当該内国法人に係る他の外国関係会社（法第68条の90第2項第1号に規定する外国関係会社（同項第2号に規定する特定外国関係会社又は同項第3号に規定する対象外国関係会社に該当するものに限る。）を含むものとし、第1項第4号に規定する子会社に該当するものを除く。以下この号及び次号において「他の外国関係会社」という。）から受ける配当等の額が当該他の外国関係会社の当該配当等の額の支払に係る基準日の属する事業年度（以下この項において「基準事業年度」という。）の配当可能金額のうち当該外国関係会社の出資対応配当可能金額を超えない場合であって、当該基準事業年度が法第66条の6第1項に規定する課税対象金額（以下この節において「課税対象金額」という。）又は法第68条の90第1項に規定する個別課税対象金額（以下この項において「個別課税対象金額」という。）の生ずる事業年度である場合

当該配当等の額

二　当該外国関係会社が当該各事業年度において当該内国法人に係る他の外国関係会社から受ける配当等の額が当該配当等の額に係る基準事業年度の出資対応配当可能金額を超える場合

当該他の外国関係会社の基準事業年度以前の各事業年度の出資対応配当可能金額をそれぞれ最も新しい事業年度のものから順次当該配当等の額に充てるものとして当該配当等の額を当該各事業年度の出資対応配当可能金額に応じそれぞれの事業年度ごとに区分した場合において、課税対象金額又は個別課税対象金額の生ずる事業年度の出資対応配当可能金額から充てるものとされた配当等の額の合計額

通達・QA番号・逐条解説

・支払配当等の額で損金の額に算入している金額

・保有償却資産につきその償却費として損金の額に算入している金額（自由償却制度に基づいて計算されたものに限る。）のうち、法法31《減価償却資産の償却費の計算及びその償却の方法》の例によるものとした場合の償却超過額に相当する金額（注4）

・保有資産の評価換えにより損金の額に算入している金額で、法法33《資産の評価損の損金不算入等》（第5項を除く。）の例によるものとした場合の損金不算入額に相当する金額

・役員給与の額のうち、損金の額に算入している金額で、法法34《役員給与の損金不算入》の例によるものとした場合の損金不算入額に相当する金額

・使用人給与の額のうち、損金の額に算入している金額で、法法36《過大な使用人給与の損金不算入》の例によるものとした場合の損金不算入額に相当する金額

・寄附金（本店所在地国又は地方公共団体に対する寄附金で一定のものを除く。）の額のうち、損金の額に算入している金額で、法法37《寄附金の損金不算入》①及び措法66の4③（国外関連者に対する寄附金の損金不算入）の例に準ずるものとした場合の損金不算入額に相当する金額

・納付法人所得税の額で損金の額に算入している金額

・法法57《青色申告書を提出した事業年度の欠損金の繰越し》、法法58《青色申告書を提出しなかった事業年度の災害による損失金の繰越し》又は法法59《会社更生等による債務免除等があった場合の欠損金の損金算入》に相当する規定により、繰越控除をしている欠損の金額

・積み立てた異常危険準備金に類する準備金の額のうち、損金の額に算入している金額で、措法57の5《保険会社等の異常危険準備金》又は措法57の6《原子力保険又は地震保険に係る異常危険準備金》の例によるものとした場合の損金不算入額に相当する金額

・積み立てた異常危険準備金に類する準備金につき益金の額に算入した金額について、措法57の5《保険会社等の異常危険準備金》又は措法57の6《原子力保険又は地震保険に係る異常危険準備金》の例によるものとした場合の益金算入不足額に相当する金額

・交際費等に相当する費用の額のうち、損金の額に算入している金額で措法61の4《交際費等の損金不算入》の例によるものとした場合の損金不算入額に相当する金額

・組合等損失額又は組合事業による損失の額で、措法67の12《組合事業等による損失がある場合の課税の特例》①又は措法67の13（有限責任事業組合契約に係る組合事業による損失がある場合の課税の特例）①の例によるものとした場合の損金不算入額に相当する金額

（減算）

・措法67の12《組合事業等による損失がある場合の課税の特例》②又は措法67の13（有限責任事業組合契約に係る組合事業による損失がある場合の課税の特例）②の例によるものとした場合の損金算入額に相当する金額

・還付法人所得税の額で益金の額に算入している金額

・保有資産の評価換えにより益金の額に算入している金額で、法法25《資産の評価益の益金不算入等》の例によるものとした場合の益金不算入額に相当する金額

・持株割合25％以上等の要件を満たす子会社から受ける剰余金の配当等

・ペーパー・カンパニー等の整理に伴う一定の株式譲渡益

(注)　1　外国関係会社の本店所在地国の法人所得税に関する法令が複数ある場合（例えば、国税と地方税の2つの法令があるような場合）には、そのうち主たる法人所得税に関する法令の規定により計算すべきものと解される。

　　　2　外国関係会社に係る内国法人との間の取引につき移転価格税制の適用がある場合には、当該取引が独立企業間価格で行われたものとして計算した場合に算出される所得の金額とされる。

　　　3　本店所在地国の法令の規定により計算した金額が欠損の金額となる場合には、上表の「（加算）」に掲げる金額の合計額から当該欠損の金額に上表の「（減算）」に掲げる金額の合計額を加算した金額を控除した残額とされる。

　　　4　平成16年度税制改正前の法人税法施行令においては、平成10年3月31日以前に取得した営業権について、任意償却による方法が認められていたことから（H16-320）、保有償却資産の償却超過額の調整については、平成10年3月31日以前に取得した営業権は、対象外とされている。

令和元年度改正の解説

□　現地法令基準を用いて適用対象金額を計算する場合の基準所得金額は、外国関係会社の本店所在地国の法人所得税に関する法令の規定から企業集団等所得課税規定を除いた規定（以下、この囲み記事において「本店所在地国の法令の規定」という。）を適用して計算した外国関係会社の所得の金額に、❶本店所在地国の法令の規定により法人所得税の課税標準に含まれないこととされる所得の金額、❷納付法人所得税の額（企業集団等所得課税規定がある場合には、その適用がないものとした場合に納付するものとして計算される法人所得税の額）で損金の額に算入している金額、❸本店所在地国の法

本　　法	施行令・施行規則
	三　当該外国関係会社が当該各事業年度において当該内国法人に係る他の外国関係会社（法第68条の90第2項第1号に規定する外国関係会社（同項第2号に規定する特定外国関係会社又は同項第3号に規定する対象外国関係会社に該当するものに限る。）を含むものとし、第1項第4号に規定する子会社に該当するものに限る。以下この号及び次号において「他の外国関係会社」という。）から受ける配当等の額（その受ける配当等の額の全部又は一部が当該他の外国関係会社の本店所在地国の法令において当該他の外国関係会社の所得の金額の計算上損金の額に算入することとされている配当等の額に該当する場合におけるその受ける配当等の額に限る。以下この号及び次号において同じ。）が当該他の外国関係会社の基準事業年度の配当可能金額のうち当該外国関係会社の出資対応配当可能金額を超えない場合であって、当該基準事業年度が課税対象金額又は個別課税対象金額の生ずる事業年度である場合 　　当該配当等の額 四　当該外国関係会社が当該各事業年度において当該内国法人に係る他の外国関係会社から受ける配当等の額が当該配当等の額に係る基準事業年度の出資対応配当可能金額を超える場合 　　当該他の外国関係会社の基準事業年度以前の各事業年度の出資対応配当可能金額をそれぞれ最も新しい事業年度のものから順次当該配当等の額に充てるものとして当該配当等の額を当該各事業年度の出資対応配当可能金額に応じそれぞれの事業年度ごとに区分した場合において、課税対象金額又は個別課税対象金額の生ずる事業年度の出資対応配当可能金額から充てるものとされた配当等の額の合計額 4　前項及びこの項において、次の各号に掲げる用語の意義は、当該各号に定めるところによる。 一　配当可能金額 　　外国関係会社の各事業年度の適用対象金額（法第66条の6第2項第4号に規定する適用対象金額をいう。以下この号において同じ。）に当該適用対象金額に係るイからハまでに掲げる金額の合計額を加算した金額から当該適用対象金額に係るニ及びホに掲げる金額の合計額を控除した残額をいう。 　　イ　第1項（第4号に係る部分に限る。）又は第2項（第17号に係る部分に限る。）の規定により控除される第1項第4号に掲げる金額 　　ロ　前項の規定により控除される同項に規定する控除対象配当等の額 　　ハ　当該外国関係会社に係る法第66条の6第1項各号に掲げる内国法人との間の取引につき法第66条の4第1項又は第68条の88第1項の規定の適用がある場合において第1項又は第2項の規定による減額をされる所得の金額のうちに当該内国法人に支払われない金額があるときの当該金額 　　ニ　当該各事業年度の剰余金の処分により支出される金額（法人所得税の額及び配当等の額を除く。） 　　ホ　当該各事業年度の費用として支出された金額（法人所得税の額及び配当等の額を除く。）のうち第1項若しくは第2項の規定により所得の金額の計算上損金の額に算入されなかったため又は同項の規定により所得の金額に加算されたため当該各事業年度の適用対象金額に含まれた金額 二　出資対応配当可能金額 　　外国関係会社の配当可能金額に他の外国関係会社（以下この号

通達・QA番号・逐条解説

令の規定（法法57、法法58又は法法59に相当する規定に限る。）により、繰越控除をしている欠損の金額、❹還付法人所得税の額（企業集団等所得課税規定がある場合には、その適用がないものとした場合に還付を受けるものとして計算される法人所得税の額）で益金の額に算入している金額等の調整を加えた金額とすることとされた。

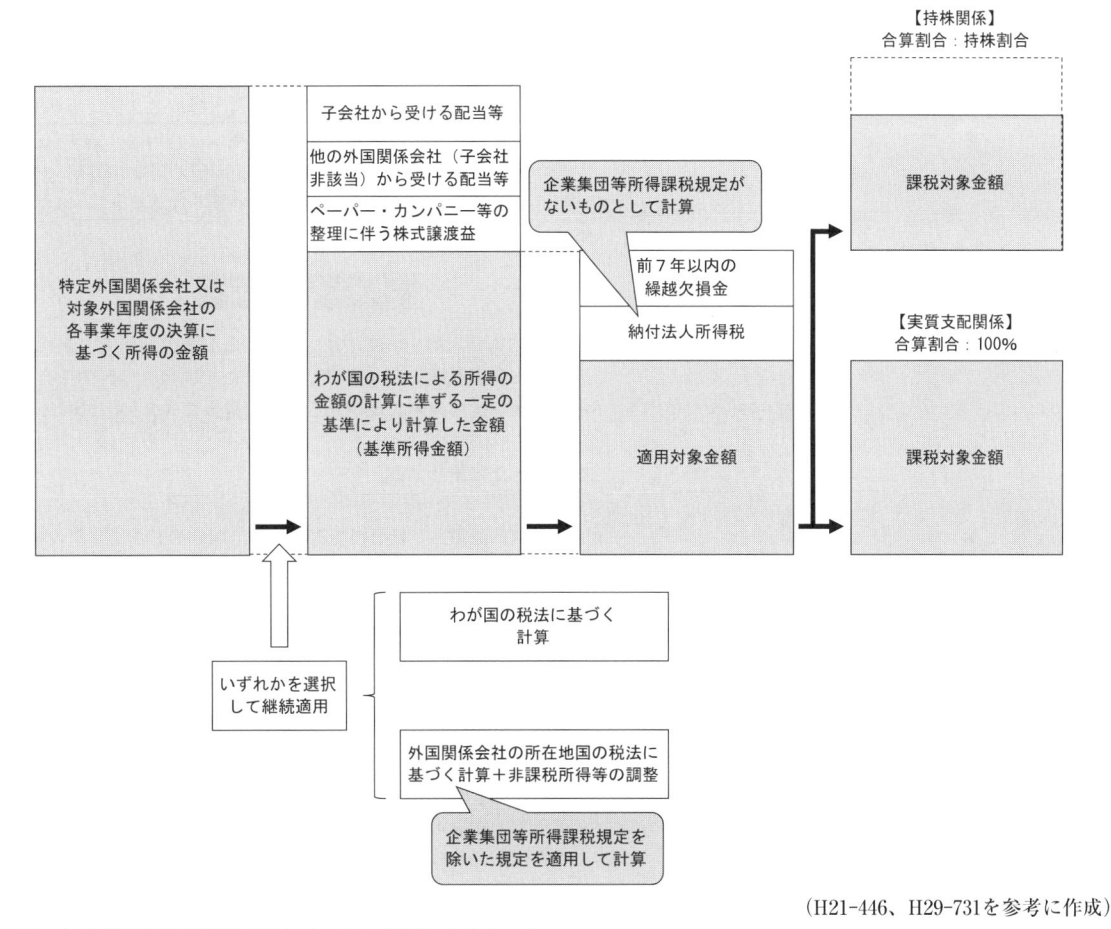

（H21-446、H29-731を参考に作成）

□　企業集団等所得課税規定とは、次に掲げる規定をいう。

外国法人の本店所在地国の法令の規定	外国法人の属する企業集団の所得に対して法人所得税を課することとし、かつ、当該企業集団に属する一の外国法人のみが当該法人所得税に係る納税申告書に相当する申告書を提出することとする当該外国法人の本店所在地国の法令の規定
	外国法人の所得を当該外国法人の株主等である者の所得として取り扱うこととする当該外国法人の本店所在地国の法令の規定
外国法人の本店所在地国以外の国又は地域の法令の規定	外国法人（無税国に所在するもの又は本店所在地国の税法令によりその所得の全部につき法人所得税を課さないこととされるものに限る。）の属する企業集団の所得に対して法人所得税を課することとし、かつ、当該企業集団に属する一の外国法人のみが当該法人所得税に係る納税申告書に相当する申告書を提出することとする当該外国法人の本店所在地国以外の国又は地域の法令の規定

4-3　控除対象配当等の額の控除

解　説　措令39の15③

□　外国関係会社の各事業年度につき控除対象配当等の額がある場合には、措令39の15①又は②により計算した金額から当該控除対象配当等の額を控除した残額をもって基準所得金額とすることとされている。この「控除対象配当等の額」とは、❶外国関係会社が他の外国関係会社（持株割合25％以上等の要件を満たす子会社に該当するものを除く。）から受ける配当等の額にあっては、当該配当等の額のうち当該他の外国関係会社の合算対象とされた金額から充てられた部分の金額をいい、❷外国関係会社が他の外国関係会社（持株割合25％以上等の要件を満たす子会社に該当するものに限る。）から受ける損金算入配当等の額にあって

本　　法	施行令・施行規則
	において「他の外国関係会社」という。）の有する当該外国関係会社の株式等の数又は金額が当該外国関係会社の発行済株式等のうちに占める割合（当該外国関係会社が請求権の内容が異なる株式等を発行している場合には、当該他の外国関係会社が当該請求権の内容が異なる株式等に係る請求権に基づき受けることができる配当等の額がその総額のうちに占める割合）を乗じて計算した金額をいう。

5　法第66条の6第2項第4号に規定する欠損の金額及び基準所得金額に係る税額に関する調整を加えた金額は、外国関係会社の各事業年度の同号に規定する基準所得金額（第7項及び第8項において「基準所得金額」という。）から次に掲げる金額の合計額を控除した残額とする。

令和元年度改正後条文

5　法第66条の6第2項第4号に規定する欠損の金額及び基準所得金額に係る税額に関する調整を加えた金額は、外国関係会社の各事業年度の同号に規定する基準所得金額（<u>第8項及び第9項</u>において「基準所得金額」という。）から次に掲げる金額の合計額を控除した残額とする。

一　当該外国関係会社の当該各事業年度開始の日前7年以内に開始した事業年度（昭和53年4月1日前に開始した事業年度、外国関係会社（法第40条の4第2項第2号又は第68条の90第2項第2号に規定する特定外国関係会社及び法第40条の4第2項第3号又は第68条の90第2項第3号に規定する対象外国関係会社を含む。）に該当しなかった事業年度及び法第66条の6第5項各号に掲げる外国関係会社の区分に応じ当該各号に定める場合に該当する事実があるときのその該当する事業年度（法第40条の4第5項各号に掲げる外国関係会社の区分に応じ当該各号に定める場合に該当する事実があるときのその該当する事業年度及び法第68条の90第5項各号に掲げる外国関係会社の区分に応じ当該各号に定める場合に該当する事実があるときのその該当する事業年度を含む。）を除く。）において生じた欠損金額（この項又は第39条の115第5項の規定により当該各事業年度前の事業年度において控除されたものを除く。）の合計額に相当する金額

二　当該外国関係会社が当該各事業年度において納付をすることとなる法人所得税の額（当該各事業年度において還付を受けることとなる法人所得税の額がある場合には、当該還付を受けることとなる法人所得税の額を控除した金額）

令和元年度改正後条文

二　当該外国関係会社が当該各事業年度において納付をすることとなる法人所得税の額（<u>法人所得税に関する法令に企業集団等所得課税規定がある場合の当該法人所得税にあっては個別計算納付法人所得税額とし</u>、当該各事業年度において還付を受けることとなる法人所得税の額がある場合には<u>当該</u>還付を受けることとなる法人所得税の額（<u>法人所得税に関する法令に企業集団等所得課税規定がある場合の当該法人所得税にあっては、個別計算還付法人所得税額</u>）を控除した<u>金額とする。</u>）

通達・QA番号・逐条解説

は、当該損金算入配当等の額のうち当該他の外国関係会社の合算対象とされた金額から充てられた部分の金額をいう。上記❶の配当等の額は、当該外国関係会社に係る基準所得金額の計算上控除することとされておらず、また、上記❷の損金算入配当等の額は、当該外国関係会社に係る基準所得金額の計算上控除する配当等の額から除外されているところ、本税制の適用の重複を排除する観点から、このような措置が講じられている。

☐　控除対象配当等の額は、具体的には、次の❶から❹までに掲げる金額をいう。

❶　他の外国関係会社（持株割合25％以上等の要件を満たす子会社に該当するものを除く。）から受ける配当等の額が当該他の外国関係会社の当該配当等の額の支払に係る基準日の属する事業年度（以下、措令39の15③の解説において「基準事業年度」という。）の配当可能金額のうち当該外国関係会社の出資対応配当可能金額を超えない場合であって、当該基準事業年度が課税対象金額の生ずる事業年度である場合
　　当該配当等の額

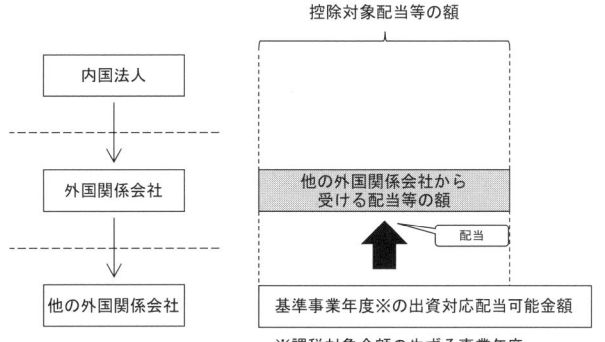

❷　上記❶の他の外国関係会社から受ける配当等の額が基準事業年度の出資対応配当可能金額を超える場合
　　当該他の外国関係会社の基準事業年度以前の各事業年度の出資対応配当可能金額をそれぞれ最も新しい事業年度のものから順次当該配当等の額に充てるものとして当該配当等の額を当該各事業年度の出資対応配当可能金額に応じそれぞれの事業年度ごとに区分した場合において、課税対象金額の生ずる事業年度の出資対応配当可能金額から充てるものとされた配当等の額の合計額

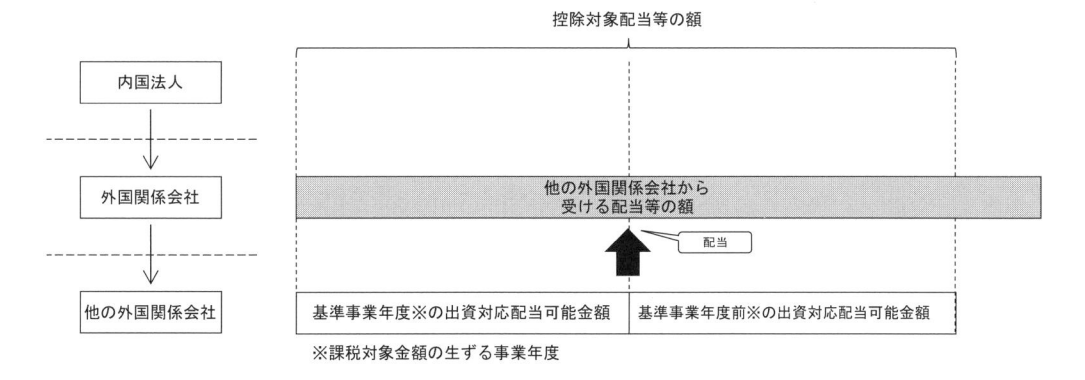

❸　他の外国関係会社（持株割合25％以上等の要件を満たす子会社に該当するものに限る。）から受ける損金算入配当等の額が基準事業年度の出資対応配当可能金額を超えない場合であって、当該基準事業年度が課税対象金額の生ずる事業年度である場合
　　当該損金算入配当等の額

❹　上記❸の他の外国関係会社から受ける損金算入配当等の額が基準事業年度の出資対応配当可能金額を超える場合
　　当該他の外国関係会社の基準事業年度以前の各事業年度の出資対応配当可能金額をそれぞれ最も新しい事業年度のものから順次当該損金算入配当等の額に充てるものとして当該損金算入配当等の額を当該各事業年度の出資対応配当可能金額に応じそれぞれの事業年度ごとに区分した場合において、課税対象金額の生ずる事業年度の出資対応配当可能金額から充てるものとされた損金算入配当等の額の合計額

本　　法	施行令・施行規則
	令和元年度改正後条文 6　第2項及び前項第2号に規定する企業集団等所得課税規定とは、次に掲げる規定をいう。 一　外国法人の属する企業集団の所得に対して法人所得税を課することとし、かつ、当該企業集団に属する一の外国法人のみが当該法人所得税に係る納税申告書（国税通則法第2条第6号に規定する納税申告書をいう。次号において同じ。）に相当する申告書を提出することとする当該外国法人の本店所在地国の法令の規定 二　外国法人（法人の所得に対して課される税が存在しない国若しくは地域に本店若しくは主たる事務所を有するもの又は当該外国法人の本店所在地国の法人所得税に関する法令の規定により当該外国法人の所得の全部につき法人所得税を課さないこととされるものに限る。）の属する企業集団の所得に対して法人所得税を課することとし、かつ、当該企業集団に属する一の外国法人のみが当該法人所得税に係る納税申告書に相当する申告書を提出することとする当該外国法人の本店所在地国以外の国又は地域の法令の規定 三　外国法人の所得を当該外国法人の株主等である者の所得として取り扱うこととする当該外国法人の本店所在地国の法令の規定 6　前項第1号に規定する欠損金額とは、外国関係会社の各事業年度の決算に基づく所得の金額について第1項若しくは第2項又は第3項の規定を適用した場合において計算される欠損の金額をいう。 **令和元年度改正後条文** 7　第5項第1号に規定する欠損金額とは、外国関係会社の各事業年度の決算に基づく所得の金額について第1項若しくは第2項又は第3項の規定を適用した場合において計算される欠損の金額をいう。 7　第1項第1号の計算をする場合において、同号の規定によりその例に準ずるものとされる法人税法第33条（第5項を除く。）及び第42条から第52条までの規定並びに法第43条、第45条の2、第52条の2、第57条の5、第57条の6、第57条の8、第65条の7から第65条の9まで（法第65条の7第1項の表の第8号に係る部分に限る。）、第67条の12第2項及び第67条の13第2項の規定により当該各事業年度において損金の額に算入されることとなる金額があるときは、当該各事業年度に係る法第66条の6第11項の確定申告書（次項において「確定申告書」という。）に当該金額の損金算入に関する明細書の添付がある場合に限り、当該金額を当該各事業年度の基準所得金額の計算上、損金の額に算入する。ただし、その添付がなかったことについて税務署長がやむを得ない事情があると認める場合において、当該明細書の提出があったときは、この限りでない。 **令和元年度改正後条文** 8　同　上

通達・ＱＡ番号・逐条解説

解　説　措令39の15④一（配当可能金額）

□　「配当可能金額」とは、他の外国関係会社（注＝措令39の15④一の規定上は、「外国関係会社」とされている。）の各事業年度の適用対象金額につき、次に掲げる調整を加えた残額をいう。

> （加算）
> ・持株割合25％以上等の要件を満たす子会社から受ける配当等の額
> ・控除対象配当等の額
> ・内国法人との間の取引につき移転価格税制の適用がある場合において、当該取引が独立企業間価格で行われたものとして基準所得金額の計算上減額をされる所得の金額のうちに当該内国法人に支払われない金額があるときの当該金額
> （減算）
> ・剰余金の処分により支出される金額（法人所得税の額及び配当等の額を除く。）
> ・費用として支出された金額（法人所得税の額及び配当等の額を除く。）のうち基準所得金額の計算上損金の額に算入されなかったため、又は所得の金額に加算されたため、適用対象金額に含まれた金額

□　他の外国関係会社（次図のＢ）における配当可能金額の計算上加算する「持株割合25％以上等の要件を満たす子会社から受ける配当等の額」及び「控除対象配当等の額」（上表の「（加算）」に掲げる額）は、他の外国関係会社（次図のＢ）が第三の子会社（次図のＣ）及び第三の外国関係会社（次図のＤ）から受ける剰余金の配当等の額に係るものである。

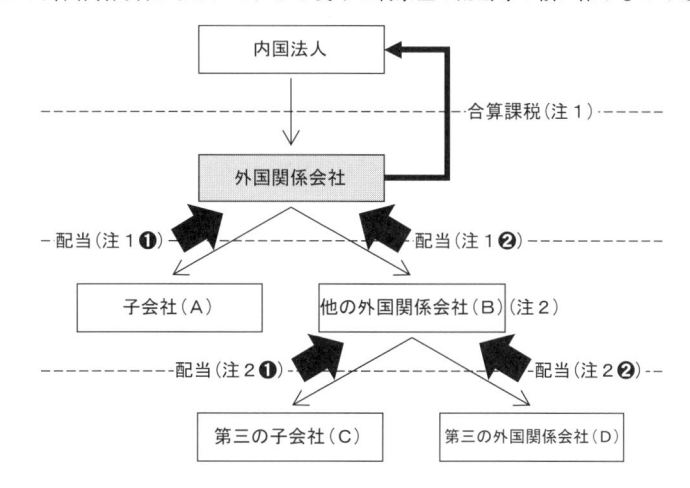

> （注1）適用対象金額の計算上、❶持株割合25％以上等の要件を満たす子会社（Ａ）から受ける剰余金の配当等の額及び❷他の外国関係会社（Ｂ）から受ける控除対象配当等の額を控除する。
> （注2）出資対応配当可能金額の計算の基礎となる配当可能金額の計算上、❶持株割合25％以上等の要件を満たす第三の子会社（Ｃ）から受ける剰余金の配当等の額及び❷第三の外国関係会社（Ｄ）から受ける控除対象配当等の額を加算する。

解　説　措令39の15④二（出資対応配当可能金額）

□　「出資対応配当可能金額」とは、他の外国関係会社（注＝措令39の15④二の規定上は、「外国関係会社」とされている。）の配当可能金額に外国関係会社（注＝措令39の15④二の規定上は、「他の外国関係会社」とされている。）の持株割合（請求権の内容考慮後のもの）を乗じて計算した金額をいう。

────────────── 4-4　前7年以内の繰越欠損金の控除 ──────────────

解　説　措令39の15⑤一

□　特定外国関係会社又は対象外国関係会社の各事業年度の適用対象金額の計算上、当該各事業年度開始の日前7年以内に開始した事業年度において生じた欠損金額を控除することとされているが、❶特定外国関係会社又は対象外国関係会社に該当しなかった事業年度及び❷本税制の適用が免除される事業年度（特定外国関係会社については租税負担割合が30％以上、対象外国関係会社については租税負担割合が20％以上の事業年度）において生じた欠損金額を控除することはできない。

本　　　法	施行令・施行規則
	8　第1項（第4号に係る部分に限る。）又は第2項（第17号に係る部分に限る。）の規定により基準所得金額を計算する場合において、これらの規定により当該各事業年度において控除されることとなる金額があるときは、当該各事業年度に係る確定申告書に当該金額の計算に関する明細書の添付がある場合に限り、当該金額を当該各事業年度の基準所得金額の計算上控除する。ただし、その添付がなかったことについて税務署長がやむを得ない事情があると認める場合において、当該明細書の提出があったときは、この限りでない。

令和元年度改正後条文

9　同　上

9　その外国関係会社の各事業年度の決算に基づく所得の金額の計算につき第1項の規定の適用を受けた内国法人がその適用を受けた事業年度後の事業年度において当該外国関係会社の各事業年度の決算に基づく所得の金額の計算につき第2項の規定の適用を受けようとする場合又はその外国関係会社の各事業年度の決算に基づく所得の金額の計算につき同項の規定の適用を受けた内国法人がその適用を受けた事業年度後の事業年度において当該外国関係会社の各事業年度の決算に基づく所得の金額の計算につき第1項の規定の適用を受けようとする場合には、あらかじめ納税地の所轄税務署長の承認を受けなければならない。

令和元年度改正後条文

10　同　上

【措規22の11】

3　施行令第39条の15第1項第4号に規定する財務省令で定める配当等の額は、法人税法第24条第1項（同項第2号に掲げる分割型分割、同項第3号に掲げる株式分配又は同項第4号に規定する資本の払戻しに係る部分を除く。）の規定の例によるものとした場合に同法第23条第1項第1号又は第2号に掲げる金額とみなされる金額に相当する金額とする。

令和元年度改正後条文

3　削　除

令和元年度改正後条文

20　第2項の規定は、施行令第39条の15第1項第4号に規定する財務省令で定める配当等の額について準用する。

4　施行令第39条の15第1項第4号ロに規定する財務省令で定めるものは、租税に関する相互行政支援に関する条約及び税源浸食及び利益移転を防止するための租税条約関連措置を実施するための多数国間条約とする。

通達・QA番号・逐条解説

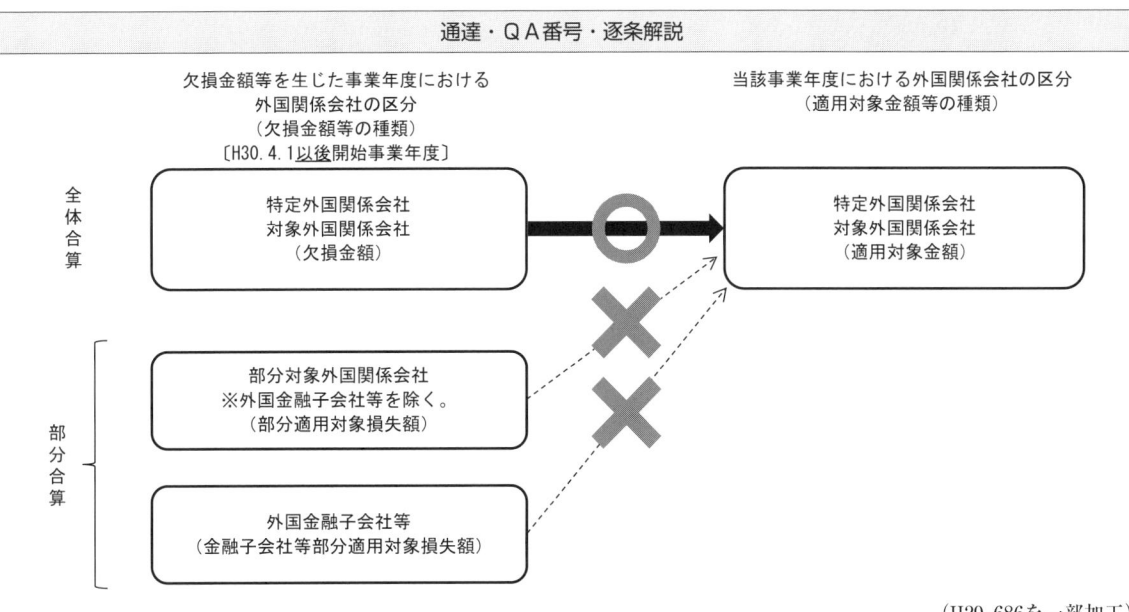

(H29-686を一部加工)

□ 特定外国関係会社又は対象外国関係会社の各事業年度の適用対象金額の計算上控除することとされている欠損金額には、平成29年度税制改正前の制度の下、特定外国子会社等に該当していた事業年度（当該各事業年度開始の日前７年以内に開始した事業年度に限る。）に生じた欠損金額が含まれる。

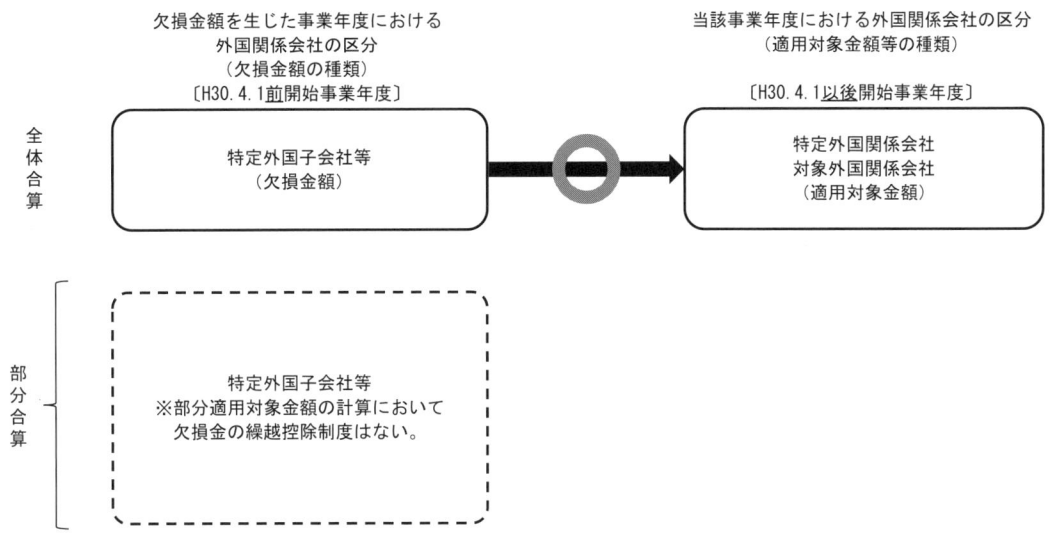

(H29-686を一部加工)

□ 特定外国関係会社又は対象外国関係会社が、当該特定外国関係会社又は対象外国関係会社を合併法人、他の特定外国関係会社又は対象外国関係会社を被合併法人とする吸収合併をした場合に、当該吸収合併が我が国の適格合併に相当するものであったとしても、合併法人は、被合併法人の各事業年度開始の日前７年以内に開始した事業年度において生じた欠損金額を引き継ぐことはできない。その他の組織再編成の類型についても同様である。

（適用対象金額等の計算）

措通66の6-19 措置法第66条の６第２項第４号に規定する適用対象金額、同条第７項に規定する部分適用対象金額及び同条第９項に規定する金融子会社等部分適用対象金額並びに措置法令第39条の15第５項に規定する欠損金額、措置法令第39条の17の３第30項に規定する部分適用対象損失額及び措置法令第39条の17の４第10項に規定する金融子会社等部分適用対象損失額は、外国関係会社が会計帳簿の作成に当たり使用する外国通貨表示の金額により計算するものとする。この場合において、例えば措置法第61条の４の規定の例に準じて交際費等の損金不算入額を計算する場合における同条に定める800万円のように、法令中本邦通貨表示で定められている金額については、66の6-4により内国法人が外国関係会社の課税対象金額、部分課税対象金額又は金融子会社等部分課税対象金額の円換算に当たり適用する為替相場により当該本邦通

本　　　法	施行令・施行規則

令和元年度改正後条文

21　同　上

5　施行令第39条の15第1項第5号イに規定する財務省令で定める者は、同号イの外国関係会社に係る法第66条の6第1項各号若しくは第68条の90第1項各号に掲げる者又は当該者に係る部分対象外国関係会社（法第66条の6第2項第6号に規定する部分対象外国関係会社をいう。第8項第1号において同じ。）とする。

令和元年度改正後条文

22　施行令第39条の15第1項第5号イに規定する財務省令で定める者は、同号イの外国関係会社に係る法第66条の6第1項各号若しくは第68条の90第1項各号に掲げる者又は当該者に係る部分対象外国関係会社（法第66条の6第2項第6号に規定する部分対象外国関係会社をいう。第25項第1号において同じ。）とする。

6　施行令第39条の15第1項第5号ニ(4)に規定する財務省令で定める事項は、次に掲げる事項とする。
一　施行令第39条の15第1項第5号ニ(3)に規定する組織再編成の内容及び実施時期
二　その他参考となるべき事項

令和元年度改正後条文

23　同　上

7　施行令第39条の15第7項の規定により同項に規定する確定申告書に添付する明細書は、法人税法施行規則別表九（二）、別表十一（一）、別表十一（一の二）、別表十二（十）、別表十二（十三）、別表十三（一）から別表十三（三）まで、別表十三（五）、別表十四（一）及び別表十六（一）から別表十六（五）までに定める書式に準じた書式による明細書とする。

令和元年度改正後条文

24　施行令第39条の15第8項の規定により同項に規定する確定申告書に添付する明細書は、法人税法施行規則別表九(二)、別表十一(一)、別表十一(一の二)、別表十二(十)、別表十二(十三)、別表十三(一)から別表十三(三)まで、別表十三(五)、別表十四(一)及び別表十六(一)から別表十六(五)までに定める書式に準じた書式による明細書とする。

貨表示で定められている金額を当該外国通貨表示の金額に換算した金額によるものとする。

備考　本通達の前段は、適用対象金額等の計算については、じ後の事業年度の所得計算を考慮し、外国通貨表示で行うこととするものである（趣旨説明27）。

参考判例

最判平成19年９月28日裁判所 HP 参照（平成17年（行ヒ）第89号）

内国法人に係る特定外国子会社等に欠損が生じた場合には、これを翌事業年度以降の当該特定外国子会社等における未処分所得の金額の算定に当たり５年を限度として繰り越して控除することが認められているにとどまるものというべきであって、当該特定外国子会社等の所得について、同条〔租税特別措置法66条の６〕第１項の規定により当該特定外国子会社等に係る内国法人に対し上記の益金算入がされる関係にあることをもって、当該内国法人の所得を計算するに当たり、上記の欠損の金額を損金の額に算入することができると解することはできないというべきである。（〔〕内著者）

(注)　1　平成29年度税制改正前は、外国関係会社のうち無税国に所在するもの又は税負担が著しく低いもの（平成４年度税制改正前にあっては、軽課税国に本店等を有するもの）を「特定外国子会社等」といい、その株式等の一定割合以上を直接・間接に有する内国法人は、当該特定外国子会社等が適用除外基準を満たしている場合を除き、その所得（平成21年度税制改正前にあっては、未処分所得）に相当する金額のうち持株割合等に対応する部分について会社単位の合算課税を受けることとされていた。
　　　　2　平成17年度税制改正前は、特定外国子会社等の未処分所得の金額の計算において控除する欠損金に係る繰越期間は５年とされていた。

本　　法	施行令・施行規則

通達・ＱＡ番号・逐条解説
4-5　納付法人所得税の控除

解　説　措令39の15⑤ニ

□　外国関係会社の各事業年度の適用対象金額の計算上、当該外国関係会社が当該各事業年度において納付をすることとなる法人所得税の額（当該各事業年度において還付を受けることとなる法人所得税の額がある場合には、当該還付を受けることとなる法人所得税の額を控除した金額）を控除する。

令和元年度改正の解説

□　外国関係会社の各事業年度の適用対象金額の計算上控除する納付法人所得税の額は、法人所得税に関する法令に企業集団等所得課税規定がある場合には、その適用がないものとした場合に納付するものとして計算される法人所得税の額（注）とすることとされた。

（注）当該各事業年度において還付を受けることとなる法人所得税の額がある場合には、当該還付を受けることとなる法人所得税の額（法人所得税に関する法令に企業集団等所得課税規定がある場合には、その適用がないものとした場合に還付を受けるものとして計算される法人所得税の額）を控除した金額

4-6　明細書添付要件

解　説　措令39の15⑦

□　「基準所得金額」について、我が国の税法の規定の例に準じて計算する場合において、次に掲げる各規定により損金の額に算入されることとなる金額があるときは、確定申告書にその損金算入に関する明細書を添付しなければならない（ただし、宥恕規定が設けられている。）。

・法法33《資産の評価損の損金不算入等》（第5項を除く。）
・法法42《国庫補助金等で取得した固定資産等の圧縮額の損金算入》
・法法43《国庫補助金等に係る特別勘定の金額の損金算入》
・法法44《特別勘定を設けた場合の国庫補助金等で取得した固定資産等の圧縮額の損金算入》
・法法45《工事負担金で取得した固定資産等の圧縮額の損金算入》
・法法46《非出資組合が賦課金で取得した固定資産等の圧縮額の損金算入》
・法法47《保険金等で取得した固定資産等の圧縮額の損金算入》
・法法48《保険差益等に係る特別勘定の金額の損金算入》
・法法49《特別勘定を設けた場合の保険金等で取得した固定資産等の圧縮額の損金算入》
・法法50《交換により取得した資産の圧縮額の損金算入》
・法法52（貸倒引当金）
・措法43《特定設備等の特別償却》
・措法45の2《医療用機器の特別償却》
・措法52の2《特別償却不足額がある場合の償却限度額の計算の特例》
・措法57の5《保険会社等の異常危険準備金》
・措法57の6《原子力保険又は地震保険に係る異常危険準備金》
・措法57の8《特定船舶に係る特別修繕準備金》
・措法65の7《特定の資産の買換えの場合の課税の特例》から措法65の9《特定の資産を交換した場合の課税の特例》まで
　（措法65の7①表八に係る部分に限る。）
・措法67の12《組合事業等による損失がある場合の課税の特例》②
・措法67の13（有限責任事業組合契約に係る組合事業による損失がある場合の課税の特例）②

解　説　措令39の15⑧

□　基準所得金額の計算上、外国関係会社が持株割合25％以上等の要件を満たす子会社から受ける剰余金の配当等の額を控除しようとするときは、確定申告書にその計算に関する明細書を添付しなければならない（ただし、宥恕規定が設けられている。）。

4-7　基準所得金額の計算基準の選択及び変更

解　説　措令39の15⑨

□　「基準所得金額」については、我が国の税法の規定の例に準じて計算するか、本店所在地国の法人所得税に関する法令の規定により計算するかを自由に選択することができるが、いったん選択した後、準拠する法令を変更しようとする場合には、あらかじめ納税地の所轄税務署長の承認を受けなければならない。なお、別表十七（三の八）「特定外国関係会社又は対象外国

本　　法	施行令・施行規則
五　実質支配関係 　居住者又は内国法人が外国法人の残余財産の おおむね全部を請求する権利を有している場合 における当該居住者又は内国法人と当該外国法 人との間の関係その他の政令で定める関係をい う。	【措令39の16】 1　法第66条の6第2項第5号に規定する政令で定める関係は、居住 者又は内国法人（以下この項において「居住者等」という。）と外国法 人との間に次に掲げる事実その他これに類する事実が存在する場合 （当該外国法人の行う事業から生ずる利益のおおむね全部が剰余金の配当、 利益の配当、剰余金の分配その他の経済的な利益の給付として当該居住者 等（当該居住者等と特殊の関係のある者を含む。）以外の者に対して金銭 その他の資産により交付されることとなっている場合を除く。）における 当該居住者等と当該外国法人との間の関係（当該関係がないものとし て同条第2項第1号（イに係る部分に限る。）の規定を適用した場合に居 住者及び内国法人並びに同号イに規定する特殊関係非居住者と当該外国法 人との間に同号イ(1)から(3)までに掲げる割合のいずれかが100分の50を超 える関係がある場合における当該居住者等と当該外国法人との間の関係を 除く。）とする。 一　居住者等が外国法人の残余財産のおおむね全部について分配を 　請求する権利を有していること。 二　居住者等が外国法人の財産の処分の方針のおおむね全部を決定 　することができる旨の契約その他の取決めが存在すること（当該 　外国法人につき前号に掲げる事実が存在する場合を除く。）。 2　前項に規定する特殊の関係とは、次に掲げる関係をいう。 一　一方の者と他方の者との間に当該他方の者が次に掲げるものに 　該当する関係がある場合における当該関係 　イ　当該一方の者の親族 　ロ　当該一方の者と婚姻の届出をしていないが事実上婚姻関係と 　　同様の事情にある者 　ハ　当該一方の者の使用人又は雇主 　ニ　イからハまでに掲げる者以外の者で当該一方の者から受ける 　　金銭その他の資産によって生計を維持しているもの 　ホ　ロからニまでに掲げる者と生計を一にするこれらの者の親族 二　一方の者と他方の者との間に当該他方の者が次に掲げる法人に 　該当する関係がある場合における当該関係（次号及び第4号に掲げ 　る関係に該当するものを除く。） 　イ　当該一方の者（当該一方の者と前号に規定する関係のある者を含 　　む。以下この号において同じ。）が他の法人を支配している場合 　　における当該他の法人 　ロ　当該一方の者及び当該一方の者と特殊の関係（この項（イに 　　係る部分に限る。）に規定する特殊の関係をいう。）のある法人が他 　　の法人を支配している場合における当該他の法人 　ハ　当該一方の者及び当該一方の者と特殊の関係（この項（イ及 　　びロに係る部分に限る。）に規定する特殊の関係をいう。）のある法 　　人が他の法人を支配している場合における当該他の法人 三　二の法人のいずれか一方の法人が他方の法人の発行済株式等の 　100分の50を超える数又は金額の株式等を直接又は間接に有する 　関係 四　二の法人が同一の者（当該者が個人である場合には、当該個人及 　びこれと法人税法第2条第10号に規定する政令で定める特殊の関係の 　ある個人）によってそれぞれその発行済株式等の100分の50を超 　える数又は金額の株式等を直接又は間接に保有される場合におけ 　る当該二の法人の関係（前号に掲げる関係に該当するものを除く。）

通達・QA番号・逐条解説

関係会社の適用対象金額等の計算に関する明細書」は、所得計算上の適用法令が「本邦法令」又は「外国法令」のいずれであるかを選択する様式となっている。

5 実質支配関係

解説 措法39の16①

☐ 実質支配関係とは、一の居住者又は内国法人と外国法人との間に❶一の居住者又は内国法人が外国法人の残余財産のおおむね全部について分配を請求する権利を有していること又は❷一の居住者又は内国法人が外国法人の財産の処分の方針のおおむね全部を決定することができる旨の契約等が存在することその他これに類する事実が存在する場合における当該一の居住者又は内国法人と当該外国法人との間の関係をいい、複数の居住者又は内国法人が有する権利等を合計したところではじめて外国法人の残余財産のおおむね全部を請求する権利を有することとなる場合や外国法人の財産の処分の方針のおおむね全部を決定することができることとなる場合は、実質支配関係がある場合に該当しないことになる。なお、実質支配関係がある外国法人については、その所得を100％合算することとなる効果を踏まえ、また、企業にとっての不確実性や事務負担を考慮して、実質支配関係の類型は、上記❶又は❷のような形で会社財産に対する支配関係があると認められる場合に限定したものとなっている（H29-664）。

☐ 居住者等が組成した外国法人をビークルとするファンドについて、措法39の16①二に該当する可能性があることから、措法39の16①柱書かっこ書において、「当該外国法人の行う事業から生ずる利益のおおむね全部が剰余金の配当、利益の配当、剰余金の分配その他の経済的な利益の給付として当該居住者等（当該居住者等と特殊の関係のある者を含む。）以外の者に対して金銭その他の資産により交付されることとなっている場合を除く」とされている。なお、本邦金融機関等が組成したファンドに係る有価証券の募集や売出しを通常の方法により行う場合に生じる有価証券の売れ残りや買戻しによってその本邦金融機関等が自己の都合によらず一時的に保有することとなる持分に対して支払われる剰余金の配当等については、特段の事情がない限り、「居住者等・・・以外の者に対して・・・交付されることとなっている場合」に該当することになると考えられる（H29-664・665）。

☐ 措法39の16①柱書かっこ書にいう「当該関係がないものとして同条第2項第1号（イに係る部分に限る。）の規定を適用した場合に居住者及び内国法人並びに同号イに規定する特殊関係非居住者と当該外国法人との間に同号イ(1)から(3)までに掲げる割合のいずれかが100分の50を超える関係がある場合における当該居住者等と当該外国法人との間の関係を除く」とは、実質支配関係を考慮しないところで、持株割合等に基づいてその外国法人が外国関係会社に該当する場合には、殊更に実質支配関係の判定は行わないこととする趣旨である（H29-666）。

☐ 措法39の16①一にいう「おおむね全部」とは、全部ではないものの相当程度高い割合を有する場合が想定されている。第三者に僅かな残余財産の分配請求権を持たせることにより、実質支配関係に該当することを回避するループホールを防ぐ趣旨である（H29-664）。

☐ 措法39の16①二にいう「財産」は、残余財産に限定されていないため、「財産の処分」も解散や清算といった場面に限定されず、例えば、会社の通常の事業活動における商品の販売等もこれに含まれる。措法39の16①二は、こうした様々な場面における財産の処分に関する方針のおおむね全部について決定することができる旨の契約その他の取決めを通じた支配関係に着目したものである（H29-664）。

解説 措令39の16②

☐ 実質支配関係の判定に係る「特殊の関係」の意義は、措令39の16②に規定されているところ、次図のAは、措令39の16②一イ～ホに規定する関係を、Bは、措令39の16②二イ～ハに規定する関係を、Cは、措令39の16②三に規定する関係を、Dは、措令39の16②四に規定する関係をそれぞれ示している。

本　　法	施行令・施行規則
	3　法人税法施行令第4条第3項の規定は、前項第2号イからハまでに掲げる他の法人を支配している場合について準用する。 4　第39条の12第2項及び第3項の規定は、第2項（第3号及び第4号に係る部分に限る。）の規定を適用する場合について準用する。この場合において、同条第2項及び第3項中「100分の50以上の」とあるのは、「100分の50を超える」と読み替えるものとする。

通達・QA番号・逐条解説

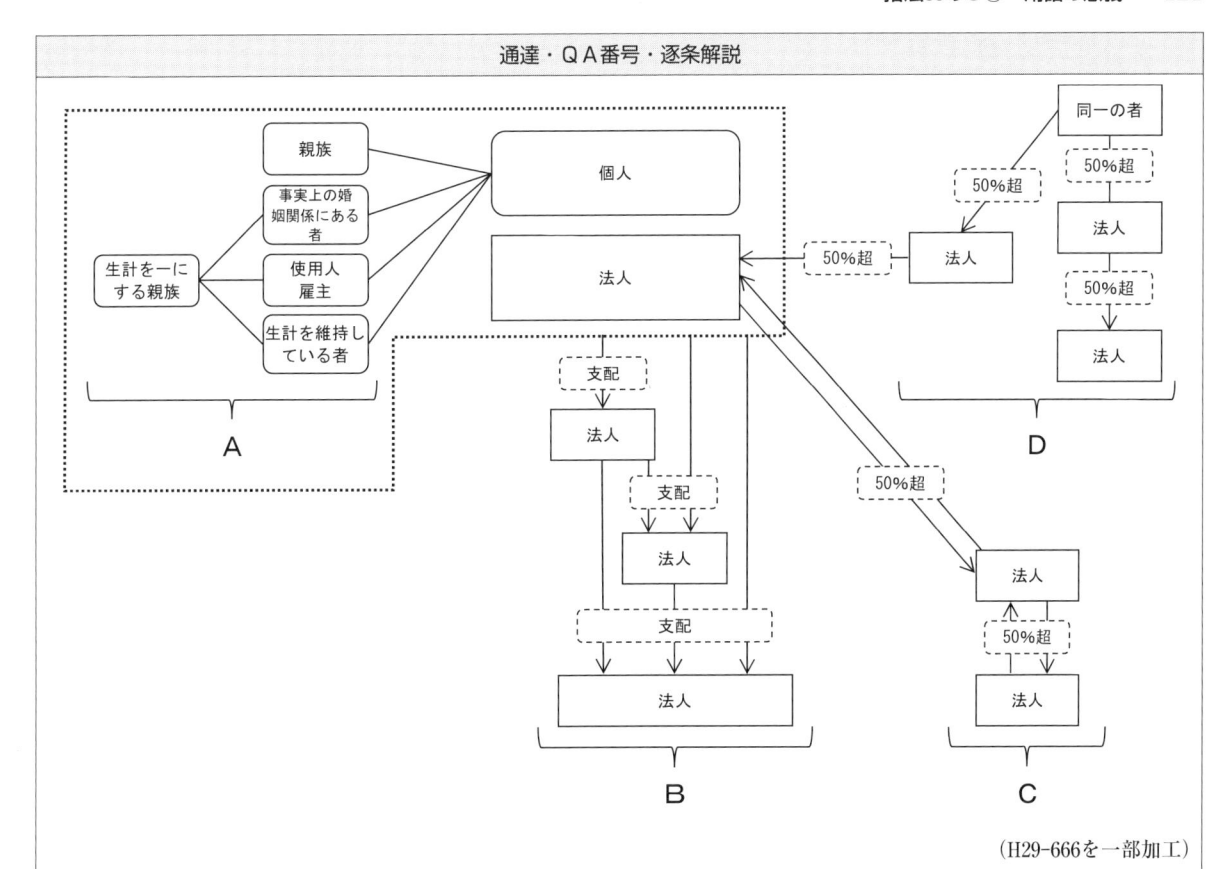

（H29-666を一部加工）

解　説　措令39の16③

☐　法令4③は、措令39の16②二イ～ハに掲げる「他の法人を支配している場合」について準用することとされている。具体的には、措令39の16②二イ～ハの「支配している場合」とは、❶発行済株式等の過半数を有する場合、❷重要な事項に関する議決権の過半数を有する場合又は❸株主等の総数の過半数を占める場合のいずれかに該当する場合をいう。

【法令4】
3　前項各号に規定する他の会社を支配している場合とは、次に掲げる場合のいずれかに該当する場合をいう。
　一　他の会社の発行済株式又は出資（その有する自己の株式又は出資を除く。）の総数又は総額の100分の50を超える数又は金額の株式又は出資を有する場合
　二　他の会社の次に掲げる議決権のいずれかにつき、その総数（当該議決権を行使することができない株主等が有する当該議決権の数を除く。）の100分の50を超える数を有する場合
　　イ　事業の全部若しくは重要な部分の譲渡、解散、継続、合併、分割、株式交換、株式移転又は現物出資に関する決議に係る議決権
　　ロ　役員の選任及び解任に関する決議に係る議決権
　　ハ　役員の報酬、賞与その他の職務執行の対価として会社が供与する財産上の利益に関する事項についての決議に係る議決権
　　ニ　剰余金の配当又は利益の配当に関する決議に係る議決権
　三　他の会社の株主等（合名会社、合資会社又は合同会社の社員（当該他の会社が業務を執行する社員を定めた場合にあっては、業務を執行する社員）に限る。）の総数の半数を超える数を占める場合

解　説　措令39の16④

☐　措令39の16②は、「特殊の関係」の意義を規定しているところ、措令39の16②三及び四において発行済株式等の50％超を直接・間接に保有するかどうかを判定するにあたっては、措令39の12《国外関連者との取引に係る課税の特例》②及び③を読替えの上準用することとされている。

☐　措令39の16④による読替え後の措令39の12②及び③は、次の通りである。

本　　法	施行令・施行規則
六　部分対象外国関係会社 　　第3号イからハまでに掲げる要件の全てに該当する外国関係会社（特定外国関係会社に該当するものを除く。）をいう。	
七　外国金融子会社等 　　その本店所在地国の法令に準拠して銀行業、金融商品取引業（金融商品取引法第28条第1項に規定する第一種金融商品取引業と同種類の業務に限る。）又は保険業を行う部分対象外国関係会社（これらの事業を行う部分対象外国関係会社と同様の状況にあるものとして政令で定める部分対象外国関係会社を含む。）でその本店所在地国においてその役員又は使用人がこれらの事業を的確に遂行するために通常必要と認められる業務の全てに従事しているもの（その本店所在地国においてその役員又は使用人が当該業務の全てに従事している部分対象外国関係会社と同様の状況にあるものとして政令で定めるものを含む。）（以下この号において「外国金融機関」という。）及び外国金融機関に準ずるものとして政令で定める部分対象外国関係会社をいう。	【措令39の17】 1　法第66条の6第2項第7号に規定する同様の状況にあるものとして政令で定める部分対象外国関係会社は、次に掲げる部分対象外国関係会社（同項第6号に規定する部分対象外国関係会社をいう。以下この条において同じ。）とする。 　一　部分対象外国関係会社（特定保険外国子会社等に該当するものに限る。以下この号において同じ。）に係る特定保険協議者がその本店所在地国の法令に準拠して保険業を行う場合における当該部分対象外国関係会社 　二　部分対象外国関係会社（特定保険受託者に該当するものに限る。以下この号において同じ。）に係る特定保険委託者がその本店所在地国の法令に準拠して保険業を行う場合における当該部分対象外国関係会社 2　法第66条の6第2項第7号に規定する政令で定めるものは、次に掲げる部分対象外国関係会社とする。 　一　部分対象外国関係会社（特定保険外国子会社等に該当するものに限る。以下この号において同じ。）に係る特定保険協議者の役員又は使用人が保険業を的確に遂行するために通常必要と認められる業務の全てに従事している場合における当該部分対象外国関係会社 〔令和元年度改正後条文〕 　一　特定保険協議者に係る特定保険外国子会社等に該当する部分対象外国関係会社

通達・ＱＡ番号・逐条解説

【措令39の12（読替え後）】

2　前項第１号の場合において、一方の法人が他方の法人の発行済株式等の100分の50を超える数又は金額の株式又は出資を直接又は間接に保有するかどうかの判定は、当該一方の法人の当該他方の法人に係る直接保有の株式等の保有割合（当該一方の法人の有する当該他方の法人の株式又は出資の数又は金額が当該他方の法人の発行済株式等のうちに占める割合をいう。）と当該一方の法人の当該他方の法人に係る間接保有の株式等の保有割合とを合計した割合により行うものとする。

3　前項に規定する間接保有の株式等の保有割合とは、次の各号に掲げる場合の区分に応じ当該各号に掲げる割合（当該各号に掲げる場合のいずれにも該当する場合には、当該各号に掲げる割合の合計割合）をいう。

一　前項の他方の法人の株主等（法人税法第２条第14号に規定する株主等をいう。次号において同じ。）である法人の発行済株式等の100分の50を超える数又は金額の株式又は出資が同項の一方の法人により所有されている場合

　当該株主等である法人の有する当該他方の法人の株式又は出資の数又は金額が当該他方の法人の発行済株式等のうちに占める割合（当該株主等である法人が二以上ある場合には、当該二以上の株主等である法人につきそれぞれ計算した割合の合計割合）

二　前項の他方の法人の株主等である法人（前号に掲げる場合に該当する同号の株主等である法人を除く。）と同項の一方の法人との間にこれらの者と発行済株式等の所有を通じて連鎖関係にある一又は二以上の法人（以下この号において「出資関連法人」という。）が介在している場合（出資関連法人及び当該株主等である法人がそれぞれその発行済株式等の100分の50を超える数又は金額の株式又は出資を当該一方の法人又は出資関連法人（その発行済株式等の100分の50を超える数又は金額の株式又は出資が当該一方の法人又は他の出資関連法人によって所有されているものに限る。）によって所有されている場合に限る。）

　当該株主等である法人の有する当該他方の法人の株式又は出資の数又は金額が当該他方の法人の発行済株式等のうちに占める割合（当該株主等である法人が二以上ある場合には、当該二以上の株主等である法人につきそれぞれ計算した割合の合計割合）

6　部分対象外国関係会社

解　説　措法66の6②六

☐　部分対象外国関係会社は、❶事業基準、❷実体基準、❸管理支配基準及び❹非関連者基準又は所在地国基準の４つの基準（経済活動基準）を全て満たす外国関係会社（特定外国関係会社に該当するものを除く。）がこれに該当し、租税負担割合が20％以上となる事業年度を除いて、部分合算課税の対象とされる。

7　外国金融子会社等

解　説　措法66の6②七

☐　外国金融子会社等とは、❶その本店所在地国の法令に準拠して銀行業、金融商品取引業又は保険業を行う部分対象外国関係会社（法令準拠要件）でその本店所在地国においてその役員又は使用人がこれらの事業を的確に遂行するために通常必要と認められる業務の全てに従事しているもの（業務従事要件）（外国金融機関）及び❷部分対象外国関係会社のうち、その有する特定外国金融機関の経営管理等を行う等の一定の要件を満たすもの（外国金融持株会社等）をいい、外国金融子会社等が得る配当、利子等の一定の金融所得については、実体のある事業から得られた所得であるとして部分合算課税の対象外とされている。

（全てに従事していることの範囲）

措通66の6-16　措置法第66条の６第２項第３号イ(3)に規定する「全てに従事している」ことには、外国関係会社の業務の一部の委託（補助業務（広告宣伝、市場調査、専門的知識の提供その他の当該外国関係会社が業務を行う上での補助的な機能を有する業務をいう。）以外の業務の委託にあっては、当該外国関係会社が仕様書等を作成し、又は指揮命令している場合に限る。）が含まれることに留意する。

　同項第７号及び措置法令第39条の17第２項各号、第３項各号及び第８項第２号並びに措置法第66条の６第６項第２号、第５号及び第８号並びに措置法令第39条の17の３第10項第１号及び第２号に規定する「全てに従事している」ことについても、同様とする。

（備　考）　本通達にいう「補助業務」を委託する場合とは、例えば、契約書の作成等に当たって現地法令に詳しい弁護士等の外部専門家に助言を求めるといった場合がこれに該当する。また、「仕様書等」とは、工事、工作などの内容や手順などを説明した書面その他これに類するものをいう（趣旨説明23）。

7-1　保険会社特例

解　説　措令39の17①一・②一

本　　　法	施行令・施行規則
	二　部分対象外国関係会社（特定保険委託者に該当するものに限る。以下この号において同じ。）に係る特定保険受託者の役員又は使用人が保険業を的確に遂行するために通常必要と認められる業務の全てに従事している場合における当該部分対象外国関係会社

令和元年度改正後条文

二　特定保険受託者に係る特定保険委託者に該当する部分対象外国関係会社

3　法第66条の 6 第 2 項第 7 号に規定する外国金融機関に準ずるものとして政令で定める部分対象外国関係会社は、部分対象外国関係会社のうち次に掲げるもの（一の内国法人及び当該一の内国法人との間に特定資本関係のある内国法人（第 6 項及び第 7 項において「一の内国法人等」という。）によってその発行済株式等の全部を直接又は間接に保有されているものに限る。）とする。

一　次に掲げる要件の全てに該当する部分対象外国関係会社

イ　その本店所在地国の法令に準拠して専ら特定外国金融機関（次に掲げる外国法人をいう。以下この項において同じ。）の経営管理及びこれに附帯する業務（以下この項において「経営管理等」という。）を行っていること。

(1)　法第66条の 6 第 2 項第 7 号に規定する外国金融機関でその発行済株式等の100分の50を超える数又は金額の株式等を有するもの

(2)　法第66条の 6 第 2 項第 6 号中「外国関係会社（特定外国関係会社に該当するものを除く。）」とあるのを「外国法人」として同号及び同項第 7 号の規定を適用した場合に同号に規定する外国金融機関に該当することとなる外国法人で、その本店所在地国の法令又は慣行その他やむを得ない理由により、その発行済株式等の100分の50を超える数又は金額の株式等を有することが認められないもののうち、その議決権の総数の100分の40以上の数の議決権を有することその他財務省令で定める要件に該当するもの

ロ　その本店所在地国においてその役員又は使用人が特定外国金融機関の経営管理を的確に遂行するために通常必要と認められる業務の全てに従事していること。

ハ　当該事業年度終了の時における貸借対照表に計上されている(1)に掲げる金額の(2)に掲げる金額に対する割合が100分の75を超えること。

(1)　その有する特定外国金融機関の株式等及び従属関連業務子会社（その発行済株式等の100分の50を超える数又は金額の株式等を有するものに限る。以下この項において同じ。）の株式等の帳簿価額の合計額

(2)　その総資産の帳簿価額から特定外国金融機関及び従属関連業務子会社に対する貸付金の帳簿価額を控除した残額

ニ　当該事業年度終了の時における貸借対照表に計上されている(1)に掲げる金額の(2)に掲げる金額に対する割合が100分の50を超えること。

(1)　その有する特定外国金融機関の株式等の帳簿価額

(2)　その総資産の帳簿価額から特定外国金融機関に対する貸付金の帳簿価額を控除した残額

通達・QA番号・逐条解説

□ 我が国の損害保険会社が英国ロイズ市場で事業を行うためには、英国ロイズ法に従った組織形態をとる必要があり、2つの法人（保険引受会社と管理運営会社）を設立しなければならないこととされている。そこで、英国ロイズ市場において、我が国の損害保険会社の英国子会社である保険引受会社（メンバー）と管理運営会社（マネージング・エージェント）が一体となって保険業を営むという活動実態に着目し（H28-598、H29-673）、措令39の17①一及び②一は、その保険引受会社（特定保険外国子会社等）と管理運営会社（特定保険協議者）を一体として外国金融子会社等に該当するかどうかの判定を行うこととしている。

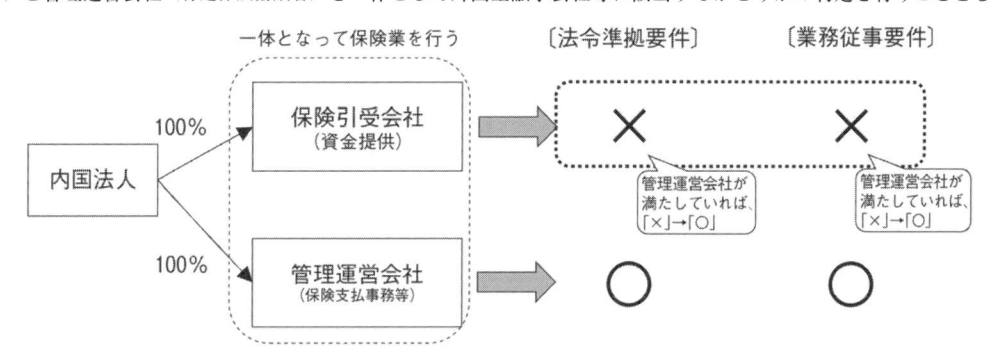

（H30-696を一部加工）

令和元年度改正の解説

□ 特定保険協議者の要件に、「その役員又は使用人がその本店所在地国において保険業を的確に遂行するために通常必要と認められる業務の全てに従事していること」との要件が追加された（措令39の14の3①一ハ）。

解 説 措令39の17①二・②二

□ 英国ロイズ市場以外でも、保険引受子会社と管理運営子会社を別会社とした上で、これらを一体として保険業を営む場合があることから（H29-673・674）、措令39の17①二及び②二は、別々の会社が一体として保険業を営む形態での活動が保険規制当局に認められていること等を要件にその保険引受子会社と管理運営子会社を一体として外国金融子会社等に該当するかどうかの判定を行うこととしている。

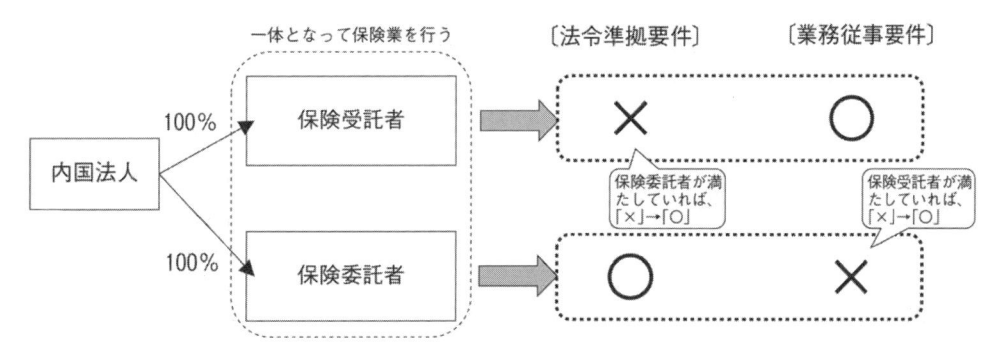

（H30-696を一部加工）

令和元年度改正の解説

□ 特定保険受託者の要件に、「その役員又は使用人がその本店所在地国において保険業を的確に遂行するために通常必要と認められる業務の全てに従事していること」との要件が追加された（措令39の14の3①二ハ）。

7-2 外国金融持株会社等

解 説 措令39の17③

□ 特定外国金融機関を保有する外国金融持株会社等は、単体では一般の銀行業等を営む外国金融機関に該当しないものの、グループ全体で見ると、金融機能を果たしていると整理できることから（H30-696・697）、措令39の17③各号に掲げる要件の下で、外国金融子会社等に該当することとされている。

□ 外国金融持株会社等は、❶特定外国金融機関の株式を保有している部分対象外国関係会社のほか、❷他の外国金融持株会社等の株式を保有している部分対象外国関係会社も含まれるが、❸特定外国金融機関の株式を保有せず、他の外国金融持株会社

本　　法	施行令・施行規則
	二　次に掲げる要件の全てに該当する部分対象外国関係会社（一又は二以上の特定外国金融機関の株式等を有するものに限るものとし、前号に該当する部分対象外国関係会社を除く。） 　イ　その本店所在地国の法令に準拠して専ら特定外国金融機関の経営管理等及び特定間接保有外国金融機関等（特定中間持株会社がその株式等を有する第9項第2号イ及びロに掲げる外国法人並びに特定中間持株会社がその株式等を有する前号に該当する部分対象外国関係会社（その発行済株式等の100分の50を超える数又は金額の株式等を有するものに限る。）をいう。以下この項において同じ。）の経営管理等を行っていること。 　ロ　その本店所在地国においてその役員又は使用人が特定外国金融機関の経営管理及び特定間接保有外国金融機関等の経営管理を的確に遂行するために通常必要と認められる業務の全てに従事していること。 　ハ　当該事業年度終了の時における貸借対照表に計上されている⑴に掲げる金額の⑵に掲げる金額に対する割合が100分の75を超えること。 　　⑴　その有する特定外国金融機関の株式等、特定中間持株会社の株式等及び従属関連業務子会社の株式等の帳簿価額の合計額 　　⑵　その総資産の帳簿価額から特定外国金融機関、特定中間持株会社及び従属関連業務子会社に対する貸付金の帳簿価額を控除した残額 　ニ　当該事業年度終了の時における貸借対照表に計上されている⑴に掲げる金額の⑵に掲げる金額に対する割合が100分の50を超えること。 　　⑴　その有する特定外国金融機関の株式等及び特定中間持株会社の株式等の帳簿価額の合計額 　　⑵　その総資産の帳簿価額から特定外国金融機関及び特定中間持株会社に対する貸付金の帳簿価額を控除した残額 三　次に掲げる要件の全てに該当する部分対象外国関係会社（一又は二以上の特定外国金融機関の株式等を有するものに限るものとし、前二号のいずれかに該当する部分対象外国関係会社を除く。） 　イ　その本店所在地国の法令に準拠して専ら特定外国金融機関の経営管理等、前二号又は次号のいずれかに該当する部分対象外国関係会社（その発行済株式等の100分の50を超える数又は金額の株式等を有するものに限る。以下この号において同じ。）の経営管理等及び特定間接保有外国金融機関等の経営管理等を行っていること。 　ロ　その本店所在地国においてその役員又は使用人が特定外国金融機関の経営管理、前二号又は次号のいずれかに該当する部分対象外国関係会社の経営管理及び特定間接保有外国金融機関等の経営管理を的確に遂行するために通常必要と認められる業務の全てに従事していること。 　ハ　当該事業年度終了の時における貸借対照表に計上されている⑴に掲げる金額の⑵に掲げる金額に対する割合が100分の75を超えること。 　　⑴　その有する特定外国金融機関の株式等、前二号及び次号に掲げる部分対象外国関係会社の株式等、特定中間持株会社の株式等並びに従属関連業務子会社の株式等の帳簿価額の合計額 　　⑵　その総資産の帳簿価額から特定外国金融機関、前二号及び

通達・QA番号・逐条解説

等の株式のみを保有する部分対象外国関係会社は、これに含まれない。

☐　措令39の17③柱書かっこ書は、外国金融持株会社等の該当要件として、「一の内国法人及び当該一の内国法人との間に特定資本関係のある内国法人…によってその発行済株式等の全部を直接又は間接に保有されている」ことを規定している。

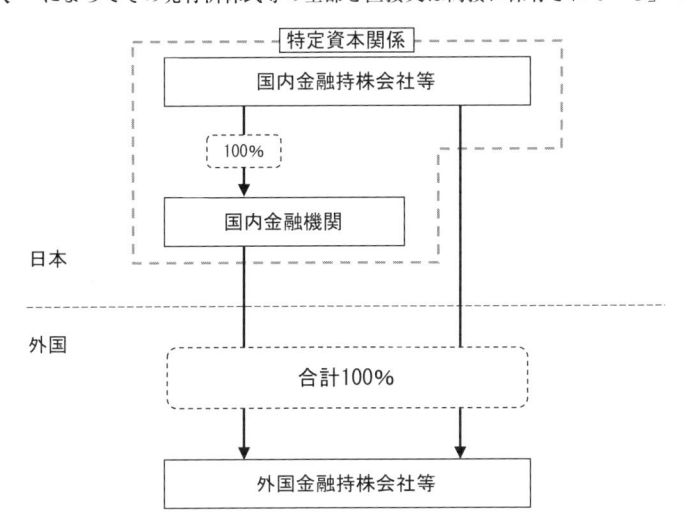

（H30-698を一部加工）

解説　措令39の17③一

☐　措令39の17③一（措令39の17③一イ⑵に係る部分に限る。）は、本店所在地国の法令又は慣行その他やむを得ない理由により、その発行済株式等の50％を超える株式等の保有が認められない外国金融機関のうち、その議決権の40％以上の議決権を有すること等の要件に該当するものについて、部分対象外国関係会社が、経営管理要件、経営管理業務従事要件、75％要件及び50％要件を満たすときは、当該部分対象外国関係会社は、外国金融持株会社等に該当することとしている。

☐　措令39の17③一イ⑵が、「法第66条の6第2項第6号中『外国関係会社（特定外国関係会社に該当するものを除く。）』とあるのを『外国法人』として同号及び同項第7号の規定を適用した場合に同号に規定する外国金融機関に該当することとなる外国法人」と規定しているのは、措法66の6②七において、「外国金融機関」とは、一定の要件を満たす部分対象外国関係会社をいうものとされ、措法66の6②六において、「部分対象外国関係会社」とは、経済活動基準の全てを満たす外国関係会社をいうものとされているところ、ここでは、「部分対象外国関係会社」を経済活動基準の全てを満たす外国法人であるとして措法66の6②六及び七を適用した場合に外国金融機関に該当することとなる外国法人がこれに該当するという趣旨である（H30-698）。

☐　措令39の17③一イ⑵にいう「やむを得ない理由」には、例えば、株式等の取得に関するその本店所在地国の当局の許認可が得られないためにその外国法人の発行済株式等の50％超の保有が認められないような場合が考えられ、その外国法人の他の株主がその外国法人の株式等の譲渡に応じないことによりその発行済株式等の50％超を保有することができないような場合には「やむを得ない理由」には該当しないものと考えられる（H30-698・699）。

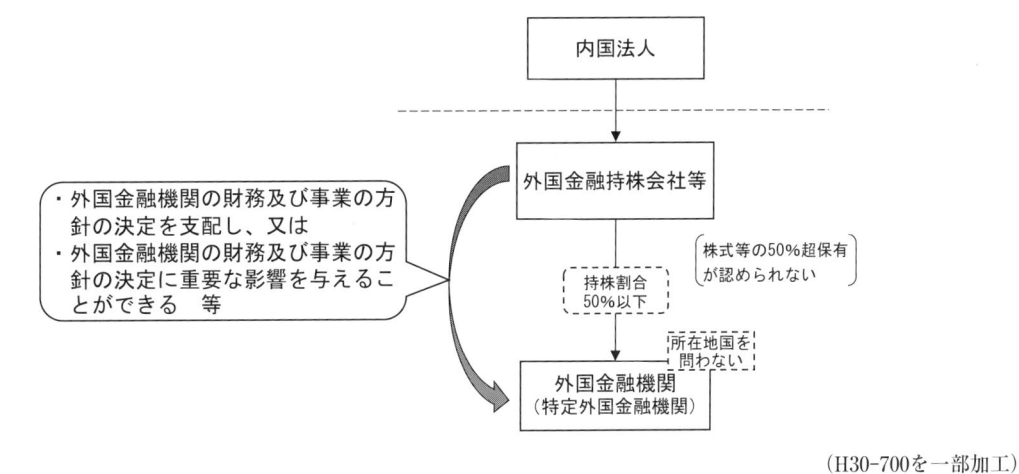

（H30-700を一部加工）

本　　　法	施行令・施行規則
	次号に掲げる部分対象外国関係会社、特定中間持株会社並び 　　　に従属関連業務子会社に対する貸付金の帳簿価額を控除した 　　　残額 　　ニ　当該事業年度終了の時における貸借対照表に計上されている 　　　⑴に掲げる金額の⑵に掲げる金額に対する割合が100分の50を 　　　超えること。 　　　⑴　その有する特定外国金融機関の株式等、前二号及び次号に 　　　　掲げる部分対象外国関係会社の株式等並びに特定中間持株会 　　　　社の株式等の帳簿価額の合計額 　　　⑵　その総資産の帳簿価額から特定外国金融機関、前二号及び 　　　　次号に掲げる部分対象外国関係会社並びに特定中間持株会社 　　　　に対する貸付金の帳簿価額を控除した残額 　四　次に掲げる要件の全てに該当する部分対象外国関係会社（一又 　　は二以上の特定外国金融機関の株式等を有するものに限るものとし、 　　前三号のいずれかに該当する部分対象外国関係会社を除く。） 　　イ　その本店所在地国の法令に準拠して専ら特定外国金融機関の 　　　経営管理等、前三号のいずれかに該当する部分対象外国関係会 　　　社（その発行済株式等の100分の50を超える数又は金額の株式等を有 　　　するものに限る。以下この号において同じ。）の経営管理等及び特 　　　定間接保有外国金融機関等の経営管理等を行っていること。 　　ロ　その本店所在地国においてその役員又は使用人が特定外国金 　　　融機関の経営管理、前三号のいずれかに該当する部分対象外国 　　　関係会社の経営管理及び特定間接保有外国金融機関等の経営管 　　　理を的確に遂行するために通常必要と認められる業務の全てに 　　　従事していること。 　　ハ　当該事業年度終了の時における貸借対照表に計上されている 　　　⑴に掲げる金額の⑵に掲げる金額に対する割合が100分の75を 　　　超えること。 　　　⑴　その有する特定外国金融機関の株式等、前三号に掲げる部 　　　　分対象外国関係会社の株式等、特定中間持株会社の株式等及 　　　　び従属関連業務子会社の株式等の帳簿価額の合計額 　　　⑵　その総資産の帳簿価額から特定外国金融機関、前三号に掲 　　　　げる部分対象外国関係会社、特定中間持株会社及び従属関連 　　　　業務子会社に対する貸付金の帳簿価額を控除した残額 　　ニ　当該事業年度終了の時における貸借対照表に計上されている 　　　⑴に掲げる金額の⑵に掲げる金額に対する割合が100分の50を 　　　超えること。 　　　⑴　その有する特定外国金融機関の株式等、前三号に掲げる部 　　　　分対象外国関係会社の株式等及び特定中間持株会社の株式等 　　　　の帳簿価額の合計額 　　　⑵　その総資産の帳簿価額から特定外国金融機関、前三号に掲 　　　　げる部分対象外国関係会社及び特定中間持株会社に対する貸 　　　　付金の帳簿価額を控除した残額 　4　前項に規定する特定資本関係とは、次に掲げる関係をいう。 　一　二の法人のいずれか一方の法人が他方の法人の発行済株式等の 　　全部を直接又は間接に保有する関係 　二　二の法人が同一の者によってそれぞれその発行済株式等の全部 　　を直接又は間接に保有される場合における当該二の法人の関係 　　（前号に掲げる関係に該当するものを除く。） 　5　第39条の12第2項及び第3項の規定は、前項各号の発行済株式等 　　の全部を直接又は間接に保有するかどうかの判定について準用す 　　る。この場合において、同条第2項及び第3項中「100分の50以上

通達・QA番号・逐条解説

□ 措令39の17③一に掲げる外国金融持株会社は、❶経営管理要件（その本店所在地国の法令に準拠して専ら特定外国金融機関の経営管理等を行っていること）、❷経営管理業務従事要件（その本店所在地国においてその役員又は使用人が特定外国金融機関の経営管理を的確に遂行するために通常必要と認められる業務の全てに従事していること）、❸75％要件及び❹50％要件の全てに該当する部分対象外国関係会社であり、次図の「金融持株会社①」は、そのイメージである。

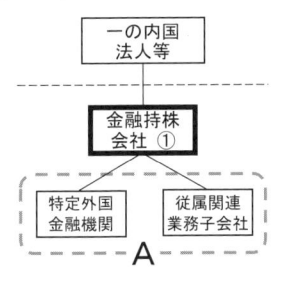

(H30-703を一部加工)

　この図の「特定外国金融機関」を「甲社」、「従属関連業務子会社」を「乙社」とした場合の75％要件及び50％要件の判定のイメージは、次図の通りである。

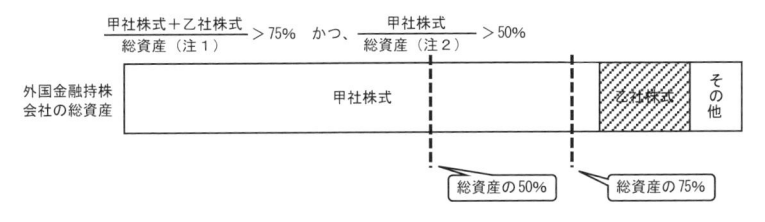

$$\frac{甲社株式＋乙社株式}{総資産（注１）} > 75\% \quad かつ、\quad \frac{甲社株式}{総資産（注２）} > 50\%$$

　（注１）総資産の額から甲社及び乙社に対する貸付金の額を控除した残額
　（注２）総資産の額から甲社に対する貸付金の額を控除した残額

(H30-703を参考に作成)

解説 措令39の17③二

□ 措令39の17③二に掲げる外国金融持株会社は、❶経営管理要件（その本店所在地国の法令に準拠して専ら特定外国金融機関の経営管理等及び特定間接保有外国金融機関等の経営管理等を行っていること）、❷経営管理業務従事要件（その本店所在地国においてその役員又は使用人が特定外国金融機関の経営管理及び特定間接保有外国金融機関等の経営管理を的確に遂行するために通常必要と認められる業務の全てに従事していること）、❸75％要件及び❹50％要件の全てに該当する部分対象外国関係会社（一又は二以上の特定外国金融機関の株式等を有するものに限り、措令39の17③一に該当する部分対象外国関係会社を除く。）であり、次図の「金融持株会社②」は、そのイメージである。

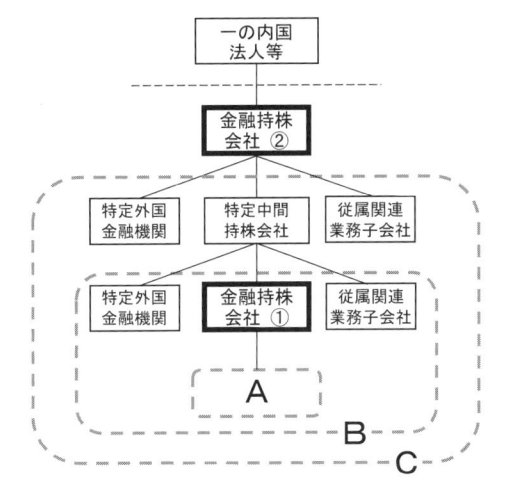

(H30-703を一部加工)

　この図の「特定外国金融機関」を「甲社」、「特定中間持株会社」を「乙社」、「従属関連業務子会社」を「丙社」とした場合の75％要件及び50％要件の判定のイメージは、次図の通りである。

本　　法	施行令・施行規則
	の数又は金額の株式又は出資」とあるのは、「全部」と読み替えるものとする。 6　第3項において、発行済株式等の全部を直接又は間接に保有されているかどうかの判定は、同項の一の内国法人等の部分対象外国関係会社に係る直接保有株式等保有割合（当該一の内国法人等の有する外国法人の株式等の数又は金額が当該外国法人の発行済株式等のうちに占める割合をいう。）と当該一の内国法人等の当該部分対象外国関係会社に係る間接保有株式等保有割合とを合計した割合により行うものとする。 7　前項に規定する間接保有株式等保有割合とは、次の各号に掲げる場合の区分に応じ当該各号に定める割合（当該各号に掲げる場合のいずれにも該当する場合には、当該各号に定める割合の合計割合）をいう。 一　部分対象外国関係会社の株主等（法人税法第2条第14号に規定する株主等をいう。以下この項において同じ。）である外国法人の発行済株式等の全部が一の内国法人等によって保有されている場合 　　当該株主等である外国法人の有する当該部分対象外国関係会社の株式等の数又は金額がその発行済株式等のうちに占める割合（当該株主等である外国法人が二以上ある場合には、当該二以上の株主等である外国法人につきそれぞれ計算した割合の合計割合） 二　部分対象外国関係会社の株主等である外国法人（前号に掲げる場合に該当する同号の株主等である外国法人を除く。）と一の内国法人等との間にこれらの者と株式等の保有を通じて連鎖関係にある一又は二以上の外国法人（以下この号において「出資関連外国法人」という。）が介在している場合（出資関連外国法人及び当該株主等である外国法人がそれぞれその発行済株式等の全部を一の内国法人等又は出資関連外国法人（その発行済株式等の全部が一の内国法人等又は他の出資関連外国法人によって保有されているものに限る。）によって保有されている場合に限る。） 　　当該株主等である外国法人の有する当該部分対象外国関係会社の株式等の数又は金額がその発行済株式等のうちに占める割合（当該株主等である外国法人が二以上ある場合には、当該二以上の株主等である外国法人につきそれぞれ計算した割合の合計割合） 8　第3項及び次項に規定する従属関連業務子会社とは、部分対象外国関係会社（法第66条の6第2項第7号に規定する外国金融子会社等に該当するものを除く。以下この項において同じ。）のうち次に掲げる要件の全てに該当するものをいう。 一　従属業務（次に掲げる者のうち銀行業、金融商品取引業（金融商品取引法第28条第1項に規定する第一種金融商品取引業と同種類の業務に限る。）又は保険業（以下この号において「銀行業等」という。）を行うものの当該銀行業等の業務に従事する業務をいう。次号において同じ。）又は関連業務（銀行業等に付随し、又は関連する業務をいう。同号において同じ。）を専ら行っていること。 　イ　当該部分対象外国関係会社に係る法第40条の4第1項各号、第66条の6第1項各号及び第68条の90第1項各号に掲げる者 　ロ　第39条の14の3第15項第1号中「法第66条の6第2項第3号ハ(1)に掲げる事業を主として行う外国関係会社」とあるのを「外国関係会社（法第66条の6第2項第6号に規定する部分対象外国関係会社に該当するものに限るものとし、同項第7号に規定する外国金融子会社等に該当するものを除く。以下この項において同じ。）」と、同項第2号中「法第66条の6第2項第3号ハ(1)に掲げる事業を主として行う外国関係会社」とあるのを「外国関係会社」と、「同条第1項各号」とあるのを「法第66条の6第1

通達・QA番号・逐条解説

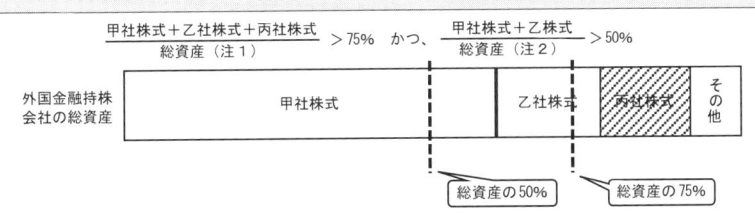

（注１）総資産の額から甲社、乙社及び丙社に対する貸付金の額を控除した残額
（注２）総資産の額から甲社及び乙社に対する貸付金の額を控除した残額

（H30-703を参考に作成）

解説 措令39の17③三

☐ 措令39の17③三に掲げる外国金融持株会社は、❶経営管理要件（その本店所在地国の法令に準拠して専ら特定外国金融機関の経営管理等、措令39の17③一・二・四のいずれかに該当する部分対象外国関係会社（持株割合50%超のものに限る。❷において同じ。）の経営管理等及び特定間接保有外国金融機関等の経営管理等を行っていること）、❷経営管理業務従事要件（その本店所在地国においてその役員又は使用人が特定外国金融機関の経営管理、措令39の17③一・二・四のいずれかに該当する部分対象外国関係会社の経営管理及び特定間接保有外国金融機関等の経営管理を的確に遂行するために通常必要と認められる業務の全てに従事していること）、❸75%要件及び❹50%要件の全てに該当する部分対象外国関係会社（一又は二以上の特定外国金融機関の株式等を有するものに限り、措令39の17③一・二のいずれかに該当する部分対象外国関係会社を除く。）であり、次図の「金融持株会社③」は、そのイメージである。

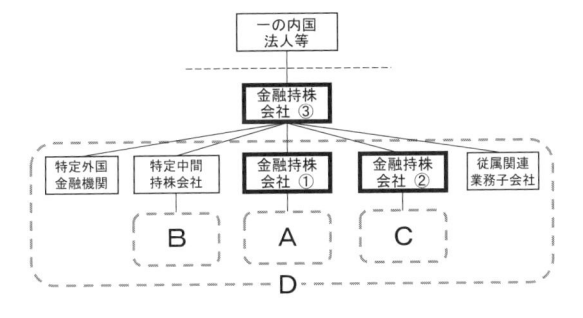

（H30-703を一部加工）

この図の「特定外国金融機関」を「甲社」、「特定中間持株会社」を「乙社」、「金融持株会社①」を「丙社」、「金融持株会社②」を「丁社」、「従属関連業務子会社」を「戊社」とした場合の75%要件及び50%要件の判定のイメージは、次図の通りである。

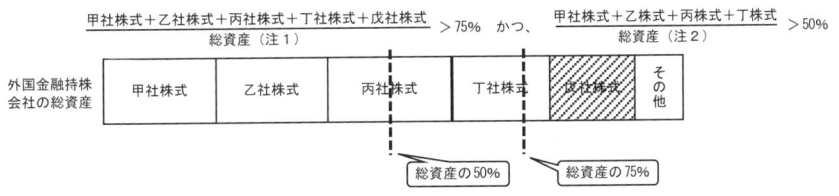

（注１）総資産の額から甲社、乙社、丙社、丁社及び戊社に対する貸付金の額を控除した残額
（注２）総資産の額から甲社、乙社、丙社及び丁社に対する貸付金の額を控除した残額

（H30-703を参考に作成）

解説 措令39の17③四

☐ 措令39の17③四に掲げる外国金融持株会社は、❶経営管理要件（その本店所在地国の法令に準拠して専ら特定外国金融機関の経営管理等、措令39の17③一～三のいずれかに該当する部分対象外国関係会社（持株割合50%超のものに限る。❷において同じ。）の経営管理等及び特定間接保有外国金融機関等の経営管理等を行っていること）、❷経営管理業務従事要件（その本店所在地国においてその役員又は使用人が特定外国金融機関の経営管理、措令39の17③一～三のいずれかに該当する部分対象外国関係会社の経営管理及び特定間接保有外国金融機関等の経営管理を的確に遂行するために通常必要と認められる業務の全てに従事していること）、❸75%要件及び❹50%要件の全てに該当する部分対象外国関係会社（一又は二以上の特定外国金融機関の株式等を有するものに限り、措令39の17③一～三のいずれかに該当する部分対象外国関係会社を除く。）であり、次図の「金融持株会社④」は、そのイメージである。

本　　法	施行令・施行規則
	項各号」と、同項第3号から第5号までの規定中「法第66条の6第2項第3号ハ(1)に掲げる事業を主として行う外国関係会社」とあり、並びに同項第6号中「同条第2項第3号ハ(1)に掲げる事業を主として行う外国関係会社」とあり、及び「法第66条の6第2項第3号ハ(1)に掲げる事業を主として行う外国関係会社」とあるのを「外国関係会社」と読み替えた場合における当該部分対象外国関係会社に係る同項各号に掲げる者

令和元年度改正後条文

> 二　同　上
> 　イ　同　上
> 　ロ　第39条の14の3第27項第1号中「法第66条の6第2項第3号ハ(1)に掲げる事業を主として行う外国関係会社」とあるのを「外国関係会社（法第66条の6第2項第6号に規定する部分対象外国関係会社に該当するものに限るものとし、同項第7号に規定する外国金融子会社等に該当するものを除く。以下この項において同じ。）」と、同項第2号中「法第66条の6第2項第3号ハ(1)に掲げる事業を主として行う外国関係会社」とあるのを「外国関係会社」と、「同条第1項各号」とあるのを「法第66条の6第1項各号」と、同項第3号から第5号までの規定中「法第66条の6第2項第3号ハ(1)に掲げる事業を主として行う外国関係会社」とあり、並びに同項第6号中「同条第2項第3号ハ(1)に掲げる事業を主として行う外国関係会社」とあり、及び「法第66条の6第2項第3号ハ(1)に掲げる事業を主として行う外国関係会社」とあるのを「外国関係会社」と読み替えた場合における当該部分対象外国関係会社に係る同項各号に掲げる者

　二　その本店所在地国においてその役員又は使用人が従属業務又は関連業務を的確に遂行するために通常必要と認められる業務の全てに従事していること。

　三　当該事業年度の総収入金額のうちに第1号イ及びロに掲げる者（個人を除く。）との取引に係る収入金額の合計額の占める割合が100分の90以上であること。

9　第3項に規定する特定中間持株会社とは、外国関係会社（法第66条の6第2項第1号に規定する外国関係会社をいい、同項第2号に規定する特定外国関係会社又は同項第3号に規定する対象外国関係会社に該当するものに限る。）のうち次に掲げる要件の全てに該当するものをいう。

　一　判定対象外国金融持株会社（第3項第2号から第4号までに掲げる部分対象外国関係会社に該当するかどうかを判定しようとする部分対象外国関係会社をいう。以下この項において同じ。）によってその発行済株式等の100分の50を超える数又は金額の株式等を保有されていること。

　二　その本店所在地国が、判定対象外国金融持株会社の本店所在地国又は特定中間持株会社に該当するかどうかを判定しようとする外国関係会社がその株式等を有するいずれかの特定外国金融機関（次に掲げる外国法人をいう。以下この項において同じ。）の本店所在地国と同一であること。

　　イ　法第66条の6第2項第7号に規定する外国金融機関でその発行済株式等の100分の50を超える数又は金額の株式等を有する

通達・ＱＡ番号・逐条解説

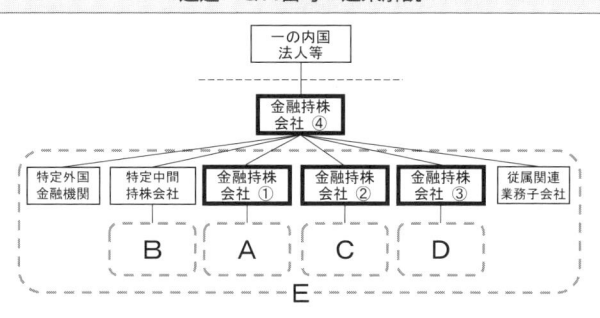

(H30-703を一部加工)

　この図の「特定外国金融機関」を「甲社」、「特定中間持株会社」を「乙社」、「金融持株会社①」を「丙社」、「金融持株会社②」を「丁社」、「金融持株会社③」を「戊社」、「従属関連業務子会社」を「己社」とした場合の75％要件及び50％要件の判定のイメージは、次図の通りである。

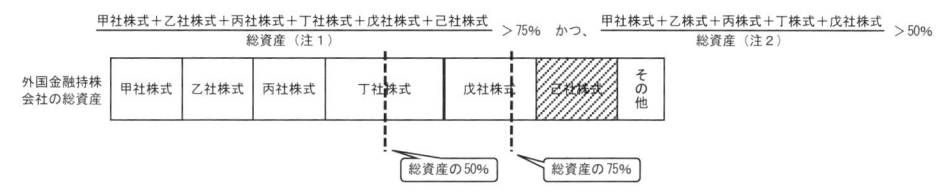

（注１）総資産の額から甲社、乙社、丙社、丁社、戊社及び己社に対する貸付金の額を控除した残額
（注２）総資産の額から甲社、乙社、丙社、丁社及び戊社に対する貸付金の額を控除した残額

(H30-703を参考に作成)

7-3　特定資本関係

解　説　措令39の17⑤

☐　措令39の17④は、「特定資本関係」の意義を規定しているところ、措令39の17④一及び二において発行済株式等の全部を直接・間接に保有するかどうかを判定するにあたっては、措令39の12《国外関連者との取引に係る課税の特例》②及び③を読替えの上準用することとされている。

☐　措令39の17⑤による読替え後の措令39の12②及び③は、次の通りである。

【措令39の12（読替え後）】

2　前項第１号の場合において、一方の法人が他方の法人の発行済株式等の全部を直接又は間接に保有するかどうかの判定は、当該一方の法人の当該他方の法人に係る直接保有の株式等の保有割合（当該一方の法人の有する当該他方の法人の株式又は出資の数又は金額が当該他方の法人の発行済株式等のうちに占める割合をいう。）と当該一方の法人の当該他方の法人に係る間接保有の株式等の保有割合とを合計した割合により行うものとする。

3　前項に規定する間接保有の株式等の保有割合とは、次の各号に掲げる場合の区分に応じ当該各号に掲げる割合（当該各号に掲げる場合のいずれにも該当する場合には、当該各号に掲げる割合の合計割合）をいう。

一　前項の他方の法人の株主等（法人税法第２条第14号に規定する株主等をいう。次号において同じ。）である法人の発行済株式等の全部が同項の一方の法人により所有されている場合

　　当該株主等である法人の有する当該他方の法人の株式又は出資の数又は金額が当該他方の法人の発行済株式等のうちに占める割合（当該株主等である法人が二以上ある場合には、当該二以上の株主等である法人につきそれぞれ計算した割合の合計割合）

二　前項の他方の法人の株主等である法人（前号に掲げる場合に該当する同号の株主等である法人を除く。）と同項の一方の法人との間にこれらの者と発行済株式等の所有を通じて連鎖関係にある一又は二以上の法人（以下この号において「出資関連法人」という。）が介在している場合（出資関連法人及び当該株主等である法人がそれぞれその発行済株式等の全部を当該一方の法人又は出資関連法人（その発行済株式等の全部が当該一方の法人又は他の出資関連法人によって所有されているものに限る。）によって所有されている場合に限る。）

　　当該株主等である法人の有する当該他方の法人の株式又は出資の数又は金額が当該他方の法人の発行済株式等のうちに占める割合（当該株主等である法人が二以上ある場合には、当該二以上の株主等である法人につきそれぞれ計算した割合の合計割合）

本　　法	施行令・施行規則
	もの

ロ　法第66条の6第2項第6号中「外国関係会社（特定外国関係会社に該当するものを除く。）」とあるのを「外国法人」として同号及び同項第7号の規定を適用した場合に同号に規定する外国金融機関に該当することとなる外国法人で、その本店所在地国の法令又は慣行その他やむを得ない理由により、その発行済株式等の100分の50を超える数又は金額の株式等を有することが認められないもののうち、その議決権の総数の100分の40以上の数の議決権を有することその他財務省令で定める要件に該当するもの

三　当該事業年度終了の時における貸借対照表に計上されているイに掲げる金額のロに掲げる金額に対する割合が100分の75を超えること。

イ　その有する特定外国金融機関の株式等、第3項第1号に掲げる部分対象外国関係会社（その発行済株式等の100分の50を超える数又は金額の株式等を有するものに限る。以下この号及び次号において同じ。）の株式等及び従属関連業務子会社（その発行済株式等の100分の50を超える数又は金額の株式等を有するものに限る。ロにおいて同じ。）の株式等の帳簿価額の合計額

ロ　その総資産の帳簿価額から特定外国金融機関、第3項第1号に掲げる部分対象外国関係会社及び従属関連業務子会社に対する貸付金の帳簿価額を控除した残額

四　当該事業年度終了の時における貸借対照表に計上されているイに掲げる金額のロに掲げる金額に対する割合が100分の50を超えること。

イ　その有する特定外国金融機関の株式等及び第3項第1号に掲げる部分対象外国関係会社の株式等の帳簿価額の合計額

ロ　その総資産の帳簿価額から特定外国金融機関及び第3項第1号に掲げる部分対象外国関係会社に対する貸付金の帳簿価額を控除した残額

五　一又は二以上の特定外国金融機関の株式等を有していること。

【措規22の11】

8　施行令第39条の17第3項第1号イ(2)に規定する財務省令で定める要件に該当する外国法人は、次に掲げる外国法人とする。

令和元年度改正後条文

<u>25</u>　同　上

一　その議決権の総数に対する判定対象外国金融持株会社（施行令第39条の17第3項各号に掲げる部分対象外国関係会社に該当するかどうかを判定しようとする部分対象外国関係会社をいう。以下この項において同じ。）が有する議決権の数の割合が100分の40以上である外国法人で、次に掲げる要件のいずれかに該当するもの

イ　その議決権の総数に対する次に掲げる議決権の数の合計数の割合が100分の50を超えていること。

(1)　判定対象外国金融持株会社が有する議決権

(2)　判定対象外国金融持株会社と出資、人事、資金、技術、取引等において緊密な関係があることにより当該判定対象外国金融持株会社の意思と同一の内容の議決権を行使すると認められる者が有する議決権

通達・QA番号・逐条解説

7-4　従属関連業務子会社

解　説　措令39の17⑧

☐　従属関連業務子会社とは、部分対象外国関係会社（外国金融子会社等に該当するものを除く。）のうち、❶従属業務（当該部分対象外国関係会社に係る居住者、内国法人及び連結法人並びに関連者のうち、銀行業等を行うものの当該銀行業等の業務に従属する業務をいう。）又は関連業務（銀行業等に付随し、又は関連する業務をいう。）を専ら行っていること、❷その本店所在地国においてその役員又は使用人が従属業務又は関連業務を的確に遂行するために通常必要と認められる業務の全てに従事していること及び❸（イ）当該部分対象外国関係会社に係る居住者、内国法人及び連結法人並びに関連者（個人を除く。）との取引に係る収入金額の合計額が（ロ）総収入金額のうちに占める割合が90％以上であることの全てに該当するものをいう。

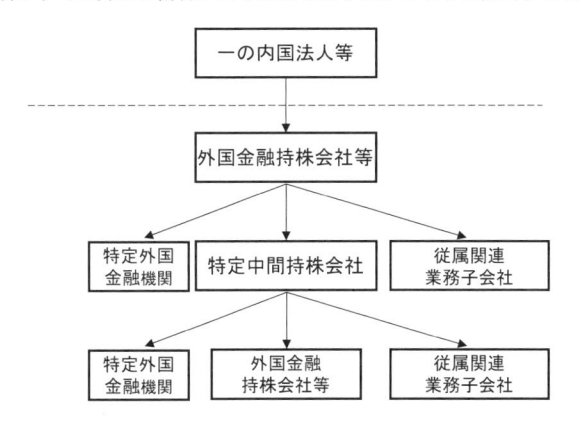

(H30-705を一部加工)

☐　措令39の17⑧一ロに掲げる者（関連者）は、その外国関係会社にとっての非関連者基準（が適用されるものとした場合）における関連者がこれに該当し、収入金額の90％以上が関連者との取引からなるかどうかの判定上、個人を除くこととされている。

7-5　特定中間持株会社

解　説　措令39の17⑨

☐　特定中間持株会社とは、特定外国関係会社又は対象外国関係会社のうち、❶判定対象外国金融持株会社（措令39の17③二〜四に掲げる外国金融持株会社に該当するかどうかを判定しようとする部分対象外国関係会社をいう。）によってその発行済株式等の50％を超える株式等を保有されていること、❷その本店所在地国が、親会社である判定対象外国金融持株会社又はその株式等を有する特定外国金融機関のうちいずれかの本店所在地国と同一であること、❸（イ）その有する特定外国金融機関の株式等、外国金融持株会社（注1）の株式等及び従属関連業務子会社（注2）の株式等の帳簿価額の合計額が（ロ）その総資産の帳簿価額から特定外国金融機関、外国金融持株会社（注1）及び従属関連業務子会社（注2）に対する貸付金の帳簿価額を控除した残額に占める割合が75％を超えること、❹（イ）その有する特定外国金融機関の株式等及び外国金融持株会社（注1）の株式等の帳簿価額が（ロ）その総資産の帳簿価額から特定外国金融機関及び外国金融持株会社（注1）に対する貸付金の帳簿価額を控除した残額に占める割合が50％を超えること及び❺一又は二以上の特定外国金融機関の株式等を有していることの全てに該当するものをいう。

（注）　1　措令39の17③一に掲げる部分対象外国関係会社であって、持株割合50％超のものに限る。
　　　　2　持株割合50％超のものに限る。

本　　法	施行令・施行規則
	⑶　判定対象外国金融持株会社の意思と同一の内容の議決権を行使することに同意している者が有する議決権 　ロ　外国法人の取締役会その他これに準ずる機関の構成員の総数に対する次に掲げる者（当該外国法人の財務及び事業の方針の決定に関して影響を与えることができるものに限る。）の数の割合が100分の50を超えていること。 　⑴　判定対象外国金融持株会社の法人税法第2条第15号に規定する役員 　⑵　判定対象外国金融持株会社の使用人 　⑶　⑴又は⑵に掲げる者であった者 　ハ　判定対象外国金融持株会社が外国法人の重要な財務及び事業の方針の決定を支配する契約等が存在すること。 　ニ　外国法人の資金調達額（貸借対照表の負債の部に計上されているものに限る。）の総額に対する判定対象外国金融持株会社が行う融資（債務の保証及び担保の提供を含む。ニにおいて同じ。）の額（当該判定対象外国金融持株会社と出資、人事、資金、技術、取引等において緊密な関係のある者が行う融資の額を含む。）の割合が100分の50を超えていること。 　ホ　その他判定対象外国金融持株会社が外国法人の財務及び事業の方針の決定を支配していることが推測される事実が存在すること。 **令和元年度改正後条文** 一　同　上 　イ　同　上 　ロ　同　上 　⑴　判定対象外国金融持株会社の役員 　⑵・⑶　同　上 　ハ〜ホ　同　上 二　その議決権の総数に対する判定対象外国金融持株会社が有する議決権の数の割合が100分の49以上である外国法人で、次に掲げる要件の全てに該当するもの（前号に掲げるものを除く。） 　イ　判定対象外国金融持株会社が外国法人の本店所在地国の法令又は慣行により有することができる最高限度の数の議決権を有していること。 　ロ　判定対象外国金融持株会社が外国法人の財務及び事業の方針の決定に対して重要な影響を与えることができることが推測される事実が存在すること。 9　前項の規定は、施行令第39条の17第9項第2号ロに規定する財務省令で定める要件に該当する外国法人について準用する。この場合において、前項中「判定対象外国金融持株会社」とあるのは「判定対象特定中間持株会社」と、「第39条の17第3項各号に掲げる部分対象外国関係会社」とあるのは「第39条の17第9項に規定する特定中間持株会社」と、「部分対象外国関係会社を」とあるのは「外国関係会社（法第66条の6第2項第1号に規定する外国関係会社をいい、同項第2号に規定する特定外国関係会社又は同項第3号に規定する対象外国関係会社に該当するものに限る。）を」と読み替えるものとする。 **令和元年度改正後条文** 26　同　上

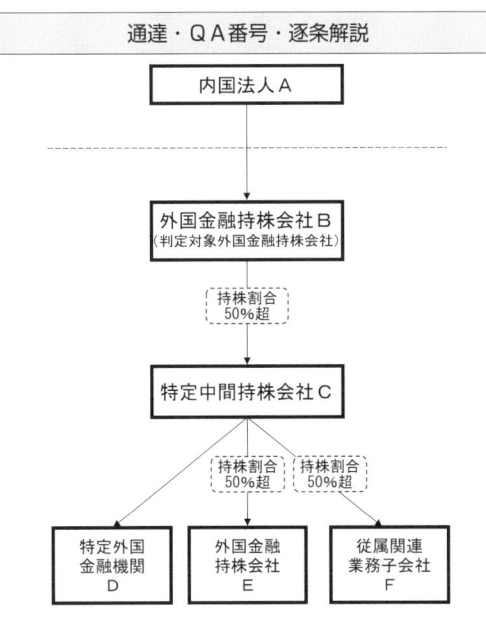

通達・QA番号・逐条解説

（H30-707を一部加工）

□　措令39の17⑨二ロが、「法第66条の6第2項第6号中『外国関係会社（特定外国関係会社に該当するものを除く。）』とあるのを『外国法人』として同号及び同項第7号の規定を適用した場合に同号に規定する外国金融機関に該当することとなる外国法人」と規定しているのは、措法66の6②七において、「外国金融機関」とは、一定の要件を満たす部分対象外国関係会社をいうものとされ、措法66の6②六において、「部分対象外国関係会社」とは、経済活動基準の全てを満たす外国関係会社をいうものとされているところ、ここでは、「部分対象外国関係会社」を経済活動基準の全てを満たす外国法人であるとして措法66の6②六及び七を適用した場合に外国金融機関に該当することとなる外国法人がこれに該当するという趣旨である（H30-706）。

7-6　その他

解　説　措規22の11⑧

□　本店所在地国の法令又は慣行その他やむを得ない理由により、その発行済株式等の50％を超える株式等の保有が認められない外国金融機関のうち、その議決権の40％以上の議決権を有すること等の要件に該当するものについて、部分対象外国関係会社が、経営管理要件、経営管理業務従事要件、75％要件及び50％要件を満たすときは、当該部分対象外国関係会社は、外国金融持株会社等に該当することとされている。ここにいう「本店所在地国の法令又は慣行その他やむを得ない理由により、その発行済株式等の50％を超える株式等の保有が認められない外国金融機関のうち、その議決権の40％以上の議決権を有すること等の要件に該当するもの」とは、具体的には次のものをいう。

> 1　その議決権の総数に対する判定対象外国金融持株会社が有する議決権の数の割合が40％以上である外国金融機関で、次に掲げる要件のいずれかに該当するもの
> (1)　その議決権の総数に対する①判定対象外国金融持株会社が有する議決権の数、②同社と出資、人事、資金、技術、取引等において緊密な関係があることにより同社の意思と同一の内容の議決権を行使すると認められる者が有する議決権の数及び③同社の意思と同一の内容の議決権を行使することに同意している者が有する議決権の数の合計数の割合が50％を超えていること。
> (2)　外国金融機関の取締役会その他これに準ずる機関の構成員の総数に対する判定対象外国金融持株会社の役員等（当該外国金融機関の財務及び事業の方針の決定に関して影響を与えることができるものに限る。）の数の割合が50％を超えていること。
> (3)　判定対象外国金融持株会社が外国金融機関の重要な財務及び事業の方針の決定を支配する契約等が存在すること。
> (4)　外国金融機関の資金調達額の総額に対する判定対象外国金融持株会社が行う融資の額の割合が50％を超えていること。
> (5)　その他判定対象外国金融持株会社が外国金融機関の財務及び事業の方針の決定を支配していることが推測される事実が存在すること。
> 2　その議決権の総数に対する判定対象外国金融持株会社が有する議決権の数の割合が49％以上である外国金融機関で、次に掲げる要件の全てに該当するもの（上記1に掲げるものを除く。）
> (1)　判定対象外国金融持株会社が外国金融機関の本店所在地国の法令又は慣行により有することができる最高限度の数の

本　　法	施行令・施行規則

議決権を有していること。

(2) 判定対象外国金融持株会社が外国金融機関の財務及び事業の方針の決定に対して重要な影響を与えることができることが推測される事実が存在すること。

令和元年度改正の解説

□ 措規22の11㉕一ロ(1)にいう「役員」は、措規22の11⑤三かっこ書において、「法人税法第2条第15号に規定する役員をいう」ものとされている。

解 説 措規22の11⑨

□ 措規22の11⑨による読替え後の措規22の11⑧は、次の通りである。

【措規22の11（読替え後）】

8 施行令第39条の17第3項第1号イ(2)に規定する財務省令で定める要件に該当する外国法人は、次に掲げる外国法人とする。

一 その議決権の総数に対する判定対象特定中間持株会社（施行令第39条の17第9項に規定する特定中間持株会社に該当するかどうかを判定しようとする外国関係会社（法第66条の6第2項第1号に規定する外国関係会社をいい、同項第2号に規定する特定外国関係会社又は同項第3号に規定する対象外国関係会社に該当するものに限る。）をいう。以下この項において同じ。）が有する議決権の数の割合が100分の40以上である外国法人で、次に掲げる要件のいずれかに該当するもの

　イ その議決権の総数に対する次に掲げる議決権の数の合計数の割合が100分の50を超えていること。

　　(1) 判定対象特定中間持株会社が有する議決権

　　(2) 判定対象特定中間持株会社と出資、人事、資金、技術、取引等において緊密な関係があることにより当該判定対象特定中間持株会社の意思と同一の内容の議決権を行使すると認められる者が有する議決権

　　(3) 判定対象特定中間持株会社の意思と同一の内容の議決権を行使することに同意している者が有する議決権

　ロ 外国法人の取締役会その他これに準ずる機関の構成員の総数に対する次に掲げる者（当該外国法人の財務及び事業の方針の決定に関して影響を与えることができるものに限る。）の数の割合が100分の50を超えていること。

　　(1) 判定対象特定中間持株会社の法人税法第2条第15号に規定する役員

　　(2) 判定対象特定中間持株会社の使用人

　　(3) (1)又は(2)に掲げる者であった者

　ハ 判定対象特定中間持株会社が外国法人の重要な財務及び事業の方針の決定を支配する契約等が存在すること。

　ニ 外国法人の資金調達額（貸借対照表の負債の部に計上されているものに限る。）の総額に対する判定対象特定中間持株会社が行う融資（債務の保証及び担保の提供を含む。ニにおいて同じ。）の額（当該判定対象特定中間持株会社と出資、人事、資金、技術、取引等において緊密な関係のある者が行う融資の額を含む。）の割合が100分の50を超えていること。

　ホ その他判定対象特定中間持株会社が外国法人の財務及び事業の方針の決定を支配していることが推測される事実が存在すること。

二 その議決権の総数に対する判定対象特定中間持株会社が有する議決権の数の割合が100分の49以上である外国法人で、次に掲げる要件の全てに該当するもの（前号に掲げるものを除く。）

　イ 判定対象特定中間持株会社が外国法人の本店所在地国の法令又は慣行により有することができる最高限度の数の議決権を有していること。

　ロ 判定対象特定中間持株会社が外国法人の財務及び事業の方針の決定に対して重要な影響を与えることができることが推測される事実が存在すること。

措法66の6③　ペーパー・カンパニー非該当性基準を満たさないと推定する場合

本　　　法	施行令・施行規則
【措法66の6】 　3　国税庁の当該職員又は内国法人の納税地の所轄税務署若しくは所轄国税局の当該職員は、内国法人に係る外国関係会社が前項第2号イ(1)又は(2)に該当するかどうかを判定するために必要があるときは、当該内国法人に対し、期間を定めて、当該外国関係会社が同号イ(1)又は(2)に該当することを明らかにする書類その他の資料の提示又は提出を求めることができる。この場合において、当該書類その他の資料の提示又は提出がないときは、同項（同号イに係る部分に限る。）の規定の適用については、当該外国関係会社は同号イ(1)又は(2)に該当しないものと推定する。 **令和元年度改正後条文** 　3　国税庁の当該職員又は内国法人の納税地の所轄税務署若しくは所轄国税局の当該職員は、内国法人に係る外国関係会社が前項第2号イ(1)から(5)までのいずれかに該当するかどうかを判定するために必要があるときは、当該内国法人に対し、期間を定めて、当該外国関係会社が同号イ(1)から(5)までに該当することを明らかにする書類その他の資料の提示又は提出を求めることができる。この場合において、当該書類その他の資料の提示又は提出がないときは、同項（同号イに係る部分に限る。）の規定の適用については、当該外国関係会社は同号イ(1)から(5)までに該当しないものと推定する。	

通達・ＱＡ番号・逐条解説

解説 措法66の6③

☐　税務当局が求めた場合に、内国法人が、当該内国法人に係る外国関係会社が措法66の6②二イ⑴（実体基準）及び⑵（管理支配基準）のそれぞれに該当することを明らかにする書類その他の資料をいずれも提示・提出しないときは、当該外国関係会社は、措法66の6②二イ⑴（実体基準）及び⑵（管理支配基準）のいずれにも該当しないものと推定され、特定外国関係会社に該当するものとして取り扱われる。

☐　外国関係会社の租税負担割合が30％以上であることが客観的に確認される事業年度においては、本税制の適用が免除されるため、当該外国関係会社が措法66の6②二イ⑴（実体基準）又は⑵（管理支配基準）に該当するかどうかを判定する必要はない（H29-674）。

→　Q8の2（実体基準又は管理支配基準を満たすことを明らかにする書類等の具体例）

● 論　点 ●

措法66の6③により、外国関係会社が実体基準及び管理支配基準を満たさないものと推定され、会社単位の合算課税の適用があるとして更正処分等を受けた場合には、当該更正処分等の取消しを求める訴訟において、納税者の側で、当該外国関係会社が実体基準又は管理支配基準を満たすことを主張立証する必要があるものと考えられる。

令和元年度改正の解説

☐　措法66の6②二イ⑶～⑸に該当する外国関係会社についても、措法66の6③（ペーパー・カンパニー非該当性要件を満たさないと推定する場合）の適用があることとされた。

措法66の6④	経済活動基準を満たさないと推定する場合

本　　法	施行令・施行規則
【措法66の6】 　4　国税庁の当該職員又は内国法人の納税地の所轄税務署若しくは所轄国税局の当該職員は、内国法人に係る外国関係会社が第2項第3号イからハまでに掲げる要件に該当するかどうかを判定するために必要があるときは、当該内国法人に対し、期間を定めて、当該外国関係会社が同号イからハまでに掲げる要件に該当することを明らかにする書類その他の資料の提示又は提出を求めることができる。この場合において、当該書類その他の資料の提示又は提出がないときは、同項（同号又は第6号に係る部分に限る。）の規定の適用については、当該外国関係会社は同項第3号イからハまでに掲げる要件に該当しないものと推定する。	

通達・QA番号・逐条解説

解　説　措法66の6④

□　税務当局が求めた場合に、内国法人が、当該内国法人に係る外国関係会社が措法66の6②三イ〜ハに掲げる要件（経済活動基準）に該当することを明らかにする書類その他の資料を提示・提出しないときは、当該外国関係会社は、措法66の6②三イ〜ハに掲げる要件（経済活動基準）に該当しないものと推定され、対象外国関係会社に該当するものとして取り扱われる。ただし、措法66の6③により、当該外国関係会社が特定外国関係会社に該当すると推定される場合には、特定外国関係会社への該当が優先される。

□　措法66の6④にいう「外国関係会社が同号イからハまでに掲げる要件に該当することを明らかにする書類その他の資料」は、平成29年度税制改正前に適用除外規定の適用を受けるための要件として、確定申告書に添付し、又は保存すべきこととされていた書類その他の資料を含むものと考えられる（注）。また、外国関係会社が特定外国関係会社に該当せず、かつ、その租税負担割合が20％以上であることが客観的に確認される事業年度においては、本税制の適用が免除されるため、当該外国関係会社が措法66の6②三イ〜ハに掲げる要件（経済活動基準）を満たすかどうかを判定する必要はない（H29-684）。

（注）　平成29年度税制改正前の適用除外規定は、確定申告書にその適用がある旨を記載した書面（統括会社特例にあっては、統括業務の内容その他の事項を記載した書類を含む。）を添付し、かつ、その適用があることを明らかにする書類その他の資料（統括会社特例にあっては、統括会社が行う統括業務に係る被統括会社との間の契約に係る書類の写しを含む。）を保存している場合に限り、適用することとされていた（旧措法66の6⑦⑨、旧措規22の11⑤⑥）。

●　論　点　●
措法66の6④により、外国関係会社が経済活動基準を満たさないものと推定され、会社単位の合算課税の適用があるとして更正処分等を受けた場合には、当該更正処分等の取消しを求める訴訟において、納税者の側で、当該外国関係会社が経済活動基準を満たすことを主張立証する必要があるものと考えられる。

| 措法66の6⑤ | 特定外国関係会社又は対象外国関係会社の適用対象金額に係る合算課税の適用免除 |

本　　法	施行令・施行規則
【措法66の6】 　5　第1項の規定は、同項各号に掲げる内国法人に係る次の各号に掲げる外国関係会社につき当該各号に定める場合に該当する事実があるときは、当該各号に掲げる外国関係会社のその該当する事業年度に係る適用対象金額については、適用しない。	
一　特定外国関係会社 　　　特定外国関係会社の各事業年度の租税負担割合（外国関係会社の各事業年度の所得に対して課される租税の額の当該所得の金額に対する割合として政令で定めるところにより計算した割合をいう。次号、第10項及び第11項において同じ。）が100分の30以上である場合	【措令39の17の2】 　1　法第66条の6第5項第1号に規定する政令で定めるところにより計算した割合は、外国関係会社（同条第2項第1号に規定する外国関係会社をいう。次項において同じ。）の各事業年度の所得に対して課される租税の額を当該所得の金額で除して計算した割合とする。 　2　前項に規定する割合の計算については、次に定めるところによる。 　一　前項の所得の金額は、次に掲げる外国関係会社の区分に応じそれぞれ次に定める金額とする。 　　イ　ロに掲げる外国関係会社以外の外国関係会社 　　　当該外国関係会社の各事業年度の決算に基づく所得の金額につき、その本店所在地国の外国法人税（法人税法第69条第1項に規定する外国法人税をいう。以下この節において同じ。）に関する法令（当該外国法人税に関する法令が二以上ある場合には、そのうち主たる外国法人税に関する法令をいう。以下この項において「本店所在地国の法令」という。）の規定により計算した所得の金額に当該所得の金額に係る(1)から(5)までに掲げる金額の合計額を加算した金額から当該所得の金額に係る(6)に掲げる金額を控除した残額 　　(1)　その本店所在地国の法令により外国法人税の課税標準に含まれないこととされる所得の金額（支払を受ける配当等の額を除く。） 　　(2)　その支払う配当等の額で損金の額に算入している金額 　　(3)　その納付する外国法人税の額で損金の額に算入している金

通達・ＱＡ番号・逐条解説

解説　措法66の6⑤

□　企業の事務負担軽減の観点から、対象外国関係会社で、租税負担割合が20％以上の事業年度においては、本税制の適用を免除することとされている。また、特定外国関係会社（❶ペーパー・カンパニー、❷事実上のキャッシュ・ボックス及び❸ブラック・リスト国に所在する外国関係会社）については、より租税回避リスクが高いことから、租税負担割合が30％以上のものについて、本税制の適用を免除することとされている。

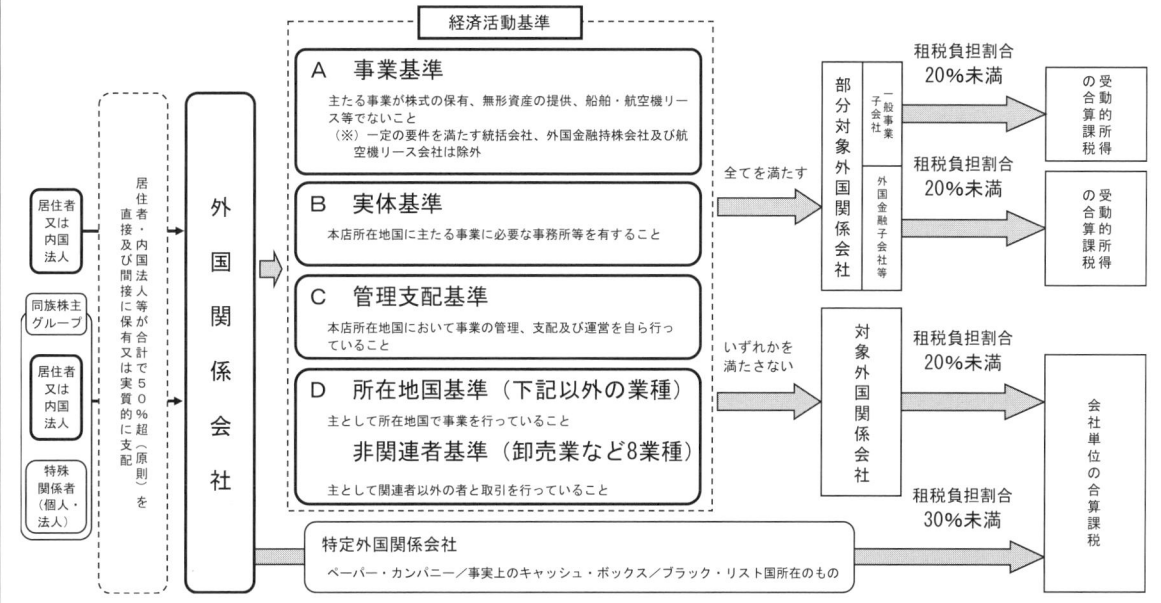

（H29-659、H30-678を参考に作成）

1　特定外国関係会社

解説　措法66の6⑤一

□　特定外国関係会社で、租税負担割合が30％以上の事業年度においては、本税制の適用を免除することとされている。

（外国関係会社の事業年度と課税年度とが異なる場合の租税負担割合の計算）

措通66の6-22　措置法第66条の6第5項第1号に規定する租税負担割合（以下66の6-25において「租税負担割合」という。）を算出する場合において、外国関係会社の事業年度が措置法令第39条の17の2第2項第1号イに規定する本店所在地国の法令（以下66の6-26までにおいて「本店所在地国の法令」という。）における課税年度と異なるときであっても、当該外国関係会社の事業年度につき同項の規定を適用して算出することに留意する。

（備考）　外国関係会社の本店所在地国において、❶申告納税制度ではなく賦課課税制度が採られている場合や、❷課税期間が一律に暦年とされている場合であっても、当該外国関係会社の事業年度ごとに、本店所在地国の法令に従って所得と税額を自ら計算し、租税負担割合が30％以上又は20％以上かどうかの判定をすることが本通達において明らかにされている（趣旨説明32）。

1-1　租税負担割合の計算（税法令がある国又は地域に所在する場合）

解説　措令39の17の2②一イ

□　税法令がある国又は地域に所在する外国関係会社の租税負担割合の計算式は、次の通りである。分母の「本店所在地国の外国法人税の法令により計算した所得の金額」とは、外国関係会社の各事業年度の決算に基づく所得の金額につき、その本店所在地国の外国法人税に関する法令の規定により計算した所得の金額をいい、当該外国法人税に関する法令が複数ある場合（例えば、国税と地方税の2つの法令があるような場合）には、そのうち主たる外国法人税に関する法令の規定により計算する。

本　　　法	施行令・施行規則
	額

（施行令・施行規則の欄続き）

　　　(4)　その積み立てた保険準備金の額のうち損金の額に算入している金額で法第57条の5又は第57条の6の規定の例によるものとした場合に損金の額に算入されないこととなる金額に相当する金額

　　　(5)　その積み立てた保険準備金（法第57条の5又は第57条の6の規定の例によるものとした場合に積み立てられるものに限る。）につき益金の額に算入した金額がこれらの規定の例によるものとした場合に益金の額に算入すべき金額に相当する金額に満たない場合におけるその満たない部分の金額

　　　(6)　その還付を受ける外国法人税の額で益金の額に算入している金額

　ロ　法人の所得に対して課される税が存在しない国又は地域に本店又は主たる事務所を有する外国関係会社

　　　当該外国関係会社の各事業年度の決算に基づく所得の金額に当該所得の金額に係る(1)から(4)までに掲げる金額の合計額を加算した金額から当該所得の金額に係る(5)及び(6)に掲げる金額の合計額を控除した残額

　　　(1)　その支払う配当等の額で費用の額又は損失の額としている金額

　　　(2)　その納付する外国法人税の額で費用の額又は損失の額としている金額

　　　(3)　その積み立てた保険準備金の額のうち費用の額又は損失の額としている金額で法第57条の5又は第57条の6の規定の例によるものとした場合に損金の額に算入されないこととなる金額に相当する金額

　　　(4)　その積み立てた保険準備金（法第57条の5又は第57条の6の規定の例によるものとした場合に積み立てられるものに限る。）につき収益の額としている金額がこれらの規定の例によるものとした場合に益金の額に算入すべき金額に相当する金額に満たない場合におけるその満たない部分の金額

　　　(5)　その支払を受ける配当等の額で収益の額としている金額

　　　(6)　その還付を受ける外国法人税の額で収益の額としている金額

令和元年度改正後条文

　一　同　上

　イ　ロに掲げる外国関係会社以外の外国関係会社

　　　当該外国関係会社の各事業年度の決算に基づく所得の金額につき、その本店所在地国の外国法人税に関する法令（外国法人税に関する法令が二以上ある場合には、そのうち主たる外国法人税に関する法令）の規定（企業集団等所得課税規定（第39条の15第6項に規定する企業集団等所得課税規定をいう。以下この項において同じ。）を除く。以下この項において「本店所在地国の法令の規定」という。）により計算した所得の金額に当該所得の金額に係る(1)から(5)までに掲げる金額の合計額を加算した金額から当該所得の金額に係る(6)に掲げる金額を控除した残額

　　　(1)　その本店所在地国の法令の規定により外国法人税の課税標準に含まれないこととされる所得の金額（支払を受ける配当等の額を除く。）

通達・ＱＡ番号・逐条解説

本店所在地国において課される外国法人税　＋　本店所在地国以外の国において課される外国法人税

| 本店所在地国の外国法人税の法令により計算した所得の金額 | ＋ | 本店所在地国の外国法人税の法令により非課税とされる所得の金額（受取配当等を除く） | ＋ | 損金算入している支払配当等 | ＋ | 損金算入している納付外国法人税 | ＋ | 保険準備金の繰入限度超過額 | ＋ | 保険準備金の取崩不足額 | － | 益金算入している還付外国法人税 |

☐　外国子会社からの受取配当の非課税措置は、諸外国において近年一般的になりつつある一方で、その適用要件はそれぞれの国でまちまちとなっている実態にあることから（H23-514）、持株割合要件等を問わず、外国関係会社の本店所在地国の法令により非課税とされる配当等は、租税負担割合の計算において分母の所得の金額に加算すべき非課税所得から除くこととされている。

☐　外国法人税とは、外国の法令に基づき外国又はその地方公共団体により法人の所得を課税標準として課される税をいい、これに含まれるもの及び含まれないものは、次の通りである（法法69①、法令141）。

（外国法人税に含まれるもの）
・超過利潤税その他法人の所得の特定の部分を課税標準として課される税
・法人の所得又はその特定の部分を課税標準として課される税の附加税
・法人の所得を課税標準として課される税と同一の税目に属する税で、法人の特定の所得につき、徴税上の便宜のため、所得に代えて収入金額その他これに準ずるものを課税標準として課されるもの
・法人の特定の所得につき、所得を課税標準とする税に代え、法人の収入金額その他これに準ずるものを課税標準として課される税

（外国法人税に含まれないもの）
・税を納付する者が、当該税の納付後、任意にその金額の全部又は一部の還付を請求することができる税
・税の納付が猶予される期間を、その税の納付をすることとなる者が任意に定めることができる税
・複数の税率の中から税の納付をすることとなる者と外国若しくはその地方公共団体又はこれらの者により税率の合意をする権限を付与された者との合意により税率が決定された税（当該複数の税率のうち最も低い税率（当該最も低い税率が当該合意がないものとした場合に適用されるべき税率を上回る場合には当該適用されるべき税率）を上回る部分に限る。）
・外国法人税に附帯して課される附帯税に相当する税その他これに類する税

● 論　点 ●
租税負担割合の計算において分母の所得の金額に加算すべき「本店所在地国の外国法人税の法令により非課税とされる所得の金額」（非課税所得）には、組織再編税制などにより課税が繰り延べられる所得は含まれないものと考えられるが、各国の制度ごとに検討が必要である。

令和元年度改正の解説

☐　適用免除基準における租税負担割合（税法令がある国又は地域に所在する場合）の計算上、外国関係会社の各事業年度の所得の金額（分母の金額）は、当該外国関係会社の各事業年度の決算に基づく所得の金額につき、その本店所在地国の外国法人税に関する法令の規定から企業集団等所得課税規定を除いた規定（以下、この囲み記事において「本店所在地国の法令の規定」という。）を適用して計算した外国関係会社の所得の金額に、❶本店所在地国の法令の規定により非課税とされる所得の金額（受取配当等を除く。）、❷損金算入している納付外国法人税（企業集団等所得課税規定がある場合には、その適用がないものとした場合に納付するものとして計算される外国法人税）、❸益金算入している還付外国法人税（企業集団等所得課税規定がある場合には、その適用がないものとした場合に還付を受けるものとして計算される外国法人の額）等の調整を加えた金額とすることとされた。

☐　企業集団等所得課税規定とは、次に掲げる規定をいう。

外国法人の本店所在地国の法令の規定	外国法人の属する企業集団の所得に対して法人所得税を課することとし、かつ、当該企業集団に属する一の外国法人のみが当該法人所得税に係る納税申告書に相当する申告書を提出することとする当該外国法人の本店所在地国の法令の規定
	外国法人の所得を当該外国法人の株主等である者の所得として取り扱うこととする当該外国法人の本店所在地国の法令の規定

本　　　法	施行令・施行規則
	(2)　同　　上
	(3)　その納付する外国法人税の額（外国法人税に関する法令に企業集団等所得課税規定がある場合の当該外国法人税にあっては、企業集団等所得課税規定の適用がないものとした場合に納付するものとして計算される外国法人税の額）で損金の額に算入している金額
	(4)・(5)　同　　上
	(6)　その還付を受ける外国法人税の額（外国法人税に関する法令に企業集団等所得課税規定がある場合の当該外国法人税にあっては、企業集団等所得課税規定の適用がないものとした場合に還付を受けるものとして計算される外国法人税の額）で益金の額に算入している金額
	ロ　同　　上

二　前項の租税の額は、外国関係会社の各事業年度の決算に基づく所得の金額につき、その本店所在地国又は本店所在地国以外の国若しくは地域において課される外国法人税の額（その本店所在地国の法令により当該外国関係会社が納付したものとみなしてその本店所在地国の外国法人税の額から控除されるものを含むものとし、次に掲げる外国関係会社の区分に応じそれぞれ次に定めるものを除く。）とする。
　　イ　前号イに掲げる外国関係会社
　　　　同号イ(1)に掲げる所得の金額から除かれるその本店所在地国以外の国又は地域に所在する法人から受ける配当等の額に対して課される外国法人税の額
　　ロ　前号ロに掲げる外国関係会社
　　　　その本店所在地国以外の国又は地域に所在する法人から受ける同号ロ(5)に掲げる配当等の額に対して課される外国法人税の額

令和元年度改正後条文

二　前項の租税の額は、外国関係会社の各事業年度の決算に基づく所得の金額につき、その本店所在地国又は本店所在地国以外の国若しくは地域において課される外国法人税の額（外国法人税に関する法令に企業集団等所得課税規定がある場合の当該外国法人税にあっては、企業集団等所得課税規定の適用がないものとした場合に計算される外国法人税の額）とする。

令和元年度改正後条文

三　前号の外国法人税の額は、その本店所在地国の法令の規定により外国関係会社が納付したものとみなしてその本店所在地国の外国法人税の額から控除されるものを含むものとし、次に掲げる外国関係会社の区分に応じそれぞれ次に定めるものを含まないものとする。
　　イ　第1号イに掲げる外国関係会社
　　　　同号イ(1)に掲げる所得の金額から除かれるその本店所在地国以外の国又は地域に所在する法人から受ける配当等の額に対して課される外国法人税の額
　　ロ　第1号ロに掲げる外国関係会社
　　　　その本店所在地国以外の国又は地域に所在する法人から

	通達・QA番号・逐条解説
外国法人の本店所在地国以外の国又は地域の法令の規定	外国法人（無税国に所在するもの又は本店所在地国の税法令によりその所得の全部につき法人所得税を課さないこととされるものに限る。）の属する企業集団の所得に対して法人所得税を課することとし、かつ、当該企業集団に属する一の外国法人のみが当該法人所得税に係る納税申告書に相当する申告書を提出することとする当該外国法人の本店所在地国以外の国又は地域の法令の規定

（課税標準の計算がコストプラス方式による場合）

措通66の6-23　外国関係会社の本店所在地国の法令の規定により、当該外国関係会社の当該事業年度の決算に基づく所得の金額及び課税標準を算出することに代えて、当該外国関係会社の支出経費に一定率を乗じて計算した金額をもって課税標準とする、いわゆるコストプラス方式により計算することができることとされている場合であっても、措置法令第39条の17の2第2項第1号イに規定する所得の金額は、当該外国関係会社の当該事業年度の決算に基づく所得の金額につき当該本店所在地国の法令の規定を適用して算出することに留意する。

（備考）　本通達にいう「コストプラス方式」とは、その法人の事業年度の決算に基づく所得の金額とは関係なく、その法人の支出経費に一定率を乗じて計算した額をもって課税標準とする方式をいう。租税負担割合は、その外国関係会社の各事業年度の実際の所得に対する外国法人税の実質的な負担割合を計算する趣旨であるから、コストプラス方式によることはできないことが本通達において明らかにされている（趣旨説明33）。

（外国法人税の範囲）

措通66の6-24　措置法令第39条の17の2第2項第1号イに規定する外国法人税の額には、外国関係会社が法第138条第1項又は所得税法第161条第1項に規定する国内源泉所得に係る所得について課された法人税及び所得税並びに地方法人税及び法第38条第2項第2号に掲げるものの額を含めることができる。

（備考）　租税負担割合における「外国法人税」とは、法法69①に規定する外国法人税をいうこととされているが、本税制における租税負担割合は、その外国関係会社の各事業年度の実際の所得に対する実質的な租税負担割合を計算する趣旨であるから、この場合の「外国法人税の額」には、外国関係会社の所得に対して課される我が国の所得税等の額を含めることができることが本通達において明らかにされている（趣旨説明34）。

（非課税所得の範囲）

措通66の6-25　措置法令第39条の17の2第2項第1号イ(1)に規定する「その本店所在地国の法令により外国法人税の課税標準に含まれないこととされる所得の金額」には、例えば、次のような金額が含まれることに留意する。

(1)　外国関係会社の本店所在地国へ送金されない限り課税標準に含まれないこととされる国外源泉所得

(2)　措置法第65条の2の規定に類する制度により決算に基づく所得の金額から控除される特定の取引に係る特別控除額

(注)　国外源泉所得につき、その生じた事業年度後の事業年度において外国関係会社の本店所在地国以外の国又は地域からの送金が行われた場合にはその送金が行われた事業年度で課税標準に含めることとされているときであっても、租税負担割合を算出する場合には、当該国外源泉所得の生じた事業年度の課税標準の額に含めることに留意する。

（備考）　本通達の(1)の金額は、租税負担割合の計算では、国外源泉所得の生じた事業年度の所得の金額に含め、送金が行われた事業年度の所得の金額には含めないこととなる。また、「非課税所得」には、課税所得の計算上、外国関係会社の本店所在地国の法令により政策上の特別な措置として、決算に基づく所得の金額から特別に控除することとされ、事実上非課税となる金額も含まれるところ、本通達の(2)の措法65の2《収用換地等の場合の所得の特別控除》は、そのような措置の例である（趣旨説明36）。

1-2　租税負担割合の計算（無税国に所在する場合）

解説　措令39の17の2②一ロ

□　無税国に所在する外国関係会社の租税負担割合の計算式は、次の通りである。無税国には、税法令がないことから、決算に基づく所得（会計上の利益）の金額を基に、税法令がある国又は地域に所在する場合と同様の調整を加えて計算する。

本　　　法	施行令・施行規則
	受ける同号ロ(5)に掲げる配当等の額に対して課される外国法人税の額

三　その本店所在地国の外国法人税の税率が所得の額に応じて高くなる場合には、前号の外国法人税の額は、これらの税率をこれらの税率のうち最も高い税率であるものとして算定した外国法人税の額とすることができる。

令和元年度改正後条文

四　その本店所在地国の外国法人税の税率が所得の額に応じて高くなる場合には、第2号の外国法人税の額は、これらの税率をこれらの税率のうち最も高い税率であるものとして算定した外国法人税の額とすることができる。

四　前項の所得の金額がない場合又は欠損の金額となる場合には、同項に規定する割合は、次に掲げる外国関係会社の区分に応じそれぞれ次に定める割合とする。
　イ　第1号イに掲げる外国関係会社
　　　その行う主たる事業に係る収入金額（当該収入金額が同号イ(1)に掲げる所得の金額から除かれる配当等の額である場合には、当該収入金額以外の収入金額）から所得が生じたとした場合にその所得に対して適用されるその本店所在地国の外国法人税の税率に相当する割合
　ロ　第1号ロに掲げる外国関係会社
　　　零

令和元年度改正後条文

五　同　上
　イ　同　上
　ロ　同　上

通達・QA番号・逐条解説

本店所在地国以外の国において課される外国法人税

決算に基づく所得　＋　費用計上している支払配当等　＋　費用計上している納付外国法人税　＋　保険準備金の繰入限度超過額　＋　保険準備金の取崩不足額　－　収益計上している受取配当等　－　収益計上している還付外国法人税

☐　無税国に所在する外国関係会社の租税負担割合の計算において分子となる「本店所在地国以外の国において課される外国法人税」は、例えば、外国関係会社が本店所在地国以外の国に有する支店の所在地国において課される法人税がこれに該当する。

```
┌──────────┐
│  内国法人  │
└──────────┘
- - - - - - │ - - - - - - 
          ▼
┌──────────┐
│ 外国関係会社 │
└──────────┘
- - - - - - │ - - - - - - 
          ▼
       (  支店  )
```

1-3　租税の額

令和元年度改正の解説

☐　適用免除基準における租税負担割合の計算上、外国関係会社の各事業年度の所得に対して課される租税の額（分子の金額）は、外国関係会社の各事業年度の決算に基づく所得の金額につき、その本店所在地国又は本店所在地国以外の国において課される外国法人税の額（企業集団等所得課税規定がある場合には、その適用がないものとした場合に計算される外国法人税の額）とすることとされた。

解　説　措令39の17の2②二・三

☐　租税負担割合の計算において分子となる外国法人税の額は、本店所在地国の法令により外国関係会社が納付したものとみなしてその本店所在地国の外国法人税の額から控除されるもの（例えば、間接外国税額控除制度による控除額）を含み、分母の所得の金額の計算上控除される配当等の額に対して課される外国法人税の額を除くものとされている。なお、本店所在地国の外国法人税の税率が所得の額に応じて高くなる場合には、分子となる外国法人税の額は、最も高い税率を適用して算定した外国法人税の額とすることができる。

（外国法人税の額に加算される税額控除額）

措通66の6-26　措置法令第39条の17の2第2項第2号に規定する「当該外国関係会社が納付したものとみなしてその本店所在地国の外国法人税の額から控除されるもの」とは、外国関係会社がその本店所在地国以外の国又は地域に所在する子会社（以下66の6-26において「外国子会社」という。）から受ける剰余金の配当、利益の配当又は剰余金の分配（以下66の6-26において「剰余金の配当等」という。）の額がある場合に、本店所在地国の法令により、当該外国子会社の所得に対して課される外国法人税の額のうちその剰余金の配当等の額に対応するものにつき税額控除の適用を受けるときにおける当該外国関係会社が納付したものとみなされる外国法人税の額をいうのであるが、当該外国子会社の所得に対して課される外国法人税の額には、当該外国子会社が当該事業年度においてその本店所在地国以外の国又は地域において軽減され、又は免除された外国法人税の額で、租税条約の規定により当該外国子会社が納付したものとみなされるものは含まれないことに留意する。

備　考　本通達では、「当該外国関係会社が納付したものとみなしてその本店所在地国の外国法人税の額から控除されるもの」（措令39の17の2②二）は、❶間接外国税額控除制度による控除額を含み、❷租税条約の規定によるタックス・スペアリング・クレジットは含まないことが明らかにされている。

（複数税率の場合の特例の適用）

措通66の6-27　その本店所在地国の外国法人税の税率が所得の額に応じて高くなる場合に措置法令第39条の17の2第2項第3号の規定が適用されるのであるから、法人の所得の区分に応じて税率が異なる場合には、同号の規定は適用されないことに留意する。

本　　　法	施行令・施行規則
二　対象外国関係会社 　　対象外国関係会社の各事業年度の租税負担割合が100分の20以上である場合	

通達・ＱＡ番号・逐条解説

(備　考)　本通達では、最高税率を適用して外国法人税の額を算出することができるとする特例 (措令39の17の2②三) は、法人の所得の区分に応じて税率が異なる場合には適用されないことが明らかにされている。

1-4　所得の金額がない場合又は欠損の金額となる場合の計算

解　説　措令39の17の2②四

☐　租税負担割合の計算において分母となる所得の金額がないこととなる場合又は欠損の金額となる場合には、外国関係会社の租税負担割合は、❶税法令のある国に所在するものについては、その主たる事業に係る収入金額 (主たる事業が株式保有業であるときなど、当該収入金額が非課税配当等の額であるときには、非課税配当等の額以外の収入金額) から所得が生じたとした場合にその所得に対して適用される本店所在地の外国法人税の税率に相当する割合とされ、また、❷無税国に所在するものについては、税法令がないことから、零とされている。

(主たる事業の判定)

措通66の6-5　措置法第66条の6第2項第2号イ(1)、同項第3号、同条第6項第1号ロ若しくは同項第2号又は措置法令第39条の15第1項第4号イ若しくは第39条の17の2第2項第4号イの規定を適用する場合において、外国関係会社が2以上の事業を営んでいるときは、そのいずれが主たる事業であるかは、それぞれの事業に属する収入金額又は所得金額の状況、使用人の数、固定施設の状況等を総合的に勘案して判定する。

(備　考)　最高裁平成29年10月24日第三小法廷判決は、「措置法〔平成21年法律第13号による改正前の租税特別措置法をいう。〕66条の6第3項及び4項にいう主たる事業は、特定外国子会社等の当該事業年度における事業活動の具体的かつ客観的な内容から判定することが相当であ〔る〕」(〔〕内著者) とした上で、主たる事業の判定について、措通66の6-5と同様の判断方法を示している。また、静岡地裁平成7年11月9日判決は、「特定外国子会社等の主たる事業の判定は、各事業年度ごとに行われるということは当然であ〔る〕」(〔〕内著者) と判示している。

2　対象外国関係会社

解　説　措法66の6⑤二

☐　対象外国関係会社で、租税負担割合が20%以上の事業年度においては、本税制の適用を免除することとされている。ここにいう「租税負担割合」の意義は、措法66の6⑤一に規定する「租税負担割合」と同じである。

措法66の6⑥　部分適用対象金額に係る合算課税（部分合算課税）

本　　法	施行令・施行規則

【措法66の6】

6　第1項各号に掲げる内国法人に係る部分対象外国関係会社（外国金融子会社等に該当するものを除く。以下この項及び次項において同じ。）が、平成22年4月1日以後に開始する各事業年度において、当該各事業年度に係る次に掲げる金額（解散により外国金融子会社等に該当しないこととなった部分対象外国関係会社（以下この項及び次項において「清算外国金融子会社等」という。）のその該当しないこととなった日から同日以後3年を経過する日（当該清算外国金融子会社等の残余財産の確定の日が当該3年を経過する日前である場合には当該残余財産の確定の日とし、その本店所在地国の法令又は慣行その他やむを得ない理由により当該残余財産の確定の日が当該3年を経過する日後である場合には政令で定める日とする。）までの期間内の日を含む事業年度（次項において「特定清算事業年度」という。）にあっては、第1号から第7号までに掲げる金額のうち政令で定める金額（次項において「特定金融所得金額」という。）がないものとした場合の次に掲げる金額。以下この項において「特定所得の金額」という。）を有する場合には、当該各事業年度の特定所得の金額に係る部分適用対象金額のうちその内国法人が直接及び間接に有する当該部分対象外国関係会社の株式等の数又は金額につきその請求権の内容を勘案した数又は金額並びにその内国法人と当該部分対象外国関係会社との間の実質支配関係の状況を勘案して政令で定めるところにより計算した金額（次条及び第66条の8において「部分課税対象金額」という。）に相当する金額は、その内国法人の収益の額とみなして当該各事業年度終了の日の翌日から2月を経過する日を含むその内国法人の各事業年度の所得の金額の計算上、益金の額に算入する。

令和元年度改正後条文

6　第1項各号に掲げる内国法人に係る部分対象外国関係会社（外国金融子会社等に該当するものを除く。以下この項及び次項において同じ。）が、平成22年4月1日以後に開始する各事業年度において、当該各事業年度に係る次に掲げる金額（解散により外国金融子会社等に該当しないこととなった部分対象外国関係会社（以下この項及び次項において「清算外国金融子会社等」という。）のその該当しないこととなった日から同日以後3年を経過する日（当該清算外国金融子会社等の残余財産の確定の日が当該3年を経過する日前である場合には当該残余財産の確定の日とし、その本店所在地国の法令又は慣行その他やむを得ない理由により当該残余財産の確定の日が当該3年を経過する日後である場合には政令で定める日とする。）までの期間内の

【措令39の17の3】

1　法第66条の6第6項に規定する政令で定める日は、清算外国金融子会社等（同項に規定する清算外国金融子会社等をいう。次項及び第30項において同じ。）の残余財産の確定の日と特定日（同条第6項に規定する該当しないこととなった日をいう。次項において同じ。）以後5年を経過する日とのいずれか早い日とする。

令和元年度改正後条文

1　法第66条の6第6項に規定する政令で定める日は、清算外国金融子会社等（同項に規定する清算外国金融子会社等をいう。次項及び第32項において同じ。）の残余財産の確定の日と特定日（同条第6項に規定する該当しないこととなった日をいう。次項において同じ。）以後5年を経過する日とのいずれか早い日とする。

2　法第66条の6第6項各号列記以外の部分に規定する政令で定める金額は、清算外国金融子会社等の特定清算事業年度（同項に規定する特定清算事業年度をいう。第30項において同じ。）に係る同条第6項第1号から第7号までに掲げる金額に係る利益の額又は損失の額（特定日の前日に有していた資産若しくは負債又は特定日前に締結した契約に基づく取引に係るものに限る。）の合計額とする。

令和元年度改正後条文

2　法第66条の6第6項各号列記以外の部分に規定する政令で定める金額は、清算外国金融子会社等の特定清算事業年度（同項に規定する特定清算事業年度をいう。第32項において同じ。）に係る同条第6項第1号から第7号の2までに掲げる金額に係る利益の額又は損失の額（特定日の前日に有していた資産若しくは負債又は特定日前に締結した契約に基づく取引に係るものに限る。）の合計額とする。

3　法第66条の6第6項各号列記以外の部分に規定する政令で定めるところにより計算した金額は、同条第1項各号に掲げる内国法人に係る部分対象外国関係会社（同条第2項第6号に規定する部分対象外国関係会社をいい、同項第7号に規定する外国金融子会社等に該当するものを除く。以下この条（第10項第3号を除く。）において同じ。）の各事業年度の法第66条の6第6項に規定する部分適用対象金額に、当該各事業年度終了の時における当該内国法人の当該部分対象外国関係会社に係る第39条の14第2項第1号に規定する請求権等勘案合算割合を乗じて計算した金額とする。

通達・QA番号・逐条解説

解　説　措法66の6⑥

☐　部分対象外国関係会社は、❶事業基準、❷実体基準、❸管理支配基準及び❹非関連者基準又は所在地国基準の4つの基準（経済活動基準）を全て満たす外国関係会社（特定外国関係会社に該当するものを除く。）がこれに該当し、租税負担割合が20%以上となる事業年度を除いて、部分合算課税の対象とされる。

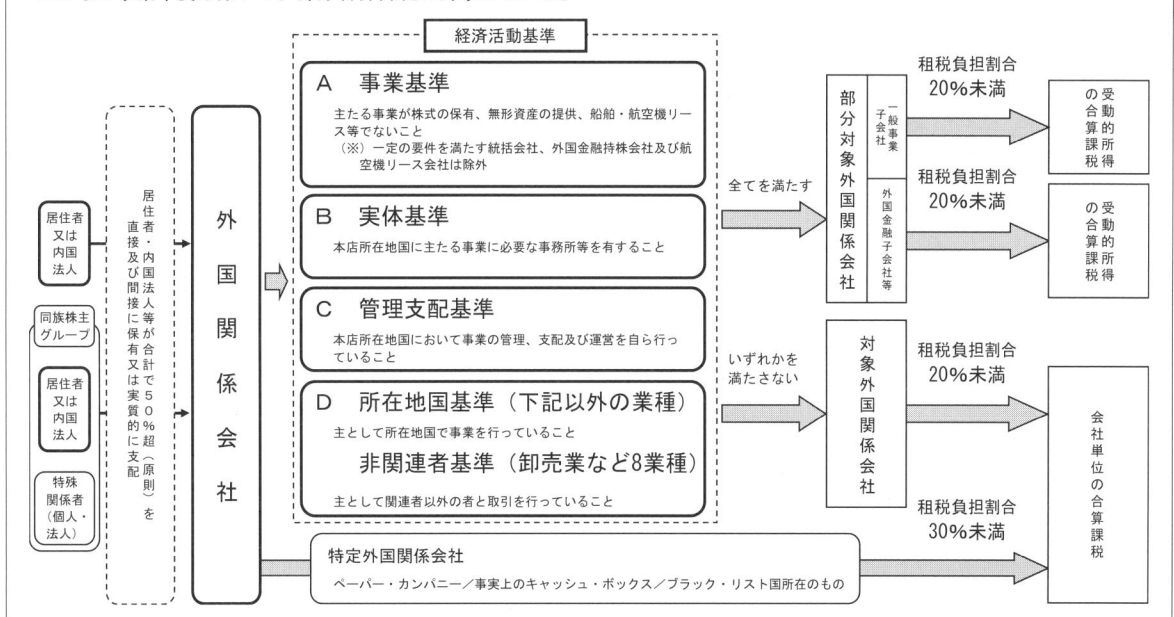

（H29-659、H30-678を参考に作成）

☐　部分対象外国関係会社（外国金融子会社等に該当するものを除く。）が得る特定所得（❶剰余金の配当等、❷受取利子等、❸有価証券の貸付けの対価、❹有価証券の譲渡損益、❺デリバティブ取引に係る損益、❻外国為替差損益、❼その他の金融所得、❽固定資産の貸付けの対価、❾無形資産等の使用料、❿無形資産等の譲渡損益及び⓫異常所得）については、経済活動の実体のある事業から得るものを除いた上で、次の通り、部分課税対象金額を計算し、これを部分合算課税の対象とすることとされている。

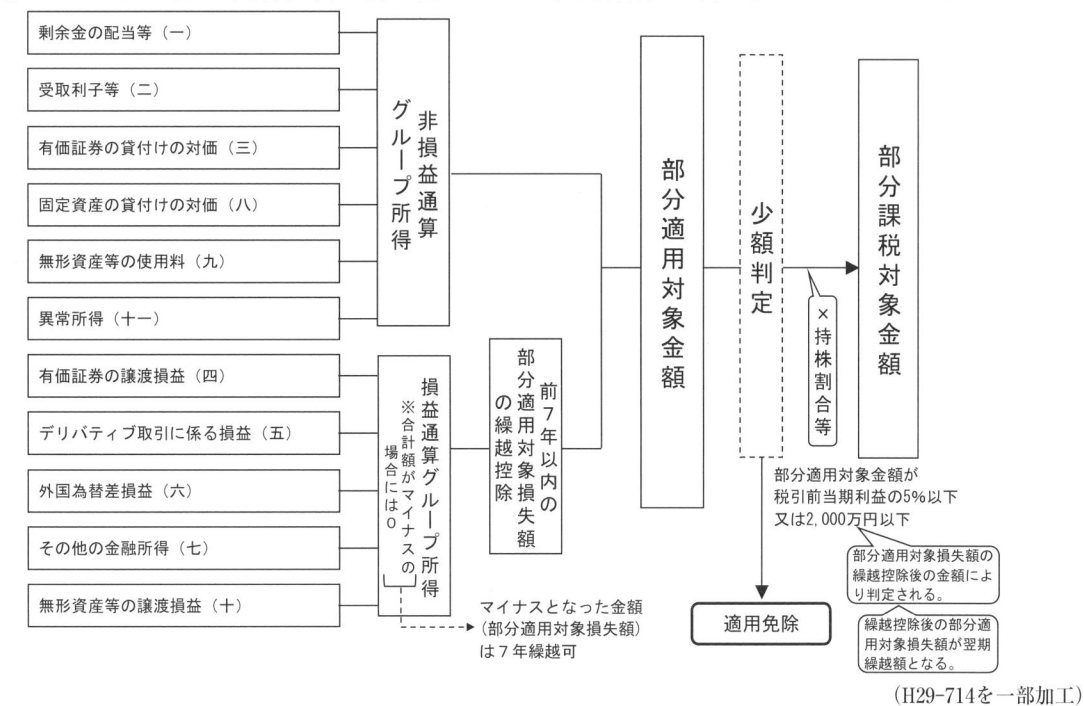

（H29-714を一部加工）

本　法	施行令・施行規則
日を含む事業年度（次項において「特定清算事業年度」という。）にあっては、第1号から第7号の2までに掲げる金額のうち政令で定める金額（次項において「特定金融所得金額」という。）がないものとした場合の次に掲げる金額。以下この項において「特定所得の金額」という。）を有する場合には、当該各事業年度の特定所得の金額に係る部分適用対象金額のうちその内国法人が直接及び間接に有する当該部分対象外国関係会社の株式等の数又は金額につきその請求権の内容を勘案した数又は金額並びにその内国法人と当該部分対象外国関係会社との間の実質支配関係の状況を勘案して政令で定めるところにより計算した金額（次条及び第66条の8において「部分課税対象金額」という。）に相当する金額は、その内国法人の収益の額とみなして当該各事業年度終了の日の翌日から2月を経過する日を含むその内国法人の各事業年度の所得の金額の計算上、益金の額に算入する。	

通達・Q A番号・逐条解説

☐　租税回避リスクを外国関係会社の所得や活動の内容により把握するという方向性に沿って部分合算課税の対象となる所得の範囲及び合算対象所得の計算方法等が整備されており（H29-714・715）、部分課税対象金額は、課税対象金額に相当する金額を上限とする旨の規定は存在しない。

☐　解散により外国金融子会社等に該当しないこととなった部分対象外国関係会社（清算外国金融子会社等）の特定清算事業年度については、特定金融所得金額（❶剰余金の配当等、❷受取利子等、❸有価証券の貸付けの対価、❹有価証券の譲渡損益、❺デリバティブ取引に係る損益、❻外国為替差損益及び❼その他の金融所得）がないものとして、特定所得の金額を計算する。

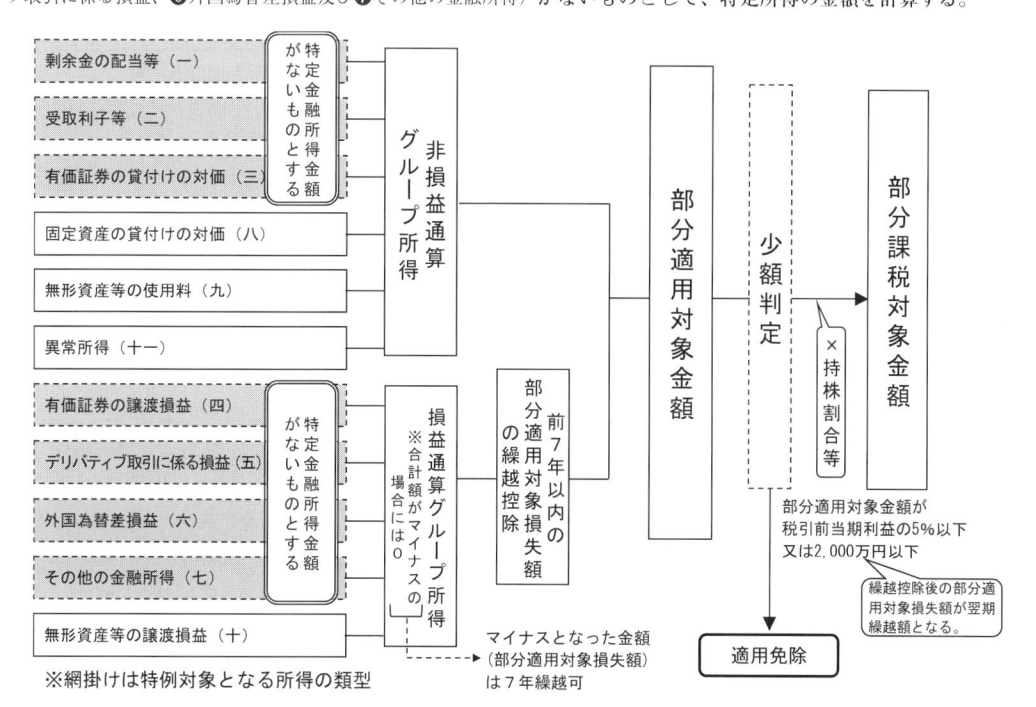

※網掛けは特例対象となる所得の類型

（H30-693を一部加工）

☐　特定清算事業年度とは、解散により外国金融子会社等に該当しないこととなった部分対象外国関係会社のその該当しないこととなった日（以下、措法66の6⑥の解説において「特定日」という。）から同日以後3年を経過する日（当該清算外国金融子会社等の残余財産の確定の日が当該3年を経過する日前である場合には当該残余財産の確定の日とし、その本店所在地国の法令又は慣行その他やむを得ない理由により当該残余財産の確定の日が当該3年を経過する日後である場合には残余財産の確定の日と特定日以後5年を経過する日とのいずれか早い日とする。）までの期間内の日を含む事業年度をいい、例えば、3月決算法人である外国金融子会社等が令和2年3月期中に解散した場合において、❶残余財産の確定の日が「3年を経過する日」前であるとき、❷残余財産の確定の日が「3年を経過する日」後であるとき、❸やむを得ない理由により残余財産の確定の日が「3年を経過する日」後であるときの特定清算事業年度は、それぞれ次図の通りである。

《❶のケース》

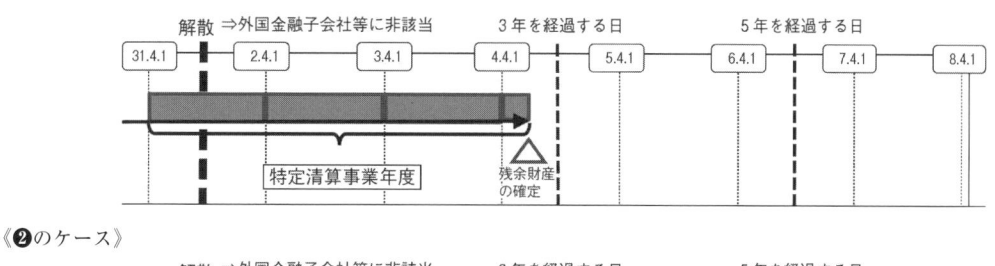

《❷のケース》

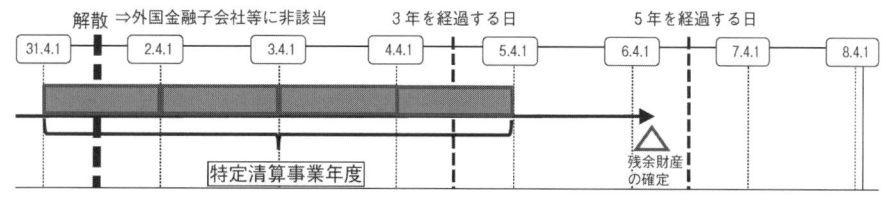

本　　法	施行令・施行規則

通達・QA番号・逐条解説

《❸のケース》

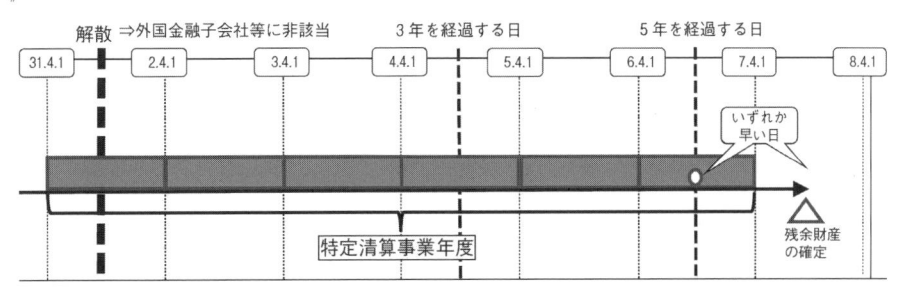

（H30-693を一部加工）

平成31年度改正の解説

□　措法66の6⑥七の二に掲げる金額（収入保険料）が、部分対象外国関係会社（外国金融子会社等に該当するものを除く。）に係る部分合算課税の対象となる特定所得の金額に追加された。

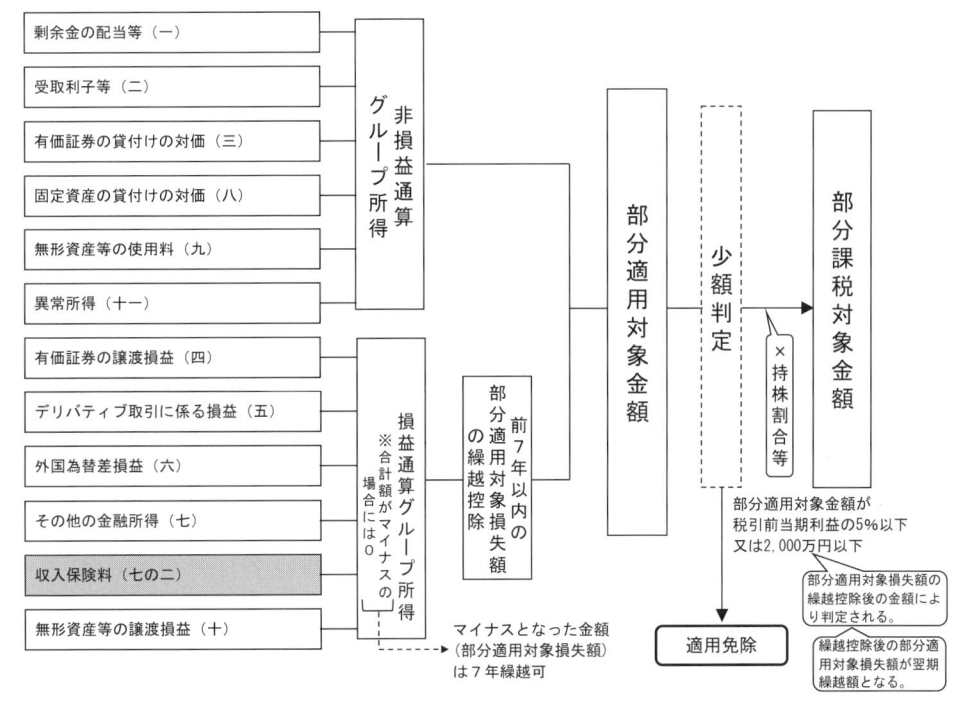

（H29-714を一部加工）

□　解散により外国金融子会社等に該当しないこととなった部分対象外国関係会社（清算外国金融子会社等）の特定清算事業年度については、特定金融所得金額がないものとして、特定所得の金額を計算することとされているところ、措法66の6⑥七の二に掲げる金額（収入保険料）は、特定金融所得金額に該当することとされた。

（直接及び間接に有する株式）

措通66の6-2　措置法第66条の6第1項、第6項又は第8項の内国法人が直接及び間接に有する外国関係会社（同条第2項第1号に規定する外国関係会社をいう。以下66の9の2-1までにおいて同じ。）の株式には、その株式の払込金額等の全部又は一部について払込み等が行われていないものも含まれるものとする。

（注）　名義株は、その実際の権利者が所有するものとして同条第1項、第6項又は第8項の規定を適用することに留意する。

備考　外国関係会社の設立根拠法令により、払込み等が行われていない株式についても、株主たる地位が与えられることになると、当該外国関係会社に対する内国法人の株式の保有割合の判定において、そのような株式をどのように取り扱うかについ

本　　法	施行令・施行規則
一　剰余金の配当等（第 1 項に規定する剰余金の配当等をいい、法人税法第23条第 1 項第 2 号に規定する金銭の分配を含む。以下この号及び第11号イにおいて同じ。）の額（次に掲げる法人から受ける剰余金の配当等の額（当該法人の所得の金額の計算上損金の額に算入することとされている剰余金の配当等の額として政令で定める剰余金の配当等の額を除く。）を除く。以下この号において同じ。）の合計額から当該剰余金の配当等の額を得るために直接要した費用の額の合計額及び当該剰余金の配当等の額に係る費用の額として政令で定めるところにより計算した金額を控除した残額	【措令39の17の 3 】 　4　法第66条の 6 第 6 項第 1 号に規定する政令で定める剰余金の配当等の額は、部分対象外国関係会社が同号イ又はロに掲げる法人から受ける剰余金の配当等（同号に規定する剰余金の配当等をいう。以下この項及び第 6 項において同じ。）の全部又は一部が当該法人の本店所在地国の法令において当該法人の所得の金額の計算上損金の額に算入することとされている場合におけるその受ける剰余金の配当等の額とする。 　5　法第66条の 6 第 6 項第 1 号に規定する政令で定めるところにより計算した金額は、部分対象外国関係会社が当該事業年度において支払う負債の利子の額の合計額に、第 1 号に掲げる金額のうちに第 2 号に掲げる金額の占める割合を乗じて計算した金額（当該負債の利子の額の合計額のうちに同項第 1 号に規定する直接要した費用の額の合計額として同号に掲げる金額の計算上控除される金額がある場合には、当該金額を控除した残額）とする。 　一　当該部分対象外国関係会社の当該事業年度終了の時における貸借対照表に計上されている総資産の帳簿価額

通達・ＱＡ番号・逐条解説

て疑義が生ずることから、本通達の本文において、その取扱いが明らかにされている。また、本通達の注書は、名義株については、その実際の株主を追及して適正公平な課税を実現しようというもので、法通１－３－２《名義株についての株主等の判定》と同趣旨のものである（趣旨説明３）。

（特定外国関係会社等が２以上ある場合の損益の不通算）
措通66の6-3　措置法第66条の６第１項に規定する課税対象金額は特定外国関係会社（同条第２項第２号に規定する特定外国関係会社をいう。以下66の6-12までにおいて同じ。）又は対象外国関係会社（同条第２項第３号に規定する対象外国関係会社をいう。以下66の6-12までにおいて同じ。）ごとに計算するから、内国法人に係る特定外国関係会社又は対象外国関係会社が２以上ある場合において、その特定外国関係会社又は対象外国関係会社のうちに欠損金額が生じたものがあるときであっても、他の特定外国関係会社又は対象外国関係会社の所得の金額との通算はしないことに留意する。
　内国法人に係る部分対象外国関係会社（同条第２項第６号に規定する部分対象外国関係会社をいい、同項第７号に規定する外国金融子会社等（以下66の6-4までにおいて「外国金融子会社等」という。以下66の6-4において同じ。）に該当するものを除く。以下66の6-4において同じ。）又は外国金融子会社等が２以上ある場合についても同様とする。

（備考）　本通達の前段では、課税対象金額は、特定外国関係会社又は対象外国関係会社ごとに計算するもので、ある特定外国関係会社又は対象外国関係会社の欠損金額と他の特定外国関係会社又は対象外国関係会社の所得の金額とを通算することはできないことが明らかにされている。また、本通達の後段では、部分対象外国関係会社や外国金融子会社等についても同様であることが明らかにされている。

（課税対象金額等の円換算）
措通66の6-4　内国法人が措置法第66条の６第１項、第６項又は第８項の規定により特定外国関係会社若しくは対象外国関係会社に係る課税対象金額、部分対象外国関係会社に係る部分課税対象金額又は外国金融子会社等に係る金融子会社等部分課税対象金額に相当する金額を益金の額に算入する場合における当該課税対象金額、部分課税対象金額又は金融子会社等部分課税対象金額及び同条第10項第２号に規定する部分適用対象金額又は金融子会社等部分適用対象金額の円換算は、当該外国関係会社の当該事業年度終了の日の翌日から２月を経過する日における電信売買相場の仲値（基本通達13の2-1-2に定める電信売買相場の仲値をいう。以下66の6-21までにおいて同じ。）による。ただし、継続適用を条件として、当該内国法人の同日を含む事業年度終了の日の電信売買相場の仲値によることができるものとする。
（注）　ただし書による場合において、当該内国法人が２以上の外国関係会社を有するときは、その全ての外国関係会社につき、当該電信売買相場の仲値によるものとする。

（備考）　適用対象金額等の計算は、外国通貨表示の金額で行うこととされているところ（措通66の6-19）、本通達は、課税対象金額等の円換算（部分合算課税の少額免除基準のうち金額基準における部分適用対象金額等の円換算を含む。）をいつの時点のいかなる換算レートで行うかを明らかにするもので、電信売買相場の仲値（T.T.M.）によることとされている点は、法通13の2-1-2《外貨建取引及び発生時換算法の円換算》本文と同様である。

1　剰余金の配当等

解説　措法66の6⑥一
☐　措法66の6⑥一に掲げる特定所得の金額（剰余金の配当等）は、剰余金の配当等の額の合計額から当該剰余金の配当等の額を得るために直接要した費用の額の合計額及び次の算式により計算した負債利子配賦額を控除した残額である。なお、控除を行った結果としてマイナスとなった場合には零となり、他の所得類型に係る特定所得の金額との損益通算や翌事業年度以後への損失額の繰越しは認められない。

$$
\begin{array}{l}
\text{部分対象外国} \\
\text{関係会社が当} \\
\text{該事業年度に} \\
\text{おいて支払う} \\
\text{負債の利子の} \\
\text{額の合計額}
\end{array}
\times
\dfrac{\begin{array}{l}\text{部分対象外国関係会社が}\\\text{当該事業年度終了の時に}\\\text{おいて有する株式等の貸}\\\text{借対照表に計上されてい}\\\text{る帳簿価額の合計額}\end{array}}{\begin{array}{l}\text{部分対象外国関係会社の}\\\text{当該事業年度終了の時に}\\\text{おける貸借対照表に計上}\\\text{されている総資産の帳簿}\\\text{価額}\end{array}}
-
\begin{array}{l}
\text{直接要した費用の額の} \\
\text{合計額として剰余金の} \\
\text{配当等に係る特定所得} \\
\text{の金額の計算上控除さ} \\
\text{れる負債利子の金額}
\end{array}
$$

☐　措法66の6⑥一に掲げる特定所得の金額（剰余金の配当等）の計算上、❶持株割合25％以上等の子法人から受ける剰余金の配当等の額（支払法人において損金算入される額を除く。）及び❷持株割合10％以上等の資源関連外国子法人から受ける剰余金の配当等の額（支払法人において損金算入される額を除く。）を控除する。

本　　　法	施行令・施行規則
	二　当該部分対象外国関係会社が当該事業年度終了の時において有する株式等（剰余金の配当等の額（法第66条の6第6項第1号に規定する剰余金の配当等の額をいう。）に係るものに限る。）の前号の貸借対照表に計上されている帳簿価額の合計額
イ　当該部分対象外国関係会社の有する他の法人の株式等の数又は金額のその発行済株式等の総数又は総額のうちに占める割合が100分の25以上であることその他の政令で定める要件に該当する場合における当該他の法人（ロに掲げる外国法人を除く。）	【措令39の17の3】 6　法第66条の6第6項第1号イに規定する政令で定める要件は、他の法人の発行済株式等のうちに部分対象外国関係会社が保有しているその株式等の数若しくは金額の占める割合又は当該他の法人の発行済株式等のうちの議決権のある株式等の数若しくは金額のうちに当該部分対象外国関係会社が保有している当該株式等の数若しくは金額の占める割合のいずれかが100分の25以上であり、かつ、その状態が当該部分対象外国関係会社が当該他の法人から受ける剰余金の配当等の額の支払義務が確定する日（当該剰余金の配当等の額が法人税法第24条第1項に規定する事由に係る財務省令で定める剰余金の配当等の額である場合には、同日の前日。以下この項において同じ。）以前6月以上（当該他の法人が当該確定する日以前6月以内に設立された法人である場合には、その設立の日から当該確定する日まで）継続していることとする。 【措規22の11】 10　第3項の規定は、施行令第39条の17の3第6項に規定する財務省令で定める剰余金の配当等の額について準用する。 **令和元年度改正後条文** 27　第2項の規定は、施行令第39条の17の3第6項に規定する財務省令で定める剰余金の配当等の額について準用する。
ロ　当該部分対象外国関係会社の有する他の外国法人（原油、石油ガス、可燃性天然ガス又は石炭（ロにおいて「化石燃料」という。）を採取する事業（自ら採取した化石燃料に密接に関連する事業を含む。）を主たる事業とする外国法人のうち政令で定めるものに限る。）の株式等の数又は金額のその発行済株式等の総数又は総額のうちに占める割合が100分の10以上であることその他の政令で定める要件に該当する場合における当該他の外国法人	【措令39の17の3】 7　法第66条の6第6項第1号ロに規定する政令で定める外国法人は、租税条約の我が国以外の締約国又は締約者（当該締約国又は締約者に係る内水及び領海並びに排他的経済水域又は大陸棚に相当する水域を含む。）内に同号ロに規定する化石燃料を採取する場所を有する外国法人とする。 8　第6項の規定は、法第66条の6第6項第1号ロに規定する政令で定める要件について準用する。この場合において、第6項中「他の法人」とあるのは「他の外国法人」と、「100分の25」とあるのは「100分の10」と読み替えるものとする。

通達・ＱＡ番号・逐条解説

（特定所得の金額に係る源泉税等）

措通66の6-28　措置法第66条の6第6項第1号から第4号まで及び同項第8号から第10号まで並びに措置法令第39条の17の3第16項第1号に規定する「直接要した費用の額」には、措置法第66条の6第6項に規定する特定所得の金額に係る源泉税等（令第141条第2項第3号に掲げる税及びこれに附帯して課される法第2条第41号に規定する附帯税に相当する税その他当該附帯税に相当する税に類する税をいう。）の額が含まれることに留意する。

(備　考)　「直接要した費用の額」には、特定所得の金額に係る源泉税本税及び附帯税に相当する税が含まれるが、その特定所得の金額が生ずる部分対象外国関係会社が賦課され又は負担すべきこととなるものに限定される（趣旨説明40）。

1-1　持株割合25%以上等の要件を満たす法人から受ける配当等の除外

解　説　措法66の6⑥一イ

□　外国子会社配当益金不算入制度において、能動的な事業活動から生じたと考えられる剰余金の配当等に係る持株割合基準が25%以上と整理されていることを踏まえ（H29-692・693）、持株割合25%以上の株式等に係る剰余金の配当等の額（損金算入配当等の額を除く。）について、部分合算課税の対象から除外することとしている。

令和元年度改正の解説

□　措規22の11㉗において準用することとされている措規22の11②の規定は、次の通りである。

【措規22の11】

2　施行令第39条の14の3第5項に規定する財務省令で定める剰余金の配当等の額は、法人税法第24条第1項（同項第2号に掲げる分割型分割、同項第3号に掲げる株式分配又は同項第4号に規定する資本の払戻しに係る部分を除く。）の規定の例によるものとした場合に同法第23条第1項第1号又は第2号に掲げる金額とみなされる金額に相当する金額とする。

1-2　化石燃料の採取を行う一定の要件を満たす外国法人から受ける配当等の除外

解　説　措法66の6⑥一ロ

□　部分対象外国関係会社が持株割合25%以上等の要件を満たす子会社から受ける剰余金の配当等は、部分合算課税の対象から除外されているところ、化石燃料の採取を行う一定の要件を満たす外国子会社から受ける剰余金の配当等については、化石燃料確保の重要性及びその経済活動実態等に鑑みて（H29-684・685）、持株割合要件（25%以上）を10%以上に緩和する措置が講じられている。

（主たる事業の判定）

措通66の6-5　措置法第66条の6第2項第2号イ(1)、同項第3号、同条第6項第1号ロ若しくは同項第2号又は措置法令第39条の15第1項第4号イ若しくは第39条の17の2第2項第4号イの規定を適用する場合において、外国関係会社が2以上の事業を営んでいるときは、そのいずれが主たる事業であるかは、それぞれの事業に属する収入金額又は所得金額の状況、使用人の数、固定施設の状況等を総合的に勘案して判定する。

(備　考)　最高裁平成29年10月24日第三小法廷判決は、「措置法〔平成21年法律第13号による改正前の租税特別措置法をいう。〕66条の6第3項及び4項にいう主たる事業は、特定外国子会社等の当該事業年度における事業活動の具体的かつ客観的な内容から判定することが相当であ〔る〕」（〔〕内著者）とした上で、主たる事業の判定について、措通66の6-5と同様の判断方法を示している。また、静岡地裁平成7年11月9日判決は、「特定外国子会社等の主たる事業の判定は、各事業年度ごとに行われるということは当然であ〔る〕」（〔〕内著者）と判示している。

本　　法	施行令・施行規則

本　　法	施行令・施行規則
二　受取利子等（その支払を受ける利子（これに準ずるものとして政令で定めるものを含む。以下この号において同じ。）をいう。以下この号及び第11号ロにおいて同じ。）の額（その行う事業に係る業務の通常の過程において生ずる預金又は貯金（所得税法第2条第1項第10号に規定する政令で定めるものに相当するものを含む。）の利子の額、金銭の貸付けを主たる事業とする部分対象外国関係会社（金銭の貸付けを業として行うことにつきその本店所在地国の法令の規定によりその本店所在地国において免許又は登録その他これらに類する処分を受けているものに限る。）でその本店所在地国においてその役員又は使用人がその行う金銭の貸付けの事業を的確に遂行するために通常必要と認められる業務の全てに従事しているものが行う金銭の貸付けに係る利子の額その他政令で定める利子の額を除く。以下この号において同じ。）の合計額から当該受取利子等の額を得るために直接要した費用の額の合計額を控除した残額	【措令39の17の3】 9　法第66条の6第6項第2号に規定する支払を受ける利子に準ずるものとして政令で定めるものは、支払を受ける手形の割引料、法人税法施行令第139条の2第1項に規定する償還有価証券に係る同項に規定する調整差益その他経済的な性質が支払を受ける利子に準ずるもの（法人税法第64条の2第3項に規定するリース取引による同条第1項に規定するリース資産の引渡しを行ったことにより受けるべき対価の額のうちに含まれる利息に相当する金額及び財務省令で定める金額を除く。）とする。 10　法第66条の6第6項第2号に規定する政令で定める利子の額は、次に掲げる利子（前項に規定する支払を受ける利子に準ずるものを含む。以下この項において同じ。）の額とする。 一　割賦販売等（割賦販売法第2条第1項に規定する割賦販売、同条第2項に規定するローン提携販売、同条第3項に規定する包括信用購入あっせん又は同条第4項に規定する個別信用購入あっせんに相当するものをいう。以下この号において同じ。）を行う部分対象外国関係会社でその本店所在地国においてその役員又は使用人が割賦販売等を的確に遂行するために通常必要と認められる業務の全てに従事しているものが行う割賦販売等から生ずる利子の額 二　部分対象外国関係会社（その本店所在地国においてその行う金銭の貸付けに係る事務所、店舗その他の固定施設を有し、かつ、その本店所在地国においてその役員又は使用人がその行う金銭の貸付けの事業を的確に遂行するために通常必要と認められる業務の全てに従事しているものに限る。以下この号において同じ。）がその関連者等（次に掲げる者をいい、個人を除く。次号において同じ。）に対して行う金銭の貸付けに係る利子の額 イ　当該部分対象外国関係会社に係る法第40条の4第1項各号、第66条の6第1項各号及び第68条の90第1項各号に掲げる者 ロ　第39条の14の3第15項第1号中「法第66条の6第2項第3号ハ(1)に掲げる事業を主として行う外国関係会社」とあるのを「外国関係会社（法第66条の6第2項第6号に規定する部分対象外国関係会社に該当するものに限るものとし、同項第7号に規定する外国金融子会社等に該当するものを除く。以下この項において同じ。）」と、同項第2号中「法第66条の6第2項第3号ハ(1)に掲げる事業を主として行う外国関係会社」とあるのを「外国関係会社」と、「同条第1項各号」とあるのを「法第66条の6第1項各号」と、同項第3号から第5号までの規定中「法第66条の6第2項第3号ハ(1)に掲げる事業を主として行う外国関係会社」とあり、並びに同項第6号中「同条第2項第3号ハ(1)に掲げる事業を主として行う外国関係会社」とあり、及び「法第66条の6第2項第3号ハ(1)に掲げる事業を主として行う外国関係会社」とあるのを「外国関係会社」と読み替えた場合における

通達・QA番号・逐条解説

解　説　措令39の17の3⑦

☐　化石燃料の採取を主たる事業とし、かつ、租税条約の我が国以外の締約国又は締約者内に化石燃料を採取する場所を有している外国法人から受ける剰余金の配当等については、部分合算課税の対象から除外される持株割合要件（25％以上）が10％以上に緩和されている。ここでいう「租税条約」の意義について、措令39の12⑤は、「〔法人税〕法第2条第12号の19ただし書に規定する条約をいう。以下第39条の17の3までにおいて同じ」と規定し、法法2二の十九ただし書は、「我が国が締結した所得に対する租税に関する二重課税の回避又は脱税の防止のための条約」と規定しているところ、この租税条約の定義には「租税に関する相互行政支援に関する条約」（税務行政執行共助条約）及び「税源浸食及び利益移転を防止するための租税条約関連措置を実施するための多数国間条約」（いわゆるBEPS防止措置実施条約）が含まれることから、措令39の15①四ロ及び措規22の11④は、これらを除くこととし、措令39の17の3⑦において同じであるとしている。

2　受取利子等

解　説　措法66の6⑥二

☐　措法66の6⑥二に掲げる特定所得の金額（受取利子等）は、支払を受ける利子（その経済的な性質が利子に準ずるものを含む。）の額の合計額から当該利子等を受け取るために直接要した費用の額の合計額を控除した残額である。この「当該利子等を受け取るために直接要した費用の額」は、例えば、その受取利子等について課された源泉税や借入金を原資に金銭の貸付けを行う場合におけるその借入金に係る支払利子等のような、その受取利子等の額を得るために直接紐付きの関係が確認できる費用が想定されている（H29-694）。なお、控除を行った結果としてマイナスとなった場合には零となり、他の所得類型に係る特定所得の金額との損益通算や翌事業年度以後への損失額の繰越しは認められない。

☐　措法66の6⑥二に掲げる特定所得の金額（受取利子等）の計算上、❶業務の通常の過程において生ずる預貯金利子の額、❷一定の貸金業者が行う金銭の貸付けに係る利子の額、❸一定の割賦販売等に係る利子の額及び❹一定のグループファイナンスに係る利子の額を控除する。上記❶の業務の通常の過程において生ずる預貯金利子については、これを利用した租税回避は想定し難いことから、また、上記❷の一定の貸金業者が行う金銭の貸付けに係る利子については、その本店所在地国において活動するための十分な経済合理性があると認められることから（H29-694）、それぞれ部分合算課税の対象から除外するものである。

（主たる事業の判定）

措通66の6-5　措置法第66条の6第2項第2号イ(1)、同項第3号、同条第6項第1号ロ若しくは同項第2号又は措置法令第39条の15第1項第4号イ若しくは第39条の17の2第2項第4号イの規定を適用する場合において、外国関係会社が2以上の事業を営んでいるときは、そのいずれが主たる事業であるかは、それぞれの事業に属する収入金額又は所得金額の状況、使用人の数、固定施設の状況等を総合的に勘案して判定する。

備　考　最高裁平成29年10月24日第三小法廷判決は、「措置法〔平成21年法律第13号による改正前の租税特別措置法をいう。〕66条の6第3項及び4項にいう主たる事業は、特定外国子会社等の当該事業年度における事業活動の具体的かつ客観的な内容から判定することが相当であ〔る〕」（〔〕内著者）とした上で、主たる事業の判定について、措通66の6-5と同様の判断方法を示している。また、静岡地裁平成7年11月9日判決は、「特定外国子会社等の主たる事業の判定は、各事業年度ごとに行われるということは当然であ〔る〕」（〔〕内著者）と判示している。

（全てに従事していることの範囲）

措通66の6-16　措置法第66条の6第2項第3号イ(3)に規定する「全てに従事している」ことには、外国関係会社の業務の一部の委託（補助業務（広告宣伝、市場調査、専門的知識の提供その他の当該外国関係会社が業務を行う上での補助的な機能を有する業務をいう。）以外の業務の委託にあっては、当該外国関係会社が仕様書等を作成し、又は指揮命令している場合に限る。）が含まれることに留意する。

　　同項第7号及び措置法令第39条の17第2項各号、第3項各号及び第8項第2号並びに措置法第66条の6第6項第2号、第5号及び第8号並びに措置法令第39条の17の3第10項第1号及び第2号に規定する「全てに従事している」ことについても、同様とする。

備　考　本通達にいう「補助業務」を委託する場合とは、例えば、契約書の作成等に当たって現地法令に詳しい弁護士等の外部専門家に助言を求めるといった場合がこれに該当する。また、「仕様書等」とは、工事、工作などの内容や手順などを説明した書面その他これに類するものをいう（趣旨説明23）。

（特定所得の金額に係る源泉税等）

措通66の6-28　措置法第66条の6第6項第1号から第4号まで及び同項第8号から第10号まで並びに措置法令第39条の17

本　　　　法	施行令・施行規則
	当該部分対象外国関係会社に係る同項各号に掲げる者 　ハ　当該部分対象外国関係会社（第39条の14の3第8項に規定する統括会社に該当するものに限る。）に係る同条第6項に規定する被統括会社

令和元年度改正後条文

　二　同　上
　　イ　同　上
　　ロ　<u>第39条の14の3第27項</u>第1号中「法第66条の6第2項第3号ハ(1)に掲げる事業を主として行う外国関係会社」とあるのを「外国関係会社（法第66条の6第2項第6号に規定する部分対象外国関係会社に該当するものに限るものとし、同項第7号に規定する外国金融子会社等に該当するものを除く。以下この項において同じ。）」と、同項第2号中「法第66条の6第2項第3号ハ(1)に掲げる事業を主として行う外国関係会社」とあるのを「外国関係会社」と、「同条第1項各号」とあるのを「法第66条の6第1項各号」と、同項第3号から第5号までの規定中「法第66条の6第2項第3号ハ(1)に掲げる事業を主として行う外国関係会社」とあり、並びに同項第6号中「同条第2項第3号ハ(1)に掲げる事業を主として行う外国関係会社」とあり、及び「法第66条の6第2項第3号ハ(1)に掲げる事業を主として行う外国関係会社」とあるのを「外国関係会社」と読み替えた場合における当該部分対象外国関係会社に係る同項各号に掲げる者
　　ハ　当該部分対象外国関係会社（<u>第39条の14の3第20項</u>に規定する統括会社に該当するものに限る。）に係る<u>同条第18項</u>に規定する被統括会社

　三　法第66条の6第2項第6号に規定する部分対象外国関係会社（同項第7号に規定する外国金融子会社等に該当するものを除く。）が当該部分対象外国関係会社に係る関連者等である外国法人（前号（イからハまでを除く。）に規定する部分対象外国関係会社及び同条第8項各号列記以外の部分に規定する部分対象外国関係会社に限る。）に対して行う金銭の貸付けに係る利子の額

【措規22の11】

　11　施行令第39条の17の3第9項に規定する財務省令で定める金額は、法人税法第61条の5第1項に規定するその他財務省令で定める取引に相当する取引に係る利益の額又は損失の額とする。

令和元年度改正後条文

<u>28</u>　同　上

本　　　　法	施行令・施行規則
三　有価証券の貸付けによる対価の額の合計額から当該対価の額を得るために直接要した費用の額の合計額を控除した残額	

通達・QA番号・逐条解説

の３第16項第１号に規定する「直接要した費用の額」には、措置法第66条の６第６項に規定する特定所得の金額に係る源泉税等（令第141条第２項第３号に掲げる税及びこれに附帯して課される法第２条第41号に規定する附帯税に相当する税その他当該附帯税に相当する税に類する税をいう。）の額が含まれることに留意する。

(備　考)　「直接要した費用の額」には、特定所得の金額に係る源泉税本税及び附帯税に相当する税が含まれるが、その特定所得の金額が生ずる部分対象外国関係会社が賦課され又は負担すべきこととなるものに限定される（趣旨説明40）。

解　説　措令39の17の3⑨

□　法法64の２《リース取引に係る所得の金額の計算》①に規定するリース資産の引渡しを行ったことにより受けるべき対価の額に含まれる利息に相当する金額は、措法66の６⑥八に掲げる固定資産の貸付けによる対価の額に含まれ（H29-693）、措法66の６⑥二に掲げる受取利子等には含まれない。

□　受取利子等に係る特定所得の計算においては、「受取利子等」は、その経済的な性質が利子に準ずるものを含むこととされている。一定の金利スワップ等に係る損益は、部分合算課税の対象となるデリバティブ取引に係る損益から除外されているところ、会計上は、その一定の金利スワップ等に係る金利の受払の純額を対象の資産等に係る利息に加減して処理することができるが（H30-689・690）、外国関係会社が金利スワップ等に係る損益を利子として処理している場合であっても、当該損益は、上記の「その経済的な性質が利子に準ずるもの」には該当しない（措規22の11⑪）。

解　説　措令39の17の3⑩

□　割賦販売等に係る支払対価に係る利息に相当する金額は、その経済的な性質が利子に準ずるものとして、受取利子等に該当する。ただし、本店所在地国においてその役員又は使用人が割賦販売等を的確に遂行するために通常必要と認められる業務の全てに従事している部分対象外国関係会社が行う割賦販売等から生ずる受取利子等については、その本店所在地国において活動するための十分な経済合理性があると認められることから（H29-694）、部分合算課税の対象から除外されている。

□　多数の外国子会社を構えて国際的に事業展開する企業グループにおいては、各事業会社の資金需給を調整し、グループ全体での資金効率の最適化を図るためにグループファイナンス機能を有する外国子会社を設立する場合があることを踏まえ（H29-697）、本店所在地国において実体のあるグループファイナンス事業を行っていると認められる部分対象外国関係会社が関連者等に対して行う金銭の貸付けによって得る利子については、部分合算課税の対象から除外されている。なお、当該部分対象外国関係会社が金銭の貸付けを業として行うことにつきその本店所在地国の法令の規定により免許又は登録その他これに類する処分を受けていることは要件とされていない。また、ここにいう「関連者等」とは、部分対象外国関係会社にとっての非関連者基準（が適用されるものとした場合）における関連者及び当該部分対象外国関係会社が統括会社に該当する場合の当該統括会社に係る被統括会社をいい、個人を除くこととされている。

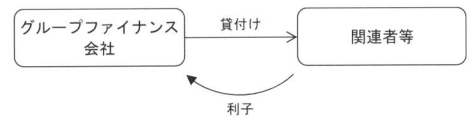

□　グループファイナンス会社の関連者等である部分対象外国関係会社が、当該グループファイナンス会社に対して行う金銭の貸付けによって得る利子についても、部分合算課税の対象から除外されている。

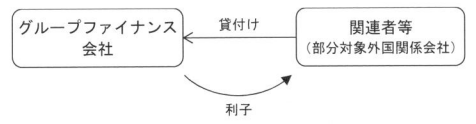

➡　Q11（「受動的所得」である受取利子等のうち活動の実体がある場合として除外されるグループファイナンスに係る利子の要件における通常必要と認められる業務の範囲）

➡　Q12（グループファイナンスに係る利子の要件における「通常必要と認められる業務の全て」が当該事業年度内に行われていない場合において、役員又は使用人が業務の全てに従事しているかどうかの判定）

3　有価証券の貸付けの対価

解　説　措法66の6⑥三

□　措法66の６⑥三に掲げる特定所得の金額（有価証券の貸付けの対価）は、有価証券の貸付けによる対価の額の合計額から当該対価の額を得るために直接要した費用の額の合計額を控除した残額である。なお、控除を行った結果としてマイナスとなった場合には零となり、他の所得類型に係る特定所得の金額との損益通算や翌事業年度以後への損失額の繰越しは認められない。

本　　　法	施行令・施行規則
四　有価証券の譲渡に係る対価の額（当該部分対象外国関係会社の有する他の法人の株式等の数又は金額のその発行済株式等の総数又は総額のうちに占める割合が、当該譲渡の直前において、100分の25以上である場合における当該他の法人の株式等の譲渡に係る対価の額を除く。以下この号において同じ。）の合計額から当該有価証券の譲渡に係る原価の額として政令で定めるところにより計算した金額の合計額及び当該対価の額を得るために直接要した費用の額の合計額を減算した金額	【措令39の17の3】 11　法第66条の6第6項第4号に規定する政令で定めるところにより計算した金額は、法人税法施行令第119条の規定の例によるものとした場合の有価証券の取得価額を基礎として移動平均法（有価証券を銘柄の異なるごとに区別し、銘柄を同じくする有価証券（以下第13項までにおいて「同一銘柄有価証券」という。）の取得をする都度その同一銘柄有価証券のその取得の直前の帳簿価額とその取得をした同一銘柄有価証券の取得価額との合計額をこれらの同一銘柄有価証券の総数で除して平均単価を算出し、その算出した平均単価をもってその一単位当たりの帳簿価額とする方法をいう。）により算出したその有価証券の一単位当たりの帳簿価額に、その譲渡をした有価証券（同号に規定する対価の額に係るものに限る。）の数を乗じて計算した金額とする。 12　法第66条の6第6項の内国法人は、前項の規定にかかわらず、法人税法施行令第119条の規定の例によるものとした場合の有価証券の取得価額を基礎として総平均法（有価証券を銘柄の異なるごとに区別し、同一銘柄有価証券について、事業年度開始の時において有していたその同一銘柄有価証券の帳簿価額と当該事業年度において取得をしたその同一銘柄有価証券の取得価額の総額との合計額をこれらの同一銘柄有価証券の総数で除して平均単価を算出し、その算出した平均単価をもってその一単位当たりの帳簿価額とする方法をいう。）により算出したその有価証券の一単位当たりの帳簿価額に、その譲渡をした有価証券（法第66条の6第6項第4号に規定する対価の額に係るものに限る。）の数を乗じて計算した金額をもって同号に規定する政令で定めるところにより計算した金額とすることができる。 13　前二項に規定する同一銘柄有価証券の一単位当たりの帳簿価額の算出の方法は、有価証券の種類ごとに選定するものとする。 14　法第66条の6第6項の内国法人は、その有価証券につき選定した一単位当たりの帳簿価額の算出の方法を変更しようとする場合には、あらかじめ納税地の所轄税務署長の承認を受けなければならない。
五　デリバティブ取引（法人税法第61条の5第1項に規定するデリバティブ取引をいう。以下この号及び第11号ホにおいて同じ。）に係る利益の額又は損失の額として財務省令で定めるところにより計算した金額（同法第61条の6第1項各号に掲げる損失を減少させるために行ったデリバティブ取引として財務省令で定めるデリバティブ取引に係る利益の額又は損失の額、その本店所在地国の法令に準拠して商品先物取引法第2条第22項各号に掲げる行為に相当する行為を業として行う部分対象外国関係会社（その本店所在地国においてその役員又は使用人がその行う当該行為に係る事業を的確に遂行する	【措規22の11】 12　法第66条の6第6項第5号に規定する財務省令で定めるところにより計算した金額は、部分対象外国関係会社（同条第2項第6号に規定する部分対象外国関係会社をいい、同項第7号に規定する外国金融子会社等に該当するものを除く。次項から第20項までにおいて同じ。）の行うデリバティブ取引（法人税法第61条の5第1項に規定するデリバティブ取引をいう。次項、第17項、第18項及び次条において同じ。）に係る利益の額又は損失の額につき法人税法第61条の5の規定その他法人税に関する法令の規定（同法第61条の6の規定を除く。）の例に準じて計算した場合に算出される金額とする。

通達・QA番号・逐条解説

（特定所得の金額に係る源泉税等）

措通66の6-28　措置法第66条の6第6項第1号から第4号まで及び同項第8号から第10号まで並びに措置法令第39条の17の3第16項第1号に規定する「直接要した費用の額」には、措置法第66条の6第6項に規定する特定所得の金額に係る源泉税等（令第141条第2項第3号に掲げる税及びこれに附帯して課される法第2条第41号に規定する附帯税に相当する税その他当該附帯税に相当する税に類する税をいう。）の額が含まれることに留意する。

(備　考)　「直接要した費用の額」には、特定所得の金額に係る源泉税本税及び附帯税に相当する税が含まれるが、その特定所得の金額が生ずる部分対象外国関係会社が賦課され又は負担すべきこととなるものに限定される（趣旨説明40）。

4　有価証券の譲渡損益

解　説　措法66の6⑥四

□　措法66の6⑥四に掲げる特定所得の金額（有価証券の譲渡損益）は、有価証券の譲渡に係る対価の額の合計額から当該有価証券の譲渡に係る原価の額及び当該対価の額を得るために直接要した費用の額の合計額を減算した金額である。ただし、株式等の譲渡対価については、その株式等の保有がポートフォリオ投資か否かを判断する際の基準として「持株割合25％以上」を採用している現行の事業譲渡類似の株式の譲渡所得課税や本税制における被統括会社（外国法人）の持株割合要件（25％以上）を踏まえ（H29-698）、「持株割合25％以上」の株式等の譲渡に係る対価については、部分合算課税の対象から除外されている。なお、「持株割合25％以上」の判定は、当該譲渡の直前における持株割合で行う。

（特定所得の金額に係る源泉税等）

措通66の6-28　措置法第66条の6第6項第1号から第4号まで及び同項第8号から第10号まで並びに措置法令第39条の17の3第16項第1号に規定する「直接要した費用の額」には、措置法第66条の6第6項に規定する特定所得の金額に係る源泉税等（令第141条第2項第3号に掲げる税及びこれに附帯して課される法第2条第41号に規定する附帯税に相当する税その他当該附帯税に相当する税に類する税をいう。）の額が含まれることに留意する。

(備　考)　「直接要した費用の額」には、特定所得の金額に係る源泉税本税及び附帯税に相当する税が含まれるが、その特定所得の金額が生ずる部分対象外国関係会社が賦課され又は負担すべきこととなるものに限定される（趣旨説明40）。

解　説　措令39の17の3⑪⑫

□　譲渡原価は、法令119《有価証券の取得価額》の例によるものとした場合の有価証券の取得価額を基礎として移動平均法により算出した同一銘柄有価証券の一単位当たりの帳簿価額に、その譲渡をした同一銘柄有価証券の数を乗じて計算する。ただし、これに代えて、総平均法により算出した同一銘柄有価証券の一単位当たりの帳簿価額に、その譲渡をした同一銘柄有価証券の数を乗じて計算することができる。

解　説　措令39の17の3⑬⑭

□　同一銘柄有価証券の一単位当たりの帳簿価額の算出方法は、有価証券の種類ごとに選定することとされており、その算出方法を変更しようとする場合には、あらかじめ納税地の所轄税務署長の承認を受けなければならない。

5　デリバティブ取引に係る損益

解　説　措法66の6⑥五

□　措法66の6⑥五に掲げる特定所得の金額（デリバティブ取引に係る損益）は、デリバティブ取引に係る利益の額又は損失の額につき法法61の5その他法人税に関する法令の規定の例に準じて計算した場合に算出される金額である。

□　措法66の6⑥五に掲げる特定所得の金額（デリバティブ取引に係る損益）の計算上、❶ヘッジ取引として行った一定のデリバティブ取引に係る損益の額、❷一定の商品先物取引業者等が行う一定の商品先物取引に係る損益の額、❸短期売買商品損失額を減少させるために行った一定のデリバティブ取引に係る損益の額、❹先物外国為替契約等に相当する契約に基づくデリバティブ取引に係る損益の額及び❺一定の金利スワップ等に係る損益の額を控除する。

本　　法	施行令・施行規則
ために通常必要と認められる業務の全てに従事しているものに限る。）が行う財務省令で定めるデリバティブ取引に係る利益の額又は損失の額その他財務省令で定めるデリバティブ取引に係る利益の額又は損失の額を除く。）	**令和元年度改正後条文** 29　法第66条の6第6項第5号に規定する財務省令で定めるところにより計算した金額は、部分対象外国関係会社（同条第2項第6号に規定する部分対象外国関係会社をいい、同項第7号に規定する外国金融子会社等に該当するものを除く。次項から<u>第37項まで</u>において同じ。）の行うデリバティブ取引（法人税法第61条の5第1項に規定するデリバティブ取引をいう。次項、<u>第34項、第35項</u>及び次条において同じ。）に係る利益の額又は損失の額につき法人税法第61条の5の規定その他法人税に関する法令の規定（同法第61条の6の規定を除く。）の例に準じて計算した場合に算出される金額とする。 13　法第66条の6第6項第5号に規定する法人税法第61条の6第1項各号に掲げる損失を減少させるために行ったデリバティブ取引として財務省令で定めるデリバティブ取引は、次に掲げるデリバティブ取引等（同条第4項第1号に掲げる取引をいい、同法第61条の8第2項に規定する先物外国為替契約等に相当する契約に基づくデリバティブ取引及び同法第61条の5第1項に規定するその他財務省令で定める取引に相当する取引を除く。以下第15項までにおいて同じ。）とする。 **令和元年度改正後条文** 30　法第66条の6第6項第5号に規定する法人税法第61条の6第1項各号に掲げる損失を減少させるために行ったデリバティブ取引として財務省令で定めるデリバティブ取引は、次に掲げるデリバティブ取引等（同条第4項第1号に掲げる取引をいい、同法第61条の8第2項に規定する先物外国為替契約等に相当する契約に基づくデリバティブ取引及び同法第61条の5第1項に規定するその他財務省令で定める取引に相当する取引を除く。<u>以下第32項までにおいて同じ。</u>）とする。 一　ヘッジ対象資産等損失額（法人税法第61条の6第1項各号に掲げる損失の額に相当する金額をいう。以下第15項までにおいて同じ。）を減少させるために部分対象外国関係会社がデリバティブ取引等を行った場合（当該デリバティブ取引等を行った日において、同条第1項第1号に規定する資産若しくは負債の取得若しくは発生又は当該デリバティブ取引等に係る契約の締結等に関する帳簿書類（その作成に代えて電磁的記録の作成がされている場合の当該電磁的記録を含む。次号において同じ。）に当該デリバティブ取引等につき次に掲げる事項が記載されている場合に限る。）において、当該デリバティブ取引等がヘッジ対象資産等損失額を減少させる効果についてあらかじめ定めた評価方法に従って定期的に確認が行われているときの当該デリバティブ取引等（次号に掲げるデリバティブ取引等を除く。） 　イ　そのデリバティブ取引等がヘッジ対象資産等損失額を減少させるために行ったものである旨 　ロ　そのデリバティブ取引等によりヘッジ対象資産等損失額を減少させようとする法人税法第61条の6第1項第1号に規定する資産又は負債及び同項第2号に規定する金銭に相当するもの 　ハ　そのデリバティブ取引等の種類、名称、金額及びヘッジ対象資産等損失額を減少させようとする期間 　ニ　その他参考となるべき事項

通達・ＱＡ番号・逐条解説

（全てに従事していることの範囲）

措通66の6-16　措置法第66条の6第2項第3号イ(3)に規定する「全てに従事している」ことには、外国関係会社の業務の一部の委託（補助業務（広告宣伝、市場調査、専門的知識の提供その他の当該外国関係会社が業務を行う上での補助的な機能を有する業務をいう。）以外の業務の委託にあっては、当該外国関係会社が仕様書等を作成し、又は指揮命令している場合に限る。）が含まれることに留意する。

同項第7号及び措置法令第39条の17第2項各号、第3項各号及び第8項第2号並びに措置法第66条の6第6項第2号、第5号及び第8号並びに措置法令第39条の17の3第10項第1号及び第2号に規定する「全てに従事している」ことについても、同様とする。

(備考)　本通達にいう「補助業務」を委託する場合とは、例えば、契約書の作成等に当たって現地法令に詳しい弁護士等の外部専門家に助言を求めるといった場合がこれに該当する。また、「仕様書等」とは、工事、工作などの内容や手順などを説明した書面その他これに類するものをいう（趣旨説明23）。

5-1〈1〉　ヘッジ対象資産等損失額を減少させるために行ったデリバティブ取引等に係る損益の額の除外

解説　措規22の11⑬一

□　ヘッジ対象資産等損失額を減少させるために部分対象外国関係会社がデリバティブ取引等を行った場合において、当該デリバティブ取引等がヘッジ対象資産等損失額を減少させる効果についてあらかじめ定めた評価方法に従って定期的に確認が行われているときの当該デリバティブ取引等に係る損益の額は、部分合算課税の対象から除外されている。

□　デリバティブ取引等がヘッジ対象資産等損失額を減少させる効果については、法令121の2においては、有効と認められる割合として80%～125%という基準が定められているが、ここでは具体的な数値基準は定められておらず、取引の内容等に応じた合理的な基準によることになる。また、一定の要件の下、複数の資産又は負債の集合体（ポートフォリオ）を一の資産又は負債として繰延ヘッジ処理を行うことを認める法通2-3-57《包括ヘッジ処理の要件》の取扱いは、本税制において部分合算課税の対象から除外されるヘッジ取引として行ったデリバティブ取引の範囲についても妥当すると考えられる（H29-699）。

5-1〈2〉　ヘッジ対象有価証券損失額を減少させるために行ったデリバティブ取引等に係る損益の額の除外

解説　措規22の11⑬二

□　売買目的外有価証券に相当する有価証券の価額の変動（期末時換算法に相当する方法により機能通貨換算額への換算をする当該有価証券の価額の外国為替の売買相場の変動に基因する変動を除く。）により生ずるおそれのある損失の額（ヘッジ対象有価証券損失額）を減少させるために部分対象外国関係会社がデリバティブ取引等を行った場合において、当該デリバティブ取引等がヘッジ対象有価証券損失額を減少させる効果についてあらかじめ定めた評価方法に従って定期的に確認が行われているときの当該デリバティブ取引等に係る損益の額は、部分合算課税の対象から除外されている。

5-1〈3〉　事業者単位の特例

解説　措規22の11⑭⑮

□　部分対象外国関係会社が当該事業年度において行ったデリバティブ取引等のおおむね全部がヘッジ対象資産等損失額を減少させるために行ったものである場合（措規22の11⑭各号に掲げる要件を満たす場合に限る。）には、当該部分対象外国関係会社が当該事業年度に行った全てのデリバティブ取引等をもって、措法66の6⑥五に規定する「〔法人税〕法第61条の6第1項各号に掲げる損失を減少させるために行ったデリバティブ取引として財務省令で定めるデリバティブ取引」として、これに係る損益の額を部分合算課税の対象から除外することができる。そして、この規定の適用を受けた場合には、❶当該事業年度において行ったデリバティブ取引等のおおむね全部がヘッジ対象資産等損失額を減少させるために行ったものである場合に該当しないこととなった場合又は❷措規22の11⑭各号に掲げる要件を満たさないこととなった場合を除き、継続的に適用があるものとされている。

➡　Q13（デリバティブ取引に係る損益の額）

令和元年度改正の解説

□　旧措規22の11⑭中「要件」の下に「の全て」が追加された（措規22の11㉛）。

□　旧措規22の11⑮中「要件」の下に「のいずれか」が追加された（措規22の11㉜）。

5-2　一定の商品先物取引業者等が行う一定の商品先物取引に係る損益の額の除外

解説　措規22の11⑯

本　　法	施行令・施行規則
	令和元年度改正後条文 一　ヘッジ対象資産等損失額（法人税法第61条の6第1項各号に掲げる損失の額に相当する金額をいう。以下<u>第32項</u>までにおいて同じ。）を減少させるために部分対象外国関係会社がデリバティブ取引等を行った場合（当該デリバティブ取引等を行った日において、同条第1項第1号に規定する資産若しくは負債の取得若しくは発生又は当該デリバティブ取引等に係る契約の締結等に関する帳簿書類（その作成に代えて電磁的記録の作成がされている場合の当該電磁的記録を含む。次号において同じ。）に当該デリバティブ取引等につき次に掲げる事項が記載されている場合に限る。）において、当該デリバティブ取引等がヘッジ対象資産等損失額を減少させる効果についてあらかじめ定めた評価方法に従って定期的に確認が行われているときの当該デリバティブ取引等（次号に掲げるデリバティブ取引等を除く。） イ～ニ　同　上 二　その有する売買目的外有価証券相当有価証券（法人税法第61条の3第1項第2号に規定する売買目的外有価証券に相当する有価証券（同法第2条第21号に規定する有価証券をいう。第20項第4号ロにおいて同じ。）をいう。以下この号において同じ。）の**価額の変動**（同法第61条の9第1項第1号ロに規定する期末時換算法に相当する方法により機能通貨換算額への換算をする売買目的外有価証券相当有価証券の価額の外国為替の売買相場の変動に基因する変動を除く。）により生ずるおそれのある損失の額（以下この号において「ヘッジ対象有価証券損失額」という。）を減少させるために部分対象外国関係会社がデリバティブ取引等を行った場合（当該デリバティブ取引等を行った日において、当該売買目的外有価証券相当有価証券の取得又は当該デリバティブ取引等に係る契約の締結等に関する帳簿書類に当該デリバティブ取引等につき次に掲げる事項が記載されている場合に限る。）において、当該デリバティブ取引等がヘッジ対象有価証券損失額を減少させる効果についてあらかじめ定めた評価方法に従って定期的に確認が行われているときの当該デリバティブ取引等 イ　その売買目的外有価証券相当有価証券を法人税法施行令第121条の6の規定に準じて評価し、又は機能通貨換算額に換算する旨 ロ　そのデリバティブ取引等によりヘッジ対象有価証券損失額を減少させようとする売買目的外有価証券相当有価証券 ハ　そのデリバティブ取引等の種類、名称、金額及びヘッジ対象有価証券損失額を減少させようとする期間 ニ　その他参考となるべき事項 **令和元年度改正後条文** 二　その有する売買目的外有価証券相当有価証券（法人税法第61条の3第1項第2号に規定する売買目的外有価証券に相当する有価証券（同法第2条第21号に規定する有価証券をいう。<u>第37項第4号ロ</u>において同じ。）をいう。以下この号において同じ。）の**価額の変動**（同法第61条の9第1項第1号ロに規定する期末時換算法に相当する方法により機能通貨換算額への換算をする売買目的外有価証券相当有価証券の価額の外国為替の売買相場の変動に基因する変動

通達・QA番号・逐条解説

□　本店所在地国の法令に準拠して商品先物取引法第2条第22項各号に掲げる行為に相当する行為を業として行う部分対象外国関係会社（その本店所在地国においてその役員又は使用人がその行う当該行為に係る事業を的確に遂行するために通常必要と認められる業務の全てに従事しているものに限る。）が行う同条第13項に規定する外国商品市場取引及び同条第14項に規定する店頭商品デリバティブ取引に相当する取引に係る損益は、部分合算課税の対象から除外されている。

【商品先物取引法2】

13　この法律において「外国商品市場取引」とは、外国商品市場において行われる取引であって、商品市場における取引に類似するものをいう。

14　この法律において「店頭商品デリバティブ取引」とは、商品市場、外国商品市場及び取引所金融商品市場（金融商品取引法（昭和23年法律第25号）第2条第17項に規定する取引所金融商品市場をいう。以下同じ。）によらないで行われる次に掲げる取引（第331条各号に掲げる施設における取引を除く。）をいう。

　一　当事者が将来の一定の時期において商品及びその対価の授受を約する売買取引であって、当該売買の目的物となっている商品の売戻し又は買戻しをしたときは差金の授受によって決済することができる取引

　二　約定価格と現実価格の差に基づいて算出される金額の授受を約する取引又はこれに類似する取引

　三　約定数値と現実数値の差に基づいて算出される金銭の授受を約する取引又はこれに類似する取引

　四　当事者の一方の意思表示により当事者間において次に掲げる取引を成立させることができる権利を相手方が当事者の一方に付与し、当事者の一方がこれに対して対価を支払うことを約する取引又はこれに類似する取引

　　イ　第1号に掲げる取引

　　ロ　第2号に掲げる取引

　　ハ　前号に掲げる取引

　　ニ　第6号に掲げる取引

　五　当事者の一方の意思表示により当事者間において当該意思表示を行う場合の商品の価格としてあらかじめ約定する価格（一の商品の価格の水準を表す数値その他の一の商品の価格に基づいて算出される数値を含む。以下この号において同じ。）若しくは商品指数としてあらかじめ約定する数値と現に当該意思表示を行った時期における現実の当該商品の価格若しくは当該商品指数の数値の差に基づいて算出される金銭を授受することとなる取引を成立させることができる権利を相手方が当事者の一方に付与し、当事者の一方がこれに対して対価を支払うことを約する取引又はこれに類似する取引

　六　当事者が数量を定めた商品について当事者の一方が相手方と取り決めた商品の価格若しくは商品指数の約定した期間における変化率に基づいて金銭を支払い、相手方が当事者の一方と取り決めた商品の価格若しくは商品指数の約定した期間における変化率に基づいて金銭を支払うことを相互に約する取引又はこれに類似する取引

　七　前各号に掲げるもののほか、これらと同様の経済的性質を有する取引であって、公益又は取引の当事者の保護を確保することが必要と認められるものとして政令で定めるもの

22　この法律において「商品先物取引業」とは、次に掲げる行為（その内容等を勘案し、委託者又は店頭商品デリバティブ取引の相手方（以下「委託者等」という。）の保護に欠けるおそれがないものとして政令で定めるもの及び第15項の主務省令で定める者若しくは資本金の額が同項の主務省令で定める金額以上の株式会社を相手方として店頭商品デリバティブ取引を行い、又はこれらの者のために店頭商品デリバティブ取引の媒介、取次ぎ若しくは代理を行う行為を除く。）のいずれかを業として行うことをいう。

　一　商品市場における取引（商品清算取引を除く。）の委託を受け、又はその委託の媒介、取次ぎ若しくは代理を行う行為

　二　商品清算取引の委託の取次ぎの委託を受け、又はその委託の媒介、取次ぎ若しくは代理を行う行為

　三　外国商品市場取引（商品清算取引に類似する取引を除く。）の委託を受け、又はその委託の媒介、取次ぎ若しくは代理を行う行為

　四　外国商品市場取引のうち、商品清算取引に類似する取引の委託の取次ぎの委託を受け、又はその委託の媒介、取次ぎ若しくは代理を行う行為

　五　店頭商品デリバティブ取引又はその媒介、取次ぎ若しくは代理を行う行為

➡　Q14（商品先物取引業の通常必要と認められる業務の範囲）

5-3　その他のデリバティブ取引に係る損益の除外

解説　措規22の11⑰⑱

□　短期売買商品は、時価評価損益の計上が求められるところ、その価額の変動に伴って生ずるおそれのある損失を減少させるために行ったデリバティブ取引に係る損益は、部分合算課税の対象から除外されている。この場合において、措規22の11⑬〜⑮は、読替えの上、準用することとされている。

□　措規22の11⑱による読替え後の措規22の11⑬〜⑮は、次の通りである。

本　　　法	施行令・施行規則
	を除く。）により生ずるおそれのある損失の額（以下この号において「ヘッジ対象有価証券損失額」という。）を減少させるために部分対象外国関係会社がデリバティブ取引等を行った場合（当該デリバティブ取引等を行った日において、当該売買目的外有価証券相当有価証券の取得又は当該デリバティブ取引等に係る契約の締結等に関する帳簿書類に当該デリバティブ取引等につき次に掲げる事項が記載されている場合に限る。）において、当該デリバティブ取引等がヘッジ対象有価証券損失額を減少させる効果についてあらかじめ定めた評価方法に従って定期的に確認が行われているときの当該デリバティブ取引等 　イ〜ニ　同　　上 14　部分対象外国関係会社が当該事業年度において行ったデリバティブ取引等のおおむね全部がヘッジ対象資産等損失額を減少させるために行ったものである場合（次に掲げる要件を満たす場合に限る。）には、当該部分対象外国関係会社に係る法第66条の6第6項各号列記以外の部分に規定する内国法人は、前項の規定にかかわらず、当該部分対象外国関係会社が当該事業年度において行った全てのデリバティブ取引等をもって、同条第6項第5号に規定する法人税法第61条の6第1項各号に掲げる損失を減少させるために行ったデリバティブ取引として財務省令で定めるデリバティブ取引とすることができる。 　一　そのデリバティブ取引等によりヘッジ対象資産等損失額を減少させようとする法人税法第61条の6第1項第1号に規定する資産又は負債及び同項第2号に規定する金銭に相当するものの内容、ヘッジ対象資産等損失額を減少させるために行うデリバティブ取引等の方針並びにその行うデリバティブ取引等がヘッジ対象資産等損失額を減少させる効果の評価方法に関する書類（その作成に代えて電磁的記録の作成がされている場合における当該電磁的記録を含む。以下この項において同じ。）を作成していること。 　二　前号に規定する書類において、その行うデリバティブ取引等のおおむね全部がヘッジ対象資産等損失額を減少させるために行うことが明らかにされていること。 　三　第1号に規定する書類において定められた方針に従ってデリバティブ取引等を行うために必要な組織及び業務管理体制が整備されていること。 　四　その行うデリバティブ取引等がヘッジ対象資産等損失額を減少させる効果について、第1号に規定する書類において定められた評価方法に従って定期的に確認が行われていること。 **令和元年度改正後条文** 31　部分対象外国関係会社が当該事業年度において行ったデリバティブ取引等のおおむね全部がヘッジ対象資産等損失額を減少させるために行ったものである場合（次に掲げる要件の全てを満たす場合に限る。）には、当該部分対象外国関係会社に係る法第66条の6第6項各号列記以外の部分に規定する内国法人は、前項の規定にかかわらず、当該部分対象外国関係会社が当該事業年度において行った全てのデリバティブ取引等をもって、同条第6項第5号に規定する法人税法第61条の6第1項各号に掲げる損失を減少させるために行ったデリバティブ取引として財務省令で定めるデリバティブ取引とすることができる。

通達・ＱＡ番号・逐条解説

【措規22の11】

13　法第66条の6第6項第5号に規定する法人税法第61条の6第1項各号に掲げる損失を減少させるために行ったデリバティブ取引として財務省令で定めるデリバティブ取引は、次に掲げるデリバティブ取引等（同条第4項第1号に掲げる取引をいい、同法第61条の8第2項に規定する先物外国為替契約等に相当する契約に基づくデリバティブ取引及び同法第61条の5第1項に規定するその他財務省令で定める取引に相当する取引を除く。以下第15項までにおいて同じ。）とする。

　一　短期売買商品損失額（短期売買商品（法人税法第61条第1項に規定する短期売買商品に相当する資産をいう。以下第15項までにおいて同じ。）の価額の変動に伴って生ずるおそれのある損失の額に相当する金額をいう。以下第15項までにおいて同じ。）を減少させるために部分対象外国関係会社がデリバティブ取引等を行った場合（当該デリバティブ取引等を行った日において、短期売買商品の取得又は当該デリバティブ取引等に係る契約の締結等に関する帳簿書類（その作成に代えて電磁的記録の作成がされている場合の当該電磁的記録を含む。次号において同じ。）に当該デリバティブ取引等につき次に掲げる事項が記載されている場合に限る。）において、当該デリバティブ取引等が短期売買商品損失額を減少させる効果についてあらかじめ定めた評価方法に従って定期的に確認が行われているときの当該デリバティブ取引等（次号に掲げるデリバティブ取引等を除く。）

　　イ　そのデリバティブ取引等が短期売買商品損失額を減少させるために行ったものである旨

　　ロ　そのデリバティブ取引等により短期売買商品損失額を減少させようとする短期売買商品

　　ハ　そのデリバティブ取引等の種類、名称、金額及び短期売買商品損失額を減少させようとする期間

　　ニ　その他参考となるべき事項

　二　その有する売買目的外有価証券相当有価証券（法人税法第61条の3第1項第2号に規定する売買目的外有価証券に相当する有価証券（同法第2条第21号に規定する有価証券をいう。第20項第4号ロにおいて同じ。）をいう。以下この号において同じ。）の価額の変動（同法第61条の9第1項第1号ロに規定する期末時換算法に相当する方法により機能通貨換算額への換算をする売買目的外有価証券相当有価証券の価額の外国為替の売買相場の変動に基因する変動を除く。）により生ずるおそれのある損失の額（以下この号において「ヘッジ対象有価証券損失額」という。）を減少させるために部分対象外国関係会社がデリバティブ取引等を行った場合（当該デリバティブ取引等を行った日において、当該売買目的外有価証券相当有価証券の取得又は当該デリバティブ取引等に係る契約の締結等に関する帳簿書類に当該デリバティブ取引等につき次に掲げる事項が記載されている場合に限る。）において、当該デリバティブ取引等がヘッジ対象有価証券損失額を減少させる効果についてあらかじめ定めた評価方法に従って定期的に確認が行われているときの当該デリバティブ取引等

　　イ　その売買目的外有価証券相当有価証券を法人税法施行令第121条の6の規定に準じて評価し、又は機能通貨換算額に換算する旨

　　ロ　そのデリバティブ取引等によりヘッジ対象有価証券損失額を減少させようとする売買目的外有価証券相当有価証券

　　ハ　そのデリバティブ取引等の種類、名称、金額及びヘッジ対象有価証券損失額を減少させようとする期間

　　ニ　その他参考となるべき事項

14　部分対象外国関係会社が当該事業年度において行ったデリバティブ取引等のおおむね全部が短期売買商品損失額を減少させるために行ったものである場合（次に掲げる要件を満たす場合に限る。）には、当該部分対象外国関係会社に係る法第66条の6第6項各号列記以外の部分に規定する内国法人は、第18項において準用する前項の規定にかかわらず、当該部分対象外国関係会社が当該事業年度において行った全てのデリバティブ取引等をもって、同条第6項第5号に規定する法人税法第61条の6第1項各号に掲げる損失を減少させるために行ったデリバティブ取引として財務省令で定めるデリバティブ取引とすることができる。

　一　そのデリバティブ取引等により短期売買商品損失額を減少させようとする短期売買商品の内容、短期売買商品損失額を減少させるために行うデリバティブ取引等の方針並びにその行うデリバティブ取引等が短期売買商品損失額を減少させる効果の評価方法に関する書類（その作成に代えて電磁的記録の作成がされている場合における当該電磁的記録を含む。以下この項において同じ。）を作成していること。

　二　前号に規定する書類において、その行うデリバティブ取引等のおおむね全部が短期売買商品損失額を減少させるために行うことが明らかにされていること。

　三　第1号に規定する書類において定められた方針に従ってデリバティブ取引等を行うために必要な組織及び業務管理体制が整備されていること。

　四　その行うデリバティブ取引等が短期売買商品損失額を減少させる効果について、第1号に規定する書類において定められた評価方法に従って定期的に確認が行われていること。

15　部分対象外国関係会社の当該事業年度の前事業年度以前の事業年度に係る部分適用対象金額（法第66条の6第6項に規定する部分適用対象金額をいう。以下この項において同じ。）の計算につき、第18項において準用する前項の規定の適用を受けた内国法人の当該部分対象外国関係会社に係る当該事業年度に係る部分適用対象金額の計算については、当該部分対象外国関係会社が当該事業年度において行ったデリバティブ取引等のおおむね全部が短期売買商品損失額を減少させるために行ったものである場合に該当しないこととなった場合又は同項各号に掲げる要件を満たさないこととなった場合を除き、同項の規定の適用があるものとする。

本　　法	施行令・施行規則
	一〜四　同　上

15　部分対象外国関係会社の当該事業年度の前事業年度以前の事業年度に係る部分適用対象金額（法第66条の6第6項に規定する部分適用対象金額をいう。以下この項において同じ。）の計算につき、前項の規定の適用を受けた内国法人の当該部分対象外国関係会社に係る当該事業年度に係る部分適用対象金額の計算については、当該部分対象外国関係会社が当該事業年度において行ったデリバティブ取引等のおおむね全部がヘッジ対象資産等損失額を減少させるために行ったものである場合に該当しないこととなった場合又は同項各号に掲げる要件を満たさないこととなった場合を除き、同項の規定の適用があるものとする。

令和元年度改正後条文

<u>32</u>　部分対象外国関係会社の当該事業年度の前事業年度以前の事業年度に係る部分適用対象金額（法第66条の6第6項に規定する部分適用対象金額をいう。以下この項において同じ。）の計算につき、前項の規定の適用を受けた内国法人の当該部分対象外国関係会社に係る当該事業年度に係る部分適用対象金額の計算については、当該部分対象外国関係会社が当該事業年度において行ったデリバティブ取引等のおおむね全部がヘッジ対象資産等損失額を減少させるために行ったものである場合に該当しないこととなった場合又は同項各号に掲げる要件<u>のいずれか</u>を満たさないこととなった場合を除き、同項の規定の適用があるものとする。

16　法第66条の6第6項第5号に規定する行為を業として行う同号に規定する部分対象外国関係会社が行う同号に規定する財務省令で定めるデリバティブ取引は、商品先物取引法第2条第13項に規定する外国商品市場取引及び同条第14項に規定する店頭商品デリバティブ取引に相当する取引とする。

令和元年度改正後条文

<u>33</u>　同　上

17　法第66条の6第6項第5号に規定するその他財務省令で定めるデリバティブ取引は、短期売買商品（法人税法第61条第1項に規定する短期売買商品に相当する資産をいう。次項において同じ。）の価額の変動に伴って生ずるおそれのある損失を減少させるために行ったデリバティブ取引、法人税法第61条の8第2項に規定する先物外国為替契約等に相当する契約に基づくデリバティブ取引及び同法第61条の5第1項に規定するその他財務省令で定める取引に相当する取引とする。

令和元年度改正後条文

<u>34</u>　法第66条の6第6項第5号に規定するその他財務省令で定めるデリバティブ取引は、<u>短期売買商品等</u>（法人税法第61条第1項に規定する<u>短期売買商品等</u>に相当する資産をいう。次項において同じ。）の価額の変動に伴って生ずるおそれのある損失を減少させるために行ったデリバティブ取引、法人税法第61条の8第2項

通達・ＱＡ番号・逐条解説

☐　法法61の8②に規定する先物外国為替契約等は、外国為替の変動をヘッジするために広く一般的に行われており、また、租税回避の可能性も低いと考えられることから（H29-705）、その契約に基づくデリバティブ取引に係る損益は、法法61の8②の要件を満たすかどうかを問わず、部分合算課税の対象から除外されている。

　　(注)　先物外国為替契約等につきいわゆる振当処理を行っている場合には、原則として、法法61の10による為替予約差額配分額の計算の例に準じて、措法66の6⑥六に掲げる特定所得の金額（外国為替差損益）を計算する（H29-706）。

☐　法規27の7②に規定する一定の金利スワップ及び金利オプション等に係る損益は、法法61の5①において未決済デリバティブ取引に係るみなし決済損益の対象から除外されていることを踏まえ（H29-705）、部分合算課税の対象から除外されている。

令和元年度改正の解説

　☐　措規22の11㉞にいう「短期売買商品等」は、法法61①において、「短期的な価格の変動を利用して利益を得る目的で取得した資産として政令で定めるもの（有価証券を除く。）及び資金決済に関する法律…第2条第5項…に規定する仮想通貨…をいう」ものとされている。

本　　法	施行令・施行規則
	に規定する先物外国為替契約等に相当する契約に基づくデリバティブ取引及び同法第61条の5第1項に規定するその他財務省令で定める取引に相当する取引とする。

18　第13項から第15項までの規定は、前項の短期売買商品の価額の変動に伴って生ずるおそれのある損失を減少させるために行ったデリバティブ取引について準用する。この場合において、第13項第1号中「ヘッジ対象資産等損失額（法人税法第61条の6第1項各号に掲げる損失」とあるのは「短期売買商品損失額（短期売買商品（法人税法第61条第1項に規定する短期売買商品に相当する資産をいう。以下第15項までにおいて同じ。）の価額の変動に伴って生ずるおそれのある損失」と、「同条第1項第1号に規定する資産若しくは負債の取得若しくは発生」とあるのは「短期売買商品の取得」と、「ヘッジ対象資産等損失額を減少させる効果」とあるのは「短期売買商品損失額を減少させる効果」と、同号イ中「ヘッジ対象資産等損失額」とあるのは「短期売買商品損失額」と、同号ロ中「ヘッジ対象資産等損失額」とあるのは「短期売買商品損失額」と、「法人税法第61条の6第1項第1号に規定する資産又は負債及び同項第2号に規定する金銭に相当するもの」とあるのは「短期売買商品」と、同号ハ中「ヘッジ対象資産等損失額」とあるのは「短期売買商品損失額」と、第14項中「ヘッジ対象資産等損失額を減少させるために行った」とあるのは「短期売買商品損失額を減少させるために行った」と、「前項」とあるのは「第18項において準用する前項」と、同項第1号中「ヘッジ対象資産等損失額」とあるのは「短期売買商品損失額」と、「法人税法第61条の6第1項第1号に規定する資産又は負債及び同項第2号に規定する金銭に相当するもの」とあるのは「短期売買商品」と、同項第2号及び第4号中「ヘッジ対象資産等損失額」とあるのは「短期売買商品損失額」と、第15項中「前項」とあるのは「第18項において準用する前項」と、「ヘッジ対象資産等損失額」とあるのは「短期売買商品損失額」と読み替えるものとする。

令和元年度改正後条文

35　第30項から第32項までの規定は、前項の短期売買商品等の価額の変動に伴って生ずるおそれのある損失を減少させるために行ったデリバティブ取引について準用する。この場合において、第30項第1号中「ヘッジ対象資産等損失額（法人税法第61条の6第1項各号に掲げる損失」とあるのは「短期売買商品等損失額（短期売買商品等（法人税法第61条第1項に規定する短期売買商品等に相当する資産をいう。以下第32項までにおいて同じ。）の価額の変動に伴って生ずるおそれのある損失」と、「同条第1項第1号に規定する資産若しくは負債の取得若しくは発生」とあるのは「短期売買商品等の取得」と、「ヘッジ対象資産等損失額を減少させる効果」とあるのは「短期売買商品等損失額を減少させる効果」と、同号イ中「ヘッジ対象資産等損失額」とあるのは「短期売買商品等損失額」と、同号ロ中「ヘッジ対象資産等損失額」とあるのは「短期売買商品等損失額」と、「法人税法第61条の6第1項第1号に規定する資産又は負債及び同項第2号に規定する金銭に相当するもの」とあるのは「短期売買商品等」と、同号ハ中「ヘッジ対象資産等損失額」とあるのは「短期売買商品等損失額」と、第31項中「ヘッジ対象資産等損失額を減少させるため

通達・QA番号・逐条解説

本　　　法	施行令・施行規則
	に行った」とあるのは「短期売買商品等損失額を減少させるために行った」と、「前項」とあるのは「第35項において準用する前項」と、同項第1号中「ヘッジ対象資産等損失額」とあるのは「短期売買商品等損失額」と、「法人税法第61条の6第1項第1号に規定する資産又は負債及び同項第2号に規定する金銭に相当するもの」とあるのは「短期売買商品等」と、同項第2号及び第4号中「ヘッジ対象資産等損失額」とあるのは「短期売買商品等損失額」と、第32項中「前項」とあるのは「第35項において準用する前項」と、「ヘッジ対象資産等損失額」とあるのは「短期売買商品等損失額」と読み替えるものとする。

20　第13項、前項及びこの項において、次の各号に掲げる用語の意義は、当該各号に定めるところによる。
　一　機能通貨
　　　部分対象外国関係会社がその会計帳簿の作成に当たり使用する通貨表示の通貨をいう。
　二　特定通貨
　　　機能通貨以外の通貨をいう。
　三　特定通貨建取引
　　　特定通貨で支払が行われる資産の販売及び購入、役務の提供、金銭の貸付け及び借入れ、剰余金の配当その他の取引をいう。
　四　特定通貨建資産等
　　　次に掲げる資産及び負債をいう。
　　イ　特定通貨建債権（特定通貨で支払を受けるべきこととされている金銭債権をいう。）及び特定通貨建債務（特定通貨で支払を行うべきこととされている金銭債務をいう。）
　　ロ　特定通貨建有価証券（その償還が特定通貨で行われる債券、残余財産の分配が特定通貨で行われる株式及びこれらに準ずる有価証券をいう。）
　　ハ　特定通貨建の預金
　　ニ　特定通貨
　五　機能通貨換算額
　　　特定通貨で表示された金額を機能通貨で表示された金額に換算した金額をいう。

令和元年度改正後条文

37　第30項、前項及びこの項において、次の各号に掲げる用語の意義は、当該各号に定めるところによる。
　一～五　同　上

27　第13項第1号、第14項及び前項に規定する電磁的記録とは、電子的方式、磁気的方式その他人の知覚によっては認識することができない方式で作られる記録であって、電子計算機による情報処理の用に供されるものをいう。

令和元年度改正後条文

44　第30項第1号、第31項第1号及び前項に規定する電磁的記録とは、電子的方式、磁気的方式その他人の知覚によっては認識することができない方式で作られる記録であって、電子計算機による情報処理の用に供されるものをいう。

通達・QA番号・逐条解説

本　　　法	施行令・施行規則
六　その行う取引又はその有する資産若しくは負債につき外国為替の売買相場の変動に伴って生ずる利益の額又は損失の額として財務省令で定めるところにより計算した金額（その行う事業（政令で定める取引を行う事業を除く。）に係る業務の通常の過程において生ずる利益の額又は損失の額を除く。）	【措令39の17の3】 15　法第66条の6第6項第6号に規定する政令で定める取引は、外国為替の売買相場の変動に伴って生ずる利益を得ることを目的とする投機的な取引とする。 【措規22の11】 19　法第66条の6第6項第6号に規定する財務省令で定めるところにより計算した金額は、各事業年度において行う特定通貨建取引の金額又は各事業年度終了の時において有する特定通貨建資産等の金額に係る機能通貨換算額につき法人税法第61条の8から第61条の10までの規定その他法人税に関する法令の規定の例に準じて計算した場合に算出される利益の額又は損失の額とする。

<table>
<tr><td colspan="2" align="center">令和元年度改正後条文</td></tr>
<tr><td colspan="2"><u>36</u>　同　　上</td></tr>
</table>

	20　第13項、前項及びこの項において、次の各号に掲げる用語の意義は、当該各号に定めるところによる。 　一　機能通貨 　　　部分対象外国関係会社がその会計帳簿の作成に当たり使用する通貨表示の通貨をいう。 　二　特定通貨 　　　機能通貨以外の通貨をいう。 　三　特定通貨建取引 　　　特定通貨で支払が行われる資産の販売及び購入、役務の提供、金銭の貸付け及び借入れ、剰余金の配当その他の取引をいう。 　四　特定通貨建資産等 　　　次に掲げる資産及び負債をいう。 　　イ　特定通貨建債権（特定通貨で支払を受けるべきこととされている金銭債権をいう。）及び特定通貨建債務（特定通貨で支払を行うべきこととされている金銭債務をいう。） 　　ロ　特定通貨建有価証券（その償還が特定通貨で行われる債券、残余財産の分配が特定通貨で行われる株式及びこれらに準ずる有価証券をいう。） 　　ハ　特定通貨建の預金 　　ニ　特定通貨 　五　機能通貨換算額 　　　特定通貨で表示された金額を機能通貨で表示された金額に換算した金額をいう。

<table>
<tr><td colspan="2" align="center">令和元年度改正後条文</td></tr>
<tr><td colspan="2"><u>37</u>　第30項、前項及びこの項において、次の各号に掲げる用語の意義は、当該各号に定めるところによる。
　一～五　同　　上</td></tr>
</table>

本　　　法	施行令・施行規則
七　前各号に掲げる金額に係る利益の額又は損失の額（これらに類する利益の額又は損失の額を含む。）を生じさせる資産の運用、保有、譲渡、貸付けその他の行為により生ずる利益の額又は損失の額（当該各号に掲げる金額に係る利益の額	【措令39の17の3】 16　次に掲げる金額に係る利益の額又は損失の額（法第66条の6第6項第1号から第6号までに掲げる金額に係る利益の額又は損失の額及び法人税法第61条の6第1項各号に掲げる損失を減少させるために行った取引として財務省令で定める取引に係る利益の額又は損失の額を除く。）は、

通達・ＱＡ番号・逐条解説
6　外国為替差損益

解　説　措法66の6⑥六（措規22の11⑲）

☐　措法66の6⑥六に掲げる特定所得の金額（外国為替差損益）は、部分対象外国関係会社が行う取引又はその有する資産若しくは負債につき外国為替の売買相場の変動に伴って生ずる利益の額又は損失の額である。当該利益の額又は損失の額は、法法61の8《外貨建取引の換算》、法法61の9《外貨建資産等の期末換算差益又は期末換算差損の益金又は損金算入等》及び法法61の10《為替予約差額の配分》その他法人税に関する法令の規定の例に準じて計算して算出する。

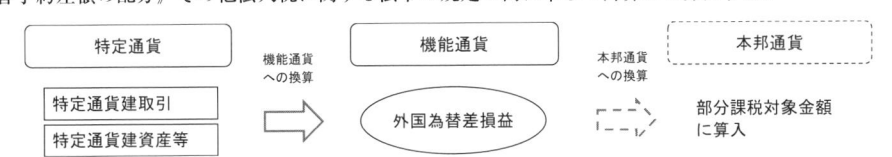

（H29-706を一部加工）

☐　部分対象外国関係会社が行う事業（外国為替相場の変動に伴って生ずる利益を得ることを目的とする投機的な取引を行う事業を除く。）に係る業務の通常の過程において生ずる外国為替差損益は、これを利用した租税回避の可能性は低いと考えられることから（H29-706）、部分合算課税の対象から除外されている。

➡　Q15（外国為替差損益がある場合の取扱い）

解　説　措規22の11⑳

☐　機能通貨とは、部分対象外国関係会社がその会計帳簿の作成に当たり使用する通貨表示の通貨をいう。また、特定通貨とは、機能通貨以外の通貨をいう。

7　その他の金融所得

解　説　措法66の6⑥七

☐　措法66の6⑥七に掲げる特定所得の金額（その他の金融所得）は、措法66の6⑥一～六に掲げる所得（これらに類する所得を含む。）を生じさせる資産（例えば、株式や信託受益権など）の運用、保有、譲渡、貸付けその他の行為により生ずる措法66の6⑥一～六に掲げる所得以外の所得を部分合算課税の対象とするもので、措法66の6⑥七は、いわゆるバスケット・クローズであ

本　　　法	施行令・施行規則
又は損失の額及び法人税法第61条の６第１項各号に掲げる損失を減少させるために行った取引として財務省令で定める取引に係る利益の額又は損失の額を除く。）	法第66条の６第６項第７号に掲げる金額に係る利益の額又は損失の額に含まれるものとする。 　一　所得税法第２条第１項第12号の２に規定する投資信託の収益の分配の額の合計額から当該収益の分配の額を得るために直接要した費用の額の合計額を控除した残額 　二　法人税法第61条の３第１項第１号に規定する売買目的有価証券に相当する有価証券（以下この号において「売買目的有価証券相当有価証券」という。）に係る評価益（当該売買目的有価証券相当有価証券の時価評価金額（同項第１号に規定する時価評価金額に相当する金額をいう。以下この号において同じ。）が当該売買目的有価証券相当有価証券の期末帳簿価額（同条第２項に規定する期末帳簿価額に相当する金額をいう。以下この号において同じ。）を超える場合におけるその超える部分の金額をいう。）又は評価損（当該売買目的有価証券相当有価証券の期末帳簿価額が当該売買目的有価証券相当有価証券の時価評価金額を超える場合におけるその超える部分の金額をいう。） 　三　法人税法第61条の２第20項に規定する有価証券の空売りに相当する取引に係るみなし決済損益額（同法第61条の４第１項に規定するみなし決済損益額に相当する金額をいう。以下この項において同じ。） 　四　法人税法第61条の２第21項に規定する信用取引に相当する取引に係るみなし決済損益額 　五　法人税法第61条の２第21項に規定する発行日取引に相当する取引に係るみなし決済損益額 　六　法人税法第61条の４第１項に規定する有価証券の引受けに相当する取引に係るみなし決済損益額 **【措規22の11】** 　21　第13項から第15項までの規定は、法第66条の６第６項第７号及び施行令第39条の17の３第16項に規定する財務省令で定める取引について準用する。この場合において、第13項中「同条第４項第１号」とあるのは、「同条第４項第２号」と読み替えるものとする。 ┌─ **令和元年度改正後条文** ─┐ 　38　第30項から第32項までの規定は、法第66条の６第６項第７号及び施行令第39条の17の３第16項に規定する財務省令で定める取引について準用する。この場合において、第30項中「同条第４項第１号」とあるのは、「同条第４項第２号」と読み替えるものとする。

通達・ＱＡ番号・逐条解説

る。これに含まれる損益の例は、次図の通りである。

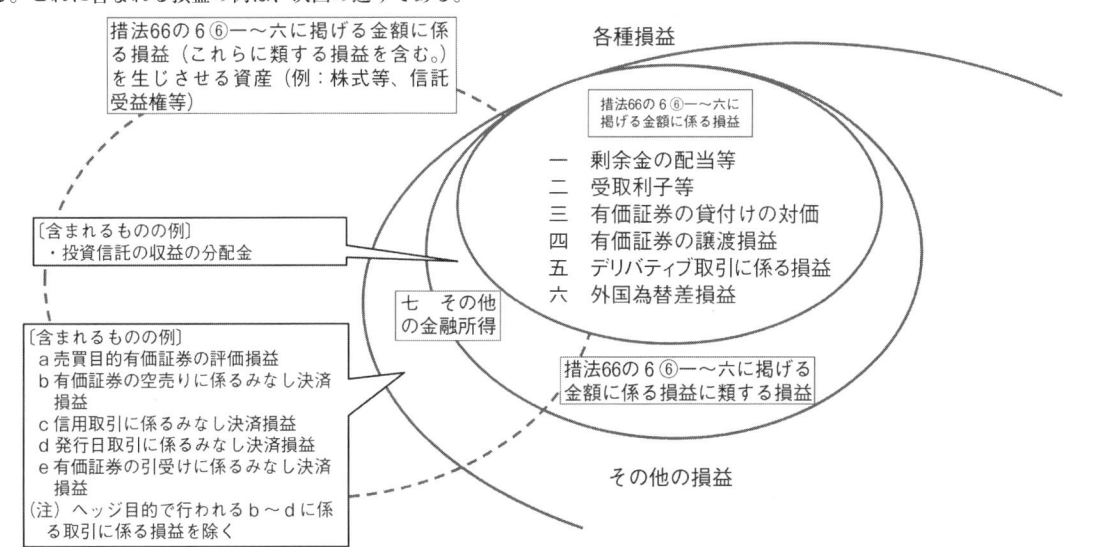

措法66の6⑥一〜六に掲げる金額に係る損益（これらに類する損益を含む。）を生じさせる資産（例：株式等、信託受益権等）

各種損益

措法66の6⑥一〜六に掲げる金額に係る損益
一　剰余金の配当等
二　受取利子等
三　有価証券の貸付けの対価
四　有価証券の譲渡損益
五　デリバティブ取引に係る損益
六　外国為替差損益

〔含まれるものの例〕
・投資信託の収益の分配金

七　その他の金融所得

〔含まれるものの例〕
a 売買目的有価証券の評価損益
b 有価証券の空売りに係るみなし決済損益
c 信用取引に係るみなし決済損益
d 発行日取引に係るみなし決済損益
e 有価証券の引受けに係るみなし決済損益
（注）ヘッジ目的で行われるb〜dに係る取引に係る損益を除く

措法66の6⑥一〜六に掲げる金額に係る損益に類する損益

その他の損益

（H29-708を一部加工）

☐　短期売買商品（法法61）は、期末に時価評価損益を認識することとされている点で、売買目的有価証券（措令39の17の3⑯二）と類似しているが、短期売買商品の取引は、現物である棚卸商品の売買としての性格も有すると考えられることから、短期売買商品は、措法66の6⑥一〜六に掲げる所得を生じさせる資産に該当せず、短期売買商品の期末時価評価損益は、「その他の金融所得」の類型に含まれないものと考えられる（H29-707）。

解　説　措令39の17の3⑯

☐　有価証券の空売り、信用取引及び発行日取引については、法法61の6④二において、ヘッジ手段として用いることができるデリバティブ取引等として掲げられているため（H29-707）、これらの取引に係る損益のうち、措規22の11㉑による読替え後の措規22の11⑬〜⑮の要件を満たす取引に係る損益は、部分合算課税の対象から除外されている。

☐　投資信託の収益の分配の額からこれを得るために直接要した費用の額を控除した残額は、「その他の金融所得」に含まれる。

（特定所得の金額に係る源泉税等）

措通66の6-28　措置法第66条の6第6項第1号から第4号まで及び同項第8号から第10号まで並びに措置法令第39条の17の3第16項第1号に規定する「直接要した費用の額」には、措置法第66条の6第6項に規定する特定所得の金額に係る源泉税等（令第141条第2項第3号に掲げる税及びこれに附帯して課される法第2条第41号に規定する附帯税に相当する税その他当該附帯税に相当する税に類する税をいう。）の額が含まれることに留意する。

（備　考）　「直接要した費用の額」には、特定所得の金額に係る源泉税本税及び附帯税に相当する税が含まれるが、その特定所得の金額が生ずる部分対象外国関係会社が賦課され又は負担すべきこととなるものに限定される（趣旨説明40）。

解　説　措規22の11㉑

☐　措規22の11㉑による読替え後の措規22の11⑬〜⑮は、次の通りである。

【措規22の11】

13　法第66条の6第6項第5号に規定する法人税法第61条の6第1項各号に掲げる損失を減少させるために行ったデリバティブ取引として財務省令で定めるデリバティブ取引は、次に掲げるデリバティブ取引等（同条第4項第2号に掲げる取引をいい、同法第61条の8第2項に規定する先物外国為替契約等に相当する契約に基づくデリバティブ取引及び同法第61条の5第1項に規定するその他財務省令で定める取引に相当する取引を除く。以下第15項までにおいて同じ。）とする。

一　ヘッジ対象資産等損失額（法人税法第61条の6第1項各号に掲げる損失の額に相当する金額をいう。以下第15項までにおいて同じ。）を減少させるために部分対象外国関係会社がデリバティブ取引等を行った場合（当該デリバティブ取引等を行った日において、同条第1項第1号に規定する資産若しくは負債の取得若しくは発生又は当該デリバティブ取引等に係る契約の締結等に関する帳簿書類（その作成に代えて電磁的記録の作成がされている場合の当該電磁的記録を含む。次号において同じ。）に当該デリバティブ取引等につき次に掲げる事項が記載されている場合に限る。）において、当該デリバティブ取引等がヘッジ対象

本　　法	施行令・施行規則

七の二　イに掲げる金額からロに掲げる金額を
　減算した金額
　イ　収入保険料の合計額から支払った再保険
　　料の合計額を控除した残額に相当するもの

【措令39の17の3】

17　法第66条の6第6項第7号の2イに規定する政令で定める金
　額は、部分対象外国関係会社の当該事業年度において収入した、
　又は収入すべきことの確定した収入保険料（当該収入保険料のう

資産等損失額を減少させる効果についてあらかじめ定めた評価方法に従って定期的に確認が行われているときの当該デリバティブ取引等（次号に掲げるデリバティブ取引等を除く。）

　イ　そのデリバティブ取引等がヘッジ対象資産等損失額を減少させるために行ったものである旨

　ロ　そのデリバティブ取引等によりヘッジ対象資産等損失額を減少させようとする法人税法第61条の6第1項第1号に規定する資産又は負債及び同項第2号に規定する金銭に相当するもの

　ハ　そのデリバティブ取引等の種類、名称、金額及びヘッジ対象資産等損失額を減少させようとする期間

　ニ　その他参考となるべき事項

二　その有する売買目的外有価証券相当有価証券（法人税法第61条の3第1項第2号に規定する売買目的外有価証券に相当する有価証券（同法第2条第21号に規定する有価証券をいう。第20項第4号ロにおいて同じ。）をいう。以下この号において同じ。）の価額の変動（同法第61条の9第1項第1号ロに規定する期末時換算法に相当する方法により機能通貨換算額への換算をする売買目的外有価証券相当有価証券の価額の外国為替の売買相場の変動に基因する変動を除く。）により生ずるおそれのある損失の額（以下この号において「ヘッジ対象有価証券損失額」という。）を減少させるために部分対象外国関係会社がデリバティブ取引等を行った場合（当該デリバティブ取引等を行った日において、当該売買目的外有価証券相当有価証券の取得又は当該デリバティブ取引等に係る契約の締結等に関する帳簿書類に当該デリバティブ取引等につき次に掲げる事項が記載されている場合に限る。）において、当該デリバティブ取引等がヘッジ対象有価証券損失額を減少させる効果についてあらかじめ定めた評価方法に従って定期的に確認が行われているときの当該デリバティブ取引等

　イ　その売買目的外有価証券相当有価証券を法人税法施行令第121条の6の規定に準じて評価し、又は機能通貨換算額に換算する旨

　ロ　そのデリバティブ取引等によりヘッジ対象有価証券損失額を減少させようとする売買目的外有価証券相当有価証券

　ハ　そのデリバティブ取引等の種類、名称、金額及びヘッジ対象有価証券損失額を減少させようとする期間

　ニ　その他参考となるべき事項

14　部分対象外国関係会社が当該事業年度において行ったデリバティブ取引等のおおむね全部がヘッジ対象資産等損失額を減少させるために行ったものである場合（次に掲げる要件を満たす場合に限る。）には、当該部分対象外国関係会社に係る法第66条の6第6項各号列記以外の部分に規定する内国法人は、前項の規定にかかわらず、当該部分対象外国関係会社が当該事業年度において行った全てのデリバティブ取引等をもって、同条第6項第5号に規定する法人税法第61条の6第1項各号に掲げる損失を減少させるために行ったデリバティブ取引として財務省令で定めるデリバティブ取引とすることができる。

一　そのデリバティブ取引等によりヘッジ対象資産等損失額を減少させようとする法人税法第61条の6第1項第1号に規定する資産又は負債及び同項第2号に規定する金銭に相当するものの内容、ヘッジ対象資産等損失額を減少させるために行うデリバティブ取引等の方針並びにその行うデリバティブ取引等がヘッジ対象資産等損失額を減少させる効果の評価方法に関する書類（その作成に代えて電磁的記録の作成がされている場合における当該電磁的記録を含む。以下この項において同じ。）を作成していること。

二　前号に規定する書類において、その行うデリバティブ取引等のおおむね全部がヘッジ対象資産等損失額を減少させるために行うことが明らかにされていること。

三　第1号に規定する書類において定められた方針に従ってデリバティブ取引等を行うために必要な組織及び業務管理体制が整備されていること。

四　その行うデリバティブ取引等がヘッジ対象資産等損失額を減少させる効果について、第1号に規定する書類において定められた評価方法に従って定期的に確認が行われていること。

15　部分対象外国関係会社の当該事業年度の前事業年度以前の事業年度に係る部分適用対象金額（法第66条の6第6項に規定する部分適用対象金額をいう。以下この項において同じ。）の計算につき、前項の規定の適用を受けた内国法人の当該部分対象外国関係会社に係る当該事業年度に係る部分適用対象金額の計算については、当該部分対象外国関係会社が当該事業年度において行ったデリバティブ取引等のおおむね全部がヘッジ対象資産等損失額を減少させるために行ったものである場合に該当しないこととなった場合又は同項各号に掲げる要件を満たさないこととなった場合を除き、同項の規定の適用があるものとする。

7-2　収入保険料

令和元年度改正の解説

□　次の(1)に掲げる金額から(2)に掲げる金額を減算した金額が、部分対象外国関係会社（外国金融子会社等に該当するものを除く。）に係る部分合算課税の対象となる特定所得の金額に追加された。

　(1)　次の①に掲げる金額から②に掲げる金額を控除した残額

本　　法	施行令・施行規則
として政令で定める金額 　ロ　支払保険金の額の合計額から収入した再保険金の額の合計額を控除した残額に相当するものとして政令で定める金額	ちに払い戻した、又は払い戻すべきものがある場合には、その金額を控除した残額）及び再保険返戻金の合計額から当該事業年度において支払った、又は支払うべきことの確定した再保険料及び解約返戻金の合計額を控除した残額とする。 18　法第66条の6第6項第7号の2ロに規定する政令で定める金額は、部分対象外国関係会社の当該事業年度において支払った、又は支払うべきことの確定した支払保険金の額の合計額から当該事業年度において収入した、又は収入すべきことの確定した再保険金の額の合計額を控除した残額とする。

本　　法	施行令・施行規則
八　固定資産（政令で定めるものを除く。以下この号及び第11号チにおいて同じ。）の貸付け（不動産又は不動産の上に存する権利を使用させる行為を含む。）による対価の額（主としてその本店所在地国において使用に供される固定資産（不動産及び不動産の上に存する権利を除く。）の貸付けによる対価の額、その本店所在地国にある不動産又は不動産の上に存する権利の貸付け（これらを使用させる行為を含む。）による対価の額及びその本店所在地国においてその役員又は使用人が固定資産の貸付け（不動産又は不動産の上に存する権利を使用させる行為を含む。以下この号及び第11号チにおいて同じ。）を的確に遂行するために通常必要と認められる業務の全てに従事していることその他の政令で定める要件に該当する部分対象外国関係会社が行う固定資産の貸付けによる対価の額を除く。以下この号において同じ。）の合計額から当該対価の額を得るために直接要した費用の額（その有する固定資産に係る償却費の額として政令で定めるところにより計算した金額を含む。）の合計額を控除した残額	【措令39の17の3】 17　法第66条の6第6項第8号に規定する政令で定める固定資産は、固定資産のうち無形資産等に該当するものとする。 〔令和元年度改正後条文〕 19　同　上 18　法第66条の6第6項第8号に規定する政令で定める要件は、次に掲げる要件とする。 　一　部分対象外国関係会社の役員又は使用人がその本店所在地国において固定資産（無形資産等に該当するものを除く。以下この項及び次項において同じ。）の貸付け（不動産又は不動産の上に存する権利を使用させる行為を含む。以下この項において同じ。）を的確に遂行するために通常必要と認められる業務の全てに従事していること。 　二　部分対象外国関係会社の当該事業年度における固定資産の貸付けに係る業務の委託に係る対価の支払額の合計額の当該部分対象外国関係会社の当該事業年度における固定資産の貸付けに係る業務に従事する役員及び使用人に係る人件費の額の合計額に対する割合が100分の30を超えていないこと。 　三　部分対象外国関係会社の当該事業年度における固定資産の貸付けに係る業務に従事する役員及び使用人に係る人件費の額の合計額の当該部分対象外国関係会社の当該事業年度における固定資産の貸付けによる収入金額から当該事業年度における貸付けの用に供する固定資産に係る償却費の額の合計額を控除した残額（当該残額がない場合には、当該人件費の額の合計額に相当する金額）に対する割合が100分の5を超えていること。 　四　部分対象外国関係会社がその本店所在地国において固定資産の貸付けを行うに必要と認められる事務所、店舗、工場その他の固定施設を有していること。 〔令和元年度改正後条文〕 20　同　上 19　法第66条の6第6項第8号に規定する政令で定めるところにより計算した金額は、部分対象外国関係会社が有する固定資産（同号に規定する対価の額に係るものに限る。第22項及び第23項において同じ。）に係る当該事業年度の償却費の額のうち法人税法第31条の規定の例に準じて計算した場合に算出される同条第1項に規定する償却限度額に達するまでの金額とする。

〔令和元年度改正後条文〕

　八　固定資産（政令で定めるものを除く。以下この号及び第11号リにおいて同じ。）の貸付け（不動産又は不動産の上に存する権利を使用させる行為を含む。）による対価の額（主としてその本店所在地国において使用に供される固定資産（不動産及び不動産の上に存する権利を除く。）の貸付けによる対価の額、その本店所在地国にある不動産又は不動産の上に存する権利の貸付け（これらを使用させる行為を含む。）による対価の額及びその本店所在地国においてその役員又は使用人が固定資産の貸付け（不動産又は不動産の上に存する権利を使用させる行為を含む。以下この号及び第11号リにおいて同じ。）を的確に遂行するために通常必要と認められる業務の全てに従事していることその他の政令で定める要件に該当する部分対象外国関係会社が行う固定資産の貸付けによる対価の額を除く。以下この号において同じ。）の合計額から当該対価の額を得るために直接要した費用の額（その有する固定資産に係る償却費の額とし

通達・QA番号・逐条解説

①　部分対象外国関係会社の当該事業年度において収入した、又は収入すべきことの確定した収入保険料（当該収入保険料のうちに払い戻した、又は払い戻すべきものがある場合には、その金額を控除した残額）及び再保険返戻金の合計額

②　当該事業年度において支払った、又は支払うべきことの確定した再保険料及び解約返戻金の合計額

(2)　次の①に掲げる金額から②に掲げる金額を控除した残額

①　部分対象外国関係会社の当該事業年度において支払った、又は支払うべきことの確定した支払保険金の額の合計額

②　当該事業年度において収入した、又は収入すべきことの確定した再保険金の額の合計額

□　この改正は、外国関係会社の平成31年4月1日以後に開始する事業年度について適用される（改正法附則58②）。

8　固定資産の貸付けの対価

解　説　措法66の6⑥八

□　措法66の6⑥八に掲げる特定所得の金額（固定資産の貸付けの対価）は、固定資産（無形資産等を除く。）の貸付けによる対価の額から当該対価の額を得るために直接要した費用の額（償却費の額を含む。）の合計額を控除した残額である。この「固定資産…の貸付けによる対価」には、ファイナンス・リースにおいて受け取る対価に係る利息相当分も含まれる（H29-693）。なお、控除を行った結果としてマイナスとなった場合には零となり、他の所得類型に係る特定所得の金額との損益通算や翌事業年度以後への損失額の繰越しは認められない。

□　主としてその本店所在地国において使用に供される固定資産（不動産及び不動産の上に存する権利を除く。）の貸付けによる対価の額は、部分合算課税の対象から除外されている。これは、物品賃貸業を主たる事業とする外国関係会社に係る所在地国基準の判定方法（措令39の14の3㉑二）と整合的なものとして設けられているものであるが（H29-709）、ここでは、主たる事業が物品賃貸業であることを前提とするものではない。

□　その本店所在地国にある不動産及び不動産の上に存する権利の貸付け（これらを使用させる行為を含む。）による対価の額は、部分合算課税の対象から除外されている。これは、不動産業を主たる事業とする外国関係会社に係る所在地国基準の判定方法（措令39の14の3㉑一）と整合的なものとして設けられているものであるが（H29-709）、ここでは、主たる事業が不動産業であることを前提とするものではない。

□　❶業務従事基準（措令39の17の3⑱一）、❷業務委託対価基準（措令39の17の3⑱二）、❸人件費割合基準（措令39の17の3⑱三）及び❹固定施設保有基準（措令39の17の3⑱四）の各要件を満たす部分対象外国関係会社が行う固定資産の貸付けによる対価の額は、部分合算課税の対象から除外されている。これは、航空機リース業に係る事業基準の判定方法（措令39の14の3⑪）に対応するものとして設けられているものであるが（H29-709）、ここでは、主たる事業が航空機リース業を含むリース業であることを前提とするものではない。

（船舶又は航空機の貸付けの意義）

措通66の6-15　措置法第66条の6第2項第3号イ又は同条第6項第8号の規定の適用上、船舶又は航空機の貸付けとは、いわゆる裸用船（機）契約に基づく船舶（又は航空機）の貸付けをいい、いわゆる定期用船（機）契約又は航海用船（機）契約に基づく船舶（又は航空機）の用船（機）は、これに該当しない。

備考　本通達にいう「裸用船（機）契約に基づく船舶（又は航空機）の貸付け」とは、単なる船体又は機体の貸付契約をいい、「定期用船（機）契約又は航海用船（機）契約に基づく船舶（又は航空機）の用船（機）」とは、運行サービスの提供と一体となって行われる船体又は機体の貸付契約ないし一種の再運送契約をいう（趣旨説明22）。

（全てに従事していることの範囲）

措通66の6-16　措置法第66条の6第2項第3号イ(3)に規定する「全てに従事している」ことには、外国関係会社の業務の一部の委託（補助業務（広告宣伝、市場調査、専門的知識の提供その他の当該外国関係会社が業務を行う上での補助的な機能を有する業務をいう。）以外の業務の委託にあっては、当該外国関係会社が仕様書等を作成し、又は指揮命令している場合に限る。）が含まれることに留意する。

同項第7号及び措置法令第39条の17第2項各号、第3項各号及び第8項第2号並びに措置法第66条の6第6項第2号、第5号及び第8号並びに措置法令第39条の17の3第10項第1号及び第2号に規定する「全てに従事している」ことについても、同様とする。

備考　本通達にいう「補助業務」を委託する場合とは、例えば、契約書の作成等に当たって現地法令に詳しい弁護士等の外部専門家に助言を求めるといった場合がこれに該当する。また、「仕様書等」とは、工事、工作などの内容や手順などを説明し

本　　法	施行令・施行規則
て政令で定めるところにより計算した金額を含む。）の合計額を控除した残額	

令和元年度改正後条文

21　法第66条の6第6項第8号に規定する政令で定めるところにより計算した金額は、部分対象外国関係会社が有する固定資産（同号に規定する対価の額に係るものに限る。第24項及び第25項において同じ。）に係る当該事業年度の償却費の額のうち法人税法第31条の規定の例に準じて計算した場合に算出される同条第1項に規定する償却限度額に達するまでの金額とする。

22　法第66条の6第6項の内国法人は、第19項及び前項の規定にかかわらず、部分対象外国関係会社が有する固定資産又は無形資産等に係る当該事業年度の償却費の額として当該部分対象外国関係会社の第39条の15第2項に規定する本店所在地国の法令の規定により当該事業年度の損金の額に算入している金額（その固定資産又は無形資産等の取得価額（既にした償却の額で各事業年度の損金の額に算入されたものがある場合には、当該金額を控除した金額）を各事業年度の損金の額に算入する金額の限度額として償却する方法を用いて計算されたものについては法人税法第31条の規定の例によるものとした場合に損金の額に算入されることとなる金額に相当する金額）をもって法第66条の6第6項第8号又は第9号に規定する政令で定めるところにより計算した金額とすることができる。

令和元年度改正後条文

24　法第66条の6第6項の内国法人は、第21項及び前項の規定にかかわらず、部分対象外国関係会社が有する固定資産又は無形資産等に係る当該事業年度の償却費の額として当該部分対象外国関係会社の第39条の15第2項に規定する本店所在地国の法令の規定により当該事業年度の損金の額に算入している金額（その固定資産又は無形資産等の取得価額（既にした償却の額で各事業年度の損金の額に算入されたものがある場合には、当該金額を控除した金額）を各事業年度の損金の額に算入する金額の限度額として償却する方法を用いて計算されたものについては法人税法第31条の規定の例によるものとした場合に損金の額に算入されることとなる金額に相当する金額）をもって法第66条の6第6項第8号又は第9号に規定する政令で定めるところにより計算した金額とすることができる。

23　その部分対象外国関係会社が有する固定資産若しくは無形資産等に係る償却費の額の計算につき第19項若しくは第21項の規定の適用を受けた内国法人がその適用を受けた事業年度後の事業年度において当該償却費の額の計算につき前項の規定の適用を受けようとする場合又はその部分対象外国関係会社が有する固定資産若しくは無形資産等に係る償却費の額の計算につき同項の規定の適用を受けた内国法人がその適用を受けた事業年度後の事業年度において当該償却費の額の計算につき第19項若しくは第21項の規定の適用を受けようとする場合には、あらかじめ納税地の所轄税務署長の承認を受けなければならない。

通達・QA番号・逐条解説

た書面その他これに類するものをいう（趣旨説明23）。

（特定所得の金額に係る源泉税等）

措通66の6-28　措置法第66条の6第6項第1号から第4号まで及び同項第8号から第10号まで並びに措置法令第39条の17の3第16項第1号に規定する「直接要した費用の額」には、措置法第66条の6第6項に規定する特定所得の金額に係る源泉税等（令第141条第2項第3号に掲げる税及びこれに附帯して課される法第2条第41号に規定する附帯税に相当する税その他当該附帯税に相当する税に類する税をいう。）の額が含まれることに留意する。

（備　考）「直接要した費用の額」には、特定所得の金額に係る源泉税本税及び附帯税に相当する税が含まれるが、その特定所得の金額が生ずる部分対象外国関係会社が賦課され又は負担すべきこととなるものに限定される（趣旨説明40）。

解　説　措令39の17の3⑲⑳㉓

□　措法66の6⑥八に掲げる特定所得の金額（固定資産の貸付けの対価）の計算上控除する償却費の額は、部分対象外国関係会社が有する固定資産に係る当該事業年度の償却費の額のうち、法法31《減価償却資産の償却費の計算及びその償却の方法》の例に準じて計算した場合に算出される償却限度額に達するまでの金額とされている。ただし、これに代えて、当該部分対象外国関係会社の本店所在地国の法令の規定により当該事業年度の損金の額に算入している金額（自由償却制度に基づいて計算されたものである場合には、法法31の例によるものとした場合に損金の額に算入されることとなる金額に相当する金額）をもって固定資産の償却費の額とすることができる。なお、償却費の額の計算方法を変更しようとする場合には、あらかじめ納税地の所轄税務署長の承認を受けなければならない。

本　　　法	施行令・施行規則
	令和元年度改正後条文 25　その部分対象外国関係会社が有する固定資産若しくは無形資産等に係る償却費の額の計算につき<u>第21項</u>若しくは<u>第23項</u>の規定の適用を受けた内国法人がその適用を受けた事業年度後の事業年度において当該償却費の額の計算につき前項の規定の適用を受けようとする場合又はその部分対象外国関係会社が有する固定資産若しくは無形資産等に係る償却費の額の計算につき同項の規定の適用を受けた内国法人がその適用を受けた事業年度後の事業年度において当該償却費の額の計算につき<u>第21項</u>若しくは<u>第23項</u>の規定の適用を受けようとする場合には、あらかじめ納税地の所轄税務署長の承認を受けなければならない。
九　工業所有権その他の技術に関する権利、特別の技術による生産方式若しくはこれらに準ずるもの（これらの権利に関する使用権を含む。）又は著作権（出版権及び著作隣接権その他これに準ずるものを含む。）（以下この項において「無形資産等」という。）の使用料（自ら行った研究開発の成果に係る無形資産等の使用料その他の政令で定めるものを除く。以下この号において同じ。）の合計額から当該使用料を得るために直接要した費用の額（その有する無形資産等に係る償却費の額として政令で定めるところにより計算した金額を含む。）の合計額を控除した残額	**【措令39の17の3】** 20　法第66条の6第6項第9号に規定する政令で定める使用料は、次の各号に掲げる無形資産等の区分に応じ、当該各号に定める使用料（同条第1項各号に掲げる内国法人が次の各号に定めるものであることを明らかにする書類を保存している場合における当該使用料に限る。）とする。 　一　部分対象外国関係会社が自ら行った研究開発の成果に係る無形資産等 　　　当該部分対象外国関係会社が当該研究開発を主として行った場合の当該無形資産等の使用料 　二　部分対象外国関係会社が取得をした無形資産等 　　　当該部分対象外国関係会社が当該取得につき相当の対価を支払い、かつ、当該無形資産等をその事業（株式等若しくは債券の保有、無形資産等の提供又は船舶若しくは航空機の貸付けを除く。次号において同じ。）の用に供している場合の当該無形資産等の使用料 　三　部分対象外国関係会社が使用を許諾された無形資産等 　　　当該部分対象外国関係会社が当該許諾につき相当の対価を支払い、かつ、当該無形資産等をその事業の用に供している場合の当該無形資産等の使用料 **令和元年度改正後条文** 22　同　　上 21　法第66条の6第6項第9号に規定する政令で定めるところにより計算した金額は、部分対象外国関係会社が有する無形資産等（同号に規定する使用料に係るものに限る。次項及び第23項において同じ。）に係る当該事業年度の償却費の額のうち法人税法第31条の規定の例に準じて計算した場合に算出される同条第1項に規定する償却限度額に達するまでの金額とする。 **令和元年度改正後条文** 23　法第66条の6第6項第9号に規定する政令で定めるところにより計算した金額は、部分対象外国関係会社が有する無形資産等（同号に規定する使用料に係るものに限る。次項及び<u>第25項</u>において同じ。）に係る当該事業年度の償却費の額のうち法人税法第31条の規定の例に準じて計算した場合に算出される同条第1項に規定する償却限度額に達するまでの金額とする。

通達・QA番号・逐条解説

9　無形資産等の使用料

解　説　措法66の6⑥九

☐　措法66の6⑥九に掲げる特定所得の金額（無形資産等の使用料）は、無形資産等の使用料の合計額から当該使用料を得るために直接要した費用の額（償却費の額を含む。）の合計額を控除した残額である。ここでいう「無形資産等」とは、工業所有権その他の技術に関する権利、特別の技術による生産方式若しくはこれらに準ずるもの（これらの権利に関する使用権を含む。）又は著作権（出版権及び著作隣接権その他これに準ずるものを含む。）をいう。なお、控除を行った結果としてマイナスとなった場合には零となり、他の所得類型に係る特定所得の金額との損益通算や翌事業年度以後への損失額の繰越しは認められない。

☐　措法66の6⑥九に掲げる特定所得の金額（無形資産等の使用料）の計算上、❶部分対象外国関係会社が自ら行った研究開発の成果に係る無形資産等の使用料、❷部分対象外国関係会社が取得をし、その事業の用に供する無形資産等の使用料、❸部分対象外国関係会社が使用を許諾され、その事業の用に供する無形資産等の使用料を控除する。

（特定所得の金額に係る源泉税等）

措通66の6-28　措置法第66条の6第6項第1号から第4号まで及び同項第8号から第10号まで並びに措置法令第39条の17の3第16項第1号に規定する「直接要した費用の額」には、措置法第66条の6第6項に規定する特定所得の金額に係る源泉税等（令第141条第2項第3号に掲げる税及びこれに附帯して課される法第2条第41号に規定する附帯税に相当する税その他当該附帯税に相当する税に類する税をいう。）の額が含まれることに留意する。

備　考　「直接要した費用の額」には、特定所得の金額に係る源泉税本税及び附帯税に相当する税が含まれるが、その特定所得の金額が生ずる部分対象外国関係会社が賦課され又は負担すべきこととなるものに限定される（趣旨説明40）。

解　説　措令39の17の3⑳

☐　❶部分対象外国関係会社が自ら主として行った研究開発の成果に係る無形資産等の使用料、❷部分対象外国関係会社が無形資産等の取得につき相当の対価（注）を支払い、かつ、当該無形資産等をその事業（株式等若しくは債券の保有、無形資産等の提供又は船舶若しくは航空機の貸付けを除く。）の用に供している場合の当該無形資産等の使用料及び❸部分対象外国関係会社が無形資産等の使用許諾につき相当の対価（注）を支払い、かつ、当該無形資産等をその事業（株式等若しくは債券の保有、無形資産等の提供又は船舶若しくは航空機の貸付けを除く。）の用に供している場合の当該無形資産等の使用料は、上記❶～❸に掲げる使用料に該当することを明らかにする書類を保存していることを要件として、部分合算課税の対象から除外される。

（注）　「相当の対価」は、独立企業間価格の算定を求めるものではないが、当該無形資産等の種類や内容に応じた然るべき対価である必要がある（H29-710）。

（自ら行った研究開発の意義）

措通66の6-29　措置法令第39条の17の3第20項第1号に規定する「部分対象外国関係会社が自ら行った研究開発」には、同号の部分対象外国関係会社が他の者に研究開発の全部又は一部を委託などして行う研究開発であっても、当該部分対象外国関係会社が自ら当該研究開発に係る企画、立案、委託先への開発方針の指示、費用負担及びリスク負担を行うものはこれに該当することに留意する。

備　考　部分対象外国関係会社が研究開発に係る費用負担のみを負うに過ぎず、研究開発の企画、立案そのものを他の者に一任しているような場合は、「自ら行った研究開発」（措令39の17の3⑳一）には当たらない。一方、例えば、外部のコンサルティ

本　　　　法	施行令・施行規則
	22　法第66条の6第6項の内国法人は、第19項及び前項の規定にかかわらず、部分対象外国関係会社が有する固定資産又は無形資産等に係る当該事業年度の償却費の額として当該部分対象外国関係会社の第39条の15第2項に規定する本店所在地国の法令の規定により当該事業年度の損金の額に算入している金額（その固定資産又は無形資産等の取得価額（既にした償却の額で各事業年度の損金の額に算入されたものがある場合には、当該金額を控除した金額）を各事業年度の損金の額に算入する金額の限度額として償却する方法を用いて計算されたものについては法人税法第31条の規定の例によるものとした場合に損金の額に算入されることとなる金額に相当する金額）をもって法第66条の6第6項第8号又は第9号に規定する政令で定めるところにより計算した金額とすることができる。

令和元年度改正後条文

> 24　法第66条の6第6項の内国法人は、第21項及び前項の規定にかかわらず、部分対象外国関係会社が有する固定資産又は無形資産等に係る当該事業年度の償却費の額として当該部分対象外国関係会社の第39条の15第2項に規定する本店所在地国の法令の規定により当該事業年度の損金の額に算入している金額（その固定資産又は無形資産等の取得価額（既にした償却の額で各事業年度の損金の額に算入されたものがある場合には、当該金額を控除した金額）を各事業年度の損金の額に算入する金額の限度額として償却する方法を用いて計算されたものについては法人税法第31条の規定の例によるものとした場合に損金の額に算入されることとなる金額に相当する金額）をもって法第66条の6第6項第8号又は第9号に規定する政令で定めるところにより計算した金額とすることができる。

> 23　その部分対象外国関係会社が有する固定資産若しくは無形資産等に係る償却費の額の計算につき第19項若しくは第21項の規定の適用を受けた内国法人がその適用を受けた事業年度後の事業年度において当該償却費の額の計算につき前項の規定の適用を受けようとする場合又はその部分対象外国関係会社が有する固定資産若しくは無形資産等に係る償却費の額の計算につき同項の規定の適用を受けた内国法人がその適用を受けた事業年度後の事業年度において当該償却費の額の計算につき第19項若しくは第21項の規定の適用を受けようとする場合には、あらかじめ納税地の所轄税務署長の承認を受けなければならない。

令和元年度改正後条文

> 25　その部分対象外国関係会社が有する固定資産若しくは無形資産等に係る償却費の額の計算につき第21項若しくは第23項の規定の適用を受けた内国法人がその適用を受けた事業年度後の事業年度において当該償却費の額の計算につき前項の規定の適用を受けようとする場合又はその部分対象外国関係会社が有する固定資産若しくは無形資産等に係る償却費の額の計算につき同項の規定の適用を受けた内国法人がその適用を受けた事業年度後の事業年度において当該償却費の額の計算につき第21項若しくは第23項の規定の適用を受けようとする場合には、あらかじめ納税地の所轄税務署長の承認を受けなければならない。

ング会社から研究開発のアイデアや案を提供してもらっているとしても、その案を採用して研究開発を行う意思決定を自らが行っているものは、「自ら行った研究開発」（措令39の17の3⑳一）に該当し得る。なお、他の者に研究開発を委託する場合における「次の各号に定めるものであることを明らかにする書類」（措令39の17の3⑳一）とは、例えば、当該研究開発についての企画書、社内稟議書、経費に係る証憑類がこれに該当すると考えられる（趣旨説明42）。

解　説　措令39の17の3㉑〜㉓

□　措法66の6⑥九に掲げる特定所得の金額（無形資産等の使用料）の計算上控除する償却費の額は、部分対象外国関係会社が有する無形資産等に係る当該事業年度の償却費の額のうち、法法31《減価償却資産の償却費の計算及びその償却の方法》の例に準じて計算した場合に算出される償却限度額に達するまでの金額とされている。ただし、これに代えて、当該部分対象外国関係会社の本店所在地国の法令の規定により当該事業年度の損金の額に算入している金額（自由償却制度に基づいて計算されたものである場合には、法法31の例によるものとした場合に損金の額に算入されることとなる金額に相当する金額）をもって無形資産等の償却費の額とすることができる。なお、償却費の額の計算方法を変更しようとする場合には、あらかじめ納税地の所轄税務署長の承認を受けなければならない。

本　　　　法	施行令・施行規則
十　無形資産等の譲渡に係る対価の額（自ら行った研究開発の成果に係る無形資産等の譲渡に係る対価の額その他の政令で定める対価の額を除く。以下この号において同じ。）の合計額から当該無形資産等の譲渡に係る原価の額の合計額及び当該対価の額を得るために直接要した費用の額の合計額を減算した金額	【措令39の17の３】 24　第20項（第３号を除く。）の規定は、法第66条の６第６項第10号に規定する政令で定める対価の額について準用する。この場合において、第20項中「使用料（」とあるのは「対価の額（」と、「当該使用料」とあるのは「当該対価の額」と、同項第１号及び第２号中「使用料」とあるのは「譲渡に係る対価の額」と読み替えるものとする。

施行令・施行規則欄の囲み：

令和元年度改正後条文

26　第22項（第３号を除く。）の規定は、法第66条の６第６項第10号に規定する政令で定める対価の額について準用する。この場合において、第22項中「使用料（」とあるのは「対価の額（」と、「当該使用料」とあるのは「当該対価の額」と、同項第１号及び第２号中「使用料」とあるのは「譲渡に係る対価の額」と読み替えるものとする。

本　　　　法	施行令・施行規則
十一　イからヌまでに掲げる金額がないものとした場合の当該部分対象外国関係会社の各事業年度の所得の金額として政令で定める金額から当該各事業年度に係るルに掲げる金額を控除した残額	【措令39の17の３】 25　法第66条の６第６項第11号に規定する各事業年度の所得の金額として政令で定める金額は、同号イからヌまでに掲げる金額がないものとした場合の部分対象外国関係会社の各事業年度の決算に基づく所得の金額（当該金額が零を下回る場合には、零）とする。

本法欄の囲み：

令和元年度改正後条文

十一　イからルまでに掲げる金額がないものとした場合の当該部分対象外国関係会社の各事業年度の所得の金額として政令で定める金額から当該各事業年度に係るヲに掲げる金額を控除した残額

施行令・施行規則欄の囲み：

令和元年度改正後条文

27　法第66条の６第６項第11号に規定する各事業年度の所得の金額として政令で定める金額は、同号イからルまでに掲げる金額がないものとした場合の部分対象外国関係会社の各事業年度の決算に基づく所得の金額（当該金額が零を下回る場合には、零）とする。

通達・ＱＡ番号・逐条解説

10　無形資産等の譲渡損益

解説　措法66の6⑥十

☐　措法66の6⑥十に掲げる特定所得の金額（無形資産等の譲渡損益）は、無形資産等の譲渡に係る対価の額の合計額から当該無形資産等の譲渡に係る原価の額の合計額及び当該対価の額を得るために直接要した費用の額の合計額を減算した金額である。ここでいう「無形資産等」とは、工業所有権その他の技術に関する権利、特別の技術による生産方式若しくはこれらに準ずるもの（これらの権利に関する使用権を含む。）又は著作権（出版権及び著作隣接権その他これに準ずるものを含む。）をいう。無形資産等は、その性質上、使用料と譲渡対価の転換が容易であり、使用料ではなく譲渡の形態を取ることにより、本来合算課税されるべき所得を免れることができるため（H29-710）、無形資産等の譲渡損益についても、部分合算課税の対象とすることとされている。

☐　措法66の6⑥十に掲げる特定所得の金額（無形資産等の譲渡損益）の計算上、❶部分対象外国関係会社が自ら行った研究開発の成果に係る無形資産等の譲渡に係る譲渡損益及び❷部分対象外国関係会社が取得をし、その事業の用に供する無形資産等の譲渡に係る譲渡損益を控除する。

（特定所得の金額に係る源泉税等）

措通66の6-28　措置法第66条の6第6項第1号から第4号まで及び同項第8号から第10号まで並びに措置法令第39条の17の3第16項第1号に規定する「直接要した費用の額」には、措置法第66条の6第6項に規定する特定所得の金額に係る源泉税等（令第141条第2項第3号に掲げる税及びこれに附帯して課される法第2条第41号に規定する附帯税に相当する税その他当該附帯税に相当する税に類する税をいう。）の額が含まれることに留意する。

備考　「直接要した費用の額」には、特定所得の金額に係る源泉税本税及び附帯税に相当する税が含まれるが、その特定所得の金額が生ずる部分対象外国関係会社が賦課され又は負担すべきこととなるものに限定される（趣旨説明40）。

解説　措令39の17の3㉔

☐　❶部分対象外国関係会社が自ら主として行った研究開発の成果に係る無形資産等の譲渡に係る対価の額及び❷部分対象外国関係会社が無形資産等の取得につき相当の対価を支払い、かつ、当該無形資産等をその事業（株式等若しくは債券の保有、無形資産等の提供又は船舶若しくは航空機の貸付けを除く。）の用に供している場合の当該無形資産等の譲渡に係る対価の額は、上記❶及び❷に掲げる使用料に該当することを明らかにする書類を保存していることを要件として、部分合算課税の対象から除外される。

（注）　使用許諾を受けている無形資産等について除外規定が定められていないのは、そのような無形資産等を譲渡することは想定されないからである（H29-711）。

11　異常所得

解説　措法66の6⑥十一

☐　措法66の6⑥十一に掲げる特定所得の金額（異常所得）は、外国関係会社の資産規模や人員等の経済実態に照らせば、その事業から通常生じ得ず、発生する根拠のないと考えられる所得について、「異常所得」として部分合算課税の対象とするものである（H29-711）。具体的には、他の部分合算課税対象の所得類型に係る次図のイからヌまでの金額（注1）がないものとした場合の会計上の税引後当期利益の額（注2）から、ルの金額を控除した残額（控除の結果、マイナスとなった場合には零）とされる。

（注）　1　措法66の6⑥一～十の基準によって部分合算課税の対象となるか否かの判定が行われる所得が、改めて異常所得として合算対象となることがないよう（H29-712）、異常所得の金額の計算上控除される次図のイからヌまでの金額には、措法66の6⑥一～十に掲げる特定所得の金額の計算上除外される一定の金額（例えば、持株割合25%以上等の要件を満たす外国子会社から受ける剰余金の配当等の額）が含まれる。

　　　　2　次図のイからヌまでの金額の合計額がマイナスの場合は、会計上の税引後当期利益の額に加算する（H29-712）。

会計上の税引後当期利益の額	イ　支払を受ける剰余金の配当等の額 ロ　受取利子等の額 ハ　有価証券の貸付による対価の額 ニ　有価証券の譲渡に係る対価の額－譲渡原価の額 ホ　デリバティブ取引に係る損益の額 ヘ　外国為替差損益の額 ト　イ～ヘに類する所得を生じさせる資産等から生ずる上記所得以外の所得の金額 チ　固定資産の貸付けによる対価の額 リ　支払を受ける無形資産等の使用料 ヌ　無形資産等の譲渡に係る対価の額－譲渡原価の額
	ル（総資産の額＋人件費＋減価償却費の累計額）×50/100
	異常所得の金額

本　　法	施行令・施行規則
イ　支払を受ける剰余金の配当等の額	
ロ　受取利子等の額	
ハ　有価証券の貸付けによる対価の額	
ニ　有価証券の譲渡に係る対価の額の合計額から当該有価証券の譲渡に係る原価の額として政令で定めるところにより計算した金額の合計額を減算した金額	【措令39の17の 3 】 26　第11項から第14項までの規定は、法第66条の 6 第 6 項第11号ニに規定する政令で定めるところにより計算した金額について準用する。 令和元年度改正後条文 <u>28</u>　同　上
ホ　デリバティブ取引に係る利益の額又は損失の額として財務省令で定めるところにより計算した金額	【措規22の11】 22　第12項の規定は、法第66条の 6 第 6 項第11号ホに規定する財務省令で定めるところにより計算した金額について準用する。 令和元年度改正後条文 <u>39</u>　第29項の規定は、法第66条の 6 第 6 項第11号ホに規定する財務省令で定めるところにより計算した金額について準用する。
ヘ　その行う取引又はその有する資産若しくは負債につき外国為替の売買相場の変動に伴って生ずる利益の額又は損失の額として財務省令で定めるところにより計算した金額	【措規22の11】 23　第19項及び第20項の規定は、法第66条の 6 第 6 項第11号ヘに規定する財務省令で定めるところにより計算した金額について準用する。 令和元年度改正後条文 <u>40</u>　第36項及び第37項の規定は、法第66条の 6 第 6 項第11号ヘに規定する財務省令で定めるところにより計算した金額について準用する。
ト　第 1 号から第 6 号までに掲げる金額に係る	【措令39の17の 3 】

通達・ＱＡ番号・逐条解説

令和元年度改正の解説

□　措法66の6⑥七の二に掲げる金額（収入保険料）は、異常所得の金額の計算上ないものとされる他の部分合算課税対象の所得類型に係る金額に含まれることとされた。

会計上の税引後当期利益の額
イ　支払を受ける剰余金の配当等の額
ロ　受取利子等の額
ハ　有価証券の貸付けによる対価の額
ニ　有価証券の譲渡に係る対価の額－譲渡原価の額
ホ　デリバティブ取引に係る損益の額
ヘ　外国為替差損益の額
ト　イ～ヘに類する所得を生じさせる資産等から生ずる上記所得以外の所得の金額
チ　措法66の6⑥七の二に掲げる金額
リ　固定資産の貸付けによる対価の額
ヌ　支払を受ける無形資産等の使用料
ル　無形資産等の譲渡に係る対価の額－譲渡原価の額
ヲ　（総資産の額＋人件費＋減価償却費の累計額）× 50/100
異常所得の金額

本　　法	施行令・施行規則
利益の額又は損失の額（これらに類する利益の額又は損失の額を含む。）を生じさせる資産の運用、保有、譲渡、貸付けその他の行為により生ずる利益の額又は損失の額（当該各号に掲げる金額に係る利益の額又は損失の額を除く。）	27　第16項の規定は、法第66条の6第6項第11号トに掲げる金額に係る利益の額又は損失の額について準用する。 **令和元年度改正後条文** 29　同　上
令和元年度改正後条文 チ　第7号の2に掲げる金額	
チ　固定資産の貸付けによる対価の額 **令和元年度改正後条文** リ　同　上	
リ　支払を受ける無形資産等の使用料 **令和元年度改正後条文** ヌ　同　上	
ヌ　無形資産等の譲渡に係る対価の額の合計額から当該無形資産等の譲渡に係る原価の額の合計額を減算した金額 **令和元年度改正後条文** ル　同　上	
ル　総資産の額として政令で定める金額に人件費その他の政令で定める費用の額を加算した金額に100分の50を乗じて計算した金額 **令和元年度改正後条文** ヲ　同　上	【措令39の17の3】 28　法第66条の6第6項第11号ルに規定する総資産の額として政令で定める金額は、部分対象外国関係会社の当該事業年度（当該事業年度が残余財産の確定の日を含む事業年度である場合には、当該事業年度の前事業年度）終了の時における貸借対照表に計上されている総資産の帳簿価額とする。 **令和元年度改正後条文** 30　法第66条の6第6項第11号ヲに規定する総資産の額として政令で定める金額は、部分対象外国関係会社の当該事業年度（当該事業年度が残余財産の確定の日を含む事業年度である場合には、当該事業年度の前事業年度）終了の時における貸借対照表に計上されている総資産の帳簿価額とする。 29　法第66条の6第6項第11号ルに規定する政令で定める費用の額は、部分対象外国関係会社の当該事業年度の人件費の額及び当該部分対象外国関係会社の当該事業年度（当該事業年度が残余財産の確定の日を含む事業年度である場合には、当該事業年度の前事業年度）終了の時における貸借対照表に計上されている減価償却資産に係る償却費の累計額とする。

通達・ＱＡ番号・逐条解説

解　説　措令39の17の4⑳

☐　措令39の17の4⑳にいう「帳簿価額」とは、部分対象外国関係会社がその会計帳簿に記載した金額を念頭に置いたものである（H29-712）。

解　説　措令39の17の4㉙

☐　措令39の17の4㉙にいう「償却費」とは、部分対象外国関係会社における会計上の償却費を念頭に置いたものである（H29-712）。

本　　法	施行令・施行規則
	令和元年度改正後条文 31　法第66条の6第6項第11号ヲに規定する政令で定める費用の額は、部分対象外国関係会社の当該事業年度の人件費の額及び当該部分対象外国関係会社の当該事業年度（当該事業年度が残余財産の確定の日を含む事業年度である場合には、当該事業年度の前事業年度）終了の時における貸借対照表に計上されている減価償却資産に係る償却費の累計額とする。

通達・QA番号・逐条解説

措法66の6⑦	部分適用対象金額の意義

本　　法	施行令・施行規則
【措法66の6】 　7　前項に規定する部分適用対象金額とは、部分対象外国関係会社の各事業年度の同項第1号から第3号まで、第8号、第9号及び第11号に掲げる金額の合計額（清算外国金融子会社等の特定清算事業年度にあっては、特定金融所得金額がないものとした場合の当該各号に掲げる金額の合計額）と、当該各事業年度の同項第4号から第7号まで及び第10号に掲げる金額の合計額（当該合計額が零を下回る場合には零とし、清算外国金融子会社等の特定清算事業年度にあっては特定金融所得金額がないものとした場合の当該各号に掲げる金額の合計額（当該合計額が零を下回る場合には、零）とする。）を基礎として当該各事業年度開始の日前7年以内に開始した各事業年度において生じた同項第4号から第7号まで及び第10号に掲げる金額の合計額（当該各事業年度のうち特定清算事業年度に該当する事業年度にあっては、特定金融所得金額がないものとした場合の当該各号に掲げる金額の合計額）が零を下回る部分の金額につき政令で定めるところにより調整を加えた金額とを合計した金額をいう。	【措令39の17の3】 　30　法第66条の6第7項に規定する政令で定めるところにより調整を加えた金額は、部分対象外国関係会社の各事業年度の同条第6項第4号から第7号まで及び第10号に掲げる金額の合計額（当該合計額が零を下回る場合には零とし、清算外国金融子会社等の特定清算事業年度にあっては特定金融所得金額（同項に規定する特定金融所得金額をいう。以下この項において同じ。）がないものとした場合の当該各号に掲げる金額の合計額（当該合計額が零を下回る場合には、零）とする。）から当該部分対象外国関係会社の当該各事業年度開始の日前7年以内に開始した事業年度（平成30年4月1日前に開始した事業年度、部分対象外国関係会社、法第40条の4第2項第6号に規定する部分対象外国関係会社（同項第7号に規定する外国金融子会社等に該当するものを除く。）又は法第68条の90第2項第6号に規定する部分対象外国関係会社（同項第7号に規定する外国金融子会社等に該当するものを除く。）に該当しなかった事業年度及び法第66条の6第10項第1号に該当する事実がある場合のその該当する事業年度（法第40条の4第10項第1号に該当する事実がある場合のその該当する事業年度及び法第68条の90第10項第1号に該当する事実がある場合のその該当する事業年度を含む。）を除く。）において生じた部分適用対象損失額（法第66条の6第6項第4号から第7号まで及び第10号に掲げる金額の合計額（清算外国金融子会社等の特定清算事業年度にあっては特定金融所得金額がないものとした場合の当該各号に掲げる金額の合計額）が零を下回る場合のその下回る額をいい、この項又は第39条の117の2第30項の規定により当該各事業年度前の事業年度において控除されたものを除く。）の合計額に相当する金額を控除した残額とする。
令和元年度改正後条文 　7　前項に規定する部分適用対象金額とは、部分対象外国関係会社の各事業年度の同項第1号から第3号まで、第8号、第9号及び第11号に掲げる金額の合計額（清算外国金融子会社等の特定清算事業年度にあっては、特定金融所得金額がないものとした場合の当該各号に掲げる金額の合計額）と、当該各事業年度の同項第4号から<u>第7号の2</u>まで及び第10号に掲げる金額の合計額（当該合計額が零を下回る場合には零とし、清算外国金融子会社等の特定清算事業年度にあっては特定金融所得金額がないものとした場合の当該各号に掲げる金額の合計額（当該合計額が零を下回る場合には、零）とする。）を基礎として当該各事業年度開始の日前7年以内に開始した各事業年度において生じた同項第4号から<u>第7号の2</u>まで及び第10号に掲げる金額の合計額（当該各事業年度のうち特定清算事業年度に該当する事業年度にあっては、特定金融所得金額がないものとした場合の当該各号に掲げる金額の合計額）が零を下回る部分の金額につき政令で定めるところにより調整を加えた金額とを合計した金額をいう。	**令和元年度改正後条文** 　32　法第66条の6第7項に規定する政令で定めるところにより調整を加えた金額は、部分対象外国関係会社の各事業年度の同条第6項第4号から<u>第7号の2</u>まで及び第10号に掲げる金額の合計額（当該合計額が零を下回る場合には零とし、清算外国金融子会社等の特定清算事業年度にあっては特定金融所得金額（同項に規定する特定金融所得金額をいう。以下この項において同じ。）がないものとした場合の当該各号に掲げる金額の合計額（当該合計額が零を下回る場合には、零）とする。）から当該部分対象外国関係会社の当該各事業年度開始の日前7年以内に開始した事業年度（平成30年4月1日前に開始した事業年度、部分対象外国関係会社、法第40条の4第2項第6号に規定する部分対象外国関係会社（同項第7号に規定する外国金融子会社等に該当するものを除く。）又は法第68条の90第2項第6号に規定する部分対象外国関係会社（同項第7号に規定する外国金融子会社等に該当するものを除く。）に該当しなかった事業年度及び法第66条の6第10項第1号に該当する事実がある場合のその該当する事業年度（法第40条の4第10項第1号に該当する事実がある場合のその該当する事業年度及び法第68条の90第10項第1号に該当する事実がある場合のその該当する事業年度を含む。）を除く。）において生じた部分適用対象損失額（法第66条の6第6項第4号から<u>第7号の2</u>まで及び第10号に掲げる金額の合計額（清算外国金融子会社等の特定清算事業年度にあっては特定金融所得金額がないものとした場合の当該各号に掲げる金額の合計額）が零を下回る場合のその下回る額をいい、この項又は<u>第39条の117の2第32項</u>の規定により当該各事業年

通達・QA番号・逐条解説

解説　措法66の6⑦

□　部分適用対象金額とは、❶各事業年度の非損益通算グループ所得の金額（措法66の6⑥一〜三・八・九・十一に掲げる金額）の合計額と、❷当該各事業年度の損益通算グループ所得の金額（措法66の6⑥四〜七・十に掲げる金額）の合計額から❸当該各事業年度開始の日前7年以内に開始した各事業年度において生じた損益通算グループ所得に係る控除未済の欠損金額（部分適用対象損失額）の合計額に相当する金額を控除した残額とを合計した金額をいう。

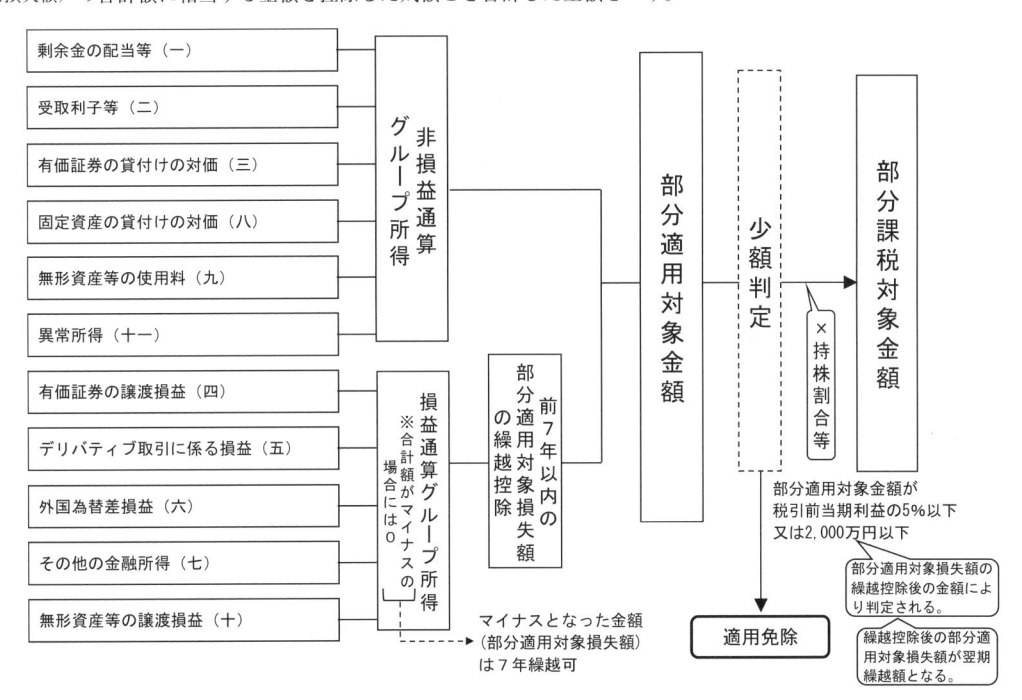

(H29-714を一部加工)

□　清算外国金融子会社等の特定清算事業年度にあっては、特定金融所得金額（❶剰余金の配当等、❷受取利子等、❸有価証券の貸付けの対価、❹有価証券の譲渡損益、❺デリバティブ取引に係る損益、❻外国為替差損益及び❼その他の金融所得）はないものとして、部分適用対象金額を計算することとされている。

本　　法	施行令・施行規則
	度前の事業年度において控除されたものを除く。）の合計額に相当する金額を控除した残額とする。

通達・QA番号・逐条解説

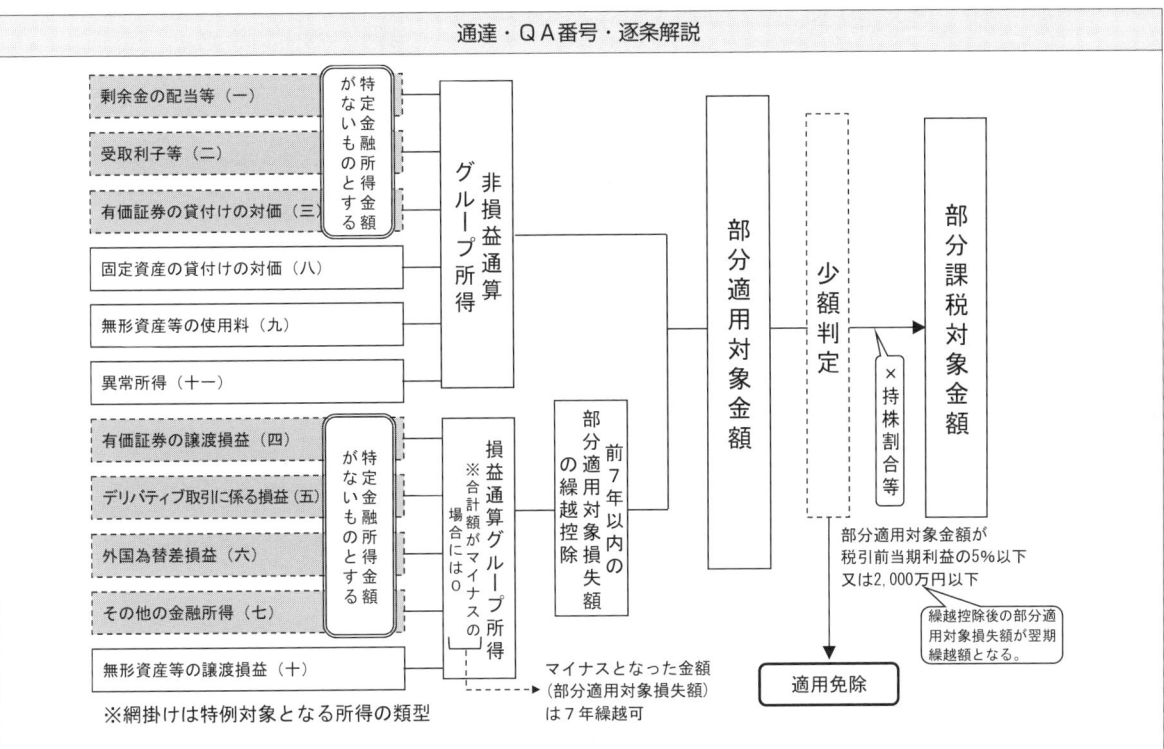

※網掛けは特例対象となる所得の類型

（H30-693を一部加工）

令和元年度改正の解説

□　措法66の6⑥七の二に掲げる金額（収入保険料）は、部分適用対象金額の計算上、損益通算グループ所得の金額に該当することとされた。

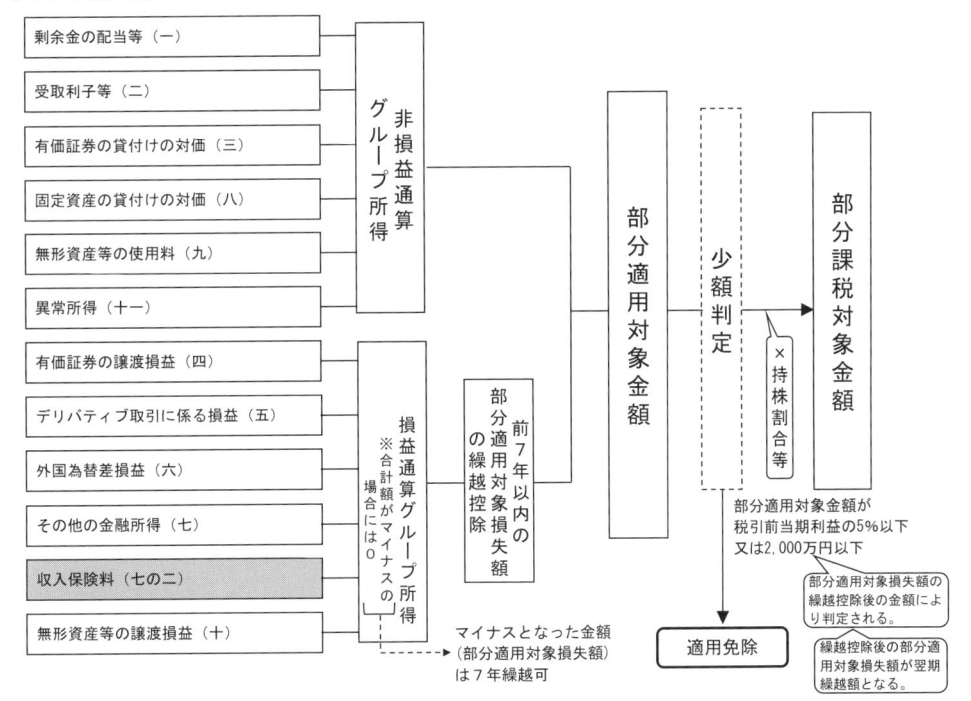

（H29-714を一部加工）

□　解散により外国金融子会社等に該当しないこととなった部分対象外国関係会社（清算外国金融子会社等）の特定清算事業年度については、特定金融所得金額がないものとして、特定所得の金額を計算することとされているところ、措法66

本　　法	施行令・施行規則

通達・ＱＡ番号・逐条解説

の6⑥七の二に掲げる金額（収入保険料）は、特定金融所得金額に該当することとされた。

（適用対象金額等の計算）

措通66の6-19　措置法第66条の6第2項第4号に規定する適用対象金額、同条第7項に規定する部分適用対象金額及び同条第9項に規定する金融子会社等部分適用対象金額並びに措置法令第39条の15第5項に規定する欠損金額、措置法令第39条の17の3第30項に規定する部分適用対象損失額及び措置法令第39条の17の4第10項に規定する金融子会社等部分適用対象損失額は、外国関係会社が会計帳簿の作成に当たり使用する外国通貨表示の金額により計算するものとする。この場合において、例えば措置法第61条の4の規定の例に準じて交際費等の損金不算入額を計算する場合における同条に定める800万円のように、法令中本邦通貨表示で定められている金額については、66の6-4により内国法人が外国関係会社の課税対象金額、部分課税対象金額又は金融子会社等部分課税対象金額の円換算に当たり適用する為替相場により当該本邦通貨表示で定められている金額を当該外国通貨表示の金額に換算した金額によるものとする。

（備　考）　本通達の前段は、適用対象金額等の計算については、じ後の事業年度の所得計算を考慮し、外国通貨表示で行うこととするものである（趣旨説明27）。

解　説　**措令39の17の3㉚**

□　部分対象外国関係会社（外国金融子会社等に該当するものを除く。以下、措令39の17㉚の解説において同じ。）の各事業年度における部分適用対象金額が少額免除基準を満たすことになり、部分合算課税が行われない場合であっても、❶当該各事業年度において損益通算グループ所得の金額がプラスとなっているときは、その損益通算グループ所得の金額が零に達するまで、繰越控除可能な過去7年間のマイナスの金額を控除する必要があり、また、❷当該各事業年度において損益通算グループ所得の金額がマイナスとなっているときは、そのマイナスとなった金額は、7年間にわたって繰り越すことができる（H29-713）。

□　部分対象外国関係会社の各事業年度の部分適用対象金額の計算上、当該各事業年度開始の日前7年以内に開始した事業年度のうち、❶特定外国関係会社又は対象外国関係会社に該当していた事業年度において生じた欠損金額、❷部分対象外国関係会社に該当し、その租税負担割合が20％以上である事業年度において生じた部分適用対象損失額及び❸外国金融子会社等に該当していた事業年度において生じた金融子会社等部分適用対象損失額を控除することはできない。

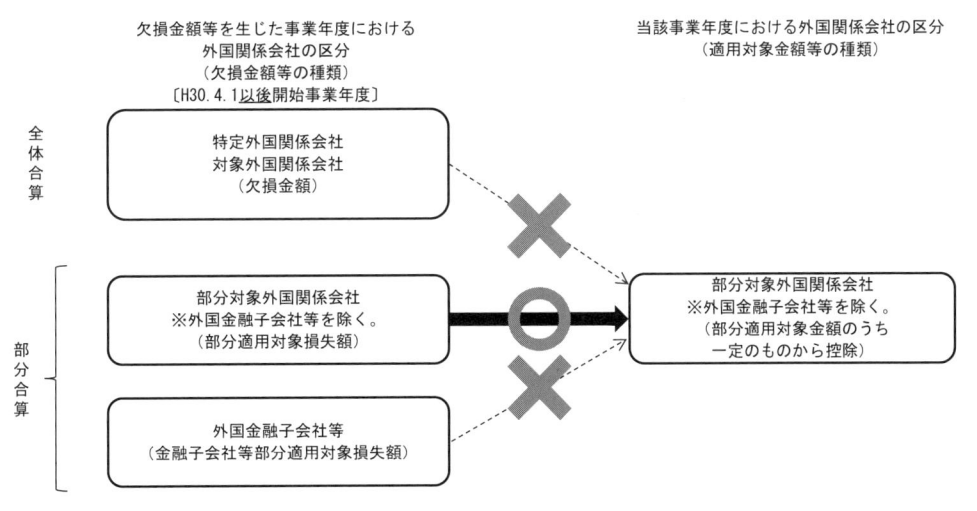

（H29-686を一部加工）

□　部分対象外国関係会社の各事業年度の適用対象金額の計算上控除することができる前7年以内の欠損金額には、平成29年度税制改正前の制度の下、特定外国子会社等に該当していた事業年度において生じた欠損金額は含まれない。

本　　法	施行令・施行規則

	通達・ＱＡ番号・逐条解説

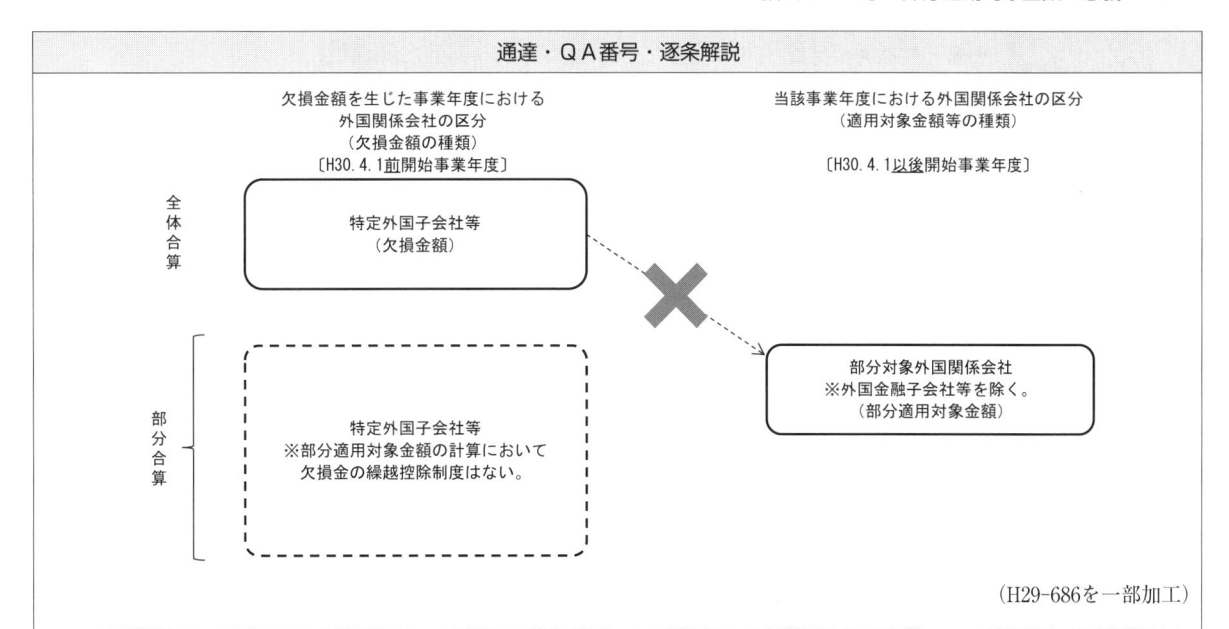

（H29-686を一部加工）

（適用対象金額等の計算）

措通66の6-19　措置法第66条の6第2項第4号に規定する適用対象金額、同条第7項に規定する部分適用対象金額及び同条第9項に規定する金融子会社等部分適用対象金額並びに措置法令第39条の15第5項に規定する欠損金額、措置法令第39条の17の3第30項に規定する部分適用対象損失額及び措置法令第39条の17の4第10項に規定する金融子会社等部分適用対象損失額は、外国関係会社が会計帳簿の作成に当たり使用する外国通貨表示の金額により計算するものとする。この場合において、例えば措置法第61条の4の規定の例に準じて交際費等の損金不算入額を計算する場合における同条に定める800万円のように、法令中本邦通貨表示で定められている金額については、66の6-4により内国法人が外国関係会社の課税対象金額、部分課税対象金額又は金融子会社等部分課税対象金額の円換算に当たり適用する為替相場により当該本邦通貨表示で定められている金額を当該外国通貨表示の金額に換算した金額によるものとする。

（備考）　本通達の前段は、適用対象金額等の計算については、じ後の事業年度の所得計算を考慮し、外国通貨表示で行うこととするものである（趣旨説明27）。

措法66の6⑧　金融子会社等部分適用対象金額に係る合算課税（部分合算課税）

本　　法	施行令・施行規則
【措法66の6】 8　第1項各号に掲げる内国法人に係る部分対象外国関係会社（外国金融子会社等に該当するものに限る。以下この項及び次項において同じ。）が、平成22年4月1日以後に開始する各事業年度において、当該各事業年度に係る次に掲げる金額（以下この項において「特定所得の金額」という。）を有する場合には、当該各事業年度の特定所得の金額に係る金融子会社等部分適用対象金額のうちその内国法人が直接及び間接に有する当該部分対象外国関係会社の株式等の数又は金額につきその請求権の内容を勘案した数又は金額並びにその内国法人と当該部分対象外国関係会社との間の実質支配関係の状況を勘案して政令で定めるところにより計算した金額（次条及び第66条の8において「金融子会社等部分課税対象金額」という。）に相当する金額は、その内国法人の収益の額とみなして当該各事業年度終了の日の翌日から2月を経過する日を含むその内国法人の各事業年度の所得の金額の計算上、益金の額に算入する。	【措令39の17の4】 1　法第66条の6第8項各号列記以外の部分に規定する政令で定めるところにより計算した金額は、同条第1項各号に掲げる内国法人に係る部分対象外国関係会社（同条第8項各号列記以外の部分に規定する部分対象外国関係会社をいう。以下この条において同じ。）の各事業年度の法第66条の6第8項に規定する金融子会社等部分適用対象金額に、当該各事業年度終了の時における当該内国法人の当該部分対象外国関係会社に係る第39条の14第2項第1号に規定する請求権等勘案合算割合を乗じて計算した金額とする。

通達・Ｑ Ａ番号・逐条解説

解　説　措法66の6⑧

☐　外国金融子会社等とは、❶その本店所在地国の法令に準拠して銀行業、金融商品取引業又は保険業を行う部分対象外国関係会社でその本店所在地国においてその役員又は使用人がこれらの事業を的確に遂行するために通常必要と認められる業務の全てに従事しているもの（外国金融機関）及び❷部分対象外国関係会社のうち、その有する特定外国金融機関の経営管理等を行う等の一定の要件を満たすもの（外国金融持株会社等）をいい、外国金融子会社等が得る配当、利子等の一定の金融所得については、実体のある事業から得られた所得であるとして部分合算課税の対象外とされている。

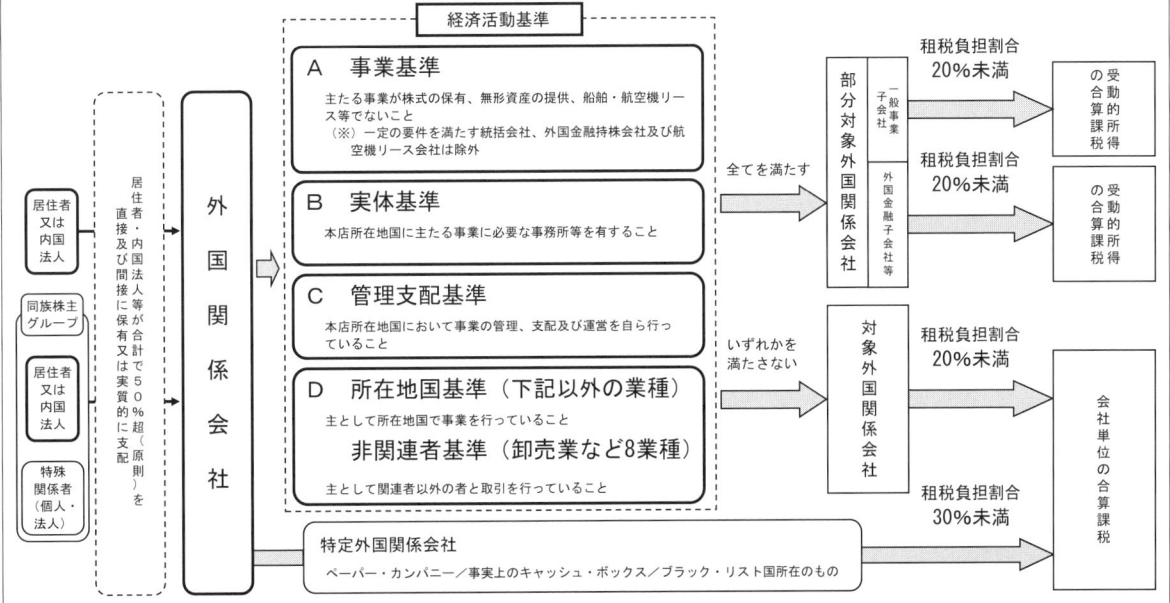

（H29-659、H30-678を参考に作成）

☐　外国金融子会社等が得る特定所得（❶固定資産の貸付けの対価、❷無形資産等の使用料、❸無形資産等の譲渡損益及び❹異常所得）については、次の通り、金融子会社等部分課税対象金額を計算し、これを部分合算課税の対象とすることとされている。外国金融子会社等以外の部分対象外国関係会社の場合と比較すると、❶外国金融子会社等が得る金融所得（剰余金の配当等、受取利子等、有価証券の貸付けの対価、有価証券の譲渡損益、デリバティブ取引に係る損益、外国為替差損益及びその他の金融所得（令和元年度改正後にあっては、これらのほか、収入保険料））については、部分合算課税の対象とはされないこと、❷外国金融子会社等が異常な水準の資本を投下されている状態にある場合において、その異常な水準の資本から生じた所得の金額が特定所得の金額を超えるときは、その異常な水準の資本から生じた所得について、部分合算課税の対象とされること、が異なる。

本　　法	施行令・施行規則

通達・ＱＡ番号・逐条解説

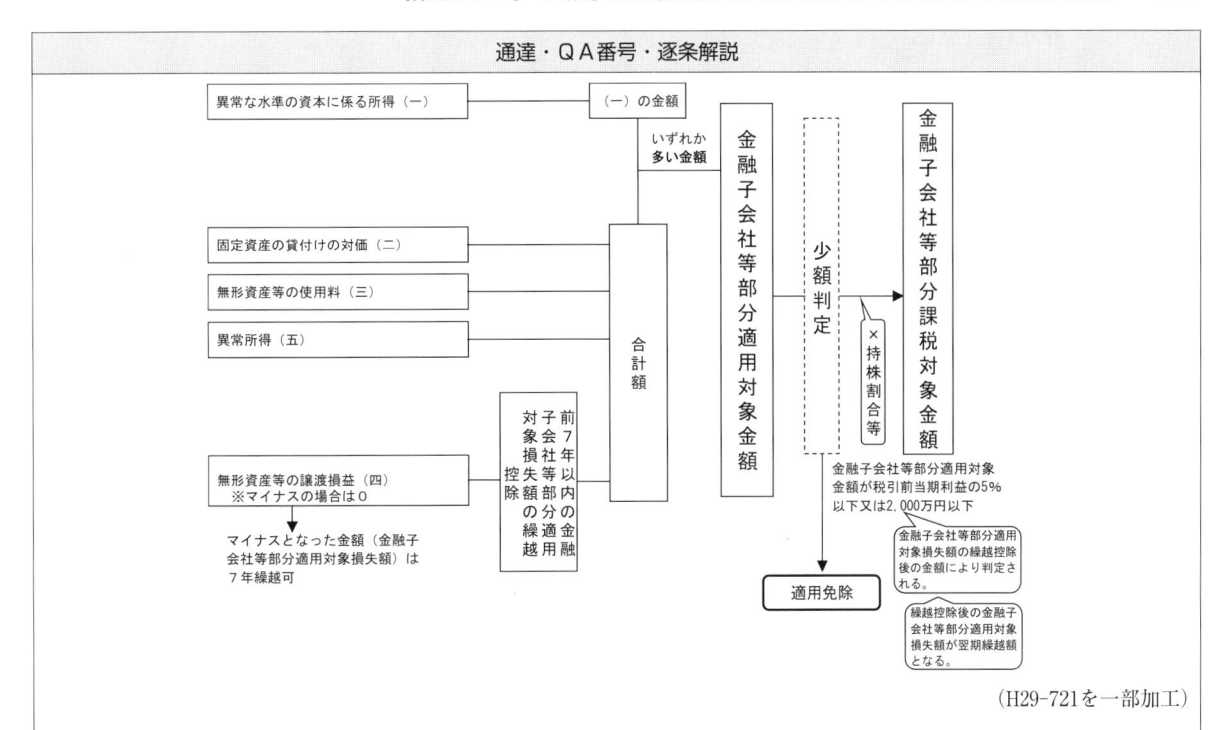

（H29-721を一部加工）

□　金融子会社等部分課税対象金額は、課税対象金額に相当する金額を上限とする旨の規定は存在しない。

（直接及び間接に有する株式）
措通66の6-2　措置法第66条の6第1項、第6項又は第8項の内国法人が直接及び間接に有する外国関係会社（同条第2項第1号に規定する外国関係会社をいう。以下66の9の2-1までにおいて同じ。）の株式には、その株式の払込金額等の全部又は一部について払込み等が行われていないものも含まれるものとする。
（注）　名義株は、その実際の権利者が所有するものとして同条第1項、第6項又は第8項の規定を適用することに留意する。

備考　外国関係会社の設立根拠法令により、払込み等が行われていない株式についても、株主たる地位が与えられることになると、当該外国関係会社に対する内国法人の株式の保有割合の判定において、そのような株式をどのように取り扱うかについて疑義が生ずることから、本通達の本文において、その取扱いが明らかにされている。また、本通達の注書は、名義株については、その実際の株主を追及して適正公平な課税を実現しようというもので、法通1-3-2《名義株についての株主等の判定》と同趣旨のものである（趣旨説明3）。

（特定外国関係会社等が2以上ある場合の損益の不通算）
措通66の6-3　措置法第66条の6第1項に規定する課税対象金額は特定外国関係会社（同条第2項第2号に規定する特定外国関係会社をいう。以下66の6-12までにおいて同じ。）又は対象外国関係会社（同条第2項第3号に規定する対象外国関係会社をいう。以下66の6-12までにおいて同じ。）ごとに計算するから、内国法人に係る特定外国関係会社又は対象外国関係会社が2以上ある場合において、その特定外国関係会社又は対象外国関係会社のうちに欠損金額が生じたものがあるときであっても、他の特定外国関係会社又は対象外国関係会社の所得の金額との通算はしないことに留意する。
　　内国法人に係る部分対象外国関係会社（同条第2項第6号に規定する部分対象外国関係会社をいい、同項第7号に規定する外国金融子会社等（以下66の6-4までにおいて「外国金融子会社等」という。）に該当するものを除く。以下66の6-4において同じ。）又は外国金融子会社等が2以上ある場合についても同様とする。

備考　本通達の前段では、課税対象金額は、特定外国関係会社又は対象外国関係会社ごとに計算するもので、ある特定外国関係会社又は対象外国関係会社の欠損金額と他の特定外国関係会社又は対象外国関係会社の所得の金額とを通算することはできないことが明らかにされている。また、本通達の後段では、部分対象外国関係会社や外国金融子会社等についても同様であることが明らかにされている。

本　　法	施行令・施行規則
一　一の内国法人及び当該一の内国法人との間に特定資本関係（いずれか一方の法人が他方の法人の発行済株式等の全部を直接又は間接に保有する関係その他の政令で定める関係をいう。）のある内国法人によってその発行済株式等の全部を直接又は間接に保有されている部分対象外国関係会社で政令で定める要件を満たすもの（その純資産につき剰余金その他に関する調整を加えた金額として政令で定める金額（以下この号において「親会社等資本持分相当額」という。）の総資産の額として政令で定める金額に対する割合が100分の70を超えるものに限る。）の親会社等資本持分相当額がその本店所在地国の法令に基づき下回ることができない資本の額を勘案して政令で定める金額を超える場合におけるその超える部分に相当する資本に係る利益の額として政令で定めるところにより計算した金額	【措令39の17の４】 ２　第39条の17第４項及び第５項の規定は、法第66条の６第８項第１号に規定する政令で定める関係について準用する。 ３　法第66条の６第８項第１号に規定する政令で定める要件を満たす部分対象外国関係会社は、一の内国法人及び当該一の内国法人との間に同号に規定する特定資本関係のある内国法人（次項において「一の内国法人等」という。）によってその発行済株式等の全部を直接又は間接に保有されている部分対象外国関係会社（部分対象外国関係会社のうち、その設立の日から同日以後５年を経過する日を含む事業年度終了の日までの期間を経過していないもの及びその解散の日から同日以後３年を経過する日を含む事業年度終了の日までの期間を経過していないものを除く。）とする。 ４　前項において、発行済株式等の全部を直接又は間接に保有されているかどうかの判定は、同項の一の内国法人等の部分対象外国関係会社に係る直接保有株式等保有割合（当該一の内国法人等の有する外国法人の株式等の数又は金額が当該外国法人の発行済株式等のうちに占める割合をいう。）と当該一の内国法人等の当該部分対象外国関係会社に係る間接保有株式等保有割合とを合計した割合により行うものとする。 ５　第39条の17第７項の規定は、前項に規定する間接保有株式等保有割合について準用する。 ６　法第66条の６第８項第１号に規定する純資産につき剰余金その他に関する調整を加えた金額として政令で定める金額は、部分対象外国関係会社の当該事業年度終了の時における貸借対照表に計上されている総資産の帳簿価額から総負債の帳簿価額を控除した残額から、剰余金その他の財務省令で定めるものの額を控除した残額とする。 ７　法第66条の６第８項第１号に規定する総資産の額として政令で定める金額は、部分対象外国関係会社の当該事業年度終了の時における貸借対照表に計上されている総資産の帳簿価額（保険業を行う部分対象外国関係会社にあっては、財務省令で定めるものの額を含む。）とする。 ８　法第66条の６第８項第１号に規定する本店所在地国の法令に基づき下回ることができない資本の額を勘案して政令で定める金額は、部分対象外国関係会社の本店所在地国の法令に基づき下回ることが

通達・ＱＡ番号・逐条解説

（課税対象金額等の円換算）

措通66の６-4　内国法人が措置法第66条の６第１項、第６項又は第８項の規定により特定外国関係会社若しくは対象外国関係会社に係る課税対象金額、部分対象外国関係会社に係る部分課税対象金額又は外国金融子会社等に係る金融子会社等部分課税対象金額に相当する金額を益金の額に算入する場合における当該課税対象金額、部分課税対象金額又は金融子会社等部分課税対象金額及び同条第10項第２号に規定する部分適用対象金額又は金融子会社等部分適用対象金額の円換算は、当該外国関係会社の当該事業年度終了の日の翌日から２月を経過する日における電信売買相場の仲値（基本通達13の２-1-2に定める電信売買相場の仲値をいう。以下66の６-21までにおいて同じ。）による。ただし、継続適用を条件として、当該内国法人の同日を含む事業年度終了の日の電信売買相場の仲値によることができるものとする。

（注）　ただし書による場合において、当該内国法人が２以上の外国関係会社を有するときは、その全ての外国関係会社につき、当該電信売買相場の仲値によるものとする。

⎧備　考⎫　適用対象金額等の計算は、外国通貨表示の金額で行うこととされているところ（措通66の６-19）、本通達は、課税対象金額等の円換算（部分合算課税の少額免除基準のうち金額基準における部分適用対象金額等の円換算を含む。）をいつの時点のいかなる換算レートで行うかを明らかにするもので、電信売買相場の仲値（Ｔ.Ｔ.Ｍ.）によることとされている点は、法通13の２-1-2《外貨建取引及び発生時換算法の円換算》本文と同様である。

1　異常な水準の資本に係る所得

解説　**措法66の６⑧一**

□　外国金融子会社等のうち、一の内国法人及び当該一の内国法人との間に特定資本関係のある内国法人によってその発行済株式等の全部を直接又は外国法人を通じて間接に保有されている等の要件を満たすものが、その事業規模に照らして通常必要とされる水準を大幅に超えた、異常な水準の資本を投下されている状態において、その異常な水準の資本から生じた所得の金額が特定所得の金額を超えるときは、その異常な水準の資本から生じた所得は、部分合算課税の対象とすることとされている（H29-717、H30-698）。「異常な水準の資本を投下されている状態」とは、外国金融子会社等の親会社等資本持分相当額（外国金融子会社等の純資産の額につき剰余金その他に関する調整を加えた金額）の総資産の額に対する割合が70％を超える場合をいい、また、「異常な水準の資本から生じた所得の金額」とは、外国金融子会社等の親会社等資本持分相当額からその本店所在地国の法令に基づき下回ることのできない資本の額の２倍に相当する金額を控除した残額に、内国法人の資本に係る利益率（10％を下回る場合には10％）を乗じた金額をいう。

《異常な水準の資本の状態に該当するかどうかの判定》

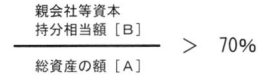

外国金融子会社等（保険会社以外）B/S　　外国金融子会社等（保険会社）B/S

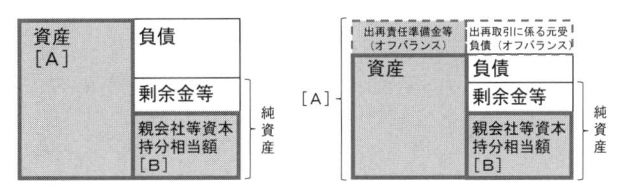

《異常な水準の資本に係る所得の金額の計算方法》

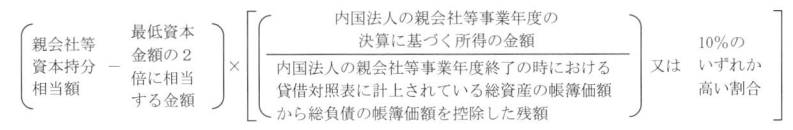

（H29-719、H30-709を一部加工）

解説　**措令39の17の４③**

□　異常な水準の資本に係る所得について、部分合算課税の対象とされる外国金融子会社等には、❶設立から５年以内のもの及び❷解散から３年以内のものは含まれない。

解説　**措令39の17の４⑧**

本　　法	施行令・施行規則
	できない資本の額の2倍に相当する金額とする。

施行令・施行規則欄：

9　法第66条の6第8項第1号に規定する政令で定めるところにより計算した金額は、部分対象外国関係会社の当該事業年度に係る同号に規定する親会社等資本持分相当額から前項に規定する金額を控除した残額に、当該部分対象外国関係会社の当該事業年度終了の日の翌日から2月を経過する日を含む同条第1項各号に掲げる内国法人の事業年度（以下この項において「親会社等事業年度」という。）に係る第1号に掲げる金額の第2号に掲げる金額に対する割合（当該割合が100分の10を下回る場合には、100分の10）を乗じて計算した金額とする。

一　親会社等事業年度の決算に基づく所得の金額

二　親会社等事業年度終了の時における貸借対照表に計上されている総資産の帳簿価額から総負債の帳簿価額を控除した残額

【措規22の11】

24　施行令第39条の17の四第6項に規定する剰余金その他の財務省令で定めるものの額は、部分対象外国関係会社（法第66条の6第8項各号列記以外の部分に規定する部分対象外国関係会社をいう。次項において同じ。）の第1号から第3号までに掲げる金額の合計額（法第66条の6第2項第7号に規定する外国金融機関に準ずるものとして政令で定める部分対象外国関係会社（第4号において「外国金融持株会社等」という。）に該当するものにあっては、次に掲げる金額の合計額）とする。

令和元年度改正後条文

41　同　上

一　当該事業年度終了の時における貸借対照表に計上されている利益剰余金の額（当該額が零を下回る場合には、零）

二　当該事業年度以前の各事業年度において利益剰余金の額を減少して資本金の額又は出資金の額を増加した場合のその増加した金額

三　当該事業年度終了の時における貸借対照表に計上されている利益剰余金の額が零を下回る場合における当該零を下回る額

四　当該事業年度終了の時における貸借対照表に計上されている当該外国金融持株会社等に係る施行令第39条の17第3項第1号イに規定する特定外国金融機関の株式又は出資（以下この号及び第26項第5号において「株式等」という。）及び他の外国金融持株会社等（その発行済株式又は出資（自己が有する自己の株式等を除く。）の総数又は総額の100分の50を超える数又は金額の株式等を有するものに限る。）の株式等の帳簿価額

令和元年度改正後条文

四　当該事業年度終了の時における貸借対照表に計上されている当該外国金融持株会社等に係る施行令第39条の17第3項第1号イに規定する特定外国金融機関の株式等及び他の外国金融持株会社等（その発行済株式又は出資（自己が有する自己の株式等を除く。）の総数又は総額の100分の50を超える数又は金額の株式等を有するものに限る。）の株式等の帳簿価額

25　施行令第39条の17の4第7項に規定する財務省令で定めるものの額は、部分対象外国関係会社（保険業を行うものに限る。）が保険契

通達・QA番号・逐条解説

□　外国金融子会社等の本店所在地国の法令に基づき下回ることのできない「資本の額」は、我が国の銀行法第5条《資本金の額》の規定による最低資本金に相当するものが想定されている（H29-719）。

解　説　措令39の17の4⑨

□　異常な水準の資本に係る所得について、部分合算課税を受ける内国法人は、一の内国法人に限られないことから、各内国法人について資本に係る利益率を求めることになる。

□　内国法人の資本に係る利益率の分子となる「決算に基づく所得の金額」は、会計上のいわゆる税引後当期利益を念頭に置いたものである（H29-719）。

解　説　措規22の11㉔

□　措規22の11㉔一～三の利益剰余金の額に関する調整は、外国金融子会社等自身の活動から生じた自己資本を除くために、また、措規22の11㉔四の保有株式等の帳簿価額の調整は、外国金融持株会社等が果たす機能及び資産・資本構成を踏まえ、行うものである（H29-718）。

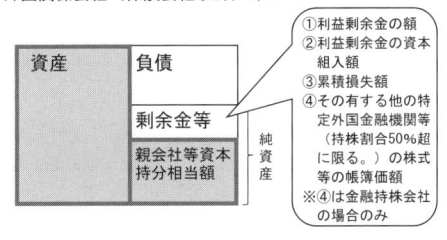

（H29-719を一部加工）

解　説　措規22の11㉕

□　保険子会社について、保険契約を再保険に付した場合に積み立てないこととした責任準備金等に相当する金額を総資産の額に加算し、オフバランスを加味した実質のバランスシートに基づいて異常な水準の資本の判定を行うこととするものである（H29-718）。

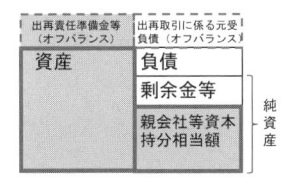

（H29-719を一部加工）

本　　　法	施行令・施行規則
	約を再保険に付した場合において、その再保険を付した部分につきその本店所在地国の保険業法に相当する法令の規定により積み立てないこととした同法第116条第1項に規定する責任準備金に相当するものの額及び同法第117条第1項に規定する支払備金に相当するものの額の合計額とする。 **令和元年度改正後条文** 42　同　上
二　部分対象外国関係会社について第6項第8号の規定に準じて計算した場合に算出される同号に掲げる金額に相当する金額	
三　部分対象外国関係会社について第6項第9号の規定に準じて計算した場合に算出される同号に掲げる金額に相当する金額	
四　部分対象外国関係会社について第6項第10号の規定に準じて計算した場合に算出される同号に掲げる金額に相当する金額	
五　部分対象外国関係会社について第6項第11号の規定に準じて計算した場合に算出される同号に掲げる金額に相当する金額	

通達・ＱＡ番号・逐条解説

2　固定資産の貸付けの対価

解説　措法66の6⑧二

☐　措法66の6⑧二に掲げる金額は、措法66の6⑥八に準じて計算した場合に算出される金額に相当する金額である。

3　無形資産等の使用料

解説　措法66の6⑧三

☐　措法66の6⑧三に掲げる金額は、措法66の6⑥九に準じて計算した場合に算出される金額に相当する金額である。

4　無形資産等の譲渡損益

解説　措法66の6⑧四

☐　措法66の6⑧四に掲げる金額は、措法66の6⑥十に準じて計算した場合に算出される金額に相当する金額である。

5　異常所得

解説　措法66の6⑧五

☐　措法66の6⑧五に掲げる金額は、措法66の6⑥十一に準じて計算した場合に算出される金額に相当する金額である。

措法66の6⑨	金融子会社等部分適用対象金額の意義

本　　法	施行令・施行規則
【措法66の6】 　9　前項に規定する金融子会社等部分適用対象金額とは、部分対象外国関係会社の各事業年度の次に掲げる金額のうちいずれか多い金額をいう。	
一　前項第1号に掲げる金額	
二　前項第2号、第3号及び第5号に掲げる金額の合計額と、同項第4号に掲げる金額（当該金額が零を下回る場合には、零）を基礎として当該各事業年度開始の日前7年以内に開始した各事業年度において生じた同号に掲げる金額が零を下回る部分の金額につき政令で定めるところにより調整を加えた金額とを合計した金額	**【措令39の17の4】** 　10　法第66条の6第9項第2号に規定する政令で定めるところにより調整を加えた金額は、部分対象外国関係会社の各事業年度の同条第8項第4号に掲げる金額（当該金額が零を下回る場合には、零）から当該部分対象外国関係会社の当該各事業年度開始の日前7年以内に開始した事業年度（平成30年4月1日前に開始した事業年度、部分対象外国関係会社（法第40条の4第8項各号列記以外の部分又は第68条の90第8項各号列記以外の部分に規定する部分対象外国関係会社を含む。）に該当しなかった事業年度及び法第66条の6第10項第1号に該当する事実があ

通達・QA番号・逐条解説

解説　措法66の6⑨

□　金融子会社等部分適用対象金額は、措法66の6⑨一に掲げる金額（異常な水準の資本に係る所得の金額）又は措法66の6⑨二に掲げる金額（❶固定資産の貸付けによる対価の金額、❷無形資産等の使用料の金額、❸無形資産等の譲渡損益の金額（過去7年間の欠損金額の繰越控除後の金額）及び❹異常所得の金額の合計額）のうちいずれか多い金額とされている。

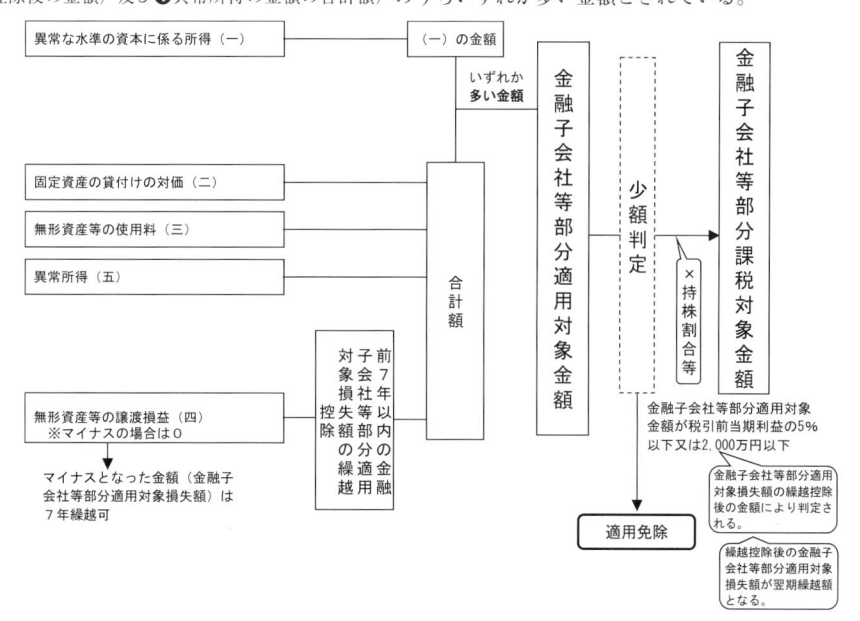

（H29-721を一部加工）

□　措法66の6⑨において「いずれか多い金額」とされているのは、異常な水準の資本に係る所得とそれ以外の所得の内容が実質的に重複する可能性があることから、二重に合算課税の対象となることを避ける趣旨である（H29-720）。

（適用対象金額等の計算）

措通66の6-19　措置法第66条の6第2項第4号に規定する適用対象金額、同条第7項に規定する部分適用対象金額及び同条第9項に規定する金融子会社等部分適用対象金額並びに措置法令第39条の15第5項に規定する欠損金額、措置法令第39条の17の3第30項に規定する部分適用対象損失額及び措置法令第39条の17の4第10項に規定する金融子会社等部分適用対象損失額は、外国関係会社が会計帳簿の作成に当たり使用する外国通貨表示の金額により計算するものとする。この場合において、例えば措置法第61条の4の規定の例に準じて交際費等の損金不算入額を計算する場合における同条に定める800万円のように、法令中本邦通貨表示で定められている金額については、66の6-4により内国法人が外国関係会社の課税対象金額、部分課税対象金額又は金融子会社等部分課税対象金額の円換算に当たり適用する為替相場により当該本邦通貨表示で定められている金額を当該外国通貨表示の金額に換算した金額によるものとする。

（備　考）　本通達の前段は、適用対象金額等の計算については、じ後の事業年度の所得計算を考慮し、外国通貨表示で行うこととするものである（趣旨説明27）。

解説　措令39の17の4⑩

□　外国金融子会社等の各事業年度における金融子会社等部分適用対象金額が少額免除基準を満たすことになり、部分合算課税が行われない場合であっても、❶当該各事業年度において無形資産等の譲渡損益の金額がプラスとなっているときは、その無形資産等の譲渡損益の金額が零に達するまで、繰越控除可能な過去7年間のマイナスの金額を控除する必要があり、また、❷当該各事業年度において無形資産等の譲渡損益の金額がマイナスとなっているときは、そのマイナスとなった金額は、7年間にわたって繰り越すことができる（H29-713）。

□　外国金融子会社等の各事業年度の金融子会社等部分適用対象金額の計算上、当該各事業年度開始の日前7年以内に開始した事業年度のうち、❶特定外国関係会社又は対象外国関係会社に該当していた事業年度において生じた欠損金額、❷部分対象外国関係会社（外国金融子会社等を除く。）に該当していた事業年度において生じた部分適用対象損失額及び❸外国金融子会社等

本　　　法	施行令・施行規則
	る場合のその該当する事業年度（法第40条の4第10項第1号に該当する事実がある場合のその該当する事業年度及び法第68条の90第10項第1号に該当する事実がある場合のその該当する事業年度を含む。）を除く。）において生じた金融子会社等部分適用対象損失額（法第66条の6第8項第4号に掲げる金額が零を下回る場合のその下回る額をいい、この項又は第39条の117の3第11項の規定により当該各事業年度前の事業年度において控除されたものを除く。）の合計額に相当する金額を控除した残額とする。

に該当し、その租税負担割合が20％以上である事業年度において生じた金融子会社等部分適用対象損失額を控除することはできない。

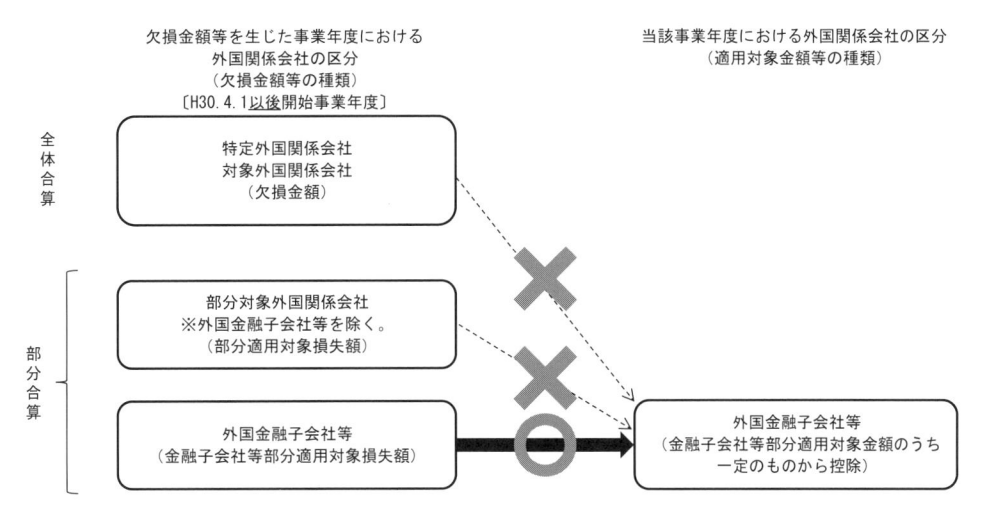

（H29-686を一部加工）

□　外国金融子会社等の各事業年度の適用対象金額の計算上控除することができる前７年以内の欠損金額には、平成29年度税制改正前の制度の下、特定外国子会社等に該当していた事業年度において生じた欠損金額は含まれない。

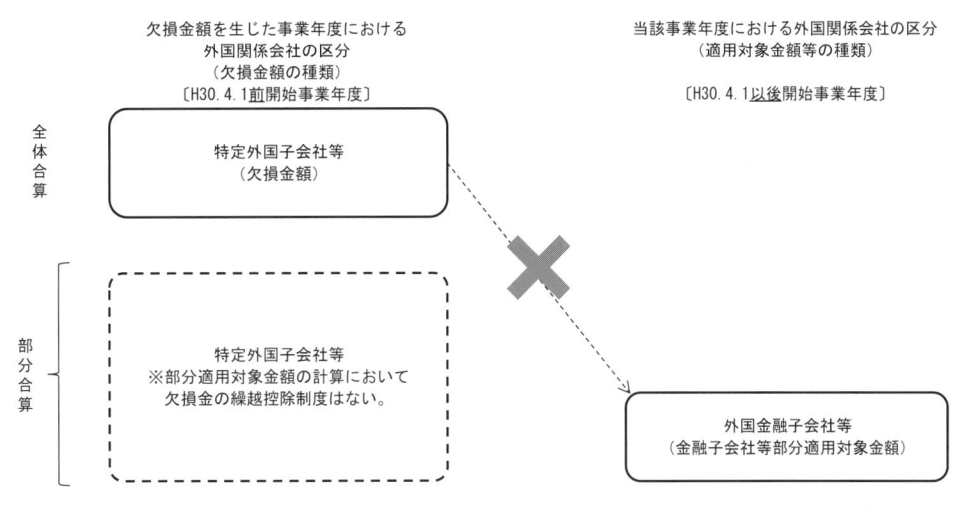

（H29-686を一部加工）

（適用対象金額等の計算）

措通66の6-19　措置法第66条の６第２項第４号に規定する適用対象金額、同条第７項に規定する部分適用対象金額及び同条第９項に規定する金融子会社等部分適用対象金額並びに措置法令第39条の15第５項に規定する欠損金額、措置法令第39条の17の３第30項に規定する部分適用対象損失額及び措置法令第39条の17の４第10項に規定する金融子会社等部分適用対象損失額は、外国関係会社が会計帳簿の作成に当たり使用する外国通貨表示の金額により計算するものとする。この場合において、例えば措置法第61条の４の規定の例に準じて交際費等の損金不算入額を計算する場合における同条に定める800万円のように、法令中本邦通貨表示で定められている金額については、66の6-4により内国法人が外国関係会社の課税対象金額、部分課税対象金額又は金融子会社等部分課税対象金額の円換算に当たり適用する為替相場により当該本邦通貨表示で定められている金額を当該外国通貨表示の金額に換算した金額によるものとする。

（備考）　本通達の前段は、適用対象金額等の計算については、じ後の事業年度の所得計算を考慮し、外国通貨表示で行うこととするものである（趣旨説明27）。

措法66の6⑩　部分適用対象金額等に係る合算課税の適用免除

本　　法	施行令・施行規則
【措法66の6】 　10　第6項及び第8項の規定は、第1項各号に掲げる内国法人に係る部分対象外国関係会社につき次のいずれかに該当する事実がある場合には、当該部分対象外国関係会社のその該当する事業年度に係る部分適用対象金額（第7項に規定する部分適用対象金額をいう。以下この項において同じ。）又は金融子会社等部分適用対象金額（前項に規定する金融子会社等部分適用対象金額をいう。以下この項において同じ。）については、適用しない。	
一　各事業年度の租税負担割合が100分の20以上であること。	
二　各事業年度における部分適用対象金額又は金融子会社等部分適用対象金額が2,000万円以下であること。	

通達・ＱＡ番号・逐条解説

解　説　措法66の6⑩

☐　部分合算課税については、❶租税負担割合基準による適用免除基準並びに❷金額基準及び割合基準による少額免除基準が設けられている。この点、部分合算課税の適用が免除されることを明らかにする資料等の保存要件は、課されていない。これらの資料等は、部分適用対象金額又は金融子会社等部分適用対象金額の計算において当然に必要とされるものであるため、殊更に保存要件を課す必要がないからである（H29-722）。

（注）　租税負担割合が20％未満の外国関係会社に該当する場合には、少額免除基準に該当することとなったとしても、貸借対照表等を確定申告書に添付する義務がある。

1　租税負担割合基準による適用免除基準

解　説　措法66の6⑩一

☐　企業の事務負担軽減の観点から、部分対象外国関係会社で、租税負担割合が20％以上の事業年度においては、部分合算課税の適用を免除することとされている。

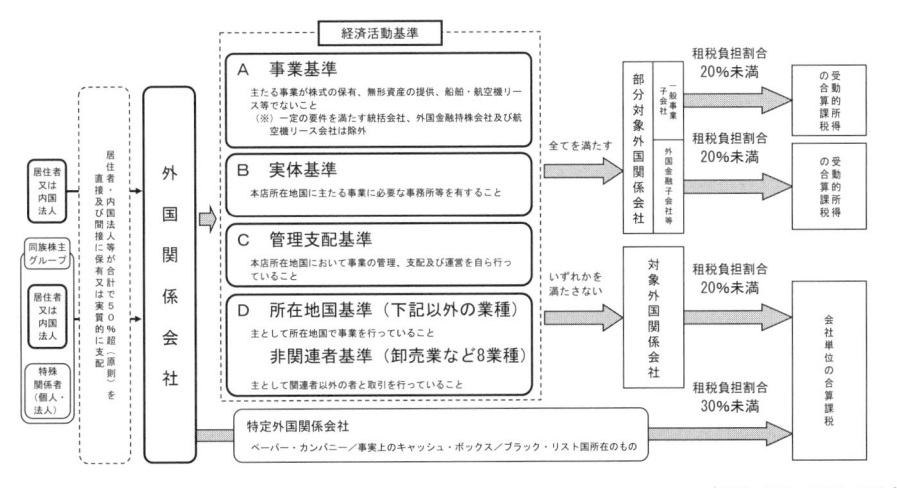

（H29-659、H30-678を参考に作成）

2　金額基準による少額免除基準

解　説　措法66の6⑩二

☐　外国金融子会社等以外の部分対象外国関係会社で、部分適用対象金額が2,000万円以下である事業年度においては、部分合算課税の適用を免除することとされている。

本　　法	施行令・施行規則

通達・QA番号・逐条解説

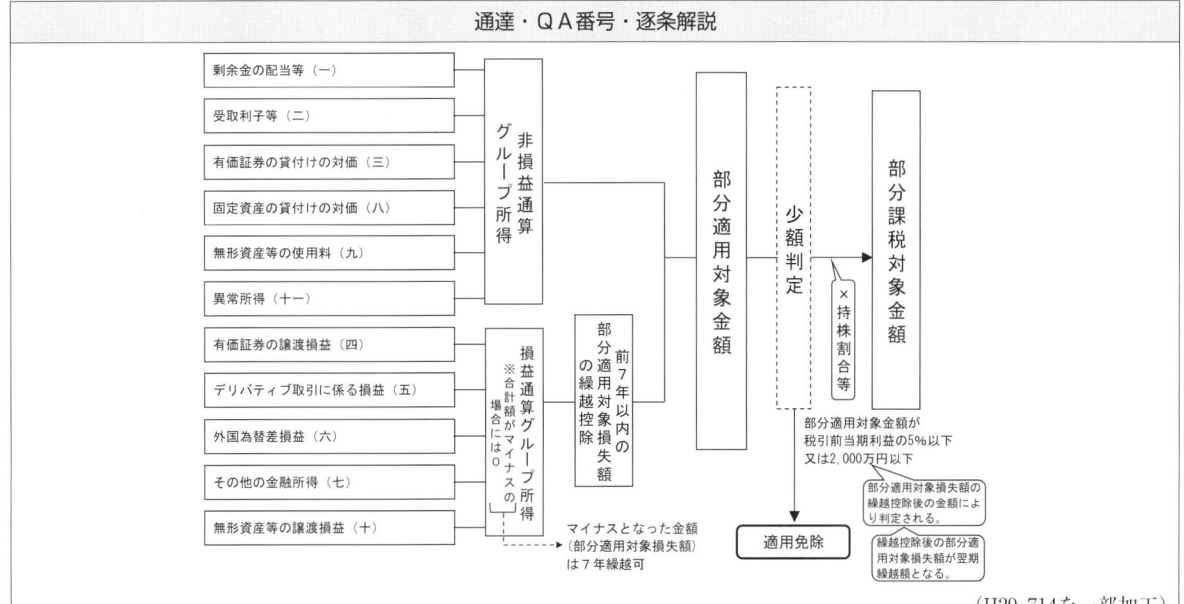

（H29-714を一部加工）

令和元年度改正の解説

□　措法66の6⑥七の二に掲げる金額（収入保険料）は、部分適用対象金額の計算上、損益通算グループ所得の金額に該当することとされた。

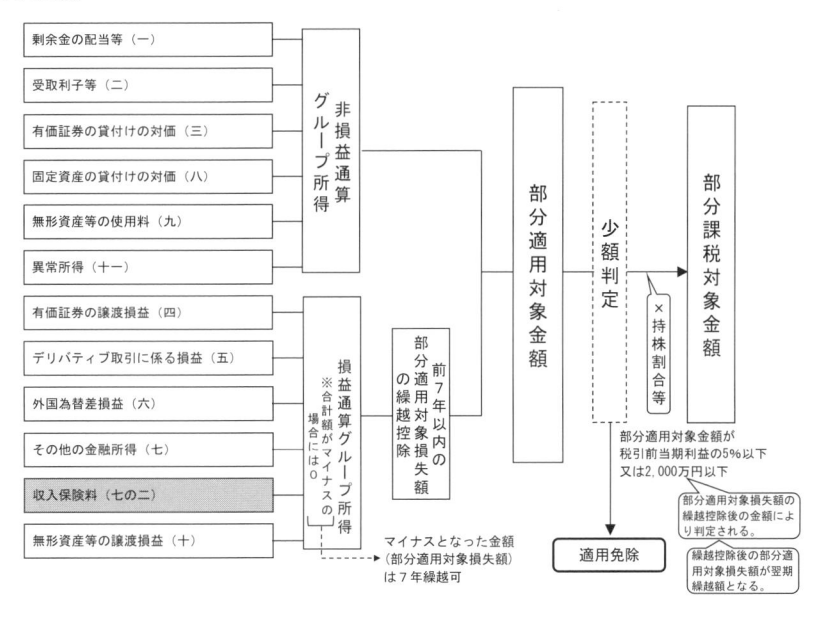

（H29-714を一部加工）

□　解散により外国金融子会社等に該当しないこととなった部分対象外国関係会社（清算外国金融子会社等）の特定清算事業年度については、特定金融所得金額がないものとして、特定所得の金額を計算することとされているところ、措法66の6⑥七の二に掲げる金額（収入保険料）は、特定金融所得金額に該当することとされた。

□　部分対象外国関係会社（外国金融子会社等に該当するものに限る。）で、金融子会社等部分適用対象金額が2,000万円以下である事業年度においては、部分合算課税の適用を免除することとされている。

本　　法	施行令・施行規則
三　各事業年度の決算に基づく所得の金額に相当する金額として政令で定める金額のうちに当該各事業年度における部分適用対象金額又は金融子会社等部分適用対象金額の占める割合が100分の5以下であること。	**【措令39の17の5】** 　　法第66条の6第10項第3号に規定する政令で定める金額は、同条第2項第6号に規定する部分対象外国関係会社の各事業年度の決算に基づく所得の金額（各事業年度の所得を課税標準として課される第39条の15第1項第2号に規定する法人所得税（法人税法施行令第141条第2項第3号に掲げる税を除く。）の額を含む。）とする。

通達・QA番号・逐条解説

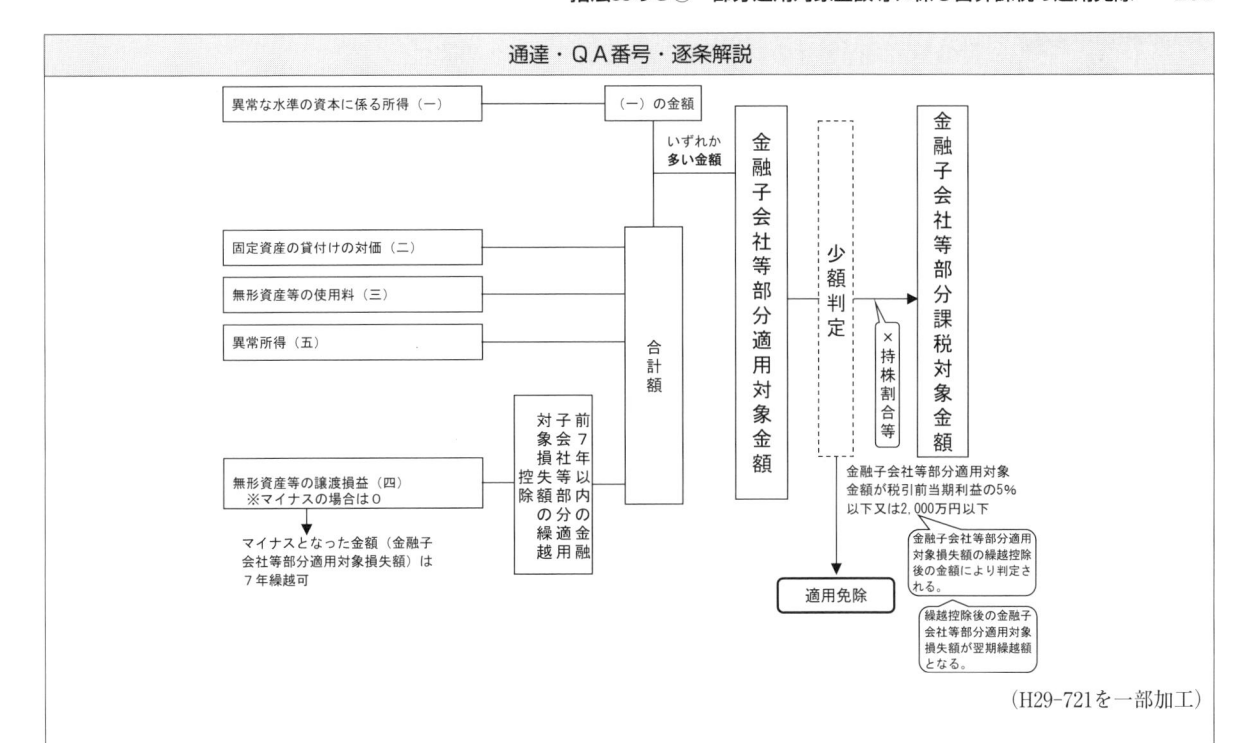

（H29-721を一部加工）

（課税対象金額等の円換算）

措通66の6-4　内国法人が措置法第66条の6第1項、第6項又は第8項の規定により特定外国関係会社若しくは対象外国関係会社に係る課税対象金額、部分対象外国関係会社に係る部分課税対象金額又は外国金融子会社等に係る金融子会社等部分課税対象金額に相当する金額を益金の額に算入する場合における当該課税対象金額、部分課税対象金額又は金融子会社等部分課税対象金額及び同条第10項第2号に規定する部分適用対象金額又は金融子会社等部分適用対象金額の円換算は、当該外国関係会社の当該事業年度終了の日の翌日から2月を経過する日における電信売買相場の仲値（基本通達13の2-1-2に定める電信売買相場の仲値をいう。以下66の6-21までにおいて同じ。）による。ただし、継続適用を条件として、当該内国法人の同日を含む事業年度終了の日の電信売買相場の仲値によることができるものとする。

（注）　ただし書による場合において、当該内国法人が2以上の外国関係会社を有するときは、その全ての外国関係会社につき、当該電信売買相場の仲値によるものとする。

備　考　　適用対象金額等の計算は、外国通貨表示の金額で行うこととされているところ（措通66の6-19）、本通達は、課税対象金額等の円換算（部分合算課税の少額免除基準のうち金額基準における部分適用対象金額等の円換算を含む。）をいつの時点のいかなる換算レートで行うかを明らかにするもので、電信売買相場の仲値（T.T.M.）によることとされている点は、法通13の2-1-2《外貨建取引及び発生時換算法の円換算》本文と同様である。

3　割合基準による少額免除基準

解　説　措法66の6⑩三

□　部分対象外国関係会社で、決算に基づく所得の金額に相当する金額のうちに部分適用対象金額又は金融子会社等部分適用対象金額の占める割合が5％以下である事業年度においては、部分合算課税の適用を免除することとされている。

解　説　措令39の17の5

□　「各事業年度の決算に基づく所得の金額（…法人所得税…の額を含む。）」とは、会計上のいわゆる税引前当期利益を念頭に置いたものである。なお、「法人税法施行令第141条第2項第3号に掲げる税を除く」としているのは、分子の部分適用対象金額又は金融子会社等部分適用対象金額の計算上控除される金額に源泉税等の額が含まれることから、分母の所得の金額は、源泉所得税に相当する税については費用処理したところの税引前当期利益である旨を明らかにする趣旨である（H23-519、H29-722）。

措法66の6⑪	一定の外国関係会社の財務諸表等の確定申告書への添付

本　　法	施行令・施行規則
【措法66の6】	【措規22の11】
11　第1項各号に掲げる内国法人は、当該内国法人に係る次に掲げる外国関係会社の各事業年度の貸借対照表及び損益計算書その他の財務省令で定める書類を当該各事業年度終了の日の翌日から2月を経過する日を含む各事業年度の法人税法第2条第31号に規定する確定申告書に添付しなければならない。	26　法第66条の6第11項に規定する財務省令で定める書類は、同項各号に掲げる外国関係会社（第6号において「添付対象外国関係会社」という。）に係る次に掲げる書類その他参考となるべき事項を記載した書類（これらの書類が電磁的記録で作成され、又はこれらの書類の作成に代えてこれらの書類に記載すべき情報を記録した電磁的記録の作成がされている場合には、これらの電磁的記録に記録された情報の内容を記載した書類）とする。

施行令・施行規則欄つづき：

令和元年度改正後条文

43　法第66条の6第11項に規定する財務省令で定める書類は、同項各号に掲げる外国関係会社（第7号において「添付対象外国関係会社」という。）に係る次に掲げる書類その他参考となるべき事項を記載した書類（これらの書類が電磁的記録で作成され、又はこれらの書類の作成に代えてこれらの書類に記載すべき情報を記録した電磁的記録の作成がされている場合には、これらの電磁的記録に記録された情報の内容を記載した書類）とする。

一　法第66条の6第11項に規定する貸借対照表及び損益計算書

令和元年度改正後条文

一　各事業年度の貸借対照表及び損益計算書（これに準ずるものを含む。）

二　各事業年度の株主資本等変動計算書、損益金の処分に関する計算書その他これらに類するもの

令和元年度改正後条文

二　各事業年度の株主資本等変動計算書、損益金の処分に関する計算書その他これらに準ずるもの

三　第1号に掲げるものに係る勘定科目内訳明細書
四　施行令第39条の15第2項に規定する本店所在地国の法令により課される税に関する申告書で各事業年度に係るものの写し

令和元年度改正後条文

四　本店所在地国の法人所得税（施行令第39条の15第1項第2号に規定する法人所得税をいう。以下この号及び次号において同じ。）に関する法令（当該法人所得税に関する法令が二以上ある場合には、そのうち主たる法人所得税に関する法令）により課される税に関する申告書で各事業年度に係るものの写し

令和元年度改正後条文

五　施行令第39条の15第6項に規定する企業集団等所得課税規

通達・QA番号・逐条解説

解説　措法66の6⑪

☐　各事業年度の租税負担割合が20％未満である外国関係会社（特定外国関係会社を除く。）に対する持株割合が10％以上等である内国法人は、当該外国関係会社の当該各事業年度の貸借対照表及び損益計算書その他の書類を当該各事業年度終了の日の翌日から2か月を経過する日を含む各事業年度の確定申告書に添付しなければならない。各事業年度の租税負担割合が30％未満である特定外国関係会社（ペーパー・カンパニー等）に対する持株割合が10％以上等である内国法人についても、同様である。

　　（注）　租税負担割合が20％未満の外国関係会社に該当する場合には、部分合算課税に係る少額免除基準に該当することとなったとしても、貸借対照表等を添付する義務がある。

☐　内国法人が措法66の6⑪の適用を受ける場合には、別表十七（三の七）「添付対象外国関係会社の名称等に関する明細書」、別表十七（三の七）付表一「添付対象外国関係会社に係る株式等の保有割合等に関する明細書」及び別表十七（三の七）付表二「添付対象外国関係会社に係る外国関係会社の区分及び所得に対する租税の負担割合の計算に関する明細書」に所定の事項を記載する。具体的には、別表十七（三の七）には、措法66の6⑪一及び二に掲げる外国関係会社について、❶名称、❷本店所在地国の名称、❸本店所在地、❹事業年度、❺主たる事業、❻外国関係会社の区分、❼資本金等の額、❽株式等の保有割合、❾営業収益等、❿営業利益、⓫税引前当期利益、⓬利益剰余金、⓭租税負担割合、⓮添付書類、⓯適用対象金額等、⓰請求権等勘案合算割合及び⓱課税対象金額等を記載する。また、別表十七（三の七）付表一には、外国関係会社の居住者等株主等及び同族株主グループに属する者のそれぞれについて、❶氏名又は名称、❷住所又は本店所在地、❸株式等保有割合、❹議決権保有割合、❺請求権保有割合及び❻実質支配関係の有無を記載する。さらに、別表十七（三の七）付表二には、外国関係会社について、❶特定外国関係会社（ペーパー・カンパニー及びキャッシュ・ボックス）の判定、❷対象外国関係会社の判定（経済活動基準の判定）、❸部分対象外国関係会社の判定及び❹租税負担割合の計算の明細を記載する。

解説　措規22の11㉖

☐　確定申告書に添付すべき書類は、外国関係会社に係る次の書類その他参考となるべき事項を記載した書類である。

・　貸借対照表及び損益計算書
・　株主資本等変動計算書、損益金の処分に関する計算書その他これらに類するもの
・　貸借対照表及び損益計算書に係る勘定科目内訳明細書
・　本店所在地国の法令により課される税に関する申告書の写し
・　株主等の氏名・住所等及びその有する株式等の数又は金額を記載した書類
・　内国法人と外国関係会社との間に介在する外国法人の株主等の氏名・住所等及びその有する株式等の数又は金額を記載した書類

令和元年度改正の解説

☐　確定申告書に添付すべき書類に、「企業集団等所得課税規定の適用がないものとした場合に計算される法人所得税の額に関する計算の明細を記載した書類及び当該法人所得税の額に関する計算の基礎となる書類で各事業年度に係るもの」が追加された。

本　　法	施行令・施行規則
	定の適用がないものとした場合に計算される法人所得税の額に関する計算の明細を記載した書類及び当該法人所得税の額に関する計算の基礎となる書類で各事業年度に係るもの
	五　各事業年度終了の日における株主等（法人税法第2条第14号に規定する株主等をいう。次号において同じ。）の氏名及び住所又は名称及び本店若しくは主たる事務所の所在地並びにその有する株式等の数又は金額を記載した書類
	令和元年度改正後条文 六　同　上
	六　各事業年度終了の日における法第66条の6第11項に規定する内国法人に係る添付対象外国関係会社に係る施行令第39条の14第3項第1号に規定する他の外国法人の株主等並びに同項第2号に規定する他の外国法人及び出資関連外国法人の株主等に係る前号に掲げる書類
	令和元年度改正後条文 七　同　上
	27　第13項第1号、第14項及び前項に規定する電磁的記録とは、電子的方式、磁気的方式その他人の知覚によっては認識することができない方式で作られる記録であって、電子計算機による情報処理の用に供されるものをいう。
	令和元年度改正後条文 44　第30項第1号、第31項第1号及び前項に規定する電磁的記録とは、電子的方式、磁気的方式その他人の知覚によっては認識することができない方式で作られる記録であって、電子計算機による情報処理の用に供されるものをいう。
一　当該各事業年度の租税負担割合が100分の20未満である外国関係会社（特定外国関係会社を除く。）	
二　当該各事業年度の租税負担割合が100分の30未満である特定外国関係会社	

通達・QA番号・逐条解説

措法66の6⑫	外国信託に対する本税制の適用

本　　法	施行令・施行規則
【措法66の6】 　12　内国法人が外国信託（投資信託及び投資法人に関する法律第2条第24項に規定する外国投資信託のうち第68条の3の3第1項に規定する特定投資信託に類するものをいう。以下この項において同じ。）の受益権を直接又は間接に有する場合（当該内国法人に係る第2項第1号ロに掲げる外国法人を通じて間接に有する場合を含む。）及び当該外国信託との間に実質支配関係がある場合には、当該外国信託の受託者は、当該外国信託の信託資産等（信託財産に属する資産及び負債並びに当該信託財産に帰せられる収益及び費用をいう。以下この項において同じ。）及び固有資産等（外国信託の信託資産等以外の資産及び負債並びに収益及び費用をいう。）ごとに、それぞれ別の者とみなして、この条から第66条の9までの規定を適用する。	

通達・Ｑ Ａ 番号・逐条解説

解　説　措法66の6⑫

□　内国法人が外国信託（投資信託及び投資法人に関する法律2㉔に規定する外国投資信託のうち措法68の3の3①に規定する特定投資信託に類するものをいう。）の受益権を直接・間接に保有する場合（内国法人が当該内国法人との間に実質支配関係がある外国法人を通じて間接に外国信託の受益権を保有する場合を含む。）及び内国法人が外国信託との間に実質支配関係がある場合には、当該外国信託の受託者を外国信託の信託資産等及び固有資産等ごとに、それぞれ別の者とみなして、本税制を適用することとされている。

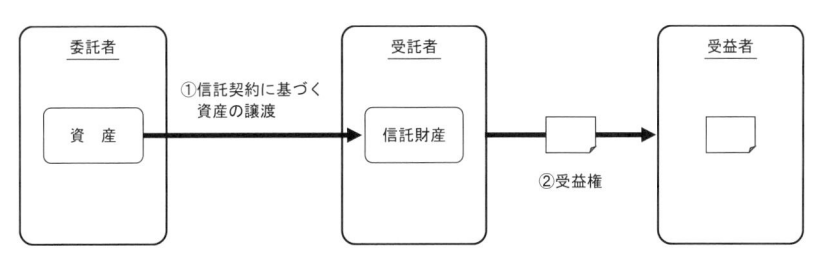

(H19-297を参考に作成)

□　措法66の6⑫の対象は、内国法人がその受益権を保有する外国投資信託（投資信託及び投資法人に関する法律2㉔）のうち措法68の3の3①に規定する特定投資信託に類するものである。なお、内国法人がその受益権を保有する外国の信託が外国投資信託に該当しない場合であっても、受益者等課税信託に該当するときは、法法12①により、信託財産に帰せられる収益及び費用は、当該信託の受益者の収益及び費用とみなされる。また、法人課税信託に該当し、かつ、その信託された営業所が国内にないときは、法法4の7二により、当該法人課税信託に係る受託法人は、外国法人とされるから、措法66の6⑫によらず、本税制の適用対象となり得る。

措法66の6⑬　外国信託に対する本税制の適用

本　　法	施行令・施行規則
【措法66の6】 　13　法人税法第4条の6第2項及び第4条の7の規定は、前項の規定を適用する場合について準用する。	

通達・QA番号・逐条解説

解　説　措法66の6⑬

□　措法66の6⑬において準用することとされている法法4の6②及び法法4の7は、次の通りである。

【法法4の6】
　2　前項の場合において、各法人課税信託の信託資産等及び固有資産等は、同項の規定によりみなされた各別の者にそれぞれ帰属するものとする。

【法法4の7】
　受託法人（法人課税信託の受託者である法人（その受託者が個人である場合にあっては、当該受託者である個人）について、前条の規定により、当該法人課税信託に係る信託資産等が帰属する者としてこの法律の規定を適用する場合における当該受託者である法人をいう。以下この条において同じ。）又は法人課税信託の受益者についてこの法律の規定を適用する場合には、次に定めるところによる。
一　法人課税信託の信託された営業所、事務所その他これらに準ずるもの（次号において「営業所」という。）が国内にある場合には、当該法人課税信託に係る受託法人は、内国法人とする。
二　法人課税信託の信託された営業所が国内にない場合には、当該法人課税信託に係る受託法人は、外国法人とする。
三　受託法人（会社でないものに限る。）は、会社とみなす。
四　信託の併合は合併とみなし、信託の併合に係る従前の信託である法人課税信託に係る受託法人は被合併法人に含まれるものと、信託の併合に係る新たな信託である法人課税信託に係る受託法人は合併法人に含まれるものとする。
五　信託の分割は分割型分割に含まれるものとし、信託の分割によりその信託財産の一部を受託者を同一とする他の信託又は新たな信託の信託財産として移転する法人課税信託に係る受託法人は分割法人に含まれるものと、信託の分割により受託者を同一とする他の信託からその信託財産の一部の移転を受ける法人課税信託に係る受託法人は分割承継法人に含まれるものとする。
六　法人課税信託の受益権は株式又は出資とみなし、法人課税信託の受益者は株主等に含まれるものとする。この場合において、その法人課税信託の受託者である法人の株式又は出資は当該法人課税信託に係る受託法人の株式又は出資でないものとみなし、当該受託者である法人の株主等は当該受託法人の株主等でないものとする。
七　受託法人は、当該受託法人に係る法人課税信託の効力が生ずる日（一の約款に基づき複数の信託契約が締結されるものである場合にはその最初の契約が締結された日とし、法人課税信託以外の信託が法人課税信託に該当することとなった場合にはその該当することとなった日とする。）に設立されたものとする。
八　法人課税信託について信託の終了があった場合又は法人課税信託（第2条第29号の2ロ（定義）に掲げる信託に限る。）に第12条第1項（信託財産に属する資産及び負債並びに信託財産に帰せられる収益及び費用の帰属）に規定する受益者（同条第2項の規定により同条第一項に規定する受益者とみなされる者を含む。次号において「受益者等」という。）が存することとなった場合（第2条第29号の2イ又はハに掲げる信託に該当する場合を除く。）には、これらの法人課税信託に係る受託法人の解散があったものとする。
九　法人課税信託（第2条第29号の2ロに掲げる信託を除く。以下この号において同じ。）の委託者がその有する資産の信託をした場合又は第12条第1項の規定により受益者等がその信託財産に属する資産及び負債を有するものとみなされる信託が法人課税信託に該当することとなった場合には、これらの法人課税信託に係る受託法人に対する出資があったものとみなす。
十　法人課税信託の収益の分配は資本剰余金の減少に伴わない剰余金の配当と、法人課税信託の元本の払戻しは資本剰余金の減少に伴う剰余金の配当とみなす。
十一　前各号に定めるもののほか、受託法人又は法人課税信託の受益者についてのこの法律の規定の適用に関し必要な事項は、政令で定める。

措法66の6⑭　ブラック・リスト国の告示

本　　法	施行令・施行規則
【措法66の6】 　14　財務大臣は、第2項第2号ハの規定により国又は地域を指定したときは、これを告示する。 **令和元年度改正後条文** 　14　財務大臣は、第2項第2号ニの規定により国又は地域を指定したときは、これを告示する。	

通達・ＱＡ番号・逐条解説
解　説　措法66の6⑭
□　　情報交換に関する国際的な取組みへの協力が著しく不十分な国又は地域を財務大臣が指定し、その国又は地域に本店等を有する外国関係会社は、特定外国関係会社に該当し、租税負担割合が30％以上となる事業年度を除いて、外国関係会社単位の合算課税の対象とされるが、財務大臣が、その国又は地域を指定したときは、これを告示することとしている。

第2章

外国子会社合算税制の適用に係る税額控除

措法66の7①　　内国法人が納付するものとみなされる控除対象外国法人税の額の控除

本　　法	施行令・施行規則

【措法66の7】

1　前条第1項各号に掲げる内国法人が、同項又は同条第6項若しくは第8項の規定の適用を受ける場合には、当該内国法人に係る外国関係会社（同条第2項第1号に規定する外国関係会社をいう。以下この項、第3項、第4項及び第6項において同じ。）の所得に対して課される外国法人税（法人税法第69条第1項に規定する外国法人税をいう。次項において同じ。）の額のうち、当該外国関係会社の課税対象金額に対応するもの（当該課税対象金額に相当する金額を限度とする。）として政令で定めるところにより計算した金額、当該外国関係会社の部分課税対象金額に対応するもの（当該部分課税対象金額に相当する金額を限度とする。）として政令で定めるところにより計算した金額又は当該外国関係会社の金融子会社等部分課税対象金額に対応するもの（当該金融子会社等部分課税対象金額に相当する金額を限度とする。）として政令で定めるところにより計算した金額は、政令で定めるところにより、当該内国法人が納付する控除対象外国法人税の額（同法第69条第1項に規定する控除対象外国法人税の額をいう。第3項において同じ。）とみなして、同法第69条（第20項を除く。）及び地方法人税法第12条の規定を適用する。この場合において、法人税法第69条第13項中「外国法人税の額につき」とあるのは、「外国法人税の額（租税特別措置法第66条の7第1項（内国法人の外国関係会社に係る所得の課税の特例）又は第68条の91第1項（連結法人の外国関係会社に係る所得の課税の特例）に規定する外国関係会社の所得に対して課される外国法人税の額のうちこれらの規定により当該内国法人が納付するものとみなされる部分の金額を含む。以下この項において同じ。）につき」とする。

令和元年度改正後条文

1　前条第1項各号に掲げる内国法人が、同項又は同条第6項若しくは第8項の規定の適用を受ける場合には、当該内国法人に係る外国関係会社（同条第2項第1号に規定する外国関係会社をいう。以下この項、第3項、第4項及び第6項において同じ。）の所得に対して課される外国法人税（法人税法第69条第1項に規定する外国法人税をいう。以下この項及び次項において同じ。）の額（政令で定める外国法人税にあっては、政令で定める金額）のうち、当該外国関係会社の課税対象金額に対応するもの（当該課税対象金額に相当する金額を限度とする。）として政令で定めるところにより計算した金額、当該外国関係会社の部分課税対象金額に対応するも

【措令39の18】

令和元年度改正後条文

1　法第66条の7第1項に規定する政令で定める外国法人税は、外国法人税に関する法令に企業集団等所得課税規定（第39条の15第6項に規定する企業集団等所得課税規定をいう。以下この条において同じ。）がある場合の当該外国法人税とし、法第66条の7第1項に規定する政令で定める金額は、当該企業集団等所得課税規定の適用がないものとした場合に当該外国法人税に関する法令の規定により計算される外国法人税の額（以下この条において「個別計算外国法人税額」という。）とする。

2　個別計算外国法人税額は、企業集団等所得課税規定の適用がないものとした場合に当該個別計算外国法人税額に係る外国法人税に関する法令の規定により当該個別計算外国法人税額を納付すべきものとされる期限の日に課されるものとして、この条の規定を適用する。

1　法第66条の7第1項に規定する課税対象金額に対応するものとして政令で定めるところにより計算した金額は、外国関係会社（法第66条の6第2項第1号に規定する外国関係会社をいう。以下この条において同じ。）につきその適用対象金額（法第66条の6第2項第4号に規定する適用対象金額をいう。以下この項及び次条において同じ。）を有する事業年度（以下この条において「課税対象年度」という。）の所得に対して課される外国法人税の額に、当該課税対象年度に係る適用対象金額（第39条の15第1項（第4号に係る部分に限る。）若しくは第2項（第17号に係る部分に限る。）の規定により控除される同条第1項第4号に掲げる金額（当該外国法人税の課税標準に含まれるものに限る。）又は同条第3項の規定により控除される同項に規定する控除対象配当等の額（当該外国法人税の課税標準に含まれるものに限る。）がある場合には、これらの金額を加算した金額。第15項において「調整適用対象金額」という。）のうちに法第66条の7第1項に規定する内国法人に係る課税対象金額の占める割合を乗じて計算した金額（当該金額が当該課税対象金額を超える場合には、当該課税対象金額に相当する金額）とする。

令和元年度改正後条文

3　法第66条の7第1項に規定する課税対象金額に対応するものとして政令で定めるところにより計算した金額は、外国関係会社（法第66条の6第2項第1号に規定する外国関係会社をいう。以下この条において同じ。）につきその適用対象金額（法第66条の6第2項第4号に規定する適用対象金額をいう。以下この項及び次条において同じ。）を有する事業年度（以下この条において「課税対象年度」という。）の所得に対して課される外国法人税の額（外国法人税に関する法令に企業集団等所得課税規定がある場合の当該外国法人税にあっては、個別計算外国法人税額。以下この条において同じ。）に、当該課税対象年度に係る適用対象金額（第39条の15第1項（第4号に係る部分に限る。）若しくは第2項（第17号に係る部分に限る。）の規定により控除される同条第1項第4号に掲げる金額（当該外国法人税の課税標準に含まれるものに限る。）又は同条第3項の規定により控除される同項に規定する控除対象配当等の額（当該外国法

通達・QA番号・逐条解説

解説 措法66の7①

☐ 法法69《外国税額の控除》は、内国法人が各事業年度において外国法人税を納付することとなる場合には、次の算式により計算した金額を限度として、その外国法人税の額（一定の外国法人税の額を除く。以下「控除対象外国法人税の額」という。）を当該事業年度の所得に対する法人税の額から控除する旨規定している。

$$\text{内国法人の各事業年度の所得に対する法人税の額} \times \frac{\text{当該事業年度の調整国外所得金額}}{\text{当該事業年度の所得金額}}$$

☐ 内国法人が、外国関係会社単位の合算課税の適用を受ける場合には、当該内国法人に係る外国関係会社の所得に対して課される外国法人税の額のうち、当該外国関係会社の課税対象金額に対応する部分の金額（当該課税対象金額に相当する金額を限度とする。）を当該内国法人が納付する控除対象外国法人税の額とみなして、法法69《外国税額の控除》（第20項を除く。）及び地法法12《外国税額の控除》の規定を適用する。外国関係会社の所得に係る二重課税を排除する趣旨である。

☐ 内国法人が、部分合算課税の適用を受ける場合には、当該内国法人に係る外国関係会社の所得に対して課される外国法人税の額のうち、当該外国関係会社の部分課税対象金額又は金融子会社等部分課税対象金額に対応する部分の金額（当該部分課税対象金額又は当該金融子会社等部分課税対象金額に相当する金額を限度とする。）を当該内国法人が納付する控除対象外国法人税の額とみなして、法法69《外国税額の控除》（第20項を除く。）及び地法法12《外国税額の控除》の規定を適用する。外国関係会社の所得に係る二重課税を排除する趣旨である。

☐ 外国法人税とは、外国の法令に基づき外国又はその地方公共団体により法人の所得を課税標準として課される税をいい、これに含まれるもの及び含まれないものは、次の通りである（法法69①、法令141）。

（外国法人税に含まれるもの）
・超過利潤税その他法人の所得の特定の部分を課税標準として課される税
・法人の所得又はその特定の部分を課税標準として課される税の附加税
・法人の所得を課税標準として課される税と同一の税目に属する税で、法人の特定の所得につき、徴税上の便宜のため、所得に代えて収入金額その他これに準ずるものを課税標準として課されるもの
・法人の特定の所得につき、所得を課税標準とする税に代え、法人の収入金額その他これに準ずるものを課税標準として課される税

（外国法人税に含まれないもの）
・税を納付する者が、当該税の納付後、任意にその金額の全部又は一部の還付を請求することができる税
・税の納付が猶予される期間を、その税の納付をすることとなる者が任意に定めることができる税
・複数の税率の中から税の納付をすることとなる者と外国若しくはその地方公共団体又はこれらの者により税率の合意をする権限を付与された者との合意により税率が決定された税（当該複数の税率のうち最も低い税率（当該最も低い税率が当該合意がないものとした場合に適用されるべき税率を上回る場合には当該適用されるべき税率）を上回る部分に限る。）
・外国法人税に附帯して課される附帯税に相当する税その他これに類する税

☐ 措法66の7①による読替え後の法法69⑬（外国法人税の額が減額された場合の調整）は、次の通りである。

【法法69（読替え後）】

13 内国法人が納付することとなった外国法人税の額（租税特別措置法第66条の7第1項（内国法人の外国関係会社に係る所得の課税の特例）又は第68条の91第1項（連結法人の外国関係会社に係る所得の課税の特例）に規定する外国関係会社の所得に対して課される外国法人税の額のうちこれらの規定により当該内国法人が納付するものとみなされる部分の金額を含む。以下この項において同じ。）につき第1項から第3項まで又は第81条の15第1項から第3項までの規定の適用を受けた事業年度又は連結事業年度（以下この項において「適用事業年度」という。）開始の日後7年以内に開始する当該内国法人の各事業年度（連結事業年度に該当する期間を除く。以下この項において同じ。）において当該外国法人税の額が減額された場合（当該内国法人が適格合併等により被合併法人等である他の内国法人から事業の全部又は一部の移転を受けた場合にあっては、当該被合併法人等が納付することとなった外国法人税の額のうち当該内国法人が移転を受けた事業に係る所得に基因して納付することとなった外国法人税の額に係る当該被合併法人等の適用事業年度開始の日後7年以内に開始する当該内国法人の各事業年度において当該外国法人税の額が減額された場合を含む。）における第1項から第3項までの規定の適用については、政令で定めるところによる。

（課税対象金額等に係る外国法人税額の計算）
措通66の6-30 措置法第66条の7第1項の規定を適用する場合における措置法令第39条の18第1項の規定による課税対象

本　　法	施行令・施行規則
の（当該部分課税対象金額に相当する金額を限度とする。）として政令で定めるところにより計算した金額又は当該外国関係会社の金融子会社等部分課税対象金額に対応するもの（当該金融子会社等部分課税対象金額に相当する金額を限度とする。）として政令で定めるところにより計算した金額は、政令で定めるところにより、当該内国法人が納付する控除対象外国法人税の額（同法第69条第1項に規定する控除対象外国法人税の額をいう。第3項において同じ。）とみなして、同法第69条（第20項を除く。）及び地方法人税法第12条の規定を適用する。この場合において、法人税法第69条第13項中「外国法人税の額につき」とあるのは、「外国法人税の額（租税特別措置法第66条の7第1項（内国法人の外国関係会社に係る所得の課税の特例）又は第68条の91第1項（連結法人の外国関係会社に係る所得の課税の特例）に規定する外国関係会社の所得に対して課される外国法人税の額のうちこれらの規定により当該内国法人が納付するものとみなされる部分の金額を含む。以下この項において同じ。）につき」とする。	人税の課税標準に含まれるものに限る。）がある場合には、これらの金額を加算した金額。第19項において「調整適用対象金額」という。）のうちに法第66条の7第1項に規定する内国法人に係る課税対象金額の占める割合を乗じて計算した金額（当該金額が当該課税対象金額を超える場合には、当該課税対象金額に相当する金額）とする。

2　法第66条の7第1項に規定する部分課税対象金額に対応するものとして政令で定めるところにより計算した金額は、外国関係会社につきその部分適用対象金額（法第66条の6第6項に規定する部分適用対象金額をいう。以下この項、第16項及び次条において同じ。）を有する事業年度（以下この条において「部分課税対象年度」という。）の所得に対して課される外国法人税の額に、当該部分課税対象年度に係る調整適用対象金額のうちに法第66条の7第1項に規定する内国法人に係る部分課税対象金額（法第66条の6第6項に規定する部分課税対象金額をいう。以下この条及び次条において同じ。）の占める割合（当該調整適用対象金額が当該部分課税対象金額を下回る場合には、当該部分課税対象年度に係る部分適用対象金額のうちに当該部分課税対象金額の占める割合）を乗じて計算した金額（当該金額が当該部分課税対象金額を超える場合には、当該部分課税対象金額に相当する金額）とする。

令和元年度改正後条文

4　法第66条の7第1項に規定する部分課税対象金額に対応するものとして政令で定めるところにより計算した金額は、外国関係会社につきその部分適用対象金額（法第66条の6第6項に規定する部分適用対象金額をいう。以下この項、第20項及び次条において同じ。）を有する事業年度（以下この条において「部分課税対象年度」という。）の所得に対して課される外国法人税の額に、当該部分課税対象年度に係る調整適用対象金額のうちに法第66条の7第1項に規定する内国法人に係る部分課税対象金額（法第66条の6第6項に規定する部分課税対象金額をいう。以下この条及び次条において同じ。）の占める割合（当該調整適用対象金額が当該部分課税対象金額を下回る場合には、当該部分課税対象年度に係る部分適用対象金額のうちに当該部分課税対象金額の占める割合）を乗じて計算した金額（当該金額が当該部分課税対象金額を超える場合には、当該部分課税対象金額に相当する金額）とする。

3　法第66条の7第1項に規定する金融子会社等部分課税対象金額に対応するものとして政令で定めるところにより計算した金額は、外国関係会社につきその金融子会社等部分適用対象金額（法第66条の6第8項に規定する金融子会社等部分適用対象金額をいう。以下この項、第17項及び次条において同じ。）を有する事業年度（以下この条において「金融子会社等部分課税対象年度」という。）の所得に対して課される外国法人税の額に、当該金融子会社等部分課税対象年度に係る調整適用対象金額のうちに法第66条の7第1項に規定する内国法人に係る金融子会社等部分課税対象金額（法第66条の6第8項に規定する金融子会社等部分課税対象金額をいう。以下この条及び次条において同じ。）の占める割合（当該調整適用対象金額が当該金融子会社等部分課税対象金額を下回る場合には、当該金融子会社等部分課税対象年度に係る金融子会社等部分適用対象金額のうちに当該金融子会社等部分課税対象金

通達・QA番号・逐条解説

金額、同条第2項の規定による部分課税対象金額又は同条第3項の規定による金融子会社等部分課税対象金額に係る控除対象外国法人税の額の計算並びに同条第8項の規定による減額されたとみなされる控除対象外国法人税の額の計算は、その外国関係会社がその会計帳簿の作成に当たり使用する外国通貨表示の金額により行うものとし、その計算されたこれらの控除対象外国法人税の額の円換算については、66の6-4に準ずる。

備考　本通達では、課税対象金額等に係る控除対象外国法人税の額の計算及び減額されたとみなされる控除対象外国法人税の額の計算は、全て外国通貨表示の金額により行い、その外国通貨表示による算出額を一括して電信売買相場の仲値（T.T.M.）によって円換算した上で、外国関係会社に係る内国法人の所得計算に取り込むことが明らかにされている。

1　外国法人税に関する法令に企業集団等所得課税規定がある場合の特例

令和元年度改正の解説

□　内国法人が合算課税の適用を受ける場合に控除される外国法人税の額は、外国法人税に関する法令に企業集団等所得課税規定がある場合には、その適用がないものとした場合に当該外国法人税に関する法令の規定により計算される外国法人税の額（以下、この囲み記事において「個別計算外国法人税額」という。）とすることとされた。

□　個別計算外国法人税額は、企業集団等所得課税規定の適用がないものとした場合に外国法人税に関する法令の規定により当該個別計算外国法人税額を納付すべきものとされる期限の日に課されるものとして、措令39の18を適用することとされた。

□　企業集団等所得課税規定とは、次に掲げる規定をいう。

外国法人の本店所在地国の法令の規定	外国法人の属する企業集団の所得に対して法人所得税を課することとし、かつ、当該企業集団に属する一の外国法人のみが当該法人所得税に係る納税申告書に相当する申告書を提出することとする当該外国法人の本店所在地国の法令の規定
	外国法人の所得を当該外国法人の株主等である者の所得として取り扱うこととする当該外国法人の本店所在地国の法令の規定
外国法人の本店所在地国以外の国又は地域の法令の規定	外国法人（無税国に所在するもの又は本店所在地国の税法令によりその所得の全部につき法人所得税を課さないこととされるものに限る。）の属する企業集団の所得に対して法人所得税を課することとし、かつ、当該企業集団に属する一の外国法人のみが当該法人所得税に係る納税申告書に相当する申告書を提出することとする当該外国法人の本店所在地国以外の国又は地域の法令の規定

2　会社単位の合算課税の適用がある場合の控除対象外国法人税の額の計算

解説　措令39の18①

□　外国関係会社単位の合算課税の適用がある場合に内国法人が納付するものとみなされる控除対象外国法人税の額は、次の算式により計算した金額（当該金額が課税対象金額を超える場合には、当該課税対象金額に相当する金額）である。「外国関係会社の所得に課される外国法人税の額」にいう「所得」とは、課税対象金額の計算の基礎となった事業年度の所得をいうから、「外国関係会社の所得に課される外国法人税の額」は、当該事業年度において納付する外国法人税の額とは異なる。

$$\text{外国関係会社の所得に課される外国法人税の額} \times \frac{\text{課税対象金額}}{\text{調整適用対象金額}}$$

□　調整適用対象金額は、外国関係会社の適用対象金額に当該適用対象金額の計算上控除される配当等の額（外国法人税の課税標準に含まれるものに限る。）を加算した金額である。外国法人税が課されていない配当等の額が調整適用対象金額に含まれると、控除対象外国法人税の額が過少に計算され、二重課税が十分に調整されない場合が有り得ることから（H28-599）、「外国法人税の課税標準に含まれるものに限る」との文言が付されている。

3　部分合算課税の適用がある場合の控除対象外国法人税の額の計算

解説　措令39の18②〜④

□　部分合算課税の適用がある場合に内国法人が納付するものとみなされる控除対象外国法人税の額は、次の算式により計算した金額（当該金額が部分課税対象金額又は金融子会社等部分課税対象金額を超える場合には、当該部分課税対象金額又は当該金融子会社等部分課税対象金額に相当する金額）である。分母の金額が分子の金額を下回る場合には、分母の金額は、部分適用対象金額又は金融子会社等部分適用対象金額とされる。「外国関係会社の所得に課される外国法人税の額」にいう「所得」とは、部分課

本　　　法	施行令・施行規則
	額の占める割合）を乗じて計算した金額（当該金額が当該金融子会社等部分課税対象金額を超える場合には、当該金融子会社等部分課税対象金額に相当する金額）とする。

5　法第66条の7第1項に規定する金融子会社等部分課税対象金額に対応するものとして政令で定めるところにより計算した金額は、外国関係会社につきその金融子会社等部分適用対象金額（法第66条の6第8項に規定する金融子会社等部分適用対象金額をいう。以下この項、第21項及び次条において同じ。）を有する事業年度（以下この条において「金融子会社等部分課税対象年度」という。）の所得に対して課される外国法人税の額に、当該金融子会社等部分課税対象年度に係る調整適用対象金額のうちに法第66条の7第1項に規定する内国法人に係る金融子会社等部分課税対象金額（法第66条の6第8項に規定する金融子会社等部分課税対象金額をいう。以下この条及び次条において同じ。）の占める割合（当該調整適用対象金額が当該金融子会社等部分課税対象金額を下回る場合には、当該金融子会社等部分課税対象年度に係る金融子会社等部分適用対象金額のうちに当該金融子会社等部分課税対象金額の占める割合）を乗じて計算した金額（当該金額が当該金融子会社等部分課税対象金額を超える場合には、当該金融子会社等部分課税対象金額に相当する金額）とする。

4　前二項に規定する調整適用対象金額とは、これらの規定に規定する外国関係会社が法第66条の6第2項第2号に規定する特定外国関係会社又は同項第3号に規定する対象外国関係会社に該当するものとして同項第4号の規定を適用した場合に計算される同号に定める金額（第39条の15第1項（第4号に係る部分に限る。）若しくは第2項（第17号に係る部分に限る。）の規定により控除される同条第1項第4号に掲げる金額（当該外国関係会社の部分課税対象年度又は金融子会社等部分課税対象年度の所得に対して課される外国法人税の課税標準に含まれるものに限る。）又は同条第3項の規定により控除される同項に規定する控除対象配当等の額（当該外国関係会社の部分課税対象年度又は金融子会社等部分課税対象年度の所得に対して課される外国法人税の課税標準に含まれるものに限る。）がある場合には、これらの金額を加算した金額）をいう。

6　同　上

5　外国関係会社につきその課税対象年度、部分課税対象年度又は金融子会社等部分課税対象年度の所得に対して二以上の外国法人税が課され、又は二回以上にわたって外国法人税が課された場合において、当該外国関係会社に係る内国法人がその二以上の事業年度又は連結事業年度において当該外国法人税の額につき法第66条の7第1項（同条第2項の規定によりみなして適用する場合を含む。以下この条において同じ。）又は第68条の91第1項（同条第2項の規定によりみなして適用する場合を含む。以下この条において同じ。）の規定の適用を受けるときは、当該二以上の事業年度又は連結事業年度のうち最初の事業年度又は連結事業年度後の事業年度に係る法第66条の7第1項の規定の適用については、第1号に掲げる金額から第2号に掲げ

税対象金額又は金融子会社等部分課税対象金額の計算の基礎となった事業年度の所得をいうから、「外国関係会社の所得に課される外国法人税の額」は、当該事業年度において納付する外国法人税の額とは異なる。

$$
\begin{array}{l}
\text{外国関係会社の}\\
\text{所得に対して課}\\
\text{される外国法人}\\
\text{税の額}
\end{array}
\times
\dfrac{\begin{array}{c}\text{部分課税対象金額又は金融子会社等}\\ \text{部分課税対象金額}\end{array}}{\text{調整適用対象金額}}
$$

□　調整適用対象金額は、部分対象外国関係会社が特定外国関係会社又は対象外国関係会社に該当するものとした場合に計算される適用対象金額に当該適用対象金額の計算上控除される配当等の額（外国法人税の課税標準に含まれるものに限る。）を加算した金額である。外国法人税が課されていない配当等の額が調整適用対象金額に含まれると、控除対象外国法人税の額が過少に計算され、二重課税が十分に調整されない場合が有り得ることから（H28-599）、「外国法人税の課税標準に含まれるものに限る」との文言が付されている。

4　二以上の外国法人税が課され、又は二回以上にわたって外国法人税が課された場合の処理

解説　措令39の18⑤

□　外国関係会社につきその課税対象年度（適用対象金額を有する事業年度）、部分課税対象年度（部分適用対象金額を有する事業年度）又は金融子会社等部分課税対象年度（金融子会社等部分適用対象金額を有する事業年度）の所得に対して二以上の外国法人税が課され、又は二回以上にわたって外国法人税が課された場合において、当該外国関係会社に係る内国法人がその二以上の事業年度において当該外国法人税の額につき外国税額控除の適用を受けるときは、当該二以上の事業年度のうち最初の事業年度後の事業年度に係る外国税額控除の適用については、❶外国税額控除の適用を受ける事業年度終了の日までに当該課税対象年度、部分課税対象年度又は金融子会社等部分課税対象年度の所得に対して課された外国法人税の額（外国税額控除の適用を受けることを選択したものに限る。）の合計額について、措令39の18①〜③により内国法人が納付するものとみなされる控除対象外国法人税の額から❷外国税額控除の適用を受ける事業年度開始の日の前日までに当該課税対象年度、部分課税対象年度又は金融子会社等部分課税対象年度の所得に対して課された外国法人税の額（外国税額控除の適用を受けることを選択したものに限る。）の合計額について、措令39の18①〜③により内国法人が納付するものとみなされる控除対象外国法人税の額を控除した金額をもって、控除対象外国法人税の額とする。

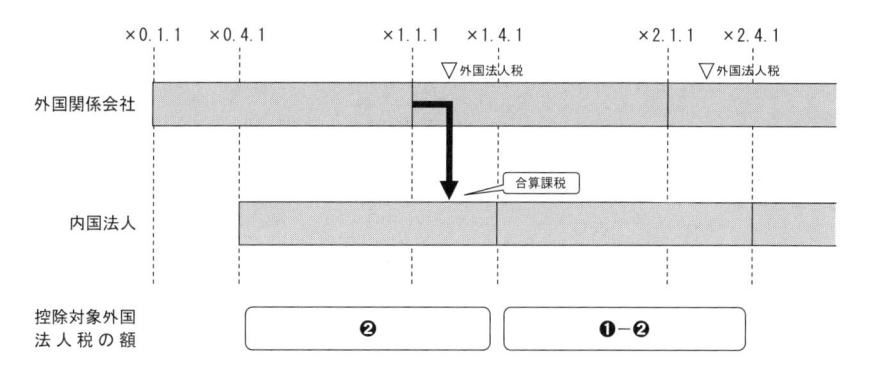

5　控除対象外国法人税の額を納付することとなるものとみなされる事業年度

解説　措令39の18⑥一・⑫

□　内国法人が外国関係会社の課税対象年度（外国関係会社の適用対象金額を有する事業年度）の課税対象金額に相当する金額、部分課税対象年度（外国関係会社の部分適用対象金額を有する事業年度）の部分課税対象金額に相当する金額又は金融子会社等部分課税対象年度（外国関係会社の金融子会社等部分適用対象金額を有する事業年度）の金融子会社等部分課税対象金額に相当する金額につき外国関係会社単位の合算課税又は部分合算課税の適用を受ける（その内国法人の）事業年度終了の日以前に当該課税対象年度、部分課税対象年度又は金融子会社等部分課税対象年度の所得に対して課された外国法人税については、控除対象外国法人税の額は、その外国関係会社単位の合算課税又は部分合算課税の適用を受ける（その内国法人の）事業年度においてその内国法人が納付することとなるものとみなされる。この内国法人が納付する控除対象外国法人税の額とみなされる金額は、その内国法人の当該事業年度に係る控除限度額の計算上、調整国外所得金額に含まれる。

本　　法	施行令・施行規則
	る金額（法第68条の91第1項の規定の適用を受けた場合で、その適用を受けた後最初に法第66条の7第1項の規定の適用を受けるときは、第3号に掲げる金額）を控除した金額をもって第1項から第3項までに規定する計算した金額とする。

■令和元年度改正後条文■

7　外国関係会社につきその課税対象年度、部分課税対象年度又は金融子会社等部分課税対象年度の所得に対して二以上の外国法人税が課され、又は二回以上にわたって外国法人税が課された場合において、当該外国関係会社に係る内国法人がその二以上の事業年度又は連結事業年度において当該外国法人税の額につき法第66条の7第1項（同条第2項の規定によりみなして適用する場合を含む。以下この条において同じ。）又は第68条の91第1項（同条第2項の規定によりみなして適用する場合を含む。以下この条において同じ。）の規定の適用を受けるときは、当該二以上の事業年度又は連結事業年度のうち最初の事業年度又は連結事業年度後の事業年度に係る法第66条の7第1項の規定の適用については、第1号に掲げる金額から第2号に掲げる金額（法第68条の91第1項の規定の適用を受けた場合で、その適用を受けた後最初に法第66条の7第1項の規定の適用を受けるときは、第3号に掲げる金額）を控除した金額をもって第3項から第5項までに規定する計算した金額とする。

一　法第66条の7第1項の規定の適用を受ける事業年度（以下この項において「適用事業年度」という。）終了の日までに当該課税対象年度、部分課税対象年度又は金融子会社等部分課税対象年度の所得に対して課された外国法人税の額（第7項又は第39条の118第7項の規定により法第66条の7第1項又は第68条の91第1項の規定の適用を受けることを選択したものに限る。以下この項において同じ。）の合計額について第1項から第3項までの規定により計算した金額

■令和元年度改正後条文■

一　法第66条の7第1項の規定の適用を受ける事業年度（以下この項において「適用事業年度」という。）終了の日までに当該課税対象年度、部分課税対象年度又は金融子会社等部分課税対象年度の所得に対して課された外国法人税の額（第9項又は第39条の118第9項の規定により法第66条の7第1項又は第68条の91第1項の規定の適用を受けることを選択したものに限る。以下この項において同じ。）の合計額について第3項から第5項までの規定により計算した金額

二　適用事業年度開始の日の前日までに当該課税対象年度、部分課税対象年度又は金融子会社等部分課税対象年度の所得に対して課された外国法人税の額の合計額について第1項から第3項までの規定により計算した金額

■令和元年度改正後条文■

二　適用事業年度開始の日の前日までに当該課税対象年度、部分課税対象年度又は金融子会社等部分課税対象年度の所得に対して課された外国法人税の額の合計額について第3項から

通達・QA番号・逐条解説

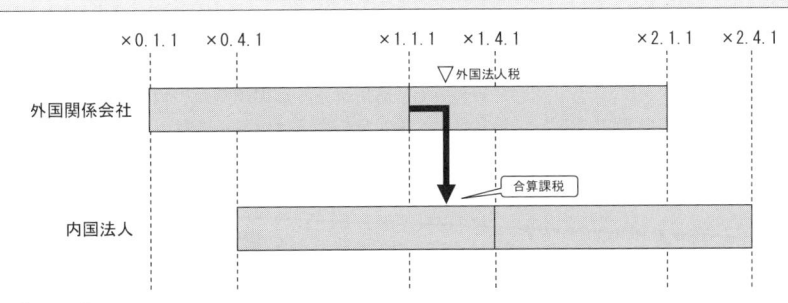

解 説 措令39の18⑥二・⑫

☐ 内国法人が外国関係会社の課税対象年度（外国関係会社の適用対象金額を有する事業年度）の課税対象金額に相当する金額、部分課税対象年度（外国関係会社の部分適用対象金額を有する事業年度）の部分課税対象金額に相当する金額又は金融子会社等部分課税対象年度（外国関係会社の金融子会社等部分適用対象金額を有する事業年度）の金融子会社等部分課税対象金額に相当する金額につき外国関係会社単位の合算課税又は部分合算課税の適用を受ける（その内国法人の）事業年度終了の日後に当該課税対象年度、部分課税対象年度又は金融子会社等部分課税対象年度の所得に対して課された外国法人税については、控除対象外国法人税の額は、その外国法人税の課された日の属する（その内国法人の）事業年度においてその内国法人が納付することとなるものとみなされる。この内国法人が納付する控除対象外国法人税の額とみなされる金額は、その内国法人の当該事業年度に係る控除限度額の計算上、調整国外所得金額に含まれる。

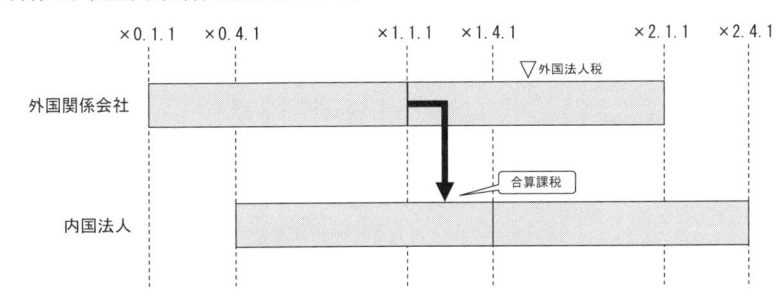

6 外国税額控除の選択適用

解 説 措令39の18⑦

☐ 外国関係会社につきその課税対象年度（適用対象金額を有する事業年度）、部分課税対象年度（部分適用対象金額を有する事業年度）又は金融子会社等部分課税対象年度（金融子会社等部分適用対象金額を有する事業年度）の所得に対して二以上の外国法人税が課され、又は二回以上にわたって外国法人税が課された場合には、外国関係会社単位の合算課税又は部分合算課税の適用を受ける内国法人は、その適用を受ける課税対象金額、部分課税対象金額又は金融子会社等部分課税対象金額に係るそれぞれの外国法人税の額につき、外国税額控除の適用を受け、又は受けないことを選択することができる。

7 外国法人税の額が減額された場合の処理

解 説 措令39の18⑧⑩

☐ 内国法人が外国関係会社の所得に対して課された外国法人税の額につき外国税額控除の適用を受けた場合において、その適用を受けた事業年度開始の日後7年以内に開始するその内国法人の各事業年度において当該外国法人税の額が減額されたときは、控除対象外国法人税の額につき、その減額されることとなった日において、その減額された外国法人税の額に相当する金額の減額があったものとみなされる。この場合には、❶当該内国法人のその減額されることとなった日の属する事業年度（以下、措令39の18⑧⑩の解説において「減額に係る事業年度」という。）において当該内国法人が納付することとなる控除対象外国法人税の額（以下、措令39の18⑧⑩の解説において「納付控除対象外国法人税額」という。）から減額控除対象外国法人税額（措令39の18⑧により減額があったものとみなされる控除対象外国法人税の額を含む。）に相当する金額を控除し、❷減額に係る事業年度の納付控除対象外国法人税額がないとき、又は当該納付控除対象外国法人税額が減額控除対象外国法人税額に満たないときは、減額に係る事業年度開始の日前3年以内に開始した各事業年度の控除限度超過額から、それぞれ当該減額控除対象外国法人税額の全額又は当該減額控除対象外国法人税額のうち当該納付控除対象外国法人税額を超える部分の金額に相当する金額を控除し、❸減額控除対象外国法人税額のうち、上記❶による納付控除対象外国法人税額からの控除又は上記❷による控除限度超過額からの控除に充てることができなかった部分の金額があるときは、当該金額のうち減額に係る事業年度開始の日後2年以内に開始する各事業年度の納付控除対象外国法人税額に達するまでの金額を当該各事業年度において生じた減額控除対象外国法

本　　法	施行令・施行規則
	第5項までの規定により計算した金額 三　適用事業年度開始の日の前日までに当該課税対象年度、部分課税対象年度又は金融子会社等部分課税対象年度の所得に対して課された外国法人税の額の合計額について第39条の118第1項から第3項までの規定により計算した金額

令和元年度改正後条文

三　適用事業年度開始の日の前日までに当該課税対象年度、部分課税対象年度又は金融子会社等部分課税対象年度の所得に対して課された外国法人税の額の合計額について第39条の118第3項から第5項までの規定により計算した金額

6　外国関係会社につきその課税対象年度、部分課税対象年度又は金融子会社等部分課税対象年度の所得に対して課された外国法人税の額のうち、法第66条の7第1項の規定により当該外国関係会社に係る内国法人が納付する同項に規定する控除対象外国法人税の額（以下この条において「控除対象外国法人税の額」という。）とみなされる金額は、次の各号に掲げる外国法人税の区分に応じそれぞれその内国法人の当該各号に定める事業年度においてその内国法人が納付することとなるものとみなす。

一　その内国法人が当該外国関係会社の当該課税対象年度の課税対象金額に相当する金額、当該部分課税対象年度の部分課税対象金額に相当する金額又は当該金融子会社等部分課税対象年度の金融子会社等部分課税対象金額に相当する金額につき法第66条の6第1項、第6項又は第8項の規定の適用を受ける事業年度終了の日以前に当該課税対象年度、部分課税対象年度又は金融子会社等部分課税対象年度の所得に対して課された外国法人税
その適用を受ける事業年度

二　その内国法人が当該外国関係会社の当該課税対象年度の課税対象金額に相当する金額、当該部分課税対象年度の部分課税対象金額に相当する金額又は当該金融子会社等部分課税対象年度の金融子会社等部分課税対象金額に相当する金額につき法第66条の6第1項、第6項又は第8項の規定の適用を受ける事業年度（法第66条の7第2項の規定の適用がある場合には、その内国法人が当該外国関係会社の当該課税対象年度の法第68条の90第1項に規定する個別課税対象金額に相当する金額、当該部分課税対象年度の同条第6項に規定する個別部分課税対象金額に相当する金額又は当該金融子会社等部分課税対象年度の同条第八項に規定する個別金融子会社等部分課税対象金額に相当する金額につき同条第1項、第6項又は第8項の規定の適用を受けた連結事業年度）終了の日後に当該課税対象年度、部分課税対象年度又は金融子会社等部分課税対象年度の所得に対して課された外国法人税
その課された日の属する事業年度

令和元年度改正後条文

8　同　上

7　外国関係会社につきその課税対象年度、部分課税対象年度又は金融子会社等部分課税対象年度の所得に対して二以上の外国法人税が課され、又は二回以上にわたって外国法人税が課された場合には、

通達・QA番号・逐条解説

人税額とみなして、当該減額控除対象外国法人税額に相当する金額を順次控除する。

□ 措令39の18⑩による読替え後の法令150《外国法人税が減額された場合の特例》（第2項を除く。）は、次の通りである。

【法令150（読替え後）】

1　内国法人が納付することとなった外国法人税の額（租税特別措置法第66条の7第1項（内国法人の外国関係会社に係る所得の課税の特例）又は第68条の91第1項（連結法人の外国関係会社に係る所得の課税の特例）に規定する外国関係会社の所得に対して課される外国法人税の額のうちこれらの規定により当該内国法人が納付するものとみなされる部分の金額を含む。以下この項において同じ。）に係る当該内国法人の法第69条第13項（外国税額の控除）に規定する適用事業年度（以下この項において「適用事業年度」という。）開始の日後7年以内に開始する当該内国法人の各事業年度（連結事業年度に該当する期間を除く。以下この項において同じ。）において当該外国法人税の額が減額された場合（当該内国法人が同条第10項に規定する適格合併等（第5項までにおいて「適格合併等」という。）により同条第10項に規定する被合併法人等（第5項までにおいて「被合併法人等」という。）である他の内国法人から事業の全部又は一部の移転を受けた場合にあっては、当該適格合併等に係る被合併法人等が納付することとなった外国法人税の額のうち当該内国法人が移転を受けた事業に係る所得に基因して納付することとなった外国法人税の額に係る当該被合併法人等の適用事業年度開始の日後7年以内に開始する当該内国法人の各事業年度において当該外国法人税の額が減額された場合を含む。）には、当該内国法人のその減額されることとなった日の属する事業年度（第3項までにおいて「減額に係る事業年度」という。）以後の各事業年度については、当該減額に係る事業年度において当該内国法人が納付することとなる控除対象外国法人税の額（租税特別措置法第66条の7第1項（同条第2項の規定によりみなして適用する場合を含む。）の規定により当該内国法人が納付するものとみなされる金額を含む。以下この条において「納付控除対象外国法人税額」という。）から減額控除対象外国法人税額（租税特別措置法施行令第39条の18第8項又は第9項（外国関係会社の課税対象金額等に係る外国法人税額の計算等）の規定により減額があったものとみなされる控除対象外国法人税の額又は個別控除対象外国法人税の額を含む。）に相当する金額を控除し、その控除後の金額につき法第69条第1項から第3項までの規定を適用する。

3　第1項の場合において、減額に係る事業年度の納付控除対象外国法人税額がないとき、又は当該納付控除対象外国法人税額が減額控除対象外国法人税額に満たないときは、減額に係る事業年度開始の日前3年以内に開始した各事業年度の第144条第7項（繰越控除限度額等）に規定する控除限度超過額（第145条第5項（繰越控除対象外国法人税額等）の規定により当該控除限度超過額とみなされる金額及び第146条第9項（適格合併等が行われた場合の繰越控除限度額等）の規定により当該控除限度超過額とされる金額を含むものとし、第144条第4項又は第145条第3項若しくは第4項の規定により減額に係る事業年度前の各事業年度においてないものとみなされた部分の金額を除く。以下この項において「控除限度超過額」という。）から、それぞれ当該減額控除対象外国法人税額の全額又は当該減額控除対象外国法人税額のうち当該納付控除対象外国法人税額を超える部分の金額に相当する金額を控除し、その控除後の金額につき法第69条第3項の規定を適用する。この場合において、二以上の事業年度につき控除限度超過額があるときは、まず最も古い事業年度の控除限度超過額から当該控除を行い、なお控除しきれない金額があるときは順次新しい事業年度の控除限度超過額から当該控除を行う。

4　内国法人が各事業年度の納付控除対象外国法人税額につき法第69条の規定の適用を受ける場合において、当該事業年度開始の日前2年以内に開始した各事業年度（その内国法人が適格合併等に係る合併法人、分割承継法人又は被現物出資法人（次項において「合併法人等」という。）である場合には、その適格合併等に係る被合併法人等の適格合併の日の前日の属する事業年度以前の各事業年度又は適格分割等（同条第10項第2号に規定する適格分割等をいう。次項において同じ。）の日の属する事業年度前の各事業年度を含むものとし、当該2年以内に開始した各事業年度のうちいずれかの事業年度の納付控除対象外国法人税額を当該いずれかの事業年度の所得の金額の計算上損金の額に算入した場合には、その損金の額に算入した事業年度以前の各事業年度を除く。以下この条において「前2年内事業年度」という。）において生じた減額控除対象外国法人税額のうち第1項の規定による納付控除対象外国法人税額からの控除又は前項の規定による控除限度超過額からの控除に充てることができなかった部分の金額があるときは、当該金額のうち当該事業年度の納付控除対象外国法人税額に達するまでの金額（当該減額控除対象外国法人税額が前2年内事業年度のうち異なる事業年度において生じたものであるときは、最も古い事業年度において生じた減額控除対象外国法人税額から順次計算して当該納付控除対象外国法人税額に達するまでの金額）を当該事業年度において生じた減額控除対象外国法人税額とみなして、第1項の規定を適用する。

5　内国法人の法第69条の規定の適用を受ける事業年度開始の日前2年以内に開始した各連結事業年度（その内国法人が適格合併等に係る合併法人等である場合にはその適格合併等に係る被合併法人等の適格合併の日の前日の属する事業年度以前の各連結事業年度又は適格分割等の日の属する連結事業年度前の各連結事業年度を含むものとし、当該2年以内に開始した各連結事業年度のうちいずれかの連結事業年度の個別納付控除対象外国法人税額（第155条の35第1項（連結事業年度において外国法人税が減額された場合の特例）に規定する個別納付控除対象外国法人税額をいう。以下この項において同じ。）を当該いずれかの連結事業年度の連結所得の金額の計算上損金の額に算入した場合にはその損金の額に算入した連結事業年度以前の各連結事業年度を除く。）がある場合において、当該各連結事業年度において生じた第155条の35第2項に規定する個別減額控除対象外国法人税額があるときは、その個別減額控除対象外国法人税額は当該各連結事業年度の期間に対応する前2年内事業年度において生じた減額控除対象外国法人税額と、その個別減額控除対象外国法人税額のうち同条第1項の規定による個別納付控除対象外国法人

本　　法	施行令・施行規則
	当該外国関係会社の当該課税対象年度の課税対象金額に相当する金額、当該部分課税対象年度の部分課税対象金額に相当する金額又は当該金融子会社等部分課税対象年度の金融子会社等部分課税対象金額に相当する金額につき法第66条の6第1項、第6項又は第8項の規定の適用を受ける内国法人は、その適用を受ける課税対象金額、部分課税対象金額又は金融子会社等部分課税対象金額に係るそれぞれの外国法人税の額につき、法第66条の7第1項の規定の適用を受け、又は受けないことを選択することができる。

令和元年度改正後条文

<u>9</u>　同　上

8　内国法人がその内国法人に係る外国関係会社の所得に対して課された外国法人税の額につき法第66条の7第1項の規定の適用を受けた場合において、その適用を受けた事業年度（以下この項において「適用事業年度」という。）開始の日後7年以内に開始するその内国法人の各事業年度において当該外国法人税の額が減額されたときは、当該外国法人税の額のうち同条第1項の規定によりその内国法人が納付する控除対象外国法人税の額とみなされた部分の金額につき、その減額されることとなった日において、第1号に掲げる金額から第2号に掲げる金額を控除した残額に相当する金額の減額があったものとみなす。
一　当該外国法人税の額のうち適用事業年度においてその内国法人が納付する控除対象外国法人税の額とみなされた部分の金額
二　当該減額があった後の当該外国法人税の額につき適用事業年度において法第66条の7第1項の規定を適用したならばその内国法人が納付する控除対象外国法人税の額とみなされる部分の金額

令和元年度改正後条文

<u>10</u>　同　上

9　内国法人がその内国法人に係る外国関係会社の所得に対して課された外国法人税の額につき法第68条の91第1項の規定の適用を受けた場合において、その適用を受けた連結事業年度（以下この項において「適用連結事業年度」という。）開始の日後7年以内に開始するその内国法人の各事業年度において当該外国法人税の額が減額されたときは、当該外国法人税の額のうち同条第一項の規定によりその内国法人が納付する同項に規定する個別控除対象外国法人税の額（以下この条において「個別控除対象外国法人税の額」という。）とみなされた部分の金額につき、その減額されることとなった日において、第1号に掲げる金額から第2号に掲げる金額を控除した残額に相当する金額の減額があったものとみなす。
一　当該外国法人税の額のうち適用連結事業年度においてその内国法人が納付する個別控除対象外国法人税の額とみなされた部分の金額
二　当該減額があった後の当該外国法人税の額につき適用連結事業年度において法第68条の91第1項の規定を適用したならばその内国法人が納付する個別控除対象外国法人税の額とみなされる部分の金額

通達・QA番号・逐条解説
税額からの控除又は同条第3項の規定による同項に規定する個別控除限度超過額からの控除に充てることができなかった部分の金額は第1項の規定による納付控除対象外国法人税額からの控除又は第3項の規定による同項に規定する控除限度超過額からの控除に充てることができなかった部分の金額と、それぞれみなして前項の規定を適用する。 6　第4項（前項の規定によりみなして適用する場合を含む。以下この項において同じ。）の規定の適用がある場合において、前2年内事業年度において生じた減額控除対象外国法人税額で第4項の規定により当該事業年度において生じた減額控除対象外国法人税額とみなされる金額と当該事業年度において新たに生じた減額控除対象外国法人税額とがあるときは、第1項の規定による納付控除対象外国法人税額からの控除は、まず、第4項の規定により当該事業年度において生じた減額控除対象外国法人税額とみなされる金額から行うものとする。

8　控除限度額の計算における課税対象金額等の取扱い

解　説　措令39の18⑪

□　内国法人が各事業年度において外国法人税を納付することとなる場合には、次の算式により計算した金額を限度として、その外国法人税の額を当該事業年度の所得に対する法人税の額から控除することとされているところ、内国法人の各事業年度の所得の金額の計算上益金の額に算入された外国関係会社単位の合算課税又は部分合算課税に係る金額（以下、措令39の18⑪の解説において「益金算入額」という。）は、次の算式の「調整国外所得金額」に含まれる。ただし、無税国に本店等を有する外国関係会社に係る益金算入額（他の国において、当該益金算入額の計算の基礎となった所得に対して課される外国法人税の額がある場合には、その所得に係る益金算入額を除く。）については、この限りでない。

$$\text{内国法人の各事業年度の所得に対する法人税の額} \times \frac{\text{当該事業年度の調整国外所得金額}}{\text{当該事業年度の所得金額}}$$

本　　法	施行令・施行規則
	令和元年度改正後条文 11　同　　上 10　第8項又は前項の規定により控除対象外国法人税の額又は個別控除対象外国法人税の額が減額されたものとみなされた場合における法人税法第69条第13項の規定の適用については、法人税法施行令第150条（第2項を除く。）に定めるところによる。この場合において、同条第1項中「外国法人税の額に係る当該内国法人」とあるのは「外国法人税の額（租税特別措置法第66条の7第1項（内国法人の外国関係会社に係る所得の課税の特例）又は第68条の91第1項（連結法人の外国関係会社に係る所得の課税の特例）に規定する外国関係会社の所得に対して課される外国法人税の額のうちこれらの規定により当該内国法人が納付するものとみなされる部分の金額を含む。以下この項において同じ。）に係る当該内国法人」と、「控除対象外国法人税の額（」とあるのは「控除対象外国法人税の額（租税特別措置法第66条の7第1項（同条第2項の規定によりみなして適用する場合を含む。）の規定により当該内国法人が納付するものとみなされる金額を含む。」と、「減額控除対象外国法人税額」とあるのは「減額控除対象外国法人税額（租税特別措置法施行令第39条の18第8項又は第9項（外国関係会社の課税対象金額等に係る外国法人税額の計算等）の規定により減額があったものとみなされる控除対象外国法人税の額又は個別控除対象外国法人税の額を含む。）」とする。 **令和元年度改正後条文** 12　前二項の規定により控除対象外国法人税の額又は個別控除対象外国法人税の額が減額されたものとみなされた場合における法人税法第69条第13項の規定の適用については、法人税法施行令第150条（第2項を除く。）に定めるところによる。この場合において、同条第1項中「外国法人税の額に係る当該内国法人」とあるのは「外国法人税の額（租税特別措置法第66条の7第1項（内国法人の外国関係会社に係る所得の課税の特例）又は第68条の91第1項（連結法人の外国関係会社に係る所得の課税の特例）に規定する外国関係会社の所得に対して課される外国法人税の額のうちこれらの規定により当該内国法人が納付するものとみなされる部分の金額を含む。以下この項において同じ。）に係る当該内国法人」と、「控除対象外国法人税の額（」とあるのは「控除対象外国法人税の額（租税特別措置法第66条の7第1項（同条第2項の規定によりみなして適用する場合を含む。）の規定により当該内国法人が納付するものとみなされる金額を含む。」と、「減額控除対象外国法人税額」とあるのは「減額控除対象外国法人税額（租税特別措置法施行令第39条の18第10項又は第11項（外国関係会社の課税対象金額等に係る外国法人税額の計算等）の規定により減額があったものとみなされる控除対象外国法人税の額又は個別控除対象外国法人税の額を含む。）」とする。 11　法第66条の6第1項各号に掲げる内国法人の各事業年度の所得の金額の計算上同項又は同条第6項若しくは第8項の規定により益金の額に算入された金額（以下この項において「益金算入額」という。）がある場合には、当該益金算入額は、当該内国法人の当該各事業年度に係る法人税法第69条第1項に規定する控除限度額の計算については、法人税法施行令第142条第3項本文に規定する調整国外所得金額に含まれるものとする。ただし、その所得に対して同令第141

通達・ＱＡ番号・逐条解説

本　　法	施行令・施行規則
	条第1項に規定する外国法人税（以下この項において「外国法人税」という。）を課さない国又は地域に本店又は主たる事務所を有する外国関係会社に係る益金算入額（当該外国関係会社の本店所在地国以外の国又は地域において、当該益金算入額の計算の基礎となった当該外国関係会社の所得に対して課される外国法人税の額がある場合の当該外国関係会社の所得に係る益金算入額を除く。）については、この限りでない。

【令和元年度改正後条文】

13　同　上

12　第6項各号に掲げる外国法人税の額のうち法第66条の7第1項の規定により外国関係会社に係る内国法人が納付する控除対象外国法人税の額とみなされる金額は、その内国法人の当該各号に定める事業年度に係る法人税法第69条第1項に規定する控除限度額の計算については、法人税法施行令第142条第3項本文に規定する調整国外所得金額に含まれるものとする。

【令和元年度改正後条文】

14　第8項各号に掲げる外国法人税の額のうち法第66条の7第1項の規定により外国関係会社に係る内国法人が納付する控除対象外国法人税の額とみなされる金額は、その内国法人の当該各号に定める事業年度に係る法人税法第69条第1項に規定する控除限度額の計算については、法人税法施行令第142条第3項本文に規定する調整国外所得金額に含まれるものとする。

13　第8項又は第9項の規定により控除対象外国法人税の額又は個別控除対象外国法人税の額が減額されたものとみなされた金額のうち、第10項の規定により法人税法施行令第150条第1項の規定による同項に規定する納付控除対象外国法人税額からの控除又は同条第3項の規定による同項に規定する控除限度超過額からの控除に充てられることとなる部分の金額に相当する金額は、第8項又は第9項に規定する内国法人のこれらの控除をすることとなる事業年度の所得の金額の計算上、損金の額に算入する。この場合において、当該損金の額に算入する金額は、同令第142条第3項本文に規定する調整国外所得金額の計算上の損金の額として配分するものとする。

【令和元年度改正後条文】

15　第10項又は第11項の規定により控除対象外国法人税の額又は個別控除対象外国法人税の額が減額されたものとみなされた金額のうち、第12項の規定により法人税法施行令第150条第1項の規定による同項に規定する納付控除対象外国法人税額からの控除又は同条第3項の規定による同項に規定する控除限度超過額からの控除に充てられることとなる部分の金額に相当する金額は、第10項又は第11項に規定する内国法人のこれらの控除をすることとなる事業年度の所得の金額の計算上、損金の額に算入する。この場合において、当該損金の額に算入する金額は、同令第142条第3項本文に規定する調整国外所得金額の計算上の損金の額として配分するものとする。

通達・QA番号・逐条解説

措法66の7②　連結納税制度との調整

本　　法	施行令・施行規則

【措法66の7】

2　内国法人が、各連結事業年度において、当該内国法人に係る第68条の90第2項第1号に規定する外国関係会社の同条第1項に規定する個別課税対象金額に相当する金額につき同項の規定の適用を受けた場合、当該外国関係会社の同条第6項に規定する個別部分課税対象金額に相当する金額につき同項の規定の適用を受けた場合又は当該外国関係会社の同条第8項に規定する個別金融子会社等部分課税対象金額に相当する金額につき同項の規定の適用を受けた場合において、その適用を受けた連結事業年度終了の日後に開始する各事業年度の期間において当該外国関係会社の所得に対して外国法人税が課されるときは、当該外国関係会社の当該個別課税対象金額、当該個別部分課税対象金額又は当該個別金融子会社等部分課税対象金額は前項に規定する外国関係会社の課税対象金額、部分課税対象金額又は金融子会社等部分課税対象金額と、同号に規定する外国関係会社の所得に対して課される当該外国法人税の額は同項に規定する外国関係会社の所得に対して課される外国法人税の額とそれぞれみなして、同項の規定を適用する。

令和元年度改正後条文

2　内国法人が、各連結事業年度において、当該内国法人に係る第68条の90第2項第1号に規定する外国関係会社の同条第1項に規定する個別課税対象金額に相当する金額につき同項の規定の適用を受けた場合、当該外国関係会社の同条第6項に規定する個別部分課税対象金額に相当する金額につき同項の規定の適用を受けた場合又は当該外国関係会社の同条第8項に規定する個別金融子会社等部分課税対象金額に相当する金額につき同項の規定の適用を受けた場合において、その適用を受けた連結事業年度終了の日後に開始する各事業年度の期間において当該外国関係会社の所得に対して外国法人税が課されるとき（前項に規定する政令で定める外国法人税にあっては、政令で定めるとき）は、当該外国関係会社の当該個別課税対象金額、当該個別部分課税対象金額又は当該個別金融子会社等部分課税対象金額は前項に規定する外国関係会社の課税対象金額、部分課税対象金額又は金融子会社等部分課税対象金額と、同号に規定する外国関係会社の所得に対して課される当該外国法人税の額（同項に規定する政令で定める外国法人税にあっては、政令で定める金額）は同項に規定する外国関係会社の所得に対して課される外国法人税の額とそれぞれみなして、

令和元年度改正後条文

16　法第66条の7第2項に規定する政令で定めるときは、外国法人税に関する法令に企業集団等所得課税規定がある場合に計算される個別計算外国法人税額が課されるものとされるときとする。

17　法第66条の7第2項に規定する政令で定める金額は、外国法人税に関する法令に企業集団等所得課税規定がある場合に計算される個別計算外国法人税額とする。

通達・ＱＡ番号・逐条解説

解 説 措法66の7②

□ 内国法人が、各連結事業年度において、❶外国関係会社（特定外国関係会社又は対象外国関係会社）の個別課税対象金額に相当する金額につき外国関係会社単位の合算課税の適用を受けた場合、❷外国関係会社（外国金融子会社等以外の部分対象外国関係会社）の個別部分課税対象金額に相当する金額につき部分合算課税の適用を受けた場合又は❸外国関係会社（外国金融子会社等）の個別金融子会社等部分課税対象金額に相当する金額につき部分合算課税の適用を受けた場合において、その適用を受けた連結事業年度終了の日後に開始する各事業年度の期間において当該外国関係会社の所得に対して外国法人税が課されるときは、当該外国関係会社の❶当該個別課税対象金額、❷当該個別部分課税対象金額又は❸当該個別金融子会社等部分課税対象金額は、措法66の7①に規定する外国関係会社の課税対象金額、部分課税対象金額又は金融子会社等部分課税対象金額とみなして、また、当該外国関係会社の所得に対して課される当該外国法人税の額は、措法66の7①に規定する外国関係会社の所得に対して課される外国法人税の額とみなして、措法66の7①を適用する。

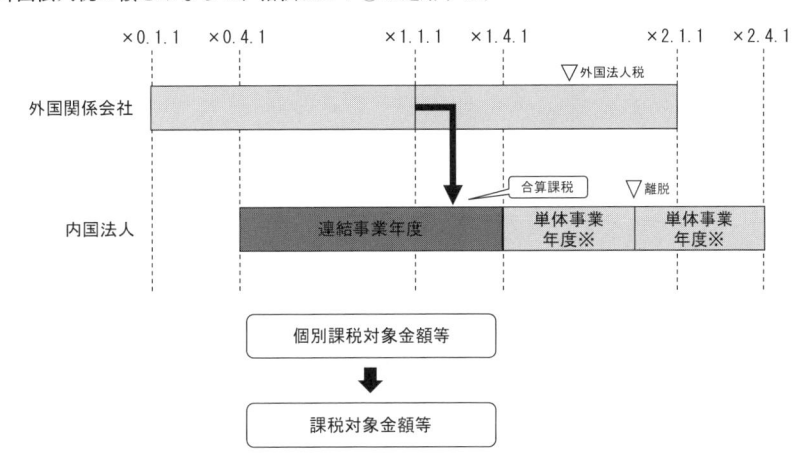

※みなし事業年度（法法14①八）

令和元年度改正の解説

□ 連結納税制度との調整規定において、「〔措法68の90①⑥⑧の適用を受けた〕連結事業年度終了の日後に開始する各事業年度の期間において当該外国関係会社の所得に対して外国法人税が課されるとき」は、外国法人税に関する法令に企業集団等所得課税規定がある場合には、その適用がないものとした場合に当該外国法人税に関する法令の規定により計算される外国法人税の額（以下、この囲み記事において「個別計算外国法人税額」という。）が課されるものとされるときとすることとされた。

□ 連結納税制度との調整規定において、「〔措法68の90②一に規定する〕外国関係会社の所得に対して課される当該外国法人税の額」は、外国法人税に関する法令に企業集団等所得課税規定がある場合には、個別計算外国法人税額とすることとされた。

本　　法	施行令・施行規則
同項の規定を適用する。	

通達・ＱＡ番号・逐条解説

措法66の7③　内国法人が納付するものとみなされる控除対象外国法人税の額の益金算入

本　　法	施行令・施行規則
【措法66の7】 　3　前条第1項各号に掲げる内国法人（前項の内国法人を含む。以下この項において同じ。）が、同条第1項の規定の適用に係る外国関係会社の課税対象金額に相当する金額につき同項の規定の適用を受ける場合、同条第6項の規定の適用に係る外国関係会社の部分課税対象金額に相当する金額につき同項の規定の適用を受ける場合又は同条第8項の規定の適用に係る外国関係会社の金融子会社等部分課税対象金額に相当する金額につき同項の規定の適用を受ける場合において、第1項の規定により法人税法第69条第1項から第3項までの規定の適用を受けるときは、第1項の規定により控除対象外国法人税の額とみなされた金額は、当該内国法人の政令で定める事業年度の所得の金額の計算上、益金の額に算入する。	【措令39の18】 　14　法第66条の7第3項に規定する政令で定める事業年度は、外国関係会社の所得に対して課された外国法人税の額が第6項各号のいずれに該当するかに応じ当該各号に定める事業年度とする。 **令和元年度改正後条文** 　18　法第66条の7第3項に規定する政令で定める事業年度は、外国関係会社の所得に対して課された外国法人税の額が第8項各号のいずれに該当するかに応じ当該各号に定める事業年度とする。

通達・ＱＡ番号・逐条解説

解　説　措法66の7③

☐　内国法人が、外国関係会社単位の合算課税又は部分合算課税の適用を受ける場合において、外国税額控除の適用を受けるときは、❶内国法人が外国関係会社単位の合算課税又は部分合算課税の適用を受ける事業年度終了の日以前に、課税対象年度（外国関係会社の適用対象金額を有する事業年度）、部分課税対象年度（外国関係会社の部分適用対象金額を有する事業年度）又は金融子会社等部分課税対象年度（外国関係会社の金融子会社等部分適用対象金額を有する事業年度）の外国関係会社の所得に対して課された外国法人税については、控除対象外国法人税の額は、当該内国法人のその合算課税又は部分合算課税の適用を受ける事業年度の所得の金額の計算上、益金の額に算入し、❷内国法人が外国関係会社単位の合算課税又は部分合算課税の適用を受ける事業年度終了の日後に、課税対象年度（外国関係会社の適用対象金額を有する事業年度）、部分課税対象年度（外国関係会社の部分適用対象金額を有する事業年度）又は金融子会社等部分課税対象年度（外国関係会社の金融子会社等部分適用対象金額を有する事業年度）の外国関係会社の所得に対して課された外国法人税については、控除対象外国法人税の額は、当該内国法人のその外国法人税の課された日の属する事業年度の所得の金額の計算上、益金の額に算入する。

☐　控除対象外国法人税の額の益金算入は、外国税額控除の適用を受けない場合には行う必要がない。したがって、控除限度額との兼ね合いで、外国税額控除の適用を受けたほうがかえって不利な結果をもたらすこともあり得る。

措法66の7④　控除対象所得税額等相当額の控除

本　　法	施行令・施行規則
【措法66の7】	【措令39の18】

本法（左列）

【措法66の7】

4　前条第1項各号に掲げる内国法人が、同項又は同条第6項若しくは第8項の規定の適用を受ける場合には、次に掲げる金額の合計額（次項及び第11項において「所得税等の額」という。）のうち、当該内国法人に係る外国関係会社の課税対象金額に対応するものとして政令で定めるところにより計算した金額に相当する金額、当該外国関係会社の部分課税対象金額に対応するものとして政令で定めるところにより計算した金額に相当する金額又は当該外国関係会社の金融子会社等部分課税対象金額に対応するものとして政令で定めるところにより計算した金額に相当する金額（第6項及び第10項において「控除対象所得税額等相当額」という。）は、当該内国法人の政令で定める事業年度の所得に対する法人税の額（この項並びに法人税法第68条、第69条及び第70条の規定を適用しないで計算した場合の法人税の額とし、附帯税（国税通則法第2条第4号に規定する附帯税をいう。第1号において同じ。）の額を除く。第10項において同じ。）から控除する。

施行令・施行規則（右列）

【措令39の18】

15　法第66条の7第4項に規定する課税対象金額に対応するものとして政令で定めるところにより計算した金額は、外国関係会社につきその課税対象年度の所得に対して課される所得税等の額（同項に規定する所得税等の額をいう。次項及び第17項において同じ。）に、当該課税対象年度に係る調整適用対象金額のうちに同条第4項に規定する内国法人に係る課税対象金額の占める割合を乗じて計算した金額とする。

令和元年度改正後条文

19　法第66条の7第4項に規定する課税対象金額に対応するものとして政令で定めるところにより計算した金額は、外国関係会社につきその課税対象年度の所得に対して課される所得税等の額（同項に規定する所得税等の額をいう。次項及び第21項において同じ。）に、当該課税対象年度に係る調整適用対象金額のうちに同条第4項に規定する内国法人に係る課税対象金額の占める割合を乗じて計算した金額とする。

16　法第66条の7第4項に規定する部分課税対象金額に対応するものとして政令で定めるところにより計算した金額は、外国関係会社につきその部分課税対象年度の所得に対して課される所得税等の額に、当該部分課税対象年度に係る調整適用対象金額（第4項に規定する調整適用対象金額をいう。以下この項及び次項において同じ。）のうちに同条第4項に規定する内国法人に係る部分課税対象金額の占める割合（当該調整適用対象金額が当該部分課税対象金額を下回る場合には、当該部分課税対象年度に係る部分適用対象金額のうちに当該部分課税対象金額の占める割合）を乗じて計算した金額とする。

令和元年度改正後条文

20　法第66条の7第4項に規定する部分課税対象金額に対応するものとして政令で定めるところにより計算した金額は、外国関係会社につきその部分課税対象年度の所得に対して課される所得税等の額に、当該部分課税対象年度に係る調整適用対象金額（第6項に規定する調整適用対象金額をいう。以下この項及び次項において同じ。）のうちに同条第4項に規定する内国法人に係る部分課税対象金額の占める割合（当該調整適用対象金額が当該部分課税対象金額を下回る場合には、当該部分課税対象年度に係る部分適用対象金額のうちに当該部分課税対象金額の占める割合）を乗じて計算した金額とする。

17　法第66条の7第4項に規定する金融子会社等部分課税対象金額に対応するものとして政令で定めるところにより計算した金額は、外国関係会社につきその金融子会社等部分課税対象年度の所得に対して課される所得税等の額に、当該金融子会社等部分課税対象年度に係る調整適用対象金額のうちに同項に規定する内国法人に係る金融子会社等部分課税対象金額の占める割合（当該調整適用対象金額が当該金融子会社等部分課税対象金額を下回る場合には、当該金融子会社等部分課税対象年度に係る金融子会社等部分適用対象金額のうちに当該金融子会社等部分課税対象金額の占める割合）を乗じて計算した金額とする。

通達・QA番号・逐条解説

解説　措法66の7④

☐　内国法人が、外国関係会社単位の合算課税又は部分合算課税の適用を受ける場合には、所得税等の額のうち、当該内国法人に係る外国関係会社の❶課税対象金額に対応する部分の金額又は❷部分課税対象金額若しくは金融子会社等部分課税対象金額に対応する部分の金額は、当該内国法人の法人税の額から控除する。

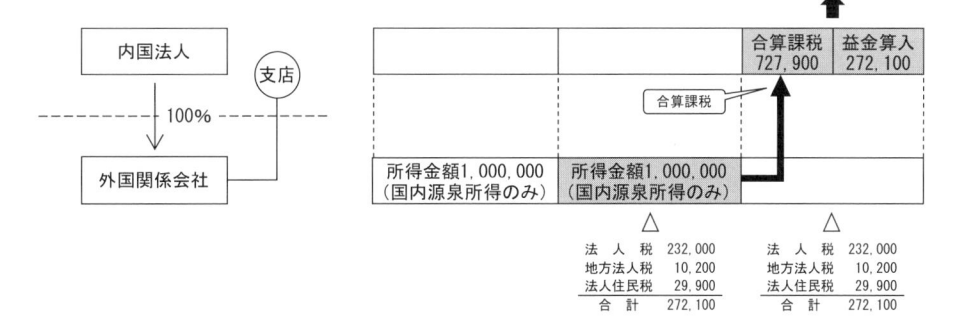

☐　措法66の7④は、外国税額控除の仕組みとは異なる仕組みであり、また、法人税の額から控除しきれなかった金額について還付する制度は設けられていない（H29-724・725）。

解説　措令39の18⑮

☐　所得税等の額のうち、課税対象金額に対応する部分の金額は、次の算式により計算した金額である。

$$外国関係会社に課される所得税等の額 \times \frac{課税対象金額}{調整適用対象金額}$$

解説　措法39の18⑯⑰

☐　所得税等の額のうち、部分課税対象金額又は金融子会社等部分課税対象金額に対応する部分の金額は、次の算式により計算した金額である。分母の金額が分子の金額を下回る場合には、分母の金額は、部分適用対象金額又は金融子会社等部分適用対象金額とされる。

$$外国関係会社に課される所得税税等の額 \times \frac{部分課税対象金額又は金融子会社等部分課税対象金額}{調整適用対象金額}$$

本　　法	施行令・施行規則
	令和元年度改正後条文 21　同　上 18　法第66条の7第4項及び第6項に規定する政令で定める事業年度は、法第66条の6第1項各号に掲げる内国法人が、当該内国法人に係る外国関係会社の課税対象年度の課税対象金額に相当する金額、部分課税対象年度の部分課税対象金額に相当する金額又は金融子会社等部分課税対象年度の金融子会社等部分課税対象金額に相当する金額につき、同項又は同条第6項若しくは第8項の規定の適用を受ける事業年度とする。 **令和元年度改正後条文** 22　同　上
一　当該外国関係会社に対して課される所得税の額（附帯税の額を除く。）、法人税（退職年金等積立金に対する法人税を除く。）の額（附帯税の額を除く。）及び地方法人税（地方法人税法第6条第4号に定める基準法人税額に対する地方法人税を除く。）の額（附帯税の額を除く。）	
二　当該外国関係会社に対して課される地方税法第23条第1項第3号に掲げる法人税割（同法第1条第2項において準用する同法第4条第2項（第1号に係る部分に限る。）又は同法第734条第2項（第2号に係る部分に限る。）の規定により都が課するものを含むものとし、退職年金等積立金に対する法人税に係るものを除く。）の額及び同法第292条第1項第3号に掲げる法人税割（同法第734条第2項（第2号に係る部分に限る。）の規定により都が課するものを含むものとし、退職年金等積立金に対する法人税に係るものを除く。）の額	

通達・ＱＡ番号・逐条解説

解説　措法66の7④一

□　措法66の7④一にいう「地方法人税法第6条第4号に定める基準法人税額に対する地方法人税」とは、退職年金等積立金に係る基準法人税額に対する地方法人税をいう。

□　復興財確法33①による読替え後の措法66の7④一は、次の通りである。

【措法66の7　（読替え後）】

4　前条第1項各号に掲げる内国法人が、同項又は同条第6項若しくは第8項の規定の適用を受ける場合には、次に掲げる金額の合計額（次項及び第11項において「所得税等の額」という。）のうち、当該内国法人に係る外国関係会社の課税対象金額に対応するものとして政令で定めるところにより計算した金額に相当する金額、当該外国関係会社の部分課税対象金額に対応するものとして政令で定めるところにより計算した金額に相当する金額又は当該外国関係会社の金融子会社等部分課税対象金額に対応するものとして政令で定めるところにより計算した金額に相当する金額（第6項及び第10項において「控除対象所得税額等相当額」という。）は、当該内国法人の政令で定める事業年度の所得に対する法人税の額（この項並びに法人税法第68条、第69条及び第70条の規定を適用しないで計算した場合の法人税の額とし、附帯税（国税通則法第2条第4号に規定する附帯税をいう。第1号において同じ。）の額を除く。第10項において同じ。）から控除する。

一　当該外国関係会社に対して課される所得税の額（附帯税の額を除く。）、<u>復興特別所得税の額</u>（附帯税の額を除く。）、<u>法人税</u>（退職年金等積立金に対する法人税を除く。）の額（附帯税の額を除く。）及び地方法人税（地方法人税法第6条第4号に定める基準法人税額に対する地方法人税を除く。）の額（附帯税の額を除く。）

解説　措法66の7④二

□　措法66の7④二にいう「地方税法第23条第1項第3号に掲げる法人税割」及び「同法第292条第1項第3号に掲げる法人税割」とは、それぞれ道府県民税法人税割及び市町村民税法人税割をいう。

措法66の7⑤　控除対象所得税額等相当額の控除の適用要件等

本　　法	施行令・施行規則
【措法66の7】 　5　前項の規定は、確定申告書等、修正申告書又は更正請求書に同項の規定による控除の対象となる所得税等の額、控除を受ける金額及び当該金額の計算に関する明細を記載した書類の添付がある場合に限り、適用する。この場合において、同項の規定により控除される金額の計算の基礎となる所得税等の額は、当該書類に当該所得税等の額として記載された金額を限度とする。	

通達・ＱＡ番号・逐条解説

解　説　措法66の7⑤

☐　外国関係会社の所得に対して課された我が国の所得税等の額について、税額控除の適用を受けるためには、確定申告書等、修正申告書又は更正請求書に❶控除の対象となる所得税等の額、❷控除を受ける金額及び❸その金額の計算に関する明細を記載した書類を添付しなければならない。この場合において、控除される金額の計算の基礎となる所得税等の額は、当該書類に当該所得税等の額として記載された金額が限度とされる。

措法66の7⑥　控除対象所得税額等相当額の益金算入

本　　　法	施行令・施行規則
【措法66の7】	【措令39の18】
6　前条第1項各号に掲げる内国法人が、同項の規定の適用に係る外国関係会社の課税対象金額に相当する金額につき同項の規定の適用を受ける場合、同条第6項の規定の適用に係る外国関係会社の部分課税対象金額に相当する金額につき同項の規定の適用を受ける場合又は同条第8項の規定の適用に係る外国関係会社の金融子会社等部分課税対象金額に相当する金額につき同項の規定の適用を受ける場合において、第4項の規定の適用を受けるときは、当該内国法人に係る外国関係会社に係る控除対象所得税額等相当額は、当該内国法人の政令で定める事業年度の所得の金額の計算上、益金の額に算入する。	18　法第66条の7第4項及び第6項に規定する政令で定める事業年度は、法第66条の6第1項各号に掲げる内国法人が、当該内国法人に係る外国関係会社の課税対象年度の課税対象金額に相当する金額、部分課税対象年度の部分課税対象金額に相当する金額又は金融子会社等部分課税対象年度の金融子会社等部分課税対象金額に相当する金額につき、同項又は同条第6項若しくは第8項の規定の適用を受ける事業年度とする。
	令和元年度改正後条文
	22　同　上

通達・ＱＡ番号・逐条解説
解　説　措法66の7⑥ □　内国法人が、外国関係会社の所得に対して課された我が国の所得税等の額について、税額控除の適用を受ける場合には、その所得税等の額のうち、当該外国関係会社の❶課税対象金額に対応する部分の金額又は❷部分課税対象金額若しくは金融子会社等部分課税対象金額に対応する部分の金額は、当該内国法人が外国関係会社単位の合算課税又は部分合算課税の適用を受ける事業年度の所得の金額の計算上、益金の額に算入する。

措法66の7⑦　法人税額における税額控除の順序

本　　法	施行令・施行規則
【措法66の7】 7　第4項の規定の適用がある場合には、法人税法第2編第1章第2節第2款の規定による法人税の額からの控除及び同項の規定による法人税の額からの控除については、同項の規定による控除は、同法第69条の2の規定による控除をした後に、かつ、同法第70条の規定による控除をする前に行うものとする。	

通達・QA番号・逐条解説

解　説　措法66の7⑦

☐　令和2年1月1日から施行される改正後の法法70の2は、税額控除の順序について、まず、❶分配時調整外国税相当額の控除（法法69の2）による控除をし、次に、❷仮装経理に基づく過大申告の場合の更正に伴う法人税額の控除（法法70）による控除をした後に、❸所得税額の控除（法法68）及び❹外国税額の控除（法法69）による控除をする旨規定しているが、外国関係会社の所得に対して課された我が国の所得税等の額についての税額控除は、❶分配時調整外国税相当額の控除（法法69の2）による控除をした後に、かつ、❷仮装経理に基づく過大申告の場合の更正に伴う法人税額の控除（法法70）による控除をする前に行う。

措法66の7⑧　法人税法との規定の調整

本　　　法	施行令・施行規則
【措法66の7】 　8　第4項の規定の適用がある場合における法人税法第2編第1章（第2節第2款を除く。）の規定の適用については、次に定めるところによる。	
一　法人税法第67条第3項に規定する計算した金額の合計額は、当該計算した金額の合計額から第4項の規定による控除をされるべき金額を控除した金額とする。	
二　法人税法第72条第1項第2号に掲げる金額は、同項に規定する期間を一事業年度とみなして同項第1号に掲げる所得の金額につき同法第2編第1章第2節（第67条、第68条第3項及び第70条を除く。）の規定及び第4項の規定を適用するものとした場合に計算される法人税の額とする。	
三　法人税法第74条第1項第2号に掲げる金額は、同項第1号に掲げる所得の金額につき同法第2編第1章第2節の規定及び第4項の規定を適用して計算した法人税の額とする。	

通達・ＱＡ番号・逐条解説

解　説　措法66の7⑧一

□　外国関係会社の所得に対して課された我が国の所得税等の額について、税額控除の適用がある場合における法法67《特定同族会社の特別税率》③の適用については、留保金額の計算上控除する法人税等の額の合計額は、当該所得税等の額について税額控除の適用を受けるべき金額を控除した後の金額とすることとされている。

解　説　措法66の7⑧二

□　外国関係会社の所得に対して課された我が国の所得税等の額について、税額控除の適用がある場合における法法72①二に掲げる金額（仮決算をした場合の中間申告書に記載する法人税の額）は、当該所得税等の額について税額控除の適用を受けるものとした場合の金額とすることとされている。

解　説　措法66の7⑧三

□　外国関係会社の所得に対して課された我が国の所得税等の額について、税額控除の適用がある場合における法法74①二に掲げる金額（確定申告書に記載する法人税の額）は、当該所得税等の額について税額控除を適用して計算した法人税の額とすることとされている。

措法66の7⑨	特別税額控除規定及び地方法人税法との規定の調整

本　　法	施行令・施行規則
【措法66の7】 　9　第4項の規定の適用がある場合における第42条の4第12項（第42条の5第7項、第42条の6第10項、第42条の9第7項、第42条の10第7項、第42条の11第7項、第42条の11の2第6項、第42条の11の3第6項、第42条の12第10項、第42条の12の2第3項、第42条の12の3第10項、第42条の12の4第10項、第42条の12の5第7項又は第42条の12の6第6項において準用する場合を含む。）及び地方法人税法の規定の適用については、第42条の4第12項中「又は第3編第2章第2節（第143条を除く。）の規定」とあるのは「の規定」と、「控除及び」とあるのは「控除、」と、「控除に」とあるのは「控除及び第66条の7第4項の規定による法人税の額からの控除に」と、「同法第70条の2又は第144条の2の3」とあるのは「同条第7項及び同法第70条の2」と、「法人税法税額控除規定に」とあるのは「第66条の7第4項の規定及び法人税法税額控除規定に」と、同法第6条第1号中「まで」とあるのは「まで及び租税特別措置法第66条の7第4項」とする。	

通達・ＱＡ番号・逐条解説

解　説　措法66の7⑨

☐　措法66の7⑨による読替え後の措法42の4《試験研究を行った場合の法人税額の特別控除》⑫は、次の通りである。

【措法42の4（読替え後）】

12　第1項、第3項、第6項又は第7項の規定の適用がある場合には、法人税法第2編第1章第2節第2款の規定（以下この項において「法人税法税額控除規定」という。）による法人税の額からの控除、特別税額控除規定（第1項、第3項、第6項及び第7項の規定をいう。以下この項及び次項において同じ。）による法人税の額からの控除及び第66条の7第4項の規定による法人税の額からの控除については、まず特別税額控除規定による控除をした後において、同条第7項及び同法第70条の2に定める順序により第66条の7第4項の規定及び法人税法税額控除規定による控除をするものとする。

☐　次に掲げる規定において措法42の4⑫を準用する場合も措法66の7⑨による読替えをすることとされている。

・措法42の5《高度省エネルギー増進設備等を取得した場合の特別償却又は法人税額の特別控除》⑦
・措法42の6《中小企業者等が機械等を取得した場合の特別償却又は法人税額の特別控除》⑩
・措法42の9《沖縄の特定地域において工業用機械等を取得した場合の法人税額の特別控除》⑦
・措法42の10《国家戦略特別区域において機械等を取得した場合の特別償却等又は法人税額の特別控除》⑦
・措法42の11《国際戦略総合特別区域において機械等を取得した場合の特別償却又は法人税額の特別控除》⑦
・措法42の11の2《地域経済牽引事業の促進区域内において特定事業用機械等を取得した場合の特別償却又は法人税額の特別控除》⑥
・措法42の11の3《地方活力向上地域等において特定建物等を取得した場合の特別償却又は法人税額の特別控除》⑥
・措法42の12《地方活力向上地域等において雇用者の数が増加した場合の法人税額の特別控除》⑩
・措法42の12の2《認定地方公共団体の寄附活用事業に関連する寄附をした場合の法人税額の特別控除》③
・措法42の12の3《特定中小企業者等が経営改善設備を取得した場合の特別償却又は法人税額の特別控除》⑩
・措法42の12の4《中小企業者等が特定経営力向上設備等を取得した場合の特別償却又は法人税額の特別控除》⑩
・措法42の12の5《給与等の引上げ及び設備投資を行った場合等の法人税額の特別控除》⑦
・措法42の12の6《革新的情報産業活用設備を取得した場合の特別償却又は法人税額の特別控除》⑥

☐　措法66の7⑨による読替え後の地法法6《基準法人税額》一は、次の通りであり、地方法人税法の基準法人税額は、措法66の7④（控除対象所得税額等相当額の控除）を適用しないで計算した法人税の額とされている。

【地法法6（読替え後）】

　　この法律において「基準法人税額」とは、次の各号に掲げる法人の区分に応じ当該各号に定める金額をいう。
　　一　法人税法第2条第31号に規定する確定申告書を提出すべき内国法人
　　　　当該内国法人の法人税の課税標準である各事業年度の所得の金額につき、同法その他の法人税の額の計算に関する法令の規定（同法第68条から第70条の2まで及び租税特別措置法第66条の7第4項の規定を除く。）により計算した法人税の額（附帯税の額を除く。）

措法66の7⑩　地方法人税の額からの税額控除

本　　法	施行令・施行規則
【措法66の7】 　10　内国法人が各課税事業年度（地方法人税法第7条に規定する課税事業年度をいう。以下この項において同じ。）において第4項の規定の適用を受ける場合において、当該課税事業年度の控除対象所得税額等相当額が同項に規定する政令で定める事業年度の所得に対する法人税の額を超えるときは、その超える金額を当該課税事業年度の所得地方法人税額（同法第11条に規定する所得地方法人税額をいう。第12項において同じ。）から控除する。	

通達・ＱＡ番号・逐条解説

解　説　措法66の7⑩

☐　内国法人が、各課税事業年度において、外国関係会社の所得に対して課された我が国の所得税等の額について、税額控除の適用を受ける場合において、その所得税等の額のうち、❶課税対象金額に対応する部分の金額又は❷部分課税対象金額若しくは金融子会社等部分課税対象金額に対応する部分の金額が、税額控除の適用を受ける事業年度の所得に対する法人税の額を超えるときは、その超える金額を当該課税事業年度の地方法人税の額から控除する。

措法66の7⑪　地方法人税の額からの税額控除の適用要件等

本　　法	施行令・施行規則
【措法66の7】 　11　前項の規定は、地方法人税法第2条第15号に規定する地方法人税中間申告書で同法第17条第1項各号に掲げる事項を記載したもの、同法第2条第16号に規定する地方法人税確定申告書、修正申告書又は更正請求書に前項の規定による控除の対象となる所得税等の額、控除を受ける金額及び当該金額の計算に関する明細を記載した書類の添付がある場合に限り、適用する。この場合において、同項の規定により控除される金額の計算の基礎となる所得税等の額は、当該書類に当該所得税等の額として記載された金額を限度とする。	

通達・QA番号・逐条解説

解　説　措法66の7⑪

☐　外国関係会社の所得に対して課された我が国の所得税等の額のうち、当該外国関係会社の❶課税対象金額に対応する部分の金額又は❷部分課税対象金額若しくは金融子会社等部分課税対象金額に対応する部分の金額が、法人税の額を超える場合において、その超える金額を地方法人税の額から控除しようとするときは、地方法人税中間申告書、地方法人税確定申告書、修正申告書又は更正請求書に❶控除の対象となる所得税等の額、❷控除を受ける金額及び❸その金額の計算に関する明細を記載した書類を添付しなければならない。この場合において、控除される金額の計算の基礎となる所得税等の額は、当該書類に当該所得税等の額として記載された金額が限度とされる。

措法66の7⑫　地方法人税額における税額控除の順序

本　　法	施行令・施行規則
【措法66の7】 　12　第10項の規定の適用がある場合には、地方法人税法第12条から第14条までの規定による所得地方法人税額からの控除及び同項の規定による所得地方法人税額からの控除については、同項の規定による控除は、同法第12条の2の規定による控除をした後に、かつ、同法第12条の規定による控除をする前に行うものとする。	

通達・ＱＡ番号・逐条解説

解　説　措法66の7⑫

☐　令和2年1月1日から施行される改正後の地法法14は、税額控除の順序について、まず、❶分配時調整外国税相当額の控除（地法法12の2）による控除をし、次に、❷外国税額の控除（地法法12）による控除をした後に、❸仮装経理に基づく過大申告の場合の更正に伴う地方法人税額の控除（地法法13）による控除をする旨規定しているが（地法法14）、外国関係会社の所得に対して課された我が国の所得税等の額についての税額控除は、❶分配時調整外国税相当額の控除（地法法12の2）による控除をした後に、かつ、❷外国税額の控除（地法法12）による控除をする前に行う。

措法66の7⑬　地方法人税法との規定の調整

本　　　法	施行令・施行規則
【措法66の7】 13　第10項の規定の適用がある場合における地方法人税法の規定の適用については、次に定めるところによる。	【措令39の18】 19　法第66条の7第10項の規定の適用がある場合における地方法人税法施行令第3条の規定の適用については、同条第1項中「法第10条及び第12条の2」とあるのは「法第10条及び第12条の2並びに租税特別措置法（昭和32年法律第26号）第66条の7第10項」と、「租税特別措置法（昭和32年法律第26号）」とあるのは「租税特別措置法」と、「、第10条及び第12条の2」とあるのは「、第10条及び第12条の2並びに租税特別措置法第66条の7第10項」とする。 **令和元年度改正後条文** 23　同　　上
一　地方法人税法第17条第1項第2号に掲げる金額は、同項第1号に掲げる課税標準法人税額につき同法第3章（第11条及び第13条を除く。）の規定及び第10項の規定を適用して計算した地方法人税の額とする。	
二　地方法人税法第19条第1項第2号に掲げる金額は、同項第1号に掲げる課税標準法人税額につき同法第3章の規定及び第10項の規定を適用して計算した地方法人税の額とする。	

通達・ＱＡ番号・逐条解説

解　説　措令39の18⑲

□　措令39の18⑲による読替え後の地法令3《外国税額の控除限度額の計算》①（令和2年1月1日から施行される改正後のもの）は、次の通りである。

【地法令3（読替え後）】

1　法第12条第1項に規定する政令で定めるところにより計算した金額は、同項の内国法人の当該課税事業年度の法第9条に規定する課税標準法人税額につき法第10条及び第12条の2並びに租税特別措置法（昭和32年法律第26号）第66条の7第10項の規定を適用して計算した地方法人税の額（当該課税事業年度の基準法人税額（法第6条に規定する基準法人税額をいう。以下この条において同じ。）のうちに租税特別措置法第42条の6第5項、第42条の9第4項、第42条の12の3第5項、第42条の12の4第5項若しくは第3章第5節若しくは第5節の2、経済社会の構造の変化に対応した税制の構築を図るための所得税法等の一部を改正する法律（平成23年法律第114号。以下この項及び第5項において「平成23年改正法」という。）附則第55条の規定によりなおその効力を有するものとされる平成23年改正法第19条の規定による改正前の租税特別措置法第42条の5第5項又は所得税法等の一部を改正する法律（平成27年法律第9号。以下この項及び第5項において「平成27年改正法」という。）附則第73条第1項の規定によりなお従前の例によることとされる場合における平成27年改正法第8条の規定による改正前の租税特別措置法第42条の4第11項の規定により加算された金額がある場合には、当該基準法人税額から当該加算された金額を控除した残額を当該課税事業年度の基準法人税額とみなして法第9条、第10条及び第12条の2並びに租税特別措置法第66条の7第10項の規定を適用して計算した金額）に、当該課税事業年度に係る法人税法施行令第142条第2項から第5項までの規定を適用して計算した同条第1項に規定する割合を乗じて計算した金額とする。

解　説　措法66の7⑬一

□　外国関係会社の所得に対して課された我が国の所得税等の額について、地方法人税の額からの税額控除の適用がある場合における地法法17①二に掲げる金額（仮決算をした場合の中間申告書に記載する地方法人税の額）は、当該所得税等の額について税額控除を適用して計算した地方法人税の額とすることとされている。

解　説　措法66の7⑬二

□　外国関係会社の所得に対して課された我が国の所得税等の額について、地方法人税の額からの税額控除の適用がある場合における地法法19①二に掲げる金額（確定申告書に記載する地方法人税の額）は、当該所得税等の額について税額控除を適用して計算した地方法人税の額とすることとされている。

第3章

特定課税対象金額等を有する
内国法人が受ける
剰余金の配当等の益金不算入

措法66の8①	特定課税対象金額を有する内国法人が持株割合25%以上等の要件を満たさない外国法人から受ける剰余金の配当等の益金不算入

本　　法	施行令・施行規則
【措法66の8】 　1　内国法人が外国法人（法人税法第23条の2第1項に規定する外国子会社に該当するものを除く。以下この項において同じ。）から受ける同法第23条第1項第1号に掲げる金額（以下この条において「剰余金の配当等の額」という。）がある場合には、当該剰余金の配当等の額のうち当該外国法人に係る特定課税対象金額に達するまでの金額は、当該内国法人の各事業年度の所得の金額の計算上、益金の額に算入しない。	【措令39の19】 　1　内国法人が外国法人から受ける剰余金の配当等の額（法第66条の8第1項に規定する剰余金の配当等の額をいう。以下この条において同じ。）がある場合における同項から法第66条の8第3項までの規定の適用については、同条第1項の規定の適用に係る剰余金の配当等の額、同条第2項の規定の適用に係る剰余金の配当等の額及び同条第3項の規定の適用に係る剰余金の配当等の額の順に、同条第1項から第3項までの規定を適用するものとする。

通達・QA番号・逐条解説

解説　措法66の8①

□　外国子会社（持株割合25％以上等の要件を満たす外国子会社に該当するものを除く。）について行われた合算課税とその外国子会社から受ける剰余金の配当等に対する課税の重複を排除するために設けられている規定である。

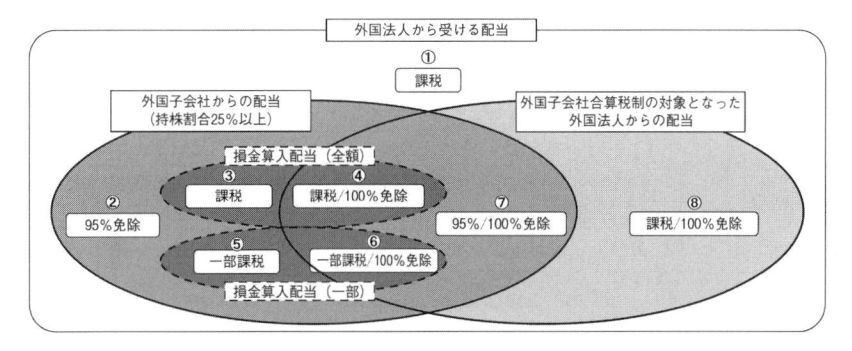

□　内国法人が外国法人（持株割合25％以上等の要件を満たす外国子会社に該当するものを除く。）から受ける剰余金の配当等の額がある場合には、当該剰余金の配当等の額のうち当該外国法人に係る特定課税対象金額に達するまでの金額は、100％益金不算入（特定課税対象金額を超える部分は、原則通り、益金算入）とされる。次図では、⑧の配当が、これに該当する。

（H27-697を一部加工）

□　措法66の8①の適用を受ける剰余金の配当等に係る外国源泉税については、法法69①及び法令142の2⑧一により、外国税額控除の適用はなく、損金算入の対象となる。

措法66の8②	特定課税対象金額を有する内国法人が外国法人から受ける剰余金の配当等（外国子会社配当益金不算入制度の適用を受けるもの）の益金不算入

本　　法	施行令・施行規則
【措法66の8】 　2　内国法人が外国法人から受ける剰余金の配当等の額（法人税法第23条の2第1項の規定の適用を受ける部分の金額に限る。以下この項において同じ。）がある場合には、当該剰余金の配当等の額のうち当該外国法人に係る特定課税対象金額に達するまでの金額についての同条第1項の規定の適用については、同項中「剰余金の配当等の額から当該剰余金の配当等の額に係る費用の額に相当するものとして政令で定めるところにより計算した金額を控除した金額」とあるのは、「剰余金の配当等の額」とする。この場合において、この項前段の規定の適用を受ける剰余金の配当等の額に係る同法第39条の2に規定する外国源泉税等の額については、同条の規定は、適用しない。	

通達・ＱＡ番号・逐条解説

解 説　措法66の8②前段

□　外国子会社から受ける剰余金の配当等（法法23の２《外国子会社から受ける配当等の益金不算入》①の適用を受ける部分の金額に限る。）に対する課税とその外国子会社について行われた合算課税の重複を排除するために設けられている規定である。

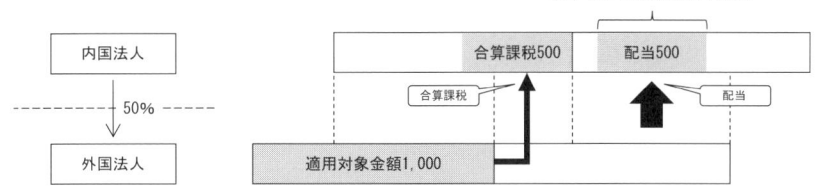

□　内国法人が外国法人から受ける剰余金の配当等の額（法法23の２《外国子会社から受ける配当等の益金不算入》①により益金不算入の対象となる部分の金額に限る。）がある場合には、当該剰余金の配当等の額のうち当該外国法人に係る特定課税対象金額に達するまでの金額は、100％益金不算入（特定課税対象金額を超える部分は、原則通り、95％益金不算入）とされる。次図では、⑥の配当のうち支払国において損金算入されなかった部分と、⑦の配当が、これに該当する。

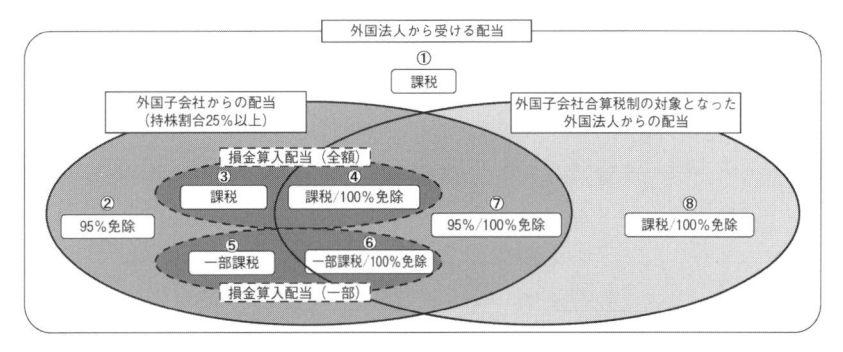

（H27-697を一部加工）

□　法法23の２《外国子会社から受ける配当等の益金不算入》①の適用を受ける剰余金の配当等に係る外国源泉税については、法法69①及び法令142の２⑦三により、外国税額控除の適用はない。この点、当該剰余金の配当等について、措法66の８②前段の適用を受ける場合であっても同様である。

解 説　措法66の8②後段

□　法法23の２《外国子会社から受ける配当等の益金不算入》①の適用を受ける剰余金の配当等に係る外国源泉税については、法法39の２《外国子会社から受ける配当等に係る外国源泉税等の損金不算入》により、損金算入の対象から除外されている。この点、措法66の８②前段の適用を受ける剰余金の配当等の額に係る外国源泉税については、法法39の２の適用はないものとされ、損金算入の対象となる。

措法66の8③	特定課税対象金額を有する内国法人が外国法人から受ける剰余金の配当等（法人税法第23条の2第2項の適用を受けるもの）の益金不算入

本　　法	施行令・施行規則
【措法66の8】 　3　内国法人が外国法人から受ける剰余金の配当等の額（法人税法第23条の2第2項の規定の適用を受ける部分の金額に限る。以下この項において同じ。）がある場合には、当該剰余金の配当等の額のうち当該外国法人に係る特定課税対象金額に達するまでの金額は、当該内国法人の各事業年度の所得の金額の計算上、益金の額に算入しない。	

通達・ＱＡ番号・逐条解説

解　説　措法66の8③

- □　外国子会社から受ける剰余金の配当等（法法23の２②（益金不算入の対象とならない損金算入配当等）の適用を受ける部分の金額に限る。）に対する課税とその外国子会社について行われた合算課税の重複を排除するために設けられている規定である。

- □　内国法人が外国法人から受ける剰余金の配当等の額（法法23の２②（益金不算入の対象とならない損金算入配当等）により益金不算入の対象とならない部分の金額に限る。）がある場合には、当該剰余金の配当等の額のうち当該外国法人に係る特定課税対象金額に達するまでの金額は、100％益金不算入（特定課税対象金額を超える部分は、原則通り、益金算入）とされる。法法23の２②により益金不算入の対象とならない剰余金の配当等の額には、❶損金算入配当の額と❷自己株式等の取得が予定されている株式等の取得に係るみなし配当の額とがあるところ、前者は、次図では、④の配当と、⑥の配当のうち支払国において損金算入された部分が、これに該当する。

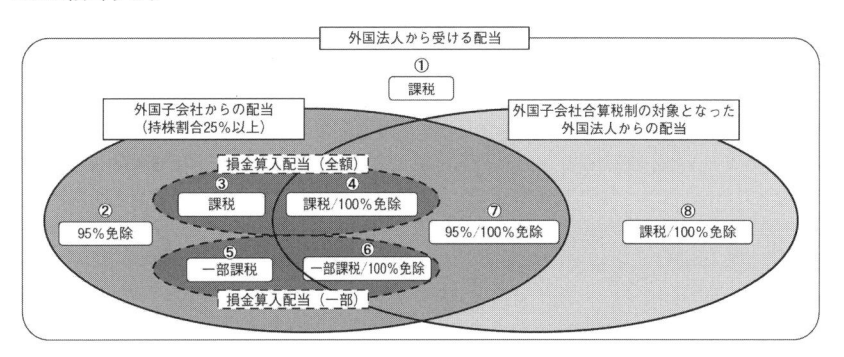

(H27-697を一部加工)

- □　措法66の８③の適用を受ける剰余金の配当等に係る外国源泉税については、法法69①及び法令142の２⑧ニにより、外国税額控除の適用はなく、損金算入の対象となる。

措法66の8④	特定課税対象金額の意義

本　　法	施行令・施行規則
【措法66の8】 　4　前三項に規定する特定課税対象金額とは、次に掲げる金額の合計額をいう。	
一　外国法人に係る課税対象金額、部分課税対象金額又は金融子会社等部分課税対象金額で、内国法人が当該外国法人から剰余金の配当等の額を受ける日を含む事業年度において第66条の6第1項、第6項又は第8項の規定により当該事業年度の所得の金額の計算上益金の額に算入されるもののうち、当該内国法人の有する当該外国法人の直接保有の株式等の数（内国法人が有する外国法人の株式の数又は出資の金額をいう。次号、第6項及び第11項において同じ。）及び当該内国法人と当該外国法人との間の実質支配関係（同条第2項第5号に規定する実質支配関係をいう。次号及び第11項第2号において同じ。）の状況を勘案して政令で定めるところにより計算した金額	【措令39の19】 　2　法第66条の8第4項第1号に規定する政令で定めるところにより計算した金額は、同号の外国法人に係る適用対象金額（内国法人の同号に規定する事業年度（以下この項において「配当事業年度」という。）の所得の金額の計算上益金の額に算入される課税対象金額に係るものに限る。以下この項において同じ。）、部分適用対象金額（内国法人の配当事業年度の所得の金額の計算上益金の額に算入される部分課税対象金額に係るものに限る。以下この項において同じ。）又は金融子会社等部分適用対象金額（内国法人の配当事業年度の所得の金額の計算上益金の額に算入される金融子会社等部分課税対象金額に係るものに限る。以下この項において同じ。）に、当該外国法人の当該適用対象金額、部分適用対象金額又は金融子会社等部分適用対象金額に係る事業年度終了の時における発行済株式等のうちに当該事業年度終了の時における当該内国法人の有する当該外国法人の請求権等勘案直接保有株式等（内国法人が有する外国法人の株式等の数又は金額（次の各号に掲げる場合に該当する場合には、当該各号に定める数又は金額）をいう。次項において同じ。）の占める割合を乗じて計算した金額とする。 　一　当該外国法人が請求権の内容が異なる株式等を発行している場合（次号又は第3号に掲げる場合に該当する場合を除く。） 　　　当該外国法人の発行済株式等に、当該内国法人が当該請求権の内容が異なる株式等に係る請求権に基づき受けることができる剰余金の配当等の額がその総額のうちに占める割合を乗じて計算した数又は金額 　二　当該外国法人の事業年度終了の時において当該外国法人と当該内国法人との間に実質支配関係がある場合 　　　当該外国法人の発行済株式等 　三　当該外国法人の事業年度終了の時において当該外国法人と当該内国法人以外の者との間に実質支配関係がある場合 　　　零
二　外国法人に係る課税対象金額、部分課税対象金額又は金融子会社等部分課税対象金額で、内国法人が当該外国法人から剰余金の配当等の額を受ける日を含む事業年度開始の日前10年以内に開始した各事業年度（以下この条において「前10年以内の各事業年度」という。）において第66条の6第1項、第6項又は第8項の規定により前10年以内の各事業年度の所得の金額の計算上益金の額に算入されたもののうち、当該内国法人の有する当該外国法人の直接保有の株式等の数及び当該内国法人と当該外国法人との間の実質支配関係の状況を勘案して政令で定めるところにより計算した金額（前10年以内の各事業年度において当該外国法人から受けた剰余金の配当等の額（前三項の規定の適用を受けた部分の金額に限	【措令39の19】 　3　法第66条の8第4項第2号に規定する政令で定めるところにより計算した金額は、同号の外国法人の各事業年度の適用対象金額（内国法人の同号に規定する前10年以内の各事業年度（以下この項において「前10年以内の各事業年度」という。）の所得の金額の計算上益金の額に算入された課税対象金額に係るものに限る。以下この項において同じ。）、部分適用対象金額（内国法人の前10年以内の各事業年度の所得の金額の計算上益金の額に算入された部分課税対象金額に係るものに限る。以下この項において同じ。）又は金融子会社等部分適用対象金額（内国法人の前10年以内の各事業年度の所得の金額の計算上益金の額に算入された金融子会社等部分課税対象金額に係るものに限る。以下この項において同じ。）に、当該外国法人の当該適用対象金額、部分適用対象金額又は金融子会社等部分適用対象金額に係る各事業年度終了の時における発行済株式等のうちに当該各事業年度終了の時における当該内国法人の有する当該外国法人の請求権等勘案直接保有株式等の占める

通達・ＱＡ番号・逐条解説

解説　措法66の8④

□　特定課税対象金額とは、措法66の8④一及び措法66の8④二に掲げる金額の合計額をいう。

解説　措令39の19②

□　措法66の8④一に掲げる金額は、外国法人に係る課税対象金額等で、内国法人が当該外国法人から剰余金の配当等の額を受ける日を含む事業年度の所得の金額の計算上益金の額に算入されるもののうち、当該内国法人の有する当該外国法人の直接保有の株式等の数及び当該内国法人と当該外国法人との間の実質支配関係の状況を勘案して次の算式により計算した金額とされている。

$$\text{外国法人に係る適用対象金額、部分適用対象金額又は金融子会社等部分適用対象金額} \times \frac{\text{当該事業年度終了の時における内国法人の有する当該外国法人の請求権等勘案直接保有株式等}}{\text{外国法人の当該適用対象金額、部分適用対象金額又は金融子会社等部分適用対象金額に係る事業年度終了の時における発行済株式等}}$$

□　「請求権等勘案直接保有株式等」とは、原則として、内国法人が有する外国法人の株式等の数又は金額をいうが、例外として、❶外国法人が請求権の内容が異なる株式等を発行している場合（❷又は❸に掲げる場合に該当する場合を除く。）には、当該外国法人の発行済株式等に内国法人が受けることができる剰余金の配当等の額の割合を乗じて計算した数又は金額を、❷外国法人の事業年度終了の時において当該外国法人と内国法人との間に実質支配関係がある場合には、当該外国法人の発行済株式等の数又は金額を、❸外国法人の事業年度終了の時において、当該外国法人と内国法人以外の者との間に実質支配関係がある場合には、零をいうものとされている。

□　外国法人から配当を受ける事業年度以前に、当該外国法人に係る課税対象金額等について合算課税を受けていない場合には、当該外国法人について行われる合算課税と当該外国法人から受ける剰余金の配当等に対する課税の重複が排除されないこととなるので、注意が必要である。

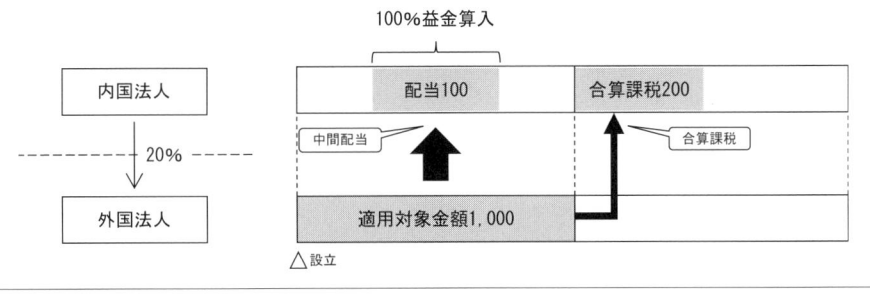

解説　措令39の19③（課税済金額）

□　措法66の8④二に掲げる金額（課税済金額）は、外国法人に係る課税対象金額等で、内国法人が当該外国法人から剰余金の配当等の額を受ける日を含む事業年度開始の日前10年以内に開始した各事業年度（前10年以内の各事業年度）において前10年以内の各事業年度の所得の金額の計算上益金の額に算入されたもののうち、当該内国法人の有する当該外国法人の直接保有の株式等の数及び当該内国法人と当該外国法人との間の実質支配関係の状況を勘案して次の算式により計算した金額の合計額とされている。

$$\text{前10年以内の各事業年度の外国法人に係る適用対象金額、部分適用対象金額又は金融子会社等部分適用対象金額} \times \frac{\text{当該各事業年度終了の時における内国法人の有する当該外国法人の請求権等勘案直接保有株式等}}{\text{外国法人の当該適用対象金額、部分適用対象金額又は金融子会社等部分適用対象金額に係る各事業年度終了の時における発行済株式等}}$$

□　「請求権等勘案直接保有株式等」とは、原則として、内国法人が有する外国法人の株式等の数又は金額をいうが、例外とし

本　法	施行令・施行規則
る。以下この号において同じ。）がある場合には、当該剰余金の配当等の額に相当する金額を控除した残額。以下この条において「課税済金額」という。）	割合を乗じて計算した金額の合計額とする。

通達・QA番号・逐条解説
て、❶外国法人が請求権の内容が異なる株式等を発行している場合（❷又は❸に掲げる場合に該当する場合を除く。）には、当該外国法人の発行済株式等に内国法人が受けることができる剰余金の配当等の額の割合を乗じて計算した数又は金額を、❷外国法人の事業年度終了の時において当該外国法人と内国法人との間に実質支配関係がある場合には、当該外国法人の発行済株式等の数又は金額を、❸外国法人の事業年度終了の時において、当該外国法人と内国法人以外の者との間に実質支配関係がある場合には、零をいうものとされている。

措法66の8⑤　連結納税制度との調整

本　　法	施行令・施行規則
【措法66の8】 　5　内国法人が第1項から第3項までに規定する外国法人から剰余金の配当等の額を受ける日を含む事業年度開始の日前10年以内に開始した連結事業年度がある場合において、当該連結事業年度に係る個別課税済金額（第68条の92第4項第2号に規定する個別課税済金額をいう。以下この条において同じ。）があるときは、前項の規定の適用については、その個別課税済金額は、当該連結事業年度の期間に対応する前10年以内の各事業年度の課税済金額とみなす。	

通達・QA番号・逐条解説

解　説　措法66の8⑤

□　連結法人であった内国法人が外国法人から剰余金の配当等を受けた場合には、当該内国法人のその日を含む事業年度（配当事業年度）開始の日前10年以内に開始した連結事業年度に係る個別課税済金額は、当該連結事業年度の期間に対応する配当事業年度開始の日前10年以内に開始した各事業年度（前10年以内の各事業年度）の課税済金額とみなされる。

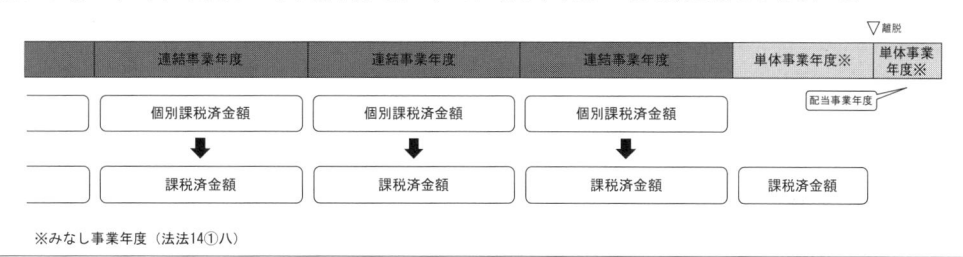

※みなし事業年度（法法14①八）

措法66の8⑥	適格組織再編成に係る合併法人等の課税済金額の調整

本　　法	施行令・施行規則
【措法66の8】 6　内国法人が適格合併、適格分割、適格現物出資又は適格現物分配（以下この項において「適格組織再編成」という。）により被合併法人、分割法人、現物出資法人又は現物分配法人からその有する外国法人の直接保有の株式等の数の全部又は一部の移転を受けた場合には、当該内国法人の当該適格組織再編成の日（当該適格組織再編成が残余財産の全部の分配である場合には、その残余財産の確定の日の翌日）を含む事業年度以後の各事業年度における第4項の規定の適用については、次の各号に掲げる適格組織再編成の区分に応じ当該各号に定める金額は、政令で定めるところにより、当該内国法人の前10年以内の各事業年度の課税済金額とみなす。	【措令39の19】 4　法第66条の8第6項の規定の適用がある場合の同項の内国法人の同項に規定する適格組織再編成（次項において「適格組織再編成」という。）の日（当該適格組織再編成が残余財産の全部の分配である場合には、その残余財産の確定の日の翌日。次項において同じ。）を含む事業年度以後の各事業年度における同条第4項の規定の適用については、同条第6項各号に定める課税済金額（同条第4項第2号に掲げる金額をいう。以下この条において同じ。）又は個別課税済金額（法第68条の92第4項第2号に掲げる金額をいう。以下この条において同じ。）は、被合併法人、分割法人、現物出資法人又は現物分配法人（次項において「被合併法人等」という。）の次の各号に掲げる事業年度又は連結事業年度の区分に応じ当該内国法人の当該各号に定める事業年度の課税済金額とみなす。 一　適格合併等（法第66条の8第6項第1号に規定する適格合併等をいう。次号において同じ。）に係る被合併法人又は現物分配法人の同項第1号に規定する合併等前10年内事業年度（以下この項及び次項において「合併等前10年内事業年度」という。）のうち次号に掲げるもの以外のもの 　　当該被合併法人又は現物分配法人の合併等前10年内事業年度開始の日を含む当該内国法人の各事業年度 二　適格合併等に係る被合併法人又は現物分配法人の合併等前10年内事業年度のうち当該内国法人の当該適格合併等の日（法第66条の8第6項第1号に規定する適格合併等の日をいう。）を含む事業年度（以下この号において「合併等事業年度」という。）開始の日以後に開始したもの 　　当該内国法人の合併等事業年度開始の日の前日を含む事業年度 三　適格分割等（法第66条の8第6項第2号に規定する適格分割等をいう。以下この項及び第6項において同じ。）に係る分割法人等（分割法人、現物出資法人又は現物分配法人をいう。以下この項及び第6項において同じ。）の同号に規定する分割等前10年内事業年度（以下この条において「分割等前10年内事業年度」という。）のうち次号及び第5号に掲げるもの以外のもの 　　当該分割法人等の分割等前10年内事業年度開始の日を含む当該内国法人の各事業年度 四　適格分割等に係る分割法人等の当該適格分割等の日を含む事業年度又は連結事業年度開始の日が当該内国法人の当該適格分割等の日を含む事業年度開始の日前である場合の当該分割法人等の分割等前10年内事業年度 　　当該分割法人等の分割等前10年内事業年度終了の日を含む当該内国法人の各事業年度 五　適格分割等に係る分割法人等の分割等前10年内事業年度のうち当該内国法人の当該適格分割等の日を含む事業年度（以下この号において「分割承継等事業年度」という。）開始の日以後に開始したもの 　　当該内国法人の分割承継等事業年度開始の日の前日を含む事業年度 5　法第66条の8第6項の内国法人の適格組織再編成の日を含む事業年度開始の日前10年以内に開始した各事業年度又は各連結事業年度のうち最も古い事業年度又は連結事業年度開始の日（以下この項において「内国法人10年前事業年度開始日」という。）が当該適格組織再

通達・QA番号・逐条解説

解説　措法66の8⑥及び措令39の19④〜⑥

☐　内国法人が適格合併又は適格現物分配（適格現物分配にあっては、残余財産の全部の分配に限る。以下、措法66の8⑥の解説において「適格合併等」という。）により被合併法人又は現物分配法人からその有する外国法人の直接保有の株式等の数の全部又は一部の移転を受けた場合には、❶当該被合併法人又は現物分配法人の合併等前10年内事業年度（❷を除く。）の課税済金額は、当該被合併法人又は現物分配法人の合併等前10年内事業年度開始の日を含む当該内国法人の各事業年度の課税済金額と、❷当該被合併法人又は現物分配法人の合併等前10年内事業年度のうち当該内国法人の合併等事業年度開始の日以後に開始したものの課税済金額は、当該内国法人の合併等事業年度開始の日の前日を含む事業年度の課税済金額とみなす。

《❶及び❷のケース》

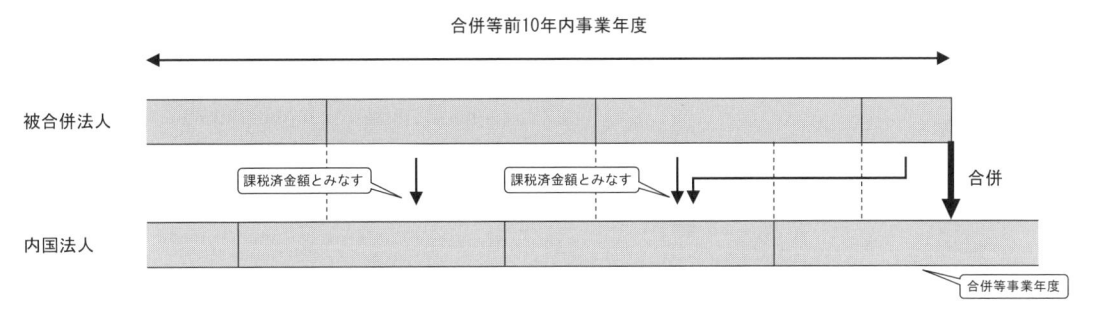

☐　内国法人が適格分割、適格現物出資又は適格現物分配（適格現物分配にあっては、残余財産の全部の分配を除く。以下、措法66の8⑥の解説において「適格分割等」という。）により分割法人、現物出資法人又は現物分配法人（以下、措法66の8⑥の解説において「分割法人等」という。）からその有する外国法人の直接保有の株式等の数の全部又は一部の移転を受けた場合には、❶当該分割法人等の分割等前10年内事業年度（❷及び❸を除く。）の課税済金額のうち、次の算式により計算した金額は、当該分割法人等の分割等前10年内事業年度開始の日を含む当該内国法人の各事業年度の課税済金額と、❷当該分割法人等の当該適格分割等の日を含む事業年度開始の日が当該内国法人の当該適格分割等の日を含む事業年度開始の日前である場合の当該分割法人等の分割等前10年内事業年度の課税済金額のうち、次の算式により計算した金額は、当該分割法人等の分割等前10年内事業年度終了の日を含む当該内国法人の各事業年度の課税済金額と、❸当該分割法人等の分割等前10年内事業年度のうち当該内国法人の分割承継等事業年度開始の日以後に開始したものの課税済金額のうち、次の算式により計算した金額は、当該内国法人の分割承継等事業年度開始の日の前日を含む事業年度の課税済金額とみなす。

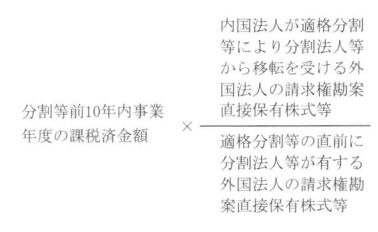

《❶のケース》

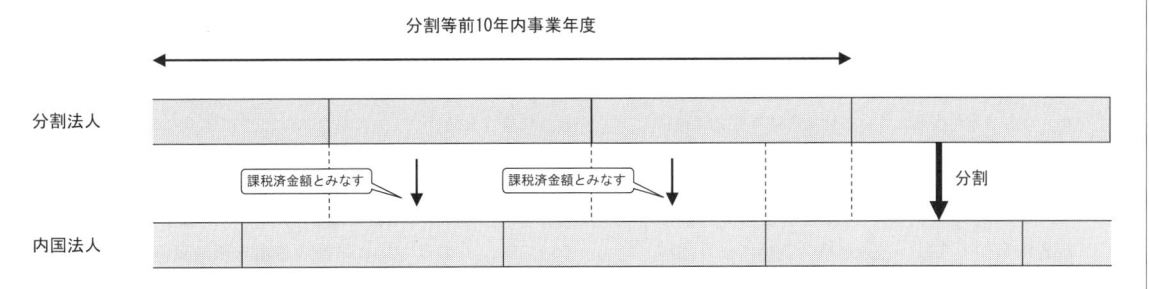

本　　法	施行令・施行規則
	編成に係る被合併法人等の合併等前10年内事業年度又は分割等前10年内事業年度（以下この項において「被合併法人等前10年内事業年度」という。）のうち最も古い事業年度又は連結事業年度開始の日（二以上の被合併法人等が行う適格組織再編成にあっては、当該開始の日が最も早い被合併法人等の当該事業年度又は連結事業年度開始の日。以下この項において「被合併法人等10年前事業年度開始日」という。）後である場合には、当該被合併法人等10年前事業年度開始日から当該内国法人10年前事業年度開始日（当該適格組織再編成が当該内国法人を設立するものである場合にあっては、当該内国法人の当該適格組織再編成の日を含む事業年度開始の日。以下この項において同じ。）の前日までの期間を当該期間に対応する当該被合併法人等10年前事業年度開始日に係る被合併法人等前10年内事業年度ごとに区分したそれぞれの期間（当該前日を含む期間にあっては、当該被合併法人等の当該前日を含む事業年度又は連結事業年度開始の日から当該内国法人10年前事業年度開始日の前日までの期間）は、当該内国法人のそれぞれの事業年度とみなして、前項の規定を適用する。
一　適格合併又は適格現物分配（適格現物分配にあっては、残余財産の全部の分配に限る。以下この号において「適格合併等」という。） 　　当該適格合併等に係る被合併法人又は現物分配法人の合併等前10年内事業年度（適格合併等の日（当該適格合併等が残余財産の全部の分配である場合には、その残余財産の確定の日の翌日）前10年以内に開始した各事業年度又は各連結事業年度をいう。）の課税済金額又は個別課税済金額	
二　適格分割、適格現物出資又は適格現物分配（適格現物分配にあっては、残余財産の全部の分配を除く。以下この号及び次項において「適格分割等」という。） 　　当該適格分割等に係る分割法人、現物出資法人又は現物分配法人（同項において「分割法人等」という。）の分割等前10年内事業年度（適格分割等の日を含む事業年度開始の日前10年以内に開始した各事業年度若しくは各連結事業年度又は適格分割等の日を含む連結事業年度開始の日前10年以内に開始した各連結事業年度若しくは各事業年度をいう。同項において同じ。）の課税済金額又は個別課税済金額のうち、当該適格分割等により当該内国法人が移転を受けた当該外国法人の直接保有の株式等の数に対応する部分の金額として第66条の6第1項に規定する請求権の内容を勘案して政令で定めるところにより計算した金額	【措令39の19】 6　法第66条の8第6項第2号に規定する政令で定めるところにより計算した金額は、次の各号に掲げる課税済金額又は個別課税済金額の区分に応じ当該各号に定める金額とする。 　一　課税済金額 　　　適格分割等に係る分割法人等の分割等前10年内事業年度の課税済金額にイに掲げる請求権勘案直接保有株式等（内国法人が有する外国法人の株式等の数又は金額（当該外国法人が請求権の内容が異なる株式等を発行している場合には、当該外国法人の発行済株式等に、当該内国法人が当該請求権の内容が異なる株式等に係る請求権に基づき受けることができる剰余金の配当等の額がその総額のうちに占める割合を乗じて計算した数又は金額）をいう。以下この項及び第8項において同じ。）のうちにロに掲げる請求権勘案直接保有株式等の占める割合をそれぞれ乗じて計算した金額 　　イ　当該適格分割等の直前に当該分割法人等が有する法第66条の8第6項の外国法人の請求権勘案直接保有株式等 　　ロ　法第66条の8第6項の内国法人が当該適格分割等により当該分割法人等から移転を受ける同項の外国法人の請求権勘案直接

通達・QA番号・逐条解説

《❷のケース》

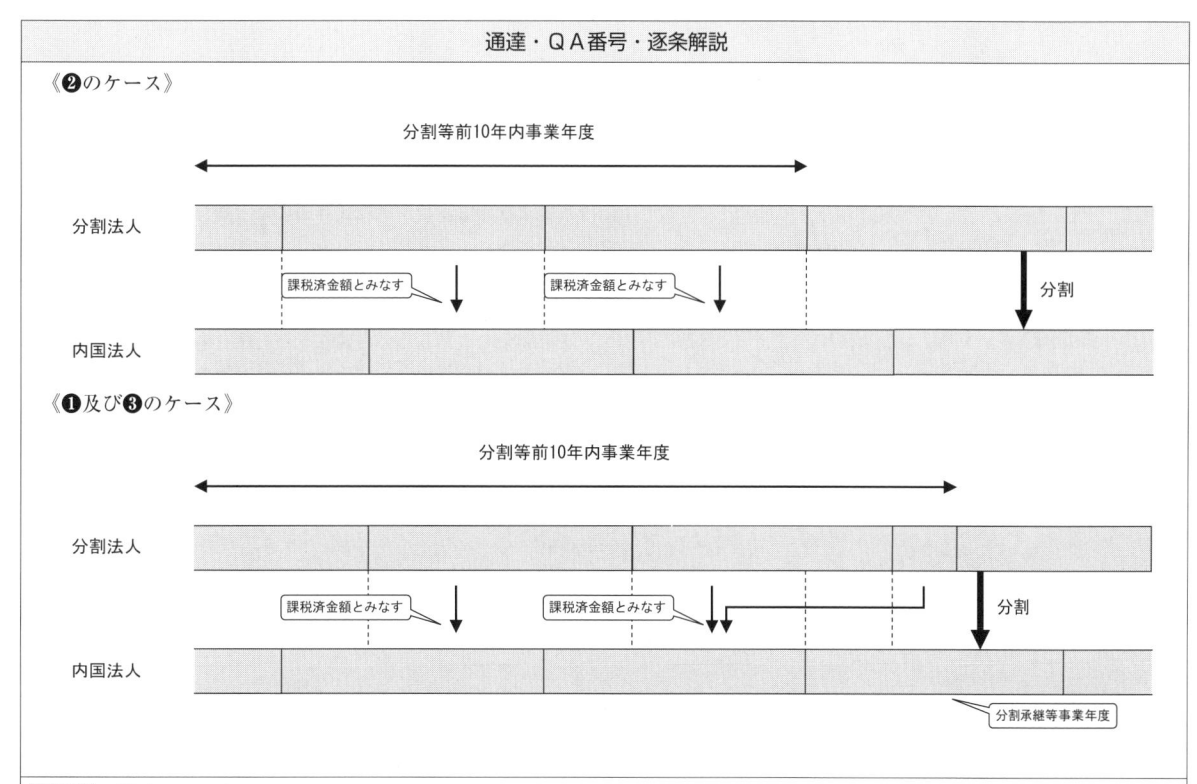

《❶及び❸のケース》

解　説　措法66の8⑥一

□　次表は、内国法人が措法66の8⑥の適用を受ける場合に記載する別表十七（三の四）付表一「適格組織再編成に係る合併法人等の調整後の課税済金額等の計算に関する明細書」の抜粋である。適格合併等が行われた場合には、「⑴のうち当該法人の課税済金額又は個別課税済金額とみなされる金額」欄には、⑴の金額を記載する。

被合併法人等の事業年度又は連結事業年度	被合併法人等の課税済金額又は個別課税済金額	適格分割等が行われた場合の外国法人に係る請求権勘案直接保有株式等の移転割合	⑴のうち当該法人の課税済金額又は個別課税済金額とみなされる金額
	1	2	⑴又は（⑴×⑵）　3
・　　・		%	
・　　・			
・　　・			

解　説　措法66の8⑥二

□　次表は、内国法人が措法66の8⑥の適用を受ける場合に記載する別表十七（三の四）付表一「適格組織再編成に係る合併法人等の調整後の課税済金額等の計算に関する明細書」の抜粋である。適格分割等が行われた場合には、「⑴のうち当該法人の課税済金額又は個別課税済金額とみなされる金額」欄には、⑴×⑵の金額を記載する。

被合併法人等の事業年度又は連結事業年度	被合併法人等の課税済金額又は個別課税済金額	適格分割等が行われた場合の外国法人に係る請求権勘案直接保有株式等の移転割合	⑴のうち当該法人の課税済金額又は個別課税済金額とみなされる金額
	1	2	⑴又は（⑴×⑵）　3
・　　・		%	
・　　・			
・　　・			

本　　　法	施行令・施行規則
	保有株式等 二　個別課税済金額 　　適格分割等に係る分割法人等の分割等前10年内事業年度の個別課税済金額にイに掲げる請求権勘案直接保有株式等のうちにロに掲げる請求権勘案直接保有株式等の占める割合をそれぞれ乗じて計算した金額 イ　当該適格分割等の直前に当該分割法人等が有する法第66条の8第6項の外国法人の請求権勘案直接保有株式等 ロ　法第66条の8第6項の内国法人が当該適格分割等により当該分割法人等から移転を受ける同項の外国法人の請求権勘案直接保有株式等

通達・QA番号・逐条解説

措法66の8⑦　適格分割等に係る分割法人等の課税済金額の調整

本　　法	施行令・施行規則
【措法66の8】 　7　適格分割等に係る分割承継法人、被現物出資法人又は被現物分配法人（以下この項において「分割承継法人等」という。）が前項又は第68条の92第6項の規定の適用を受ける場合には、当該適格分割等に係る分割法人等の当該適格分割等の日を含む事業年度以後の各事業年度における第4項の規定の適用については、当該分割法人等の分割等前10年内事業年度の課税済金額のうち、前項の規定により当該分割承継法人等の前10年以内の各事業年度の課税済金額とみなされる金額及び同条第6項の規定により前10年以内の各連結事業年度（同条第4項第2号に規定する前10年以内の各連結事業年度をいう。）の個別課税済金額とみなされる金額は、ないものとする。	

通達・QA番号・逐条解説

解 説　措法66の8⑦

□　適格分割等に係る分割承継法人、被現物出資法人又は被現物分配法人（以下、措法66の8⑦の解説において「分割承継法人等」という。）が措法66の8⑥の適用を受ける場合には、当該適格分割等に係る分割法人等の当該適格分割等の日を含む事業年度以後の各事業年度における特定課税対象金額を計算するについては、当該分割法人等の分割等前10年内事業年度の課税済金額のうち、措法66の8⑥により当該分割承継法人等の前10年以内の各事業年度の課税済金額とみなされる金額は、ないものとする。

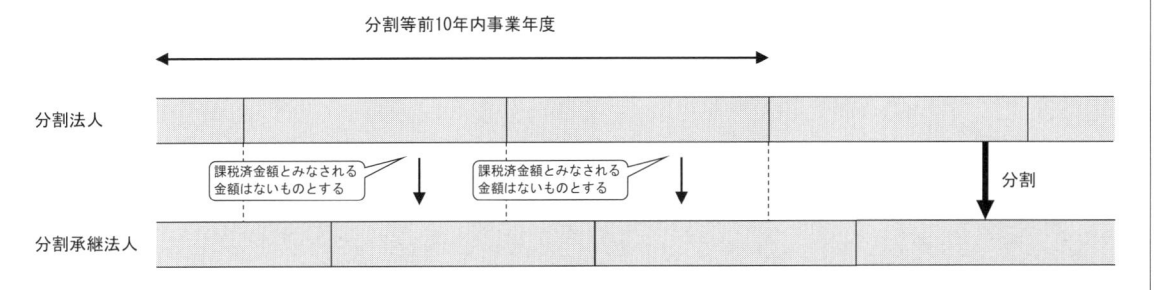

□　次表は、内国法人が措法66の8⑦の適用を受ける場合に記載する別表十七（三の四）付表二「適格分割等に係る分割法人等の調整後の課税済金額等の計算に関する明細書」の抜粋である。「調整後の当該法人の課税済金額又は個別課税済金額」欄には、⑴-⑶の金額を記載する。

当該法人の事業年度又は連結事業年度	当該法人の課税済金額又は個別課税済金額（前期の別表十七(三の四)「33」）	外国法人に係る請求権勘案直接保有株式等の移転割合	⑴のうちないものとされる金額⑴×⑵	調整後の当該法人の課税済金額又は個別課税済金額⑴-⑶
	1	2	3	4
・　・ ・　・		％		
・　・ ・　・				
・　・ ・　・				

| 措法66の8⑧ | 間接特定課税対象金額を有する内国法人が持株割合25%以上等の要件を満たさない外国法人から受ける剰余金の配当等の益金不算入 |

本　　法	施行令・施行規則
【措法66の8】 　8　内国法人が外国法人（法人税法第23条の2第1項に規定する外国子会社に該当するものを除く。以下この項において同じ。）から受ける剰余金の配当等の額がある場合には、当該剰余金の配当等の額（第1項の規定の適用を受ける部分の金額を除く。）のうち当該外国法人に係る間接特定課税対象金額に達するまでの金額は、当該内国法人の各事業年度の所得の金額の計算上、益金の額に算入しない。	

通達・QA番号・逐条解説

解 説 措法66の8⑧

☐ 外国孫会社から外国子会社（持株割合25%以上等の要件を満たす外国子会社に該当するものを除く。）を経由して内国法人に支払われる剰余金の配当等のうち合算額を原資とする部分について間接的に生じる二重課税を排除するために設けられている規定である。

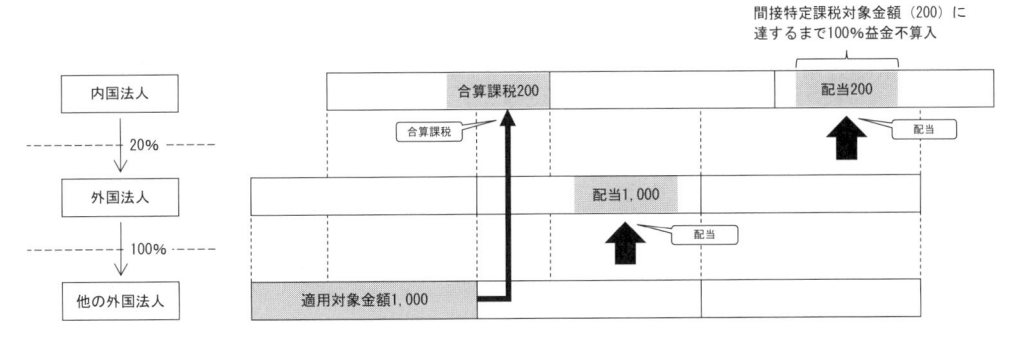

☐ 内国法人が外国法人（持株割合25%以上等の要件を満たす外国子会社に該当するものを除く。）から受ける剰余金の配当等の額がある場合には、当該剰余金の配当等の額（措法66の8①の適用を受ける部分の金額を除く。）のうち当該外国法人に係る間接特定課税対象金額に達するまでの金額は、100％益金不算入（間接特定課税対象金額を超える部分は、原則通り、益金算入）とされる。

☐ 措法66の8⑧の適用を受ける剰余金の配当等に係る外国源泉税については、法法69①及び法令142の2⑧一により、外国税額控除の適用はなく、損金算入の対象となる。

措法66の8⑨	間接特定課税対象金額を有する内国法人が外国法人から受ける剰余金の配当等（外国子会社配当益金不算入制度の適用を受けるもの）の益金不算入

本　　法	施行令・施行規則
【措法66の8】 　9　内国法人が外国法人から受ける剰余金の配当等の額（法人税法第23条の2第1項の規定の適用を受ける部分の金額に限る。以下この項において同じ。）がある場合には、当該剰余金の配当等の額（第2項の規定の適用を受ける部分の金額を除く。）のうち当該外国法人に係る間接特定課税対象金額に達するまでの金額についての同条第1項の規定の適用については、同項中「剰余金の配当等の額から当該剰余金の配当等の額に係る費用の額に相当するものとして政令で定めるところにより計算した金額を控除した金額」とあるのは、「剰余金の配当等の額」とする。この場合において、この項前段の規定の適用を受ける剰余金の配当等の額に係る同法第39条の2に規定する外国源泉税等の額については、同条の規定は、適用しない。	

通達・ＱＡ番号・逐条解説

解　説　措法66の8⑨前段

☐　外国孫会社から外国子会社を経由して内国法人に支払われる剰余金の配当等（法法23の2①《外国子会社から受ける配当等の益金不算入》の適用を受ける部分の金額に限る。）のうち合算額を原資とする部分について間接的に生じる二重課税を排除するために設けられている規定である。

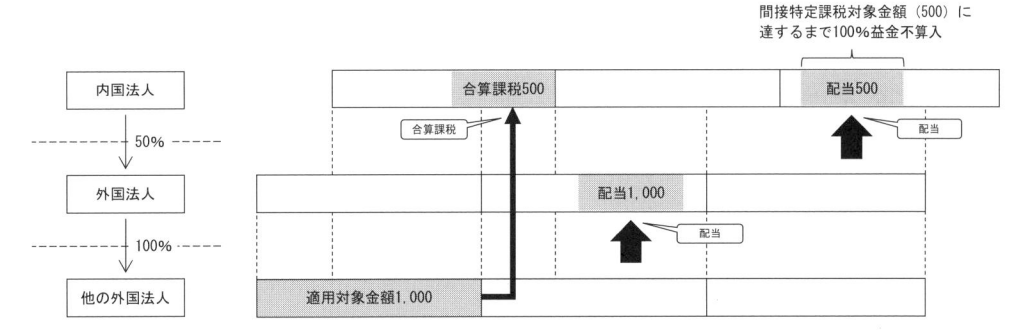

☐　内国法人が外国法人から受ける剰余金の配当等の額（法法23の2《外国子会社から受ける配当等の益金不算入》①により益金不算入の対象となる部分の金額に限る。）がある場合には、当該剰余金の配当等の額（措法66の8②の適用を受ける部分の金額を除く。）のうち当該外国法人に係る間接特定課税対象金額に達するまでの金額は、100％益金不算入（間接特定課税対象金額を超える部分は、原則通り、95％益金不算入）とされる。

☐　法法23の2《外国子会社から受ける配当等の益金不算入》①の適用を受ける剰余金の配当等に係る外国源泉税については、法法69①及び法令142の2⑦三により、外国税額控除の適用はない。この点、当該剰余金の配当等について、措法66の8⑨前段の適用を受ける場合であっても同様である。

解　説　措法66の8⑨後段

☐　法法23の2《外国子会社から受ける配当等の益金不算入》①の適用を受ける剰余金の配当等に係る外国源泉税については、法法39の2《外国子会社から受ける配当等に係る外国源泉税等の損金不算入》により、損金算入の対象から除外されている。この点、措法66の8⑨前段の適用を受ける剰余金の配当等の額に係る外国源泉税については、法法39の2の適用はないものとされ、損金算入の対象となる。

措法66の8⑩	間接特定課税対象金額を有する内国法人が外国法人から受ける剰余金の配当等（法人税法第23条の2第2項の適用を受けるもの）の益金不算入

本　　法	施行令・施行規則
【措法66の8】 10　内国法人が外国法人から受ける剰余金の配当等の額（法人税法第23条の2第2項の規定の適用を受ける部分の金額に限る。以下この項において同じ。）がある場合には、当該剰余金の配当等の額（第3項の規定の適用を受ける部分の金額を除く。）のうち当該外国法人に係る間接特定課税対象金額に達するまでの金額は、当該内国法人の各事業年度の所得の金額の計算上、益金の額に算入しない。	

通達・ＱＡ番号・逐条解説
解　説　措法66の8⑩ □　外国孫会社から外国子会社を経由して内国法人に支払われる剰余金の配当等（法法23の2②（益金不算入の対象とならない損金算入配当等）の適用を受ける部分の金額に限る。）のうち合算額を原資とする部分について間接的に生じる二重課税を排除するために設けられている規定である。 □　内国法人が外国法人から受ける剰余金の配当等の額（法法23の2②（益金不算入の対象とならない損金算入配当等）により益金不算入の対象とならない部分の金額に限る。）がある場合には、当該剰余金の配当等の額（措法66の8③の適用を受ける部分の金額を除く。）のうち当該外国法人に係る間接特定課税対象金額に達するまでの金額は、100％益金不算入（間接特定課税対象金額を超える部分は、原則通り、益金算入）とされる。 □　措法66の8⑩の適用を受ける剰余金の配当等に係る外国源泉税については、法法69①及び法令142の2⑧二により、外国税額控除の適用はなく、損金算入の対象となる。。

措法66の8⑪　間接特定課税対象金額の意義

本　　　法	施行令・施行規則
【措法66の8】 11　前三項に規定する間接特定課税対象金額とは、次に掲げる金額のうちいずれか少ない金額をいう。	
一　内国法人が外国法人から剰余金の配当等の額を受ける日を含む当該内国法人の事業年度（以下この項において「配当事業年度」という。）開始の日前2年以内に開始した各事業年度又は各連結事業年度（以下この号において「前2年以内の各事業年度等」という。）のうち最も古い事業年度又は連結事業年度開始の日から配当事業年度終了の日までの期間において、当該外国法人が他の外国法人から受けた剰余金の配当等の額（当該他の外国法人の第66条の6第1項、第6項若しくは第8項又は第68条の90第1項、第6項若しくは第8項の規定の適用に係る事業年度開始の日前に受けた剰余金の配当等の額として政令で定めるものを除く。）のうち、当該内国法人の有する当該外国法人の直接保有の株式等の数に対応する部分の金額として政令で定める金額（前2年以内の各事業年度等において当該外国法人から受けた剰余金の配当等の額（前三項又は第68条の92第8項から第10項までの規定の適用を受けた金額のうち、当該外国法人が当該他の外国法人から受けた剰余金の配当等の額に対応する部分の金額に限る。以下この号において同じ。）がある場合には、当該剰余金の配当等の額に相当する金額を控除した残額。第14項において「間接配当等」という。）	【措令39の19】 7　法第66条の8第11項第1号に規定する政令で定める剰余金の配当等の額は、同号に規定する期間において同号の外国法人が他の外国法人から受けた剰余金の配当等の額であって次に掲げるものとする。 一　当該他の外国法人の課税対象金額、部分課税対象金額若しくは金融子会社等部分課税対象金額又は法第68条の90第1項に規定する個別課税対象金額、同条第6項に規定する個別部分課税対象金額若しくは同条第8項に規定する個別金融子会社等部分課税対象金額（法第66条の8第11項第1号の内国法人の配当事業年度（同号に規定する配当事業年度をいう。次項及び第10項において同じ。）又は同号に規定する前2年以内の各事業年度等の所得の金額又は連結所得の金額の計算上益金の額に算入されたものに限る。次号において「課税対象金額等」という。）の生ずる事業年度がない場合における当該他の外国法人から受けたもの 二　当該他の外国法人の課税対象金額等の生ずる事業年度開始の日（その日が二以上ある場合には、最も早い日）前に受けたもの 8　法第66条の8第11項第1号に規定する政令で定める金額は、同号に規定する期間において同号の外国法人が他の外国法人から受けた剰余金の配当等の額（同号に規定する政令で定める剰余金の配当等の額を除く。）に、同号の内国法人の配当事業年度において当該内国法人が当該外国法人から受けた剰余金の配当等の額のうち当該配当事業年度の終了の日に最も近い日に受けたものの支払に係る基準日（以下この項において「直近配当基準日」という。）における当該外国法人の発行済株式等のうちに直近配当基準日における当該内国法人の有する当該外国法人の請求権勘案直接保有株式等の占める割合を乗じて計算した金額とする。

通達・ＱＡ番号・逐条解説

解説　措法66の8⑪

□　間接特定課税対象金額とは、措法66の8⑪一又は二に掲げる金額のうち、いずれか少ない金額をいう。

解説　措法66の8⑪一及び措令39の19⑦⑧（間接配当等）

□　措法66の8⑪一に掲げる金額（間接配当等）は、内国法人が外国法人から剰余金の配当等の額を受ける日を含む当該内国法人の事業年度（配当事業年度）開始の日前2年以内に開始した各事業年度（前2年以内の各事業年度等）のうち最も古い事業年度開始の日から配当事業年度終了の日までの期間（次の算式において、「措法66の8⑪一に規定する期間」という。）において、当該外国法人が他の外国法人から受けた剰余金の配当等の額のうち、当該内国法人の有する当該外国法人の直接保有の株式等の数に対応する部分の金額として次の算式により計算した金額（注）とされている。

（注）前2年以内の各事業年度等において当該外国法人から受けた剰余金の配当等の額（措法66の8⑧～⑩の適用を受けた金額のうち、当該外国法人が当該他の外国法人から受けた剰余金の配当等の額に対応する部分の金額に限る。）がある場合には、当該剰余金の配当等の額に相当する金額を控除した残額

$$\begin{array}{c}\text{措法66の8⑪一に規定}\\\text{する期間において外国}\\\text{法人が他の外国法人か}\\\text{ら受けた剰余金の配当}\\\text{等の額}\end{array} \times \frac{\text{直近配当基準日における内国}\\\text{法人の有する当該外国法人の}\\\text{請求権勘案直接保有株式等}}{\text{直近配当基準日における当該}\\\text{外国法人の発行済株式等}}$$

□　措法66の8⑪一に掲げる金額（間接配当等）の計算においては、「措法66の8⑪一に規定する期間において外国法人が他の外国法人から受けた剰余金の配当等の額」から、❶当該他の外国法人の課税対象金額等の生ずる事業年度がない場合にあっては、同期間において当該外国法人が当該他の外国法人から受けた剰余金の配当等の額を、❷当該他の外国法人の課税対象金額等の生ずる事業年度がある場合にあっては、同期間において当該外国法人が当該他の外国法人から受けた剰余金の配当等の額であって、当該事業年度開始の日（その日が二以上ある場合には、最も早い日）前に受けたものをそれぞれ除くこととされている。

《❶のケース》

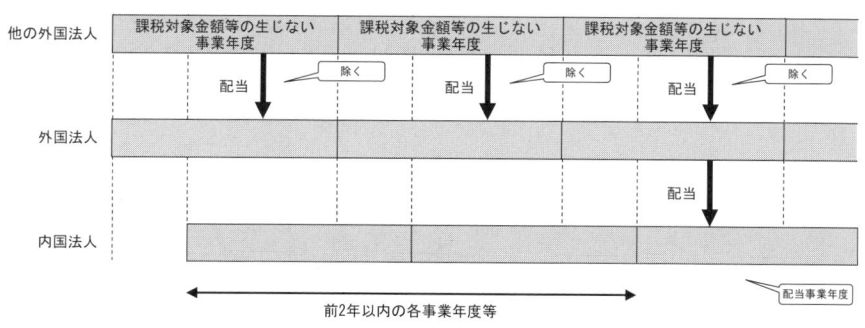

《❷のケース》

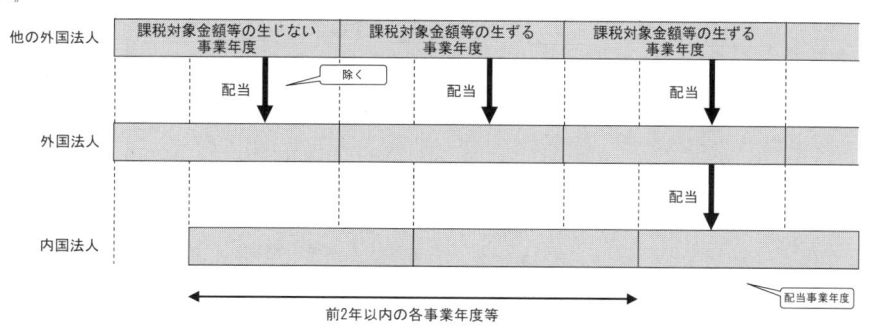

□　「請求権勘案直接保有株式等」とは、原則として、内国法人が有する外国法人の株式等の数又は金額をいうが、例外として、外国法人が請求権の内容が異なる株式等を発行している場合には、当該外国法人の発行済株式等に、内国法人が受けることが

本　　　法	施行令・施行規則
二　次に掲げる金額の合計額	
イ　前号の他の外国法人に係る課税対象金額、部分課税対象金額又は金融子会社等部分課税対象金額で、配当事業年度において第66条の6第1項、第6項又は第8項の規定により配当事業年度の所得の金額の計算上益金の額に算入されるもののうち、同号の内国法人の有する当該他の外国法人の間接保有の株式等の数（内国法人が外国法人を通じて間接に有するものとして政令で定める他の外国法人の株式の数又は出資の金額をいう。ロにおいて同じ。）及び当該内国法人と当該他の外国法人との間の実質支配関係の状況を勘案して政令で定めるところにより計算した金額	**【措令39の19】** 9　法第66条の8第11項第2号イに規定する政令で定める他の外国法人の株式の数又は出資の金額は、外国法人の発行済株式等に、内国法人の出資関連法人（当該外国法人の株主等（法人税法第2条第14号に規定する株主等をいう。以下この項及び第12項第2号において同じ。）である他の外国法人をいう。以下この項及び第12項第1号において同じ。）に係る持株割合（その株主等の有する株式等の数又は金額が当該株式等の発行法人の発行済株式等のうちに占める割合（当該発行法人が請求権の内容が異なる株式等を発行している場合には、その株主等が当該請求権の内容が異なる株式等に係る請求権に基づき受けることができる剰余金の配当等の額がその総額のうちに占める割合）をいう。以下この項において同じ。）及び当該出資関連法人の当該外国法人に係る持株割合を乗じて計算した株式等の数又は金額とする。 10　法第66条の8第11項第2号イに規定する政令で定めるところにより計算した金額は、同号イの他の外国法人に係る適用対象金額（内国法人の配当事業年度の所得の金額の計算上益金の額に算入される課税対象金額に係るものに限る。以下この項において同じ。）、部分適用対象金額（内国法人の配当事業年度の所得の金額の計算上益金の額に算入される部分課税対象金額に係るものに限る。以下この項において同じ。）又は金融子会社等部分適用対象金額（内国法人の配当事業年度の所得の金額の計算上益金の額に算入される金融子会社等部分課税対象金額に係るものに限る。以下この項において同じ。）に、当該他の外国法人の当該適用対象金額、部分適用対象金額又は金融子会社等部分適用対象金額に係る事業年度終了の時における発行済株式等のうちに当該事業年度終了の時において当該内国法人が同条第11項第1号の外国法人を通じて間接に有する当該他の外国法人の請求権等勘案間接保有株式等の占める割合を乗じて計算した金額とする。 12　前二項及びこの項において、次の各号に掲げる用語の意義は、当該各号に定めるところによる。 　一　請求権等勘案間接保有株式等 　　　外国法人の発行済株式等に、内国法人の出資関連法人に係る請求権等勘案保有株式等保有割合及び当該出資関連法人の当該外国法人に係る請求権等勘案保有株式等保有割合を乗じて計算した株式等の数又は金額をいう。 　二　請求権等勘案保有株式等保有割合 　　　株式等の発行法人の株主等の有する株式等の数又は金額が当該発行法人の発行済株式等のうちに占める割合（次に掲げる場合に

<table>
<tr><td align="center">通達・ＱＡ番号・逐条解説</td></tr>
</table>

できる剰余金の配当等の額の割合を乗じて計算した数又は金額をいう。

□　措令39の19⑧は、「配当事業年度終了の時における」ではなく、「直近配当基準日における」としていることから、例えば、内国法人の配当事業年度終了の時までに外国子会社が解散した場合には、内国法人の配当事業年度終了の時においては、当該外国子会社の株式等を有しないこととなるが、直近配当基準日において、当該外国子会社の株式等を有していれば、間接配当等が算出されることとなる（H24-611・612）。

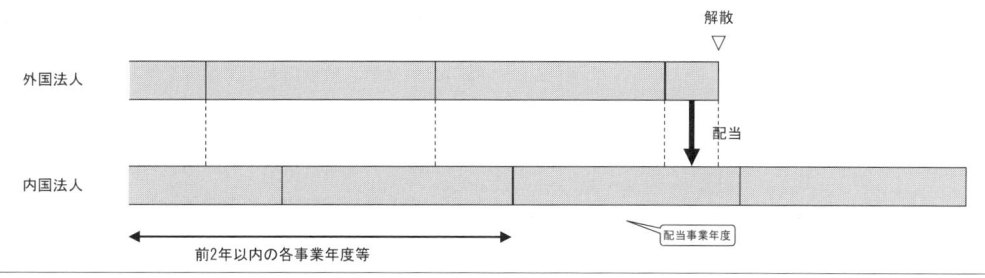

解　説　措法66の8⑪ニ及び措令39の19⑨～⑫

□　措法66の8⑪ニに掲げる金額は、措法66の8⑪ニイ及びロに掲げる金額の合計額をいう。

解　説　措法66の8⑪ニイ及び措令39の19⑩⑫

□　措法66の8⑪ニイに掲げる金額は、他の外国法人に係る課税対象金額等で、配当事業年度の所得の金額の計算上益金の額に算入されるもののうち、内国法人の有する当該他の外国法人の間接保有の株式等の数及び当該内国法人と当該他の外国法人との間の実質支配関係の状況を勘案して次の算式により計算した金額とされている。

$$
\text{他の外国法人に係る適用対象金額、部分適用対象金額又は金融子会社等部分適用対象金額} \times \frac{\text{当該事業年度終了の時において内国法人が外国法人を通じて間接に有する当該他の外国法人の請求権等勘案間接保有株式等}}{\text{他の外国法人の当該適用対象金額、部分適用対象金額又は金融子会社等部分適用対象金額に係る事業年度終了の時における発行済株式等}}
$$

□　「請求権等勘案間接保有株式等」とは、他の外国法人の発行済株式等に、各段階での請求権等勘案保有株式等保有割合を乗じて計算した株式等の数又は金額をいい、この「請求権等勘案保有株式等保有割合」とは、原則として、持株割合をいうが、例外として、❶株式等の発行法人が請求権の内容が異なる株式等を発行している場合（❷又は❸に掲げる場合に該当する場合を除く。）には、当該発行法人の株主等が受けることができる剰余金の配当等の額の割合を、❷他の外国法人の事業年度終了の時において株式等の発行法人と株主等との間に実質支配関係がある場合には、100分の100を、❸他の外国法人の事業年度終了の時において、株式等の発行法人と株主等以外の者との間に実質支配関係がある場合には、零をいう。

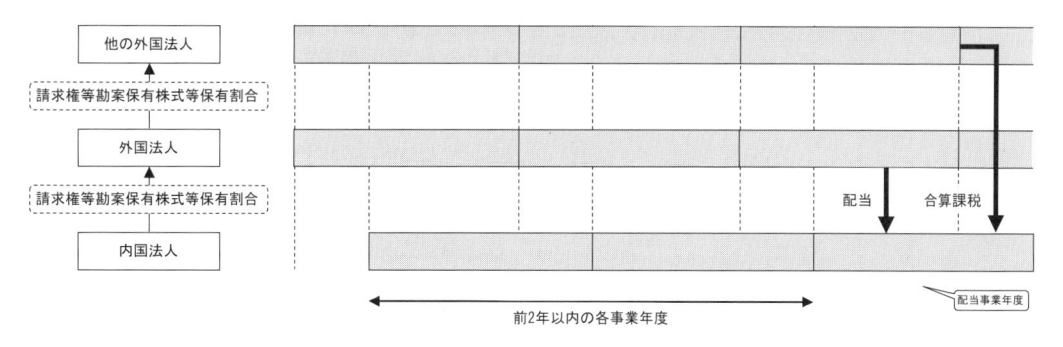

本　　法	施行令・施行規則
	該当する場合には、それぞれ次に定める割合） イ　当該発行法人が請求権の内容が異なる株式等を発行している場合（ロ又はハに掲げる場合に該当する場合を除く。） 　　当該株主等が当該請求権の内容が異なる株式等に係る請求権に基づき受けることができる剰余金の配当等の額がその総額のうちに占める割合 ロ　法第66条の8第11項第1号の他の外国法人の事業年度終了の時において当該発行法人と当該株主等との間に実質支配関係がある場合 　　100分の100 ハ　法第66条の8第11項第1号の他の外国法人の事業年度終了の時において当該発行法人と当該株主等以外の者との間に実質支配関係がある場合 　　零
ロ　前号の他の外国法人に係る課税対象金額、部分課税対象金額又は金融子会社等部分課税対象金額で、配当事業年度開始の日前2年以内に開始した各事業年度（以下この号及び次項において「前2年以内の各事業年度」という。）において第66条の6第1項、第6項又は第8項の規定により前2年以内の各事業年度の所得の金額の計算上益金の額に算入されたもののうち、前号の内国法人の有する当該他の外国法人の間接保有の株式等の数及び当該内国法人と当該他の外国法人との間の実質支配関係の状況を勘案して政令で定めるところにより計算した金額（前2年以内の各事業年度において同号の外国法人から受けた剰余金の配当等の額（前三項の規定の適用を受けた金額のうち、当該外国法人が当該他の外国法人から受けた剰余金の配当等の額に対応する部分の金額に限る。以下この号において同じ。）がある場合には、当該剰余金の配当等の額に相当する金額を控除した残額。次項及び第14項において「間接課税済金額」という。）	**【措令39の19】** 11　法第66条の8第11項第2号ロに規定する政令で定めるところにより計算した金額は、同号ロの他の外国法人の各事業年度の適用対象金額（内国法人の同号ロに規定する前2年以内の各事業年度（以下この項において「前2年以内の各事業年度」という。）の所得の金額の計算上益金の額に算入された課税対象金額に係るものに限る。以下この項において同じ。）、部分適用対象金額（内国法人の前2年以内の各事業年度の所得の金額の計算上益金の額に算入された部分課税対象金額に係るものに限る。以下この項において同じ。）又は金融子会社等部分適用対象金額（内国法人の前2年以内の各事業年度の所得の金額の計算上益金の額に算入された金融子会社等部分課税対象金額に係るものに限る。以下この項において同じ。）に、当該他の外国法人の当該適用対象金額、部分適用対象金額又は金融子会社等部分適用対象金額に係る各事業年度終了の時における発行済株式等のうちに当該各事業年度終了の時において当該内国法人が同条第11項第1号の外国法人を通じて間接に有する当該他の外国法人の請求権等勘案間接保有株式等の占める割合を乗じて計算した金額の合計額とする。 12　前二項及びこの項において、次の各号に掲げる用語の意義は、当該各号に定めるところによる。 一　請求権等勘案間接保有株式等 　　外国法人の発行済株式等に、内国法人の出資関連法人に係る請求権等勘案保有株式等保有割合及び当該出資関連法人の当該外国法人に係る請求権等勘案保有株式等保有割合を乗じて計算した株式等の数又は金額をいう。 二　請求権等勘案保有株式等保有割合 　　株式等の発行法人の株主等の有する株式等の数又は金額が当該発行法人の発行済株式等のうちに占める割合（次に掲げる場合に該当する場合には、それぞれ次に定める割合） イ　当該発行法人が請求権の内容が異なる株式等を発行している場合（ロ又はハに掲げる場合に該当する場合を除く。） 　　当該株主等が当該請求権の内容が異なる株式等に係る請求権に基づき受けることができる剰余金の配当等の額がその総額のうちに占める割合 ロ　法第66条の8第11項第1号の他の外国法人の事業年度終了の時において当該発行法人と当該株主等との間に実質支配関係がある場合 　　100分の100

通達・QA番号・逐条解説

解　説　措法66の8⑪二ロ及び措令39の19⑪⑫（間接課税済金額）

☐　措法66の8⑪二ロに掲げる金額（間接課税済金額）は、他の外国法人に係る課税対象金額等で、配当事業年度開始の日前2年以内に開始した各事業年度（前2年以内の各事業年度）において前2年以内の各事業年度の所得の金額の計算上益金の額に算入されたもののうち、内国法人の有する当該他の外国法人の間接保有の株式等の数及び当該内国法人と当該他の外国法人との間の実質支配関係の状況を勘案して次の算式により計算した金額の合計額（注）とされている。

（注）前2年以内の各事業年度において外国法人から受けた剰余金の配当等の額（措法66の8⑧～⑩の適用を受けた金額のうち、当該外国法人が当該他の外国法人から受けた剰余金の配当等の額に対応する部分の金額に限る。）がある場合には、当該剰余金の配当等の額に相当する金額を控除した残額

$$
\begin{array}{c}
\text{他の外国法人}\\
\text{に係る前2年以}\\
\text{内の各事業年}\\
\text{度の適用対象}\\
\text{金額、部分適}\\
\text{用対象金額又}\\
\text{は金融子会社}\\
\text{等部分適用対}\\
\text{対金額}
\end{array}
\times
\dfrac{
\begin{array}{c}
\text{当該各事業年度終了の時にお}\\
\text{いて内国法人が外国法人を通}\\
\text{じて間接に有する当該他の外}\\
\text{国法人の請求権等勘案間接保}\\
\text{有株式等}
\end{array}
}{
\begin{array}{c}
\text{他の外国法人の当該適用対象}\\
\text{金額、部分適用対象金額又は}\\
\text{金融子会社等部分適用対象金}\\
\text{額に係る各事業年度終了の時}\\
\text{における発行済株式等}
\end{array}
}
$$

☐　「請求権等勘案間接保有株式等」とは、他の外国法人の発行済株式等に、各段階での請求権等勘案保有株式等保有割合を乗じて計算した株式等の数又は金額をいい、この「請求権等勘案保有株式等保有割合」とは、原則として、持株割合をいうが、例外として、❶株式等の発行法人が請求権の内容が異なる株式等を発行している場合（❷又は❸に掲げる場合に該当する場合を除く。）には、当該発行法人の株主等が受けることができる剰余金の配当等の額の割合を、❷他の外国法人の事業年度終了の時において株式等の発行法人と株主等との間に実質支配関係がある場合には、100分の100を、❸他の外国法人の事業年度終了の時において、株式等の発行法人と株主等以外の者との間に実質支配関係がある場合には、零をいう。

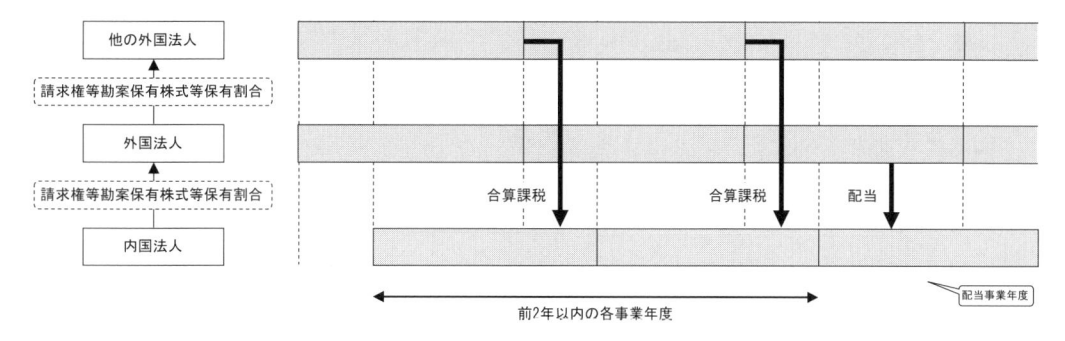

本　　法	施行令・施行規則
	ハ　法第66条の 8 第11項第 1 号の他の外国法人の事業年度終了の時において当該発行法人と当該株主等以外の者との間に実質支配関係がある場合 　　零

通達・ＱＡ番号・逐条解説

措法66の8⑫　連結納税制度との調整

本　　法	施行令・施行規則
【措法66の8】 12　内国法人が第8項から第10項までに規定する外国法人から剰余金の配当等の額を受ける日を含む事業年度開始の日前2年以内に開始した連結事業年度がある場合において、当該連結事業年度に係る個別間接課税済金額（第68条の92第11項第2号ロに規定する個別間接課税済金額をいう。以下この項及び第14項において同じ。）があるときは、前項の規定の適用については、その個別間接課税済金額は、当該連結事業年度の期間に対応する前2年以内の各事業年度の間接課税済金額とみなす。 **令和元年度改正後条文** 12　内国法人が第8項から第10項までに規定する外国法人から剰余金の配当等の額を受ける日を含む事業年度開始の日前2年以内に開始した連結事業年度がある場合において、当該連結事業年度に係る個別間接課税済金額（第68条の92第11項第2号ロに規定する個別間接課税済金額をいう。以下この項において同じ。）があるときは、前項の規定の適用については、その個別間接課税済金額は、当該連結事業年度の期間に対応する前2年以内の各事業年度の間接課税済金額とみなす。	

通達・ＱＡ番号・逐条解説

解　説　措法66の8⑫

☐　連結法人であった内国法人が外国法人から剰余金の配当等を受けた場合には、当該内国法人のその日を含む事業年度（配当事業年度）開始の日前２年以内に開始した連結事業年度に係る個別間接課税済金額は、当該連結事業年度の期間に対応する配当事業年度開始の日前２年以内に開始した各事業年度（前２年以内の各事業年度）の間接課税済金額とみなされる。

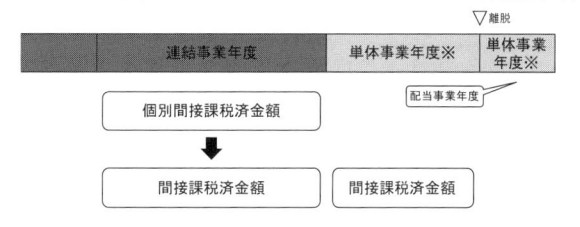

※みなし事業年度（法法14①八）

措法66の8⑬ 適格組織再編成（適格分割等）に係る合併法人等（分割法人等）の間接配当等及び間接課税済金額の調整

本　　法		

【措法66の8】

13　第6項及び第7項の規定は、第8項から第10項まで及び第11項（前項の規定によりみなして適用する場合を含む。）の規定を適用する場合について準用する。この場合において、次の表の上欄に掲げる規定中同表の中欄に掲げる字句は、それぞれ同表の下欄に掲げる字句に読み替えるものとする。

第6項	直接保有の株式等の数の	第11項第2号イに規定する間接保有の株式等の数（以下この項において「間接保有の株式等の数」という。）の
	第4項	第11項
	前10年以内の各事業年度の課税済金額	前2年以内の各事業年度等（同項第1号に規定する前2年以内の各事業年度等をいう。次項において同じ。）の間接配当等（第11項第1号に規定する間接配当等をいう。以下この項及び次項において同じ。）又は前2年以内の各事業年度（第11項第2号ロに規定する前2年以内の各事業年度をいう。次項において同じ。）の間接課税済金額（第11項第2号ロに規定する間接課税済金額をいう。以下この項及び次項において同じ。）
第6項第1号	合併等前10年内事業年度	合併等前2年内事業年度
	前10年以内	前2年以内
	課税済金額又は個別課税済金額	間接配当等若しくは間接課税済金額又は個別間接配当等（第68条の92第11項第1号に規定する個別間接配当等をいう。以下この項及び次項において同じ。）若しくは個別間接課税済金額（同条第11項第2号ロに規定する個別間接課税済金額をいう。以下この項及び次項において同じ。）
第6項第2号	分割等前10年内事業年度	分割等前2年内事業年度
	前10年以内	前2年以内
	課税済金額又は個別課税済	間接配当等若しくは間接課税済金額又は個別間接配当等若しく

施行令・施行規則		

【措令39の19】

13　第4項から第6項までの規定は、法第66条の8第13項において準用する同条第6項の規定を適用する場合について準用する。この場合において、次の表の上欄に掲げる規定中同表の中欄に掲げる字句は、それぞれ同表の下欄に掲げる字句に読み替えるものとする。

第4項	第66条の8第6項の	第66条の8第13項の規定により読み替えられた同条第6項の
	同条第4項の	同条第11項の
	同条第6項各号に定める課税済金額（同条第4項第2号に掲げる金額をいう。以下この条において同じ。）又は個別課税済金額（法第68条の92第4項第2号に掲げる金額をいう。以下この条において同じ。）	同条第13項の規定により読み替えられた同条第6項各号に定める間接配当等（同条第11項第1号に掲げる金額をいう。以下この項及び第6項において同じ。）若しくは間接課税済金額（同条第11項第2号ロに掲げる金額をいう。以下この項及び第6項において同じ。）又は個別間接配当等（法第68条の92第11項第1号に掲げる金額をいう。第6項において同じ。）若しくは個別間接課税済金額（法第68条の92第11項第2号ロに掲げる金額をいう。第6項において同じ。）
	の課税済金額	の間接配当等又は間接課税済金額
第4項第1号	同項第1号	同条第13項の規定により読み替えられた同条第6項第1号
	合併等前10年内事業年度	合併等前2年内事業年度

通達・ＱＡ番号・逐条解説

解　説　措法66の8⑬及び措令39の19⑬

□　措法66の8⑬による読替え後の措法66の8⑥⑦は、次の通りである。

【措法66の8（読替え後）】

6　内国法人が適格合併、適格分割、適格現物出資又は適格現物分配（以下この項において「適格組織再編成」という。）により被合併法人、分割法人、現物出資法人又は現物分配法人からその有する外国法人の第11項第2号イに規定する間接保有の株式等の数（以下この項において「間接保有の株式等の数」という。）の全部又は一部の移転を受けた場合には、当該内国法人の当該適格組織再編成の日（当該適格組織再編成が残余財産の全部の分配である場合には、その残余財産の確定の日の翌日）を含む事業年度以後の各事業年度における第11項の規定の適用については、次の各号に掲げる適格組織再編成の区分に応じ当該各号に定める金額は、政令で定めるところにより、当該内国法人の前2年以内の各事業年度等（同項第1号に規定する前2年以内の各事業年度等をいう。次項において同じ。）の間接配当等（第11項第1号に規定する間接配当等をいう。以下この項及び次項において同じ。）又は前2年以内の各事業年度（第11項第2号ロに規定する前2年以内の各事業年度をいう。次項において同じ。）の間接課税済金額（第11項第2号ロに規定する間接課税済金額をいう。以下この項及び次項において同じ。）とみなす。

一　適格合併又は適格現物分配（適格現物分配にあっては、残余財産の全部の分配に限る。以下この号において「適格合併等」という。）

　　当該適格合併等に係る被合併法人又は現物分配法人の合併等前2年内事業年度（適格合併等の日（当該適格合併等が残余財産の全部の分配である場合には、その残余財産の確定の日の翌日）前2年以内に開始した各事業年度又は各連結事業年度をいう。）の間接配当等若しくは間接課税済金額又は個別間接配当等（第68条の92第11項第1号に規定する個別間接配当等をいう。以下この項及び次項において同じ。）若しくは個別間接課税済金額（同条第11項第2号ロに規定する個別間接課税済金額をいう。以下この項及び次項において同じ。）

二　適格分割、適格現物出資又は適格現物分配（適格現物分配にあっては、残余財産の全部の分配を除く。以下この号及び次項において「適格分割等」という。）

　　当該適格分割等に係る分割法人、現物出資法人又は現物分配法人（同項において「分割法人等」という。）の分割等前2年内事業年度（適格分割等の日を含む事業年度開始の日前2年以内に開始した各事業年度若しくは各連結事業年度又は適格分割等の日を含む連結事業年度開始の日前2年以内に開始した各連結事業年度若しくは各事業年度をいう。同項において同じ。）の間接配当等若しくは間接課税済金額又は個別間接配当等若しくは個別間接課税済金額のうち、当該適格分割等により当該内国法人が移転を受けた当該外国法人の間接保有の株式等の数に対応する部分の金額として第66条の6第1項に規定する請求権の内容を勘案して政令で定めるところにより計算した金額

7　適格分割等に係る分割承継法人、被現物出資法人又は被現物分配法人（以下この項において「分割承継法人等」という。）が第13項において準用する前項又は第68条の92第13項において準用する同条第6項の規定の適用を受ける場合には、当該適格分割等に係る分割法人等の当該適格分割等の日を含む事業年度以後の各事業年度における第11項の規定の適用については、当該分割法人等の分割等前2年内事業年度の間接配当等又は間接課税済金額のうち、第13項において準用する前項の規定により当該分割承継法人等の前2年以内の各事業年度等の間接配当等又は前2年以内の各事業年度の間接課税済金額とみなされる金額及び同条第13項において準用する同条第6項の規定により前2年以内の各連結事業年度等（同条第11項第1号に規定する前2年以内の各連結事業年度等をいう。）の個別間接配当等又は前2年以内の各連結事業年度（同条第11項第2号ロに規定する前2年以内の各連結事業年度をいう。）の個別間接課税済金額とみなされる金額は、ないものとする。

本　　法		施行令・施行規則		
金額	は個別間接課税済金額	第4項第2号	合併等前10年内事業年度	合併等前2年内事業年度
直接保有の株式等の数	間接保有の株式等の数	第4項第3号	同号	同条第13項の規定により読み替えられた同条第6項第2号
			分割等前10年内事業年度	分割等前2年内事業年度
		第4項第4号及び第5号	分割等前10年内事業年度	分割等前2年内事業年度

通達・ＱＡ番号・逐条解説

□　措令39の19⑬による読替え後の措令39の19④〜⑥は、次の通りである。

【措令39の19（読替え後）】

4　法第66条の8第13項の規定により読み替えられた同条第6項の規定の適用がある場合の同項の内国法人の同項に規定する適格組織再編成（次項において「適格組織再編成」という。）の日（当該適格組織再編成が残余財産の全部の分配である場合には、その残余財産の確定の日の翌日。次項において同じ。）を含む事業年度以後の各事業年度における同条第11項の規定の適用については、同条第13項の規定により読み替えられた同条第6項各号に定める間接配当等（同条第11項第1号に掲げる金額をいう。以下この項及び第6項において同じ。）若しくは間接課税済金額（同条第11項第2号ロに掲げる金額をいう。以下この項及び第6項において同じ。）又は個別間接配当等（法第68条の92第11項第1号に掲げる金額をいう。第6項において同じ。）若しくは個別間接課税済金額（法第68条の92第11項第2号ロに掲げる金額をいう。第6項において同じ。）は、被合併法人、分割法人、現物出資法人又は現物分配法人（次項において「被合併法人等」という。）の次の各号に掲げる事業年度又は連結事業年度の区分に応じ当該内国法人の当該各号に定める事業年度の間接配当等又は間接課税済金額とみなす。

一　適格合併等（法第66条の8第6項第1号に規定する適格合併等をいう。次号において同じ。）に係る被合併法人又は現物分配法人の同条第13項の規定により読み替えられた同条第6項第1号に規定する合併等前2年内事業年度（以下この項及び次項において「合併等前2年内事業年度」という。）のうち次号に掲げるもの以外のもの

当該被合併法人又は現物分配法人の合併等前2年内事業年度開始の日を含む当該内国法人の各事業年度

二　適格合併等に係る被合併法人又は現物分配法人の合併等前2年内事業年度のうち当該内国法人の当該適格合併等の日（法第66条の8第6項第1号に規定する適格合併等の日をいう。）を含む事業年度（以下この号において「合併等事業年度」という。）開始の日以後に開始したもの

当該内国法人の合併等事業年度開始の日の前日を含む事業年度

三　適格分割等（法第66条の8第6項第2号に規定する適格分割等をいう。以下この項及び第6項において同じ。）に係る分割法人等（分割法人、現物出資法人又は現物分配法人をいう。以下この項及び第6項において同じ。）の同条第13項の規定により読み替えられた同条第6項第2号に規定する分割等前2年内事業年度（以下この条において「分割等前2年内事業年度」という。）のうち次号及び第5号に掲げるもの以外のもの

当該分割法人等の分割等前2年内事業年度開始の日を含む当該内国法人の各事業年度

四　適格分割等に係る分割法人等の当該適格分割等の日を含む事業年度又は連結事業年度開始の日が当該内国法人の当該適格分割等の日を含む事業年度開始の日前である場合の当該分割法人等の分割等前2年内事業年度

当該分割法人等の分割等前2年内事業年度終了の日を含む当該内国法人の各事業年度

五　適格分割等に係る分割法人等の分割等前2年内事業年度のうち当該内国法人の当該適格分割等の日を含む事業年度（以下この号において「分割承継等事業年度」という。）開始の日以後に開始したもの

当該内国法人の分割承継等事業年度開始の日の前日を含む事業年度

5　法第66条の8第6項の内国法人の適格組織再編成の日を含む事業年度開始の日前2年以内に開始した各事業年度又は各連結事業年度のうち最も古い事業年度又は連結事業年度開始の日（以下この項において「内国法人2年前事業年度開始日」という。）が当該適格組織再編成に係る被合併法人等の合併等前2年内事業年度又は分割等前2年内事業年度（以下この項において「被合併法人等前2年内事業年度」という。）のうち最も古い事業年度又は連結事業年度開始の日（二以上の被合併法人等が行う適格組織再編成にあっては、当該開始の日が最も早い被合併法人等の当該事業年度又は連結事業年度開始の日。以下この項において「被合併法人等2年前事業年度開始日」という。）後である場合には、当該被合併法人等2年前事業年度開始日から当該内国法人2年前事業年度開始日（当該適格組織再編成が当該内国法人を設立するものである場合にあっては、当該内国法人の当該適格組織再編成の日を含む事業年度開始の日。以下この項において同じ。）の前日までの期間を当該期間に対応する当該被合併法人等2年前事業年度開始日に係る被合併法人等前2年内事業年度ごとに区分したそれぞれの期間（当該前日を含む期間にあっては、当該被合併法人等の当該前日を含む事業年度又は連結事業年度開始の日から当該内国法人2年前事業年度開始日の前日までの期間）は、当該内国法人のそれぞれの事業年度とみなして、第12項の規定により読み替えられた前項の規定を適用する。

6　法第66条の8第13項の規定により読み替えられた同条第6項第2号に規定する政令で定めるところにより計算した金額は、次の各号に掲げる間接配当等若しくは間接課税済金額又は個別間接配当等若しくは個別間接課税済金額の区分に応じ当該各号に定める金額とする。

一　間接配当等又は間接課税済金額

適格分割等に係る分割法人等の分割等前2年内事業年度の間接配当等又は間接課税済金額にイに掲げる間接保有の株式等の数（法第66条の8第11項第2号イに規定する間接保有の株式等の数をいう。以下この項において同じ。）のうちにロに掲げる間接保有の株式等の数の占める割合をそれぞれ乗じて計算した金額

イ　当該適格分割等の直前に当該分割法人等が有する法第66条の8第6項の外国法人の間接保有の株式等の数

ロ　法第66条の8第6項の内国法人が当該適格分割等により当該分割法人等から移転を受ける同項の外国法人の間接

本　　法			施行令・施行規則		
第7項	前項又は第68条の92第6項	第13項において準用する前項又は第68条の92第13項において準用する同条第6項	第5項	前10年以内	前2年以内
	第4項の	第11項の		内国法人10年前事業年度開始日	内国法人2年前事業年度開始日
	分割等前10年内事業年度の課税済金額	分割等前2年内事業年度の間接配当等又は間接課税済金額		合併等前10年内事業年度又は分割等前10年内事業年度	合併等前2年内事業年度又は分割等前2年内事業年度
	前項の	第13項において準用する前項の		被合併法人等前10年内事業年度	被合併法人等前2年内事業年度
	前10年以内の各事業年度の課税済金額	前2年以内の各事業年度等の間接配当等又は前2年以内の各事業年度の間接課税済金額		被合併法人等10年前事業年度開始日	被合併法人等2年前事業年度開始日
	同条第6項	同条第13項において準用する同条第6項		前項	第12項の規定により読み替えられた前項
	前10年以内の各連結事業年度（同条第4項第2号に規定する前10年以内の各連結事業年度	前2年以内の各連結事業年度等（同条第11項第1号に規定する前2年以内の各連結事業年度等	第6項	第66条の8第6項第2号	第66条の8第13項の規定により読み替えられた同条第6項第2号
				課税済金額又は個別課税済金額	間接配当等若しくは間接課税済金額又は個別間接配当等若しくは個別間接課税済金額
	個別課税済金額	個別間接配当等又は前2年以内の各連結事業年度（同条第11項第2号ロに規定する前2年以内の各連結事業年度をいう。）の個別間接課税済金額	第6項第1号	課税済金額	間接配当等又は間接課税済金額
				分割等前10年内事業年度	分割等前2年内事業年度
				請求権勘案直接保有株式等（内国法人が有する外国法人の株式等の数又は金額（当該外国法人が請求権の内容が異なる株式等を発行している場合には、当該外国法人の発行済株式等に、当該内国法人が当該請求権の内容が異なる株式等に係る請求権に基づき受けることができる剰余金の配当等の額がその総額のうちに占める割合を乗じて計算した数又は金額）をいう。以下この項及び第8項において同じ。）のうちに	間接保有の株式等の数（法第66条の8第11項第2号イに規定する間接保有の株式等の数をいう。以下この項において同じ。）のうちに
				請求権勘案直接保有株式等の占める	間接保有の株式等の数の占める
			第6項第1号イ及びロ	請求権勘案直接保有株式等	間接保有の株式等の数
			第6項第2号	個別課税済金額	個別間接配当等又は個別間接課税済金額
				分割等前10年内事業年度	分割等前2年内事業年度
				請求権勘案直接保有株式等の	間接保有の株式等の数の

<table>
<tr><td align="center">通達・QA番号・逐条解説</td></tr>
</table>

保有の株式等の数 　二　個別間接配当等又は個別間接課税済金額 　　　適格分割等に係る分割法人等の分割等前２年内事業年度の個別間接配当等又は個別間接課税済金額にイに掲げる<u>間接保有の株式等の数</u>のうちにロに掲げる<u>間接保有の株式等の数</u>の占める割合をそれぞれ乗じて計算した金額 　　イ　当該適格分割等の直前に当該分割法人等が有する法第66条の８第６項の外国法人の<u>間接保有の株式等の数</u> 　　ロ　法第66条の８第６項の内国法人が当該適格分割等により当該分割法人等から移転を受ける同項の外国法人の<u>間接保有の株式等の数</u>

□　内国法人が適格合併又は適格現物分配（適格現物分配にあっては、残余財産の全部の分配に限る。以下、措法66の８⑬の解説において「適格合併等」という。）により被合併法人又は現物分配法人からその有する外国法人の間接保有の株式等の数の全部又は一部の移転を受けた場合には、❶当該被合併法人又は現物分配法人の合併等前２年内事業年度（❷を除く。）の<u>間接配当等又は間接課税済金額</u>は、当該被合併法人又は現物分配法人の合併等前２年内事業年度開始の日を含む当該内国法人の各事業年度の<u>間接配当等又は間接課税済金額</u>と、❷当該被合併法人又は現物分配法人の合併等前２年内事業年度のうち当該内国法人の合併等事業年度開始の日以後に開始したものの<u>間接配当等又は間接課税済金額</u>は、当該内国法人の合併等事業年度開始の日の前日を含む事業年度の<u>間接配当等又は間接課税済金額</u>とみなす。（アンダーラインを付した箇所は、措法66の８⑥の解説を読み替えた箇所である）

□　内国法人が適格分割、適格現物出資又は適格現物分配（適格現物分配にあっては、残余財産の全部の分配を除く。以下、措法66の８⑬の解説において「適格分割等」という。）により分割法人、現物出資法人又は現物分配法人（以下、措法66の８⑬の解説において「分割法人等」という。）からその有する外国法人の間接保有の株式等の数の全部又は一部の移転を受けた場合には、❶当該分割法人等の分割等前２年内事業年度（❷及び❸を除く。）の間接配当等又は間接課税済金額のうち、次の算式により計算した金額は、当該分割法人等の分割等前２年内事業年度開始の日を含む当該内国法人の各事業年度の<u>間接配当等又は間接課税済金額</u>と、❷当該分割法人等の当該適格分割等の日を含む事業年度開始の日が当該内国法人の当該適格分割等の日を含む事業年度開始の日の前である場合の当該分割法人等の分割等前２年内事業年度の間接配当等又は間接課税済金額のうち、次の算式により計算した金額は、当該分割法人等の分割等前２年内事業年度終了の日を含む当該内国法人の各事業年度の<u>間接配当等又は間接課税済金額</u>と、❸当該分割法人等の分割等前２年内事業年度のうち当該内国法人の分割等事業年度開始の日以後に開始したものの<u>間接配当等又は間接課税済金額</u>のうち、次の算式により計算した金額は、当該内国法人の分割等事業年度開始の日の前日を含む事業年度の<u>間接配当等又は間接課税済金額</u>とみなす。（アンダーラインを付した箇所は、措法66の８⑥の解説を読み替えた箇所である）

$$\text{分割等前2年内事業年度の間接配当等又は間接課税済金額} \times \frac{\text{内国法人が適格分割等により分割法人等から移転を受ける外国法人の間接保有の株式等の数}}{\text{適格分割等の直前に分割法人等が有する外国法人の間接保有の株式等の数}}$$

□　適格分割等に係る分割承継法人、被現物出資法人又は被現物分配法人（以下、措法66の８⑬の解説において「分割承継法人等」という。）が<u>措法66の８⑬において準用する措法66の８⑥</u>の適用を受ける場合には、当該適格分割等に係る分割法人等の当該適格分割等の日を含む事業年度以後の各事業年度における<u>間接特定課税対象金額</u>を計算するについては、当該分割法人等の分割等前２年内事業年度の間接配当等又は間接課税済金額のうち、<u>措法66の８⑬において準用する措法66の８⑥</u>により当該分割承継法人等の前２年以内の各事業年度の間接配当等又は間接課税済金額とみなされる金額は、ないものとする。（アンダーラインを付した箇所は、措法66の８⑦の解説を読み替えた箇所である）

本　　　法	施行令・施行規則		
	第6項第2号イ及びロ	請求権勘案直接保有株式等	間接保有の株式等の数

通達・ＱＡ番号・逐条解説

措法66の8⑭	特定課税対象金額等を有する内国法人が受ける剰余金の配当等の益金不算入の適用要件等

本　　　法	施行令・施行規則

【措法66の8】

14　第1項から第3項まで及び第8項から第10項までの規定は、課税済金額又は間接配当等若しくは間接課税済金額に係る事業年度又は連結事業年度のうち最も古い事業年度又は連結事業年度以後の各事業年度の法人税法第2条第31号に規定する確定申告書又は各連結事業年度の同条第32号に規定する連結確定申告書に当該課税済金額、間接配当等若しくは間接課税済金額又は個別課税済金額、個別間接配当等（第68条の92第11項第1号に規定する個別間接配当等をいう。）若しくは個別間接課税済金額（次項において「課税済金額等」という。）に関する明細書の添付があり、かつ、第1項から第3項まで及び第8項から第10項までの規定の適用を受けようとする事業年度の確定申告書等に、これらの規定の適用を受ける金額の申告の記載及びその金額の計算に関する明細書の添付がある場合に限り、適用する。この場合において、これらの規定の適用を受ける金額は、当該申告に係るその適用を受けるべき金額に限るものとする。

令和元年度改正後条文

14　第1項から第3項まで及び第8項から第10項までの規定は、課税済金額又は間接配当等若しくは間接課税済金額に係る事業年度又は連結事業年度のうち最も古い事業年度又は連結事業年度以後の各事業年度の法人税法第2条第31号に規定する確定申告書又は各連結事業年度の同条第32号に規定する連結確定申告書の提出があり、かつ、第1項から第3項まで及び第8項から第10項までの規定の適用を受けようとする事業年度の確定申告書等、<u>修正申告書又は更正請求書にこれらの規定により益金の額に算入されない剰余金の配当等の額及びその計算に関する明細を記載した書類</u>の添付がある場合に限り、適用する。この場合において、これらの規定により益金の額に算入されない金額は、当該金額として記載された金額を限度とする。

通達・ＱＡ番号・逐条解説

解　説　措法66の8⑭

□　措法66の8①～③及び⑧～⑩の適用を受けるためには、課税済金額又は間接配当等若しくは間接課税済金額に係る事業年度のうち最も古い事業年度以後の各事業年度の確定申告書に当該課税済金額又は間接配当等若しくは間接課税済金額に関する明細書を添付し、かつ、措法66の8①～③及び⑧～⑩の適用を受けようとする事業年度の確定申告書等に、その適用を受ける金額の申告の記載をし、その金額の計算に関する明細書を添付しなければならない。具体的には、別表十七（三の四）「特定課税対象金額等又は特定個別課税対象金額等がある場合の外国法人から受ける配当等の益金不算入額等の計算に関する明細書」及び別表十七（三の五）「間接特定課税対象金額又は間接特定個別課税対象金額の計算に関する明細書」に必要事項を記載し、これを添付しなければならない。

令和元年度改正の解説

□　内国法人が合算課税の対象となった外国法人等から受ける剰余金の配当等に係る二重課税調整について、修正申告書又は更正請求書に益金の額に算入されない剰余金の配当等の額等を記載した書類の添付がある場合にもその適用を受けることができることとする等の見直しが行われた。

□　この改正は、内国法人の平成31年4月1日以後に確定申告書等（期限後申告書を除く。）の提出期限が到来する法人税について適用される（改正法附則58④）。

措法66の8⑮ 第14項に係る宥恕規定

本　　法	施行令・施行規則
【措法66の8】 15　税務署長は、第1項から第3項まで及び第8項から第10項までの規定の適用を受けるべきこととなる金額又は課税済金額等の全部又は一部につき前項の記載又は明細書の添付がない確定申告書等又は同項に規定する連結確定申告書の提出があった場合においても、同項の記載又は明細書の添付がなかったことについてやむを得ない事情があると認める場合において、これらの明細書の提出があったときは、その記載又は明細書の添付がなかった金額につき第1項から第3項まで及び第8項から第10項までの規定を適用することができる。 **令和元年度改正後条文** 15　削　除	

通達・ＱＡ番号・逐条解説

解　説　措法66の8⑮

□　措法66の8①〜③及び⑧〜⑩の適用を受けるべきこととなる金額又は課税済金額等の全部又は一部につき申告の記載又は明細書の添付を失念した場合においても、税務署長がやむを得ない事情があると認める場合において、これらの明細書を提出したときは、その記載又は明細書の添付がなかった金額につき措法66の8①〜③及び⑧〜⑩の適用を受けることができる。

令和元年度改正の解説

□　措法66の8⑭の改正に伴い、同項を対象とする宥恕規定は削除された。

措法66の8⑯　法人税法との規定の調整

本　　法	施行令・施行規則
【措法66の8】 　16　第1項若しくは第3項又は第8項若しくは第10項の規定の適用がある場合における法人税法の規定の適用については、同法第67条第3項第3号中「益金不算入)」とあるのは、「益金不算入)又は租税特別措置法第66条の8(内国法人の外国関係会社に係る所得の課税の特例)」とするほか、利益積立金額の計算に関し必要な事項は、政令で定める。 **令和元年度改正後条文** 　15　同　上	【措令39の19】 　14　法第66条の8第1項、第3項、第8項又は第10項の規定の適用がある場合における法人税法施行令の規定の適用については、同令第9条第1項第1号ハ中「益金不算入)」とあるのは、「益金不算入)又は租税特別措置法第66条の8(内国法人の外国関係会社に係る所得の課税の特例)」とする。

通達・ＱＡ番号・逐条解説

解　説　措法66の8⑯

☐　措法66の8⑯による読替え後の法法67《特定同族会社の特別税率》③三は、次の通りである。

【法法67（読替え後）】

3　第1項に規定する留保金額とは、所得等の金額（第1号から第6号までに掲げる金額の合計額から第7号に掲げる金額を減算した金額をいう。第5項において同じ。）のうち留保した金額から、当該事業年度の所得の金額につき前条第1項又は第2項の規定により計算した法人税の額（次条から第70条の2まで（税額控除）の規定により控除する金額がある場合には、当該金額を控除した金額）及び当該事業年度の地方法人税法第9条第2項（課税標準）に規定する課税標準法人税額（同法第6条第1号（基準法人税額）に定める基準法人税額に係るものに限る。）につき同法第3章（税額の計算）（第11条（特定同族会社等の特別税率の適用がある場合の地方法人税の額）を除く。）の規定により計算した地方法人税の額並びに当該法人税の額に係る地方税法の規定による道府県民税及び市町村民税（都民税を含む。）の額として政令で定めるところにより計算した金額の合計額を控除した金額をいう。

三　第23条の2（外国子会社から受ける配当等の益金不算入）又は租税特別措置法第66条の8（内国法人の外国関係会社に係る所得の課税の特例）の規定により当該事業年度の所得の金額の計算上益金の額に算入されなかった金額

解　説　措令39の19⑭

☐　措令39の19⑭による読替え後の法令9《利益積立金額》①一ハは、次の通りである。

【法令9（読替え後）】

1　法第2条第18号（定義）に規定する政令で定める金額は、同号に規定する法人の当該事業年度前の各事業年度（当該法人の当該事業年度前の各事業年度のうちに連結事業年度に該当する事業年度がある場合には、各連結事業年度の連結所得に対する法人税を課される最終の連結事業年度（以下この項において「最終連結事業年度」という。）後の各事業年度に限る。以下この項において「過去事業年度」という。）の第1号から第7号までに掲げる金額の合計額から当該法人の過去事業年度の第8号から第14号までに掲げる金額の合計額を減算した金額（当該法人の当該事業年度前の各事業年度のうちに連結事業年度に該当する事業年度がある場合には、最終連結事業年度終了の時における連結個別利益積立金額を加算した金額）に、当該法人の当該事業年度開始の日以後の第1号から第7号までに掲げる金額を加算し、これから当該法人の同日以後の第8号から第14号までに掲げる金額を減算した金額とする。

一　イからチまでに掲げる金額の合計額からリからヲまでに掲げる金額の合計額を減算した金額（当該金額のうちに当該法人が留保していない金額がある場合には当該留保していない金額を減算した金額とし、公益法人等又は人格のない社団等にあっては収益事業から生じたものに限る。）

ハ　法第23条の2（外国子会社から受ける配当等の益金不算入）又は租税特別措置法第66条の8（内国法人の外国関係会社に係る所得の課税の特例）の規定により所得の金額の計算上益金の額に算入されない金額

措法66の8⑰　法人税法との規定の調整

本　法	施行令・施行規則

【措法66の8】

17　第2項前段又は第9項前段の規定の適用がある場合における法人税法の規定の適用については、同法第67条第3項第3号中「益金不算入）とあるのは、「益金不算入）（租税特別措置法第66条の8第2項前段又は第9項前段（内国法人の外国関係会社に係る所得の課税の特例）の規定により読み替えて適用する場合を含む。）」とするほか、利益積立金額の計算に関し必要な事項は、政令で定める。

令和元年度改正後条文

16　同　上

【措令39の19】

15　法第66条の8第2項前段又は第9項前段の規定の適用がある場合における法人税法施行令の規定の適用については、同令第9条第1項第1号ハ中「益金不算入）」とあるのは、「益金不算入）（租税特別措置法第66条の8第2項前段又は第9項前段（内国法人の外国関係会社に係る所得の課税の特例）の規定により読み替えて適用する場合を含む。）」とする。

通達・QA番号・逐条解説

解説　措法66の8⑰

□　措法66の8⑰による読替え後の法法67《特定同族会社の特別税率》③三は、次の通りである。

【法法67（読替え後）】

　3　第1項に規定する留保金額とは、所得等の金額（第1号から第6号までに掲げる金額の合計額から第7号に掲げる金額を減算した金額をいう。第5項において同じ。）のうち留保した金額から、当該事業年度の所得の金額につき前条第1項又は第2項の規定により計算した法人税の額（次条から第70条の2まで（税額控除）の規定により控除する金額がある場合には、当該金額を控除した金額）及び当該事業年度の地方法人税法第9条第2項（課税標準）に規定する課税標準法人税額（同法第6条第1号（基準法人税額）に定める基準法人税額に係るものに限る。）につき同法第3章（税額の計算）（第11条（特定同族会社等の特別税率の適用がある場合の地方法人税の額）を除く。）の規定により計算した地方法人税の額並びに当該法人税の額に係る地方税法の規定による道府県民税及び市町村民税（都民税を含む。）の額として政令で定めるところにより計算した金額の合計額を控除した金額をいう。

　三　第23条の2（外国子会社から受ける配当等の益金不算入）（租税特別措置法第66条の8第2項前段又は第9項前段（内国法人の外国関係会社に係る所得の課税の特例）の規定により読み替えて適用する場合を含む。）の規定により当該事業年度の所得の金額の計算上益金の額に算入されなかった金額

解説　措令39の19⑮

□　措令39の19⑮による読替え後の法令9《利益積立金額》①一ハは、次の通りである。

【法令9（読替え後）】

　1　法第2条第18号（定義）に規定する政令で定める金額は、同号に規定する法人の当該事業年度前の各事業年度（当該法人の当該事業年度前の各事業年度のうちに連結事業年度に該当する事業年度がある場合には、各連結事業年度の連結所得に対する法人税を課される最終の連結事業年度（以下この項において「最終連結事業年度」という。）後の各事業年度に限る。以下この項において「過去事業年度」という。）の第1号から第7号までに掲げる金額の合計額から当該法人の過去事業年度の第8号から第14号までに掲げる金額の合計額を減算した金額（当該法人の当該事業年度前の各事業年度のうちに連結事業年度に該当する事業年度がある場合には、最終連結事業年度終了の時における連結個別利益積立金額を加算した金額）に、当該法人の当該事業年度開始の日以後の第1号から第7号までに掲げる金額を加算し、これから当該法人の同日以後の第8号から第14号までに掲げる金額を減算した金額とする。

　一　イからチまでに掲げる金額の合計額からリからヲまでに掲げる金額の合計額を減算した金額（当該金額のうちに当該法人が留保していない金額がある場合には当該留保していない金額を減算した金額とし、公益法人等又は人格のない社団等にあっては収益事業から生じたものに限る。）

　　ハ　法第23条の2（外国子会社から受ける配当等の益金不算入）（租税特別措置法第66条の8第2項前段又は第9項前段（内国法人の外国関係会社に係る所得の課税の特例）の規定により読み替えて適用する場合を含む。）の規定により所得の金額の計算上益金の額に算入されない金額

第4章

政令委任
（外国関係会社の判定等）

| 措法66の9 | 政令委任（外国関係会社の判定等） |

本　　法	施行令・施行規則
【措法66の9】 　内国法人が第66条の6第1項各号に掲げる法人に該当するかどうかの判定に関する事項その他前三条の規定の適用に関し必要な事項は、政令で定める。	**【措令39の20】** 　1　法第66条の6第1項、第6項又は第8項の場合において、外国法人が同条第2項第1号に規定する外国関係会社（以下この項及び次項において「外国関係会社」という。）に該当するかどうかの判定は、当該外国法人の各事業年度終了の時の現況によるものとし、内国法人が同条第1項各号に掲げる法人に該当するかどうかの判定は、これらの法人に係る外国関係会社の各事業年度終了の時の現況による。 　2　法第66条の6第1項各号に掲げる内国法人が当該内国法人に係る外国関係会社の各事業年度終了の日以後2月を経過する日までの間に合併により解散した場合には、その直接及び間接に有する当該外国関係会社の株式等でその合併に係る合併法人が移転を受けたものは、その合併法人が当該外国関係会社の各事業年度終了の日において直接及び間接に有する株式等とみなす。 　3　法第66条の6第1項、第6項又は第8項の規定の適用を受けた内国法人のこれらの規定により益金の額に算入された金額は、法人税法第67条第3項及び第5項の規定の適用については、これらの規定に規定する所得等の金額に含まれないものとする。 　4　法第66条の6第1項、第6項又は第8項の規定の適用を受けた内国法人の利益積立金額の計算については、これらの規定により益金の額に算入された金額は、法人税法施行令第9条第1項第1号イに規定する所得の金額に含まれないものとする。 　5　法人税法施行令第14条の10第1項から第5項まで及び第7項から第11項までの規定は、法第66条の6第12項の規定を同条から法第66条の9までの規定及び第39条の14からこの条までの規定において適用する場合について準用する。 　6　前項に定めるもののほか、法人税法第4条の7に規定する受託法人又は法人課税信託の受益者についての法第66条の6から第66条の9までの規定又は第39条の14からこの条までの規定の適用に関し必要な事項は、財務省令で定める。

通達・ＱＡ番号・逐条解説

解説 措令39の20①

□　外国法人が外国関係会社に該当するかどうかの判定は、当該外国法人の各事業年度終了の時の現況によるものとし、内国法人が本税制の適用を受けるかどうかの判定は、当該内国法人に係る外国関係会社の各事業年度終了の時の現況による。

□　例えば、内国法人Ａ社が、外国関係会社Ｘ社の事業年度終了前に、その保有するＸ社の株式の全てを内国法人Ｂ社に譲渡し、Ｂ社がＸ株式を保有し続けた場合、Ｘ社に係る課税対象金額等につき合算課税の適用を受けるのは、Ｂ社である。

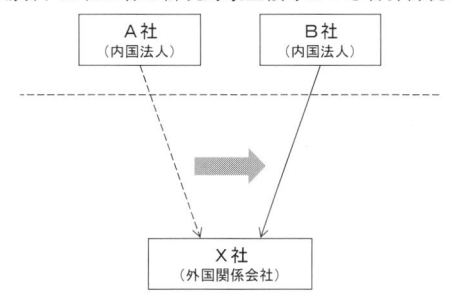

□　本税制において「事業年度」とは、原則として、法令又は定款等で定める会計期間をいい、その期間が１年を超える場合は、当該期間をその開始の日以後１年ごとに区分した各期間をいう（措法２②十八、措令１②、法法13・14）。

解説 措令39の20②

□　内国法人が、外国関係会社の各事業年度終了の日以後２か月を経過する日までの間に合併により解散した場合には、その合併に係る合併法人が当該内国法人から移転を受けた当該外国関係会社の直接・間接保有の株式等は、その合併法人が当該外国関係会社の各事業年度終了の日において直接・間接に有するものとみなされる。

解説 措令39の20③

□　外国関係会社単位の合算課税又は部分合算課税により益金の額に算入された金額は、法法67《特定同族会社の特別税率》③⑤に規定する所得等の金額に含まれない。

解説 措令39の20④

□　外国関係会社単位の合算課税又は部分合算課税により益金の額に算入された金額は、法令９《利益積立金額》①一イに規定する所得の金額に含まれない。

解説 措令39の20⑤

□　外国信託に対して本税制を適用する場合について準用する法令14の10①〜⑤及び⑦〜⑪は、次の通りである。

【法令14の10】

1　信託の併合に係る従前の信託又は信託の分割に係る分割信託（信託の分割によりその信託財産の一部を他の信託又は新たな信託に移転する信託をいう。次項において同じ。）が法人課税信託（法第２条第29号の２イ又はハ（定義）に掲げる信託に限る。以下この項において「特定法人課税信託」という。）である場合には、当該信託の併合に係る新たな信託又は当該信託の分割に係る他の信託若しくは新たな信託（法人課税信託を除く。）は、特定法人課税信託とみなす。

2　信託の併合又は信託の分割（一の信託が新たな信託に信託財産の一部を移転するものに限る。以下この項及び次項において「単独新規信託分割」という。）が行われた場合において、当該信託の併合が法人課税信託を新たな信託とするものであるときにおける当該信託の併合に係る従前の信託（法人課税信託を除く。）は当該信託の併合の直前に法人課税信託に該当することとなったものとみなし、当該単独新規信託分割が集団投資信託又は受益者等課税信託（法第12条第１項（信託財産に属する資産及び負債並びに信託財産に帰せられる収益及び費用の帰属）に規定する受益者（同条第２項の規定により同条第１項に規定する受益者とみなされる者を含む。）がその信託財産に属する資産及び負債を有するものとみなされる信託をいう。以下この項及び第４項において同じ。）を分割信託とし、法人課税信託を承継信託（信託の分割により分割信託からその信託財産の一部の移転を受ける信託をいう。以下この項及び次項において同じ。）とするものであるときにおける当該承継信託は当該単独新規信託分割の直後に集団投資信託又は受益者等課税信託から法人課税信託に該当することとなったものとみなす。

3　他の信託に信託財産の一部を移転する信託の分割（以下この項において「吸収信託分割」という。）又は二以上の信託が新たな信託に信託財産の一部を移転する信託の分割（以下この項において「複数新規信託分割」という。）が行われた場合には、当該吸収信託分割又は複数新規信託分割により移転する信託財産をその信託財産とする信託（以下この項において「吸収分

本　　法	施行令・施行規則

通達・ＱＡ番号・逐条解説

割中信託」という。）を承継信託とする単独新規信託分割が行われ、直ちに当該吸収分割中信託及び承継信託（複数新規信託分割にあっては、他の吸収分割中信託）を従前の信託とする信託の併合が行われたものとみなして、前二項の規定を適用する。

4　法第４条の７第９号（受託法人等に関するこの法律の適用）の規定により受託法人（同条に規定する受託法人をいう。以下この条において同じ。）に対する出資があったものとみなされた場合には、同号の委託者により信託された資産のその信託された時の価額からこれと併せて当該受託法人に移転した当該委託者の負債のその移転の時の価額を減算した金額（その出資が適格現物出資に該当する場合には、当該委託者の当該資産のその信託された時の直前の帳簿価額から当該負債の当該移転の直前の帳簿価額を減算した金額）又は受益者等課税信託が法人課税信託に該当することとなった時におけるその信託財産に属する資産の価額から負債の価額を減算した金額（その出資が適格現物出資に該当する場合には、当該受益者等課税信託の同号の受益者等の当該資産のその該当することとなった時の直前の帳簿価額から当該負債の当該直前の帳簿価額を減算した金額）は、第８条第１項第１号（資本金等の額）に掲げる金額（その出資が同項第８号に規定する適格現物出資又は同項第九号に規定する非適格現物出資に該当する場合には、同項第８号又は第９号に掲げる金額）に含まれるものとする。

5　集団投資信託が法人課税信託に該当することとなった場合には、当該法人課税信託に係る受託法人の設立の時における次の各号に掲げる金額は、当該各号に定める金額とする。
　一　資産及び負債の帳簿価額
　　　当該法人課税信託に該当することとなった時の直前の当該集団投資信託の帳簿に記載された資産及び負債の価額
　二　資本金等の額
　　　当該法人課税信託に該当することとなった時の直前の当該集団投資信託について信託されている金額
　三　利益積立金額
　　　当該法人課税信託に該当することとなった時の直前の当該集団投資信託の資産のその帳簿に記載された金額から当該集団投資信託の負債のその帳簿に記載された金額及び前号に定める金額の合計額を減算した金額（当該集団投資信託が法第２条第29号ハに規定する特定受益証券発行信託である場合には、当該減算した金額から法第64条の３第１項（法人課税信託に係る所得の金額の計算）に規定する政令で定める金額を減算した金額）

7　法人課税信託の受託者が当該法人課税信託につき収益の分配（元本の払戻しを含む。以下この項において同じ。）を行う場合には、当該収益の分配を受ける者に対し、当該収益の分配が法人課税信託の収益の分配である旨を通知しなければならない。

8　法人課税信託（法第２条第29号の２ニ又はホに掲げる信託に限る。以下第10項までにおいて同じ。）に係る受託法人の法第13条第１項（事業年度の意義）に規定する会計期間（以下この条において「会計期間」という。）について、その法人課税信託の契約又は当該契約に係る約款に定める会計期間の末日が日曜日、国民の祝日に関する法律（昭和23年法律第178号）に規定する休日、12月29日から翌年の１月３日までの日又は土曜日であるときはその翌営業日を会計期間の末日とする旨の定めがあることにより当該会計期間が１年を超えることとなる場合には、当該会計期間に係る同項ただし書の規定は、適用しない。

9　前項に規定する場合に該当する法人課税信託に係る受託法人の事業年度の月数に関する法及びこの政令の規定の適用については、当該事業年度の月数は、12月とする。

10　法人課税信託に係る受託法人の会計期間のうち最初の会計期間のみが１年を超え、かつ、２年に満たない場合には、法第13条第１項ただし書の規定にかかわらず、その最初の会計期間開始の日から当該会計期間の末日の１年前の日までの期間及び同日の翌日から当該会計期間の末日までの期間をそれぞれ当該受託法人の事業年度とみなす。

11　法人課税信託（法第２条第29号の２ニに掲げる信託に限る。以下この項において「法人課税投資信託」という。）が法人課税信託に該当しないこととなった場合には、法第13条第１項の規定にかかわらず、その会計期間開始の日からその該当しないこととなった日までの期間をその法人課税投資信託に係る受託法人の事業年度とみなす。

平成29年度及び平成30年度改正
外国子会社合算税制に関するＱ＆Ａ

平成30年８月改定

国税庁

平成 30 年 1 月
(平成 30 年 8 月改定)

国　税　庁

平成 29 年度及び平成 30 年度改正 外国子会社合算税制に関するＱ＆Ａ

　特定外国子会社等に係る所得の課税の特例（外国子会社合算税制）については、平成 29 年度改正において、「外国子会社の経済実態に即して課税すべき」とのＢＥＰＳプロジェクトの基本的な考え方等に基づき、日本企業の健全な海外展開を阻害することなく、より効果的に国際的な租税回避に対応するために見直しが行われました。また、平成 30 年度改正において、企業が買収等によって取得した外国企業の傘下に存在するペーパー・カンパニーを整理するに当たって生ずる一定の譲渡所得を合算対象にしないこととする等の見直しが行われました。

　これらの改正は、原則として、外国関係会社の平成 30 年 4 月 1 日以後に開始する事業年度に係る適用対象金額等に係る課税対象金額等について適用されます。

　このＱ＆Ａは、平成 30 年 1 月に実体基準や管理支配基準の典型例等を公表した「平成 29 年度改正 外国子会社合算税制に関するＱ＆Ａ」の内容に、①実体基準又は管理支配基準を満たすことを明らかにする書類等の具体例、②ペーパー・カンパニー等の整理に伴う一定の株式譲渡益の免除特例の具体例を新たに加えたものとなっています。

（注）　パンフレットの内容は、平成 30 年 8 月 30 日現在の法人税に関する法令に基づき作成しています。

《　目　次　》

[　略　　語　]

　この「平成 29 年度及び平成 30 年度改正　外国子会社合算税制に関するＱ＆Ａ」の文中で用いている略語は次のとおりです。

措置法‥‥‥‥ 租税特別措置法
措置法令‥‥‥ 租税特別措置法施行令
措置法規‥‥‥ 租税特別措置法施行規則
措通‥‥‥‥‥ 租税特別措置法関係通達（法人税編）

はじめに

外国子会社合算税制は、外国子会社を利用した租税回避を抑制するために、一定の条件に該当する外国子会社の所得を、日本の親会社の所得とみなして合算し、日本で課税する制度です。

平成29年度改正前の外国子会社合算税制には、外国子会社の租税負担割合が20%以上であれば、実体がない場合であっても、制度が適用されない一方、租税負担割合が20%未満であれば、実体のある事業を行っている場合であっても、その所得が、親会社の所得に合算されてしまう場合がある、といった問題があったところであり、「外国子会社の経済実態に即して課税すべき」とのBEPSプロジェクトの基本的な考え方に基づき、日本企業の健全な海外展開を阻害することなく、より効果的に国際的な租税回避に対応する観点から、見直しが行われています。

具体的には、租税回避リスクを、平成29年度改正前の外国子会社の租税負担割合により把握する制度から、所得や事業の内容によって把握する制度に改められています。

これにより、従来は制度の対象外であった租税負担割合20%以上の外国子会社について、一見して明らかに、利子・配当・使用料等の「受動的所得」しか得ておらず、租税回避リスクが高いと考えられるペーパー・カンパニー等である場合には、外国子会社合算税制の対象とされています。

他方で、経済活動の実体のある事業から得られた、いわゆる「能動的所得」は、外国子会社の租税負担割合にかかわらず合算対象外とされています。

また、企業の事務負担を軽減する観点から、平成29年度改正前の制度との継続性を踏まえつつ、租税負担割合20%以上の外国子会社は、ペーパー・カンパニー等に該当する場合を除き、制度の適用を免除することとされています。

―イメージ―

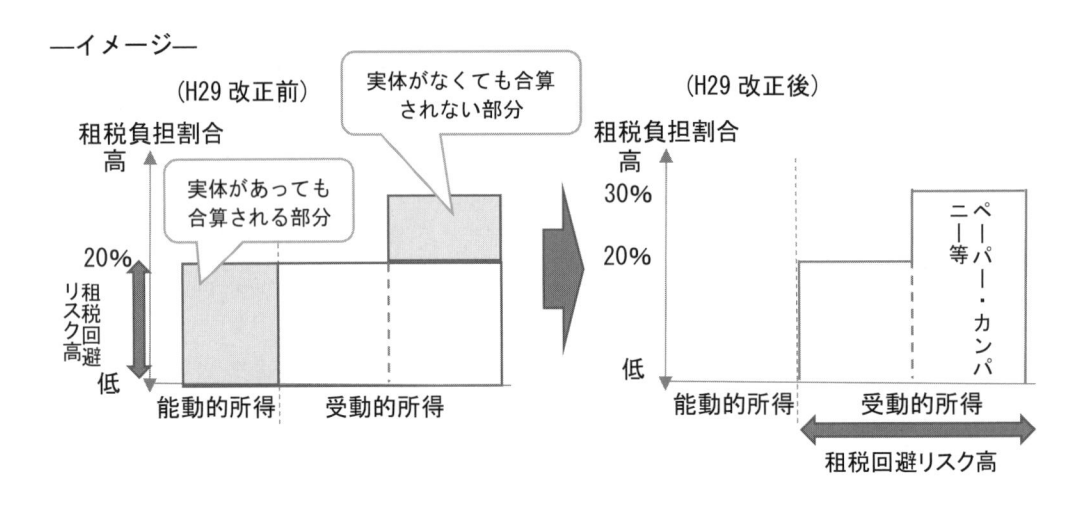

平成 29 年度改正後の外国子会社合算税制の概要は以下のとおりとなります。

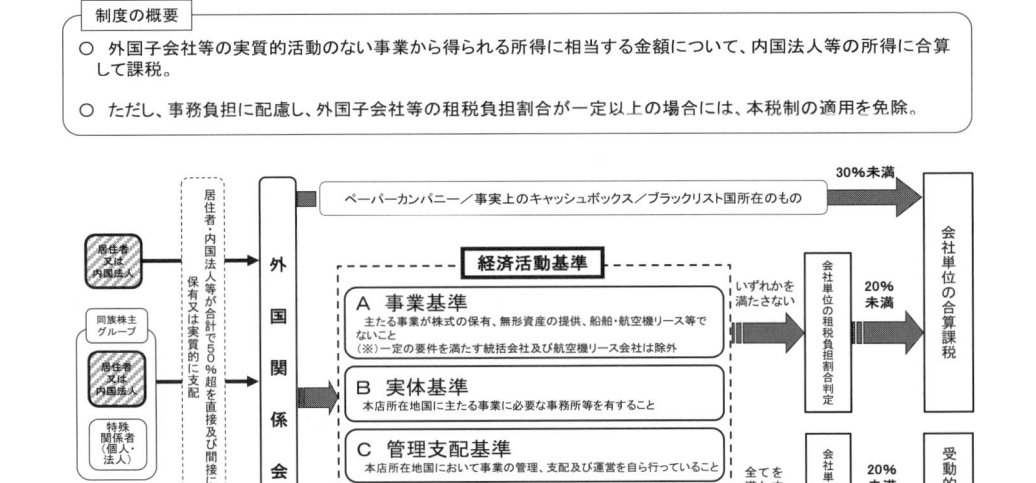

Ⅰ　ペーパー・カンパニー等について

　平成 29 年度改正後の本制度では、次に掲げる外国関係会社（措置法第 66 条の 6 第 2 項第 1 号に規定する外国関係会社をいいます。以下同じです。）は受動的所得しか得ていないような租税回避リスクの高い外国関係会社であるため特定外国関係会社（措置法第 66 条の 6 第 2 項第 2 号に規定する特定外国関係会社をいいます。以下同じです。）と定義し、会社単位で合算課税の対象と

することとされています。

　ただし、この類型に該当する場合であっても、租税負担割合が 30％以上であるときには、適用除外とされています。

① 　活動の実体がない外国関係会社（ペーパー・カンパニー）

② 　総資産に比して「受動的所得」の占める割合が高い外国関係会社（事実上のキャッシュ・ボックス）

③ 　情報交換に関する国際的な取組への協力が著しく不十分な国等（ブラック・リスト国）に所在する外国関係会社

　なお、特定外国関係会社の判定基準は以下のとおりとなります。

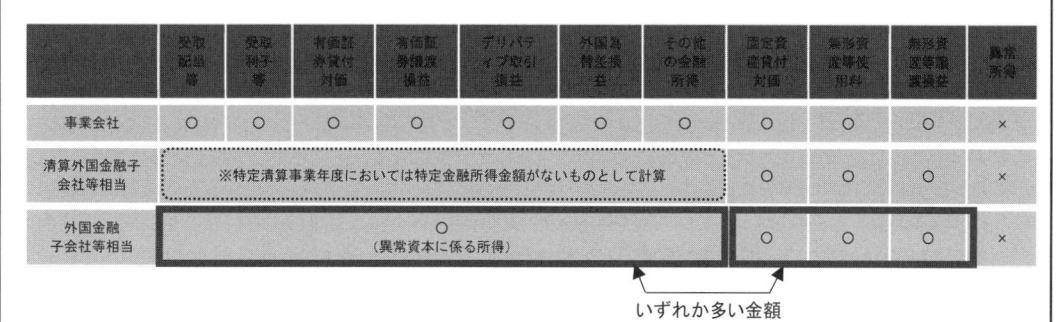

特定外国関係会社

1 　ペーパー・カンパニー
　　次のいずれにも該当しない外国関係会社
(1) 　実体基準
　　主たる事業を行うに必要と認められる事務所等の固定施設を有している外国関係会社（同様の状況にある一定の外国関係会社を含む。）
(2) 　管理支配基準
　　その本店所在地国においてその事業の管理・支配等を自ら行っている外国関係会社（同様の状況にある一定の外国関係会社を含む。）
（注）税務当局が求めた場合に、上記(1)又は(2)に該当することを明らかにする書類等の提出がない場合には、上記(1)又は(2)に該当しないものと推定されます。

2 　事実上のキャッシュ・ボックス
　　総資産の額に対する一定の受動的所得（※）の割合が 30％を超える外国関係会社
　　ただし、総資産の額に対する一定の資産の額の割合が 50％を超えるものに限ります。
　（※）一定の受動的所得の範囲

	受取配当等	受取利子等	有価証券貸付対価	有価証券譲渡損益	デリバティブ取引損益	外国為替差損益	その他の金融所得	固定資産貸付対価	無形資産等使用料	無形資産等譲渡損益	異常所得
事業会社	○	○	○	○	○	○	○	○	○	○	×
清算外国金融子会社等相当	※特定清算事業年度においては特定金融所得金額がないものとして計算							○	○	○	×
外国金融子会社等相当	○ （異常資本に係る所得）							○	○	○	×

いずれか多い金額

（注）各受動的所得の金額は、部分合算対象所得を計算するとした場合の部分合算対象所得。例えば、受取配当等については、持株割合 25％以上の配当を除外した金額。

3 　ブラック・リスト国所在外国関係会社
　　情報交換に関する国際的な取組への協力が著しく不十分な国・地域（※）に本店等を有する外国関係会社
　（※）財務大臣による指定（告示）。

(1) ペーパー・カンパニーの判定における実体基準について

　ペーパー・カンパニーについては、特定外国関係会社に該当するものとして会社単位で合算課税の対象とすることとされています。その判定基準の一つである実体基準（措置法第66条の6第2項第2号イ(1)の要件をいいます。以下同じです。）は、対象外国関係会社（措置法第66条の6第2項第3号に規定する対象外国関係会社をいいます。以下同じです。）を判定する際の経済活動基準（平成29年度改正前の適用除外基準）における実体基準と同様に、独立した企業としての活動の実体を有するのかを判定する基準となっています。

　この実体基準の内容は、外国関係会社が主たる事業を行うに必要と認められる事務所、店舗、工場その他の固定施設の存在という物的な側面から独立した企業としての活動の実体を有するのかを判定するものです。

　ここでいう固定施設とは、単なる物的設備ではなく、そこで人が活動することを前提とした概念であるため、外国関係会社の事業活動を伴った物的設備である必要があると考えられます。例えば、外国関係会社が主たる事業として不動産賃貸業を行っている場合における賃貸不動産は、一般的に借主が居住等の用に供するものであって、外国関係会社が事業活動を行うものではないため、実体基準における固定施設には該当しないと考えられます。なお、不動産賃貸業の場合には、外国関係会社が賃貸借契約の締結等といった事業活動を行う事務所等が固定施設に該当すると考えられます。

　また、外国関係会社が有する固定施設が主たる事業を行うに必要と認められるかは、主たる事業の業種や業態に応じてその態様は異なるものであるため、例えば、小売業なら店舗、製造業なら工場などが該当すると考えられる一方で、それ以外の事業についてどのような機能・用途を有する固定施設を要するのか、あるいはどの程度の規模の固定施設を要するのかは、その主たる事業の内容、その事業に係る活動の内容などから個別に判断することとなります。

　なお、実体基準は、主たる事業を行うために必要と認められる固定施設が「有る」か「無い」かによって判定しますので、外国関係会社が固定施設について所有権を有する必要は無く、賃借により使用している場合であっても固定施設を有していることになります。

　ところで、実体基準は、外国関係会社が主たる事業を行うに必要と認められる固定施設を有しているかどうかにより判定をすることとなりますので、外国関係会社の有する固定施設が、①主たる事業に使用されていない場合や、②主たる事業を行うために必要と認められないものである場合には、実体基準を満たさないこととなります。さらに、主たる事業が人の活動を要しない事業である場合には、主たる事業を行うに必要と認められる固定施設は有していないこととなります。

この実体基準と下記⑵の管理支配基準（措置法第66条の6第2項第2号イ⑵の要件をいいます。以下同じです。）のいずれも満たさない場合には、特定外国関係会社に該当し、租税負担割合が20%以上であっても、会社単位での合算課税の対象となります。

（注）　平成29年度改正前の適用除外基準における実体基準では固定施設が本店所在地国（措置法第66条の6第2項第2号イ⑵に規定するものをいいます。以下同じです。）に所在することが要件とされていましたが、それを除けば、平成29年度改正前の適用除外基準における実体基準と平成29年度改正後のペーパー・カンパニーに係る実体基準の内容に変更はありませんので、今回のQ＆Aは、従来の取扱いを変更するものではありません。

Q1　子会社の事業の進捗への関与等を行っている場合

> 　内国法人であるP社（商社）は、F国において発電事業を営むA社の事業の管理等を行う目的で、F国にA社を子会社とするS社（P社の外国関係会社に該当します。）を設立しました。S社は、単にA社の株式を保有するだけでなく、F国において事務所を賃借し、その役員及び使用人はその事務所においてA社の行う設備投資や事業の進捗への関与、A社に提供する資金の調達や他の株主との調整等に従事しています。
>
> 　このような場合において、S社は実体基準を満たすことになりますか。
>
> （注）　S社の当該事業年度の租税負担割合は25%となっています。

A　本件については、S社の役員及び使用人がA社の行う設備投資や事業の進捗への関与等の業務に従事するために、賃借した事務所を使用しているとのことですので、その賃借した事務所は主たる事業を行うに必要と認められる固定施設に該当し、S社は実体基準を満たすものと考えられます。

Q2　関係会社の事務所の一室を賃借して子会社の事業の進捗への関与等を行っている場合

> 　上記Q1のケースにおいて、S社はその業務にS社の役員及び使用人を従事させるため、F国に所在し、P社の外国関係会社に該当するB社の事務所の一室を賃借しており、S社の役員及び使用人はその事務所の一室においてA社の行う設備投資や事業の進捗への関与、A社に提供する資金の調達や他の株主との調整等に従事しています。
>
> 　このような場合において、S社は実体基準を満たすことになりますか。

A　本件については、S社が事務所として使用するのは、B社の事務所の一室で

あるということですが、Ａ社の行う設備投資や事業の進捗への関与等の業務を行うのにその一室で十分であり、Ｓ社の役員及び使用人がこれらの業務等に従事するためにその一室を使用しているのであれば、その事務所の一室は主たる事業を行うに必要と認められる固定施設に該当し、実体基準を満たすと考えられます。

　さらに、外国関係会社の中には、事務所の一室の中の一画を使用して事業活動を行うといった場合もありえます。このような場合であっても、その事業活動を行うのにその一画で十分であり、その一画を使用して役員又は使用人が主たる事業に係る活動を行っているという実態があるのであれば、その一画は主たる事業を行うに必要と認められる固定施設に該当すると考えられます。

Ｑ３　主たる事業を行うに必要な固定施設を有していると認められない場合

> 　内国法人であるＰ社（製造業）は、かねてからＦ国において工業所有権を保有しているＳ社（外国関係会社に該当します。）の株式を保有しています。Ｓ社はＦ国にあるビルの一室を事務所用に賃借していますが、Ｓ社の主たる事業はその保有する工業所有権に係る使用料を得ることのみであり、Ｓ社の銀行口座に使用料が振り込まれるだけであるため、Ｓ社の役員及び使用人はその一室を使用して主たる事業に係る活動を行っている実態はありません。なお、Ｓ社はこの一室以外の固定施設を有していません。
>
> 　このような場合において、Ｓ社は実体基準を満たすことになりますか。

Ａ　本件については、Ｓ社の主たる事業は工業所有権に係る使用料を得ることであり、その使用料はＳ社の銀行口座において収受することとなっています。Ｓ社はビルの一室を賃借しているとのことですが、Ｓ社はその一室を使用して、主たる事業に係る活動を行っているという実態がないということですので、その一室は主たる事業を行うに必要な固定施設には該当しないと考えられます。

　なお、仮に、ビルの一室を使用していたとしても、その主たる事業が工業所有権に係る使用料を得ることのみであって、その事業活動にその一室を使用する必要もないと認められる場合には、その一室はその主たる事業に必要な固定施設には該当しないものと考えられます。

⑵　ペーパー・カンパニーの判定における管理支配基準について

　管理支配基準は、実体基準とともにペーパー・カンパニーを判定するための基準の一つであり、対象外国関係会社を判定する際の経済活動基準（平成 29

年度改正前の適用除外基準）における管理支配基準と同様に、会社の機能面から独立した企業としての実体があるかを判定する基準です。

　この管理支配基準は、外国関係会社が本店所在地国においてその事業の管理、支配及び運営を自ら行っていることが要件となっています。

　法人の事業について管理、支配及び運営を行うということの意味は、法人が事業を行うに当たり事業方針や業績目標などを定め、それらを達成するために、事業計画等を策定するなど、事業をどのように運営していくかを決定し、それらに基づき、裁量をもって事業を執行することと考えられます。

　また、管理支配基準における「自ら」行うということは、外国関係会社が事業の管理・支配・運営を自ら行うことを意味するものであることから、その行為の結果と責任等が外国関係会社自らに帰属することであると考えられます。なお、ここでいう結果と責任等が帰属することとは、独立企業として事業を行っていれば通常生じることとなる結果及び負担すべき責任が帰属することをいうのであって、外国関係会社の利益が配当を通じて株主である親会社に帰属することまでを意味するものではありません。

　一方、外国関係会社の役員が、その親会社又は地域統括会社（以下「親会社等」といいます。）の役員又は使用人を兼務している場合もありますが、その役員が本店所在地国において外国関係会社の役員の立場で外国関係会社の事業計画の策定等を行い、かつ、その事業計画等に従い職務を執行している限りにおいては、管理支配基準を満たすものと考えられます。また、外国関係会社の役員がいわゆる常勤か非常勤かによって左右されるものでもないと考えられます。

　この場合において、役員が責任を負い、裁量をもって事業を執行しているのであれば、外国関係会社はその活動に対する報酬を負担するのが通常であると考えられます。そのため、外国関係会社からの報酬の支払いが認められない場合には、役員が責任を負い、裁量をもって事業を執行していることの証明には乏しく、ひいては外国関係会社自らが事業の管理、支配及び運営を行っていないと判断される重要な要素となりえます。とりわけ、地域統括会社の役員又は従業員が、外国関係会社の役員を兼務している場合等、同じグループ会社に勤務している場合は、どちらの会社の立場で業務が執行されたのかの判別は困難であるため、合理的な理由（例えば、労務管理の事務負担の観点等から、別途外国関係会社が報酬を負担していると認められるような事実）なく、外国関係会社から報酬が支払われず地域統括会社から報酬が支払われているときは、その役員は、地域統括会社の役員又は従業員の立場で業務を執行していると判断されることもありえます。

　なお、外国関係会社の役員が、名義だけの役員や、不特定多数の会社のため

10

に業として行う役員のみである場合には、一般的にはその役員が外国関係会社の事業計画の策定等を行っておらず、職務を執行していないと考えられるため、外国関係会社は自ら事業の管理、支配及び運営を行っていないものと考えられます。

　この管理支配基準と実体基準のいずれも満たさない場合には、特定外国関係会社に該当し、租税負担割合が20％以上であっても、会社単位での合算課税の対象となります。

（注）　平成29年度改正前の適用除外基準における管理支配基準と平成29年度改正後のペーパー・カンパニーに係る管理支配基準の内容に変更はありませんので、今回のＱ＆Ａは、従来の取扱いを変更するものではありません。

Ｑ４　役員が兼務役員である場合

> 　上記 Ｑ１のケースにおいて、Ｓ社には役員としてＣのみがその職務に従事しており、その役員Ｃは、Ａ社の行う設備投資や事業の進捗への関与、Ａ社に提供する資金の調達や他の株主との調整等に係る事業計画の策定を行った上で、その事業計画に従い資金調達や与信の決定、これらの実行及び事後的な確認やその他の職務を執行しています。なお、役員ＣはＰ社のＦ国における地域統括会社であるＢ社の使用人を兼務していますが、Ｓ社の業務に関わる報酬は、Ｓ社からその支払いを受けています。
>
> 　このような場合において、Ｓ社は管理支配基準を満たすことになりますか。

Ａ　本件については、役員Ｃは、Ｓ社の役員の立場でＳ社の事業計画の策定を行った上で、その事業計画に従い資金調達や与信の決定、これらの実行及び事後的な確認やその他の職務を執行し、これらの職務に対してＳ社から役員Ｃに報酬が支給されています。この場合において、役員Ｃは、Ｐ社のＦ国における地域統括会社であるＢ社の使用人を兼務しているとのことですが、単なる名義だけの役員として存在しているわけではなく、Ｓ社の役員の立場でＳ社の事業計画の策定を行い、かつ、その事業計画に従い職務を執行していることから、管理支配基準を満たすものと考えられます。

　他方、役員Ｃが地域統括会社Ｂ社の使用人として、その地域内のグループ全体の事業計画の策定を行っている場合であって、役員ＣがＳ社の役員の立場でＳ社の職務を執行していないのであれば、Ｓ社は管理支配基準を満たさないものと考えられます。このため、役員Ｃは、Ｂ社の使用人として行う職務とＳ社の役員として行う職務とを明確に区別しておく必要があります。

Q5　一部の業務につき親会社等に確認を求めることがある場合

> 　上記Q4のケースにおいて、S社の業務のうち、資金調達及び与信に係る業務については、全て地域統括会社であるB社に確認を求めることとしています。
>
> 　このような場合において、S社は管理支配基準を満たすことになりますか。

A　本件については、S社の業務のうち、資金調達及び与信に係る業務については、全て地域統括会社であるB社に確認を求めることとしているとのことですが、最終的な確認は地域統括会社であるB社が行うとしても、S社の役員が事業計画案を策定するなど職務執行の重要な事項を自ら判断しているのであれば、S社において事業の管理、支配及び運営を自ら行っているものと考えられます。

　また、例えば、一定額以上の案件については、S社は地域統括会社であるB社に情報を報告するのみであり、B社において実際の資金調達や与信に係る事業計画の策定を行うこともあるかと思いますが、この場合であっても、一定額未満の案件についてはS社において事業計画案を策定し、その事業計画に従って、実際に職務を執行しているのであれば、その範囲においては、S社において事業の管理、支配及び運営を自ら行っており、管理支配基準を満たすものと考えられます。

　しかしながら、S社において事業計画の策定は一切行わず、全ての事項について親会社等の指示を仰いで職務執行しているだけの場合には、次のQ6に該当するものを除き、S社において事業の管理、支配及び運営を自ら行っていないものと考えられます。

Q6　事業計画の策定は親会社等が行い、外国関係会社の役員はその策定された計画に従って職務を執行しているのみである場合

> 　上記Q4のケースにおいて、地域統括会社であるB社は、その地域内におけるグループ全体の与信に係る業務に関する事業計画の策定を行っており、S社の役員はその事業計画に従って職務を執行しています。その事業計画では、与信に当たっての資金調達をどのように行うかは記載されていないため、S社の役員は資金調達に関しては、自ら資金調達計画を策定し、金融機関等から必要となる資金を調達しています。
>
> 　このような場合において、S社は管理支配基準を満たすことになりますか。

A　本件において、仮に、地域統括会社B社がS社の全ての事業計画の策定を行い、S社の役員Cがその事業計画に従い与信の実行をしているだけの場合に

は、Ｓ社において事業の管理、支配及び運営を自ら行っていないものと考えられます。

　本件については、Ｓ社は別途、資金調達等、与信に係る業務以外の業務に関する事業計画の策定を自らが行い、Ｓ社の役員Ｃがその事業計画に従い実際に資金調達等を実行していることから、Ｓ社において事業の管理、支配及び運営を自ら行っており、管理支配基準を満たすものと考えられます。

Ｑ７　業務の一部を委託している場合

> 　上記 Ｑ4のケースにおいて、Ｓ社の業務のうち、資金調達や与信に係る業務の一部についてはＦ国における金融機関に委託しています。また、契約書の作成についてはＦ国における弁護士に助言を求め、帳簿作成等に係る業務はＰ社のＦ国における地域統括会社であるＢ社からシェアードサービスの提供を受けています。
> 　このような場合において、Ｓ社は管理支配基準を満たすことになりますか。

Ａ　管理支配基準では、事業の管理、支配及び運営を自ら行っていることが要件とされていますが、自ら事業計画の策定等を行っており、その事業計画等に従って業務を行っているのであれば、その業務の一部を委託していたとしても、そのことだけでは管理支配基準を満たさないことにはならないと考えられます。

　本件については、Ｓ社において、例えばＡ社の資金需要を把握し、外貨の調達の規模、入金・回収の時期といった事業計画の策定を行った上で、実際の調達業務や入金・回収業務については金融機関に委託しているのであれば、Ｓ社はその事業の管理、支配及び運営を自ら行っており、管理支配基準を満たすものと考えられます。

　なお、契約書の作成等の補助業務（広告宣伝、市場調査、専門的知識の提供その他の当該外国関係会社が業務を行う上での補助的な機能を有する業務をいいます。以下同じです。）について、例えば現地法令に詳しい弁護士等の外部専門家に助言を求めることは、管理支配基準の判定の要素にはなりません。また、経理事務等のような、いずれの会社にあっても共通的に発生する業務について、経済的合理性の観点からいわゆるシェアードサービスの提供を受けたとしても、そのことのみをもって管理支配基準を満たさないことにはならないと考えられます。

Q8　外国関係会社の事業が工業所有権に係る使用料を得ることのみである場合

> 上記Q3のケースにおいて、弁護士事務所に所属するD弁護士がS社の役員として登記されており、S社には他に役員や使用人は存在していません。S社の役員Dは、P社の指示の下、S社専用の銀行口座に使用料が振り込まれたらP社に報告するとともに、一定額が貯まったらP社に送金する業務を行っています。
> このような場合において、S社は管理支配基準を満たすことになりますか。

A　本件については、S社は資産として工業所有権を有し、P社の指示の下、その使用料の入金を受け、親会社Pに報告をするとともに、一定額が貯まったら親会社Pに送金することが主な業務となっています。このことからすると、役員Dが行っていることは判断を伴わない単なる取次ぎにすぎず、S社は自ら事業計画の策定等を行い、その事業計画等に従い裁量をもって事業を執行しているとは考えられません。このため、S社は管理支配基準を満たさないものと考えられます。

(3)　ペーパー・カンパニーの判定における実体基準又は管理支配基準を満たすことを明らかにする書類等について

　税務当局の当該職員は、内国法人に係る外国関係会社が実体基準又は管理支配基準を満たすかどうかを判定するために必要があるとき（注）は、その内国法人に対し、期間を定めて、その外国関係会社が実体基準又は管理支配基準を満たすことを明らかにする書類その他の資料の提示又は提出を求めることができることとされています（措法66の6③）。この場合において、その書類その他の資料の提示又は提出がないときは、その外国関係会社は実体基準又は管理支配基準を満たさないものと推定することとされています（措法66の6③）。

（注）　その外国関係会社の対象となる事業年度の租税負担割合が30％以上である事実が客観的に確認される場合には、その外国関係会社のその対象となる事業年度の適用対象金額については、制度の適用免除とされるため、その外国関係会社がその対象となる事業年度において実体基準又は管理支配基準を満たすかどうかを判定する必要はないことになります。

Ｑ８の２　実体基準又は管理支配基準を満たすことを明らかにする書類等の具体例

上記**Q1**のケースにおいて、Ｓ社は賃借した事務所においてＡ社の行う設備投資や事業への進捗の関与等を行っているとのことですが、Ｓ社が実体基準を満たすことを明らかにする書類等としてどのようなものが考えられますか。

また、**Q4**のケースにおいて、Ｓ社の役員Ｃは、地域統括会社であるＢ社の使用人を兼務しているとのことですが、Ｓ社が管理支配基準を満たすことを明らかにする書類等としてどのようなものが考えられますか。

Ａ　　実体基準を満たすことを明らかにする書類では、①外国関係会社の主たる事業を行うに必要と認められる事務所、店舗、工場その他の固定施設の存在が明らかになっている必要があります。また、固定施設は単なる物的設備ではなく、そこで人が活動することを前提とした概念であることから、②外国関係会社の主たる事業に必要であり、かつ、実際に利用されていることが明らかになっている必要があります。

①を満たす資料としては、例えばその取得又は賃借等をした固定施設の売買契約書、賃貸借契約書、登記簿謄本、賃料や維持管理費用を負担していることが分かる書類、外観・内観写真、事務所等のパンフレットなどが考えられます。また、②を満たす資料としては、例えば社内組織図、事務所等における配席図等のレイアウト表、シフト表、事業活動の内容が分かる定期報告書（日報や月報等）、維持管理費用の支出等の明細その他の役員及び使用人が固定施設において主たる事業に係る業務等に従事している実態を確認できる資料が考えられます。

Ｑ１のケースでは、事務所を賃借しているとのことですので、①を満たす資料としては、例えば事務所の賃貸借契約書が考えられます。また、Ｓ社の役員及び使用人がその事務所においてＡ社の行う設備投資や事業の進捗への関与、Ａ社に提供する資金の調達や他の株主との調整等に従事しているとのことですので、②を満たす資料としては、例えば事務所に設置されている机、椅子、応接セットや通信機器などのレイアウト表や、Ｓ社の役員及び使用人がその事務所においてＡ社・金融機関・他の株主等とのやり取りを行ったことが分かる書類などが考えられます。

次に、管理支配基準は、外国関係会社が本店所在地国において「事業の管理、支配及び運営を自ら行っている」かどうかを判定するものであり、その意味するところは、外国関係会社が事業を行うに当たり、③事業方針や業績目標などを定め、④それを達成するために事業計画等を策定するなど、事業をどのよう

に運営していくかを決定し、⑤それらに基づき、裁量をもって事業を執行しているかどうかを明らかにする必要があります。

　③を満たす書類としては、例えば本店所在地国で開催した株主総会又は取締役会に係る株主総会議事録又は取締役会議事録、その他外国関係会社が事業方針や業績目標を定めたことが分かる資料等が該当します。また、④を満たす書類としては、本店所在地国で策定した事業計画書や社内稟議書等が該当します。さらに、⑤を満たす書類としては、例えば本店所在地国において外国関係会社の役員の名で締結した契約書や作業指図書などが該当します。

　Ｑ４のケースにおいても、上記③から⑤までを明らかにする書類として、上記の書類が考えられます。また、Ｑ４のケースは、Ｓ社の役員Ｃは、地域統括会社であるＢ社の使用人を兼務しているとのことですが、役員が責任を負い、裁量をもって事業を執行しているのであれば、外国関係会社はその活動に対する報酬を負担するのが通常であると考えられます。このため、この場合の⑤を満たす書類としては、外国関係会社がその役員の職務執行に応じた報酬を支払っていることが確認できる賃金台帳等の帳簿書類及び損益計算書等（労務管理の事務負担の観点等から、兼務先の会社がまとめて報酬を支払っている場合においては、別途外国関係会社が給与負担金等として役員の報酬を負担していると認められるような事実を確認できる契約書等の書類）が必要と考えられます。

　なお、上記①から⑤までの事実が確認できる書類は、通常、事業活動を行う上で作成される書類によることとなるため、必ずしも上記で例示されている書類が全て必要となるわけではなく、例示されていない書類であっても上記①から⑤までの事実が確認されるものであれば実体基準又は管理支配基準を満たすことになります。また、①固定施設の存在及び②固定施設での業務内容が確認できる資料（例えば、小売業の場合、店舗で消費者向けに販売を行っていることが分かるもの）など、外国関係会社が事業を行う上で、上記①から⑤までのうちの複数の事実が確認できる資料を作成していることも考えられますので、上記①から⑤までの個々の事実について、それぞれ個々の資料で明らかにする必要もありません。

⑷　ペーパー・カンパニー等の整理に伴う一定の株式譲渡益の免除特例について

　平成30年度改正において、外国企業を買収した場合に、その傘下に存在するペーパー・カンパニー等の整理に当たって生ずる一定の株式譲渡益について、適用対象金額の計算上控除する措置が講じられました。

　具体的には、特定外国関係会社又は対象外国関係会社（その発行済株式等の

全部又は一部が一定の内国法人（措置法第 66 条の６第１項各号に掲げる内国法人）によって保有されているもの、すなわち親法人である内国法人に直接保有されている子法人を除きます。以下「ペーパー・カンパニー等」といいます。）の各事業年度における特定部分対象外国関係会社株式等の特定譲渡に係る譲渡利益額はそのペーパー・カンパニー等の適用対象金額の計算上、控除することとされています（措置法令 39 の 15①五、②十八）。

　ここで、特定部分対象外国関係会社株式等とは、そのペーパー・カンパニー等に係る居住者等株主等（措置法 66 の６②一イに規定する居住者等株主等をいいます。以下同じです。）の持株割合が 50％を超えることとなった場合（そのペーパー・カンパニー等が設立された場合を除きます。）のその超えることとなった日（以下「特定関係発生日」といいます。）にそのペーパー・カンパニー等が有する部分対象外国関係会社に該当する外国法人の株式等をいうこととされています。

　また、特定譲渡とは、次に掲げる要件の全てに該当する特定部分対象外国関係会社株式等の譲渡をいうこととされています。

a)　譲渡先要件

　　親会社である内国法人等又は他の部分対象外国関係会社への譲渡

b)　期間要件

①　特定関係発生日から原則として２年を経過する日までの期間内の日を含む事業年度に行う譲渡

②　現地の法令等により上記期間内の譲渡が困難である場合には、特定関係発生日から５年を経過する日までの期間内の日を含む事業年度に行う譲渡

c)　解散等要件

　　次のいずれかに該当すること

①　清算中のペーパー・カンパニー等が行う譲渡

②　譲渡日から２年以内にそのペーパー・カンパニー等の解散が見込まれること

③　譲渡日から２年以内に非関連者がそのペーパー・カンパニー等の発行済株式等の全部を有すると見込まれること

d)　統合計画書要件

　　次に掲げる事項を記載した計画書に基づいて行われる譲渡であること

①　居住者等株主等の持株割合等が 50％超とする目的

②　①の目的を達成するための基本方針

③　①の目的を達成するために行う組織再編成に係る基本方針

④　①の目的を達成するために行う組織再編成の内容及び実施時期

⑤　その他参考となるべき事項

e)　特定事由非該当要件

　　特定部分対象外国関係会社株式等を発行した外国法人の合併、分割、解散その他の事由に伴って、当該ペーパー・カンパニー等において生ずる譲渡でないこと

Q8の3　ペーパー・カンパニー等の整理に伴う一定の株式譲渡益の免除特例の具体例

> 　内国法人であるP社は、X1年1月1日にF国に所在するE社（居住者等株主等との間に資本関係はありません。）から、金銭買収により、E社の 100%子会社でF国に所在するS社の発行済株式の全てを取得しました。S社はその買収の時点で 100%子会社であるF国に所在するG社を有しておりますが、G社は実体基準及び管理支配基準のいずれの要件も満たさないため特定外国関係会社（ペーパー・カンパニー）に該当します。なお、G社はその買収の時点で 100%子会社であるH社を有しておりますが、H社は部分対象外国関係会社に該当します。
>
> 　P社は、ペーパー・カンパニーであるG社を整理することが税務コンプライアンスや買収後の企業経営の観点から重要であると考え、統合計画書を作成し、その統合計画書に基づいてG社が有するH社株式を金銭により取得し、G社についてはX5年 12 月 31 日までに解散させることとしました。なお、G社がH社株式をP社に譲渡するに当たって、F国における許認可に時間を要したため、X4年 10 月 1 日に譲渡することになりました。
>
> 　この場合において、G社におけるH社株式の譲渡益について、G社の適用対象金額を計算する際に控除することはできますか。

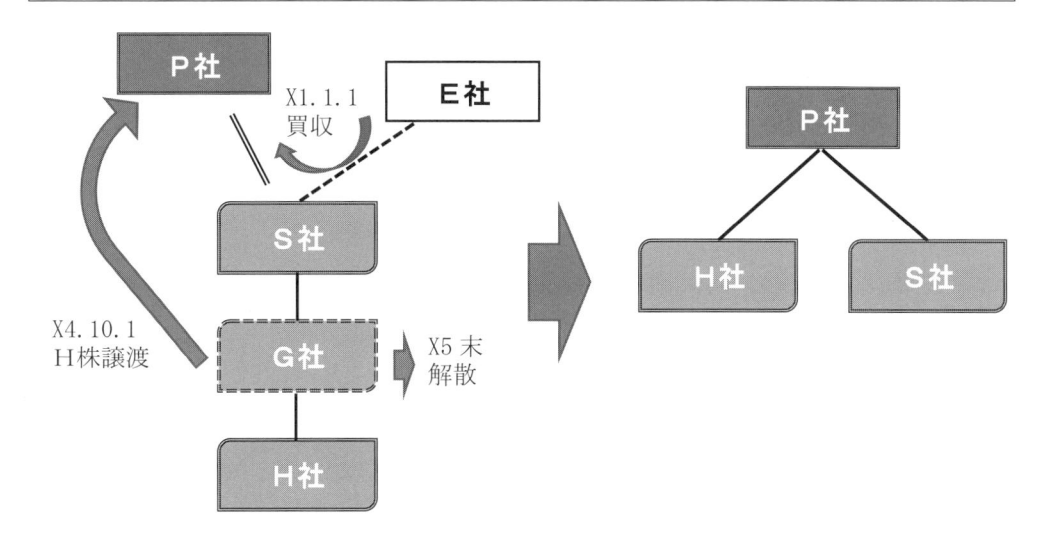

A　本件については、 Ｐ社は居住者等株主等との間に資本関係のない外国法人であるＥ社から、Ｓ社の発行済株式の100％を取得する取引となります。このため、ペーパー・カンパニーであるＧ社に係る居住者等株主等の持株割合が50％を超えることとなった日（特定関係発生日）は、Ｘ1年1月1日ということになり、Ｈ社は部分対象外国関係会社に該当しますので、特定関係発生日にＧ社が有するＨ社株式は特定部分対象外国関係会社株式等に該当することになります。

　Ｐ社は、ペーパー・カンパニーであるＧ社を整理するために、Ｇ社の有するＨ社株式をＰ社が全株取得し、その後Ｇ社を解散させることについての統合計画書を作成し、その計画書に基づいてＨ社株式をＰ社に譲渡をすることになります。そこで、当該譲渡が上記(4)の特定譲渡に当たるのかを検討します。

　まず、Ｇ社は、特定部分対象外国関係会社株式等に該当するＨ社株式を親会社であるＰ社に譲渡をするものであり、上記(4) a)の譲渡先要件を満たします。また、当該譲渡はＧ社からＰ社に対する金銭による譲渡に該当しますので、Ｈ社の合併、分割、解散その他の事由に伴って、ペーパー・カンパニーであるＧ社において生ずる譲渡ではないため、上記(4) e)の特定事由非該当要件を満たします。

　次に、Ｇ社が行うＨ社株式の譲渡に当たって、Ｆ国の許認可を要したために、実際の譲渡はＸ4年10月1日に行われたとのことですが、Ｇ社の本店所在地国において株式の譲渡に係る許認可に時間が要することについては、現地の法令等により特定関係発生日から原則として2年を経過する日までの期間内の日を含む事業年度に行う譲渡が困難である場合に該当します。また、当該譲渡は特定関係発生日であるＸ1年1月1日から5年を経過する日までの期間内の日を含む事業年度に行う譲渡に該当するため、上記(4) b)の期間要件の②を満たします。

　さらに、Ｇ社については、Ｘ4年10月1日におけるＨ社株式の譲渡後、Ｘ5年12月31日までに解散することが見込まれていることから、上記(4) c)の解散等要件の②を満たします。なお、株式等の譲渡の日から2年以内に解散することが「見込まれている」かどうかは、譲渡の時点で判断することになるため、譲渡の時点で「見込まれている」ことが稟議書や事業計画書等により明らかであれば、上記(4) c)の解散等要件の②を満たすこととなります。

　したがって、Ｇ社が行うＨ社株式の譲渡が、上記(4) d)の①〜⑤に掲げる事項を記載した統合計画書に基づいて行われる場合には、Ｈ社株式の譲渡は特定譲渡に該当することとなり、Ｇ社の適用対象金額の算定上、Ｈ社株式の譲渡利益額は控除されることとなります。なお、統合計画書に基づいて行われる譲渡とされていることから、統合計画書は少なくとも譲渡利益額の控除の対象とな

る株式の譲渡が行われるまでには作成しておく必要があります。また、例えば
Ｓ社を買収して早々に統合計画書を作成していた場合において、その後統合計
画書どおりの再編とならない場合があると考えられますが、譲渡利益額の控除
の対象となる株式の譲渡が行われるまでに統合計画書を変更していれば、特例
の対象になると考えられます。

　なお、この統合計画書とは、海外Ｍ＆Ａ後の海外子会社等の組織再編成を円
滑化し、海外Ｍ＆Ａによるシナジーを最適化する観点から作成されるものであ
り、経済産業省のホームページにおいて、この具体例が公表されていますので
（http://www.meti.go.jp/policy/external_economy/toshi/kokusaisozei/pmikeikakusho.h
tml）、この統合計画書を記載するに当たって参考にしてください。

Ⅱ　対象外国関係会社の判定に係る経済活動基準における航空機リースについて

　　平成29年度改正では、外国関係会社の経済活動の内容に着目して、外国関係会社が、会社全体として、いわゆる「能動的所得」を得るために必要な経済活動の実体を備えているかを判定する基準として、いわゆる「経済活動基準」が設定されています。経済活動基準は、平成29年度改正前の適用除外基準と同様の四つの基準（①事業基準、②実体基準、③管理支配基準、④非関連者基準／所在地国基準）とされ、外国関係会社がこれらのうちいずれかを満たさない場合には、能動的所得を得る上で必要な経済活動の実体を備えていないと判断されます。この場合には、対象外国関係会社に該当し会社単位での合算課税の対象となります。

　　また、一定の要件を満たす航空機の貸付けを行う外国関係会社について、事業基準の対象から除くこととされ、事業基準の内容の見直しが行われています。

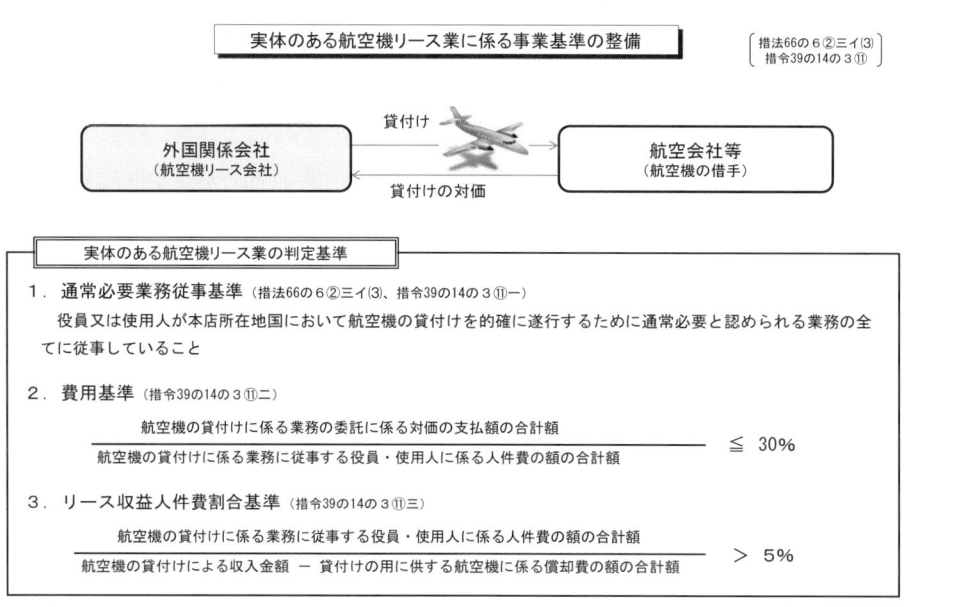

Q9　事業基準から除外される航空機リース会社における「通常必要と認められる業務」の範囲

　　内国法人であるＰ社は、Ｆ国を本店所在地国とするＳ社の株式を保有しています。Ｓ社は航空機リース業を主たる事業とする外国関係会社に該当します。Ｓ社の役員及び使用人は、Ｆ国において航空機リースを行うための業務として、a)購買活動・資金調達、b)営業活動、c)条件交渉・契約書作成、d)取引管理、e)機材管理、f)与信管理、g)機材売却などを行っています。

> このような場合において、Ｓ社の役員及び使用人は、措置法第66条の6第2項第3号イ⑶に規定する航空機の貸付けを的確に遂行するために通常必要と認められる業務の全てに従事していることになりますか。

A 平成29年度改正において、外国関係会社の役員又は使用人が、本店所在地国において航空機の貸付けを的確に遂行するために通常必要と認められる業務の全てに従事している等の要件を満たす場合には、実体のある事業を行っている航空機リース会社として事業基準の対象となる外国関係会社から除外することとされています（措置法66の6②三イ⑶）。

　この航空機の貸付けを的確に遂行するために通常必要と認められる業務ですが、航空機リース業を主たる事業としている会社では、通常、以下のような業務が行われているようです。

a) 航空機製造会社及び同業他社への購買活動、リースバックを前提とした航空会社からの売却提案への対応及び親会社や金融会社等からの資金調達
　ex. 市場動向把握、交渉

b) 航空会社（借り手）向け営業活動
　ex. 事業計画/機材計画等の聴取、市場動向把握

c) 航空会社（借り手）との条件交渉・基本合意書作成・契約書作成
　ex. リース契約（リースバック取引である場合には併せて機材の売買契約）に関する条件交渉・基本合意書の作成・契約書の作成

d) 取引管理
　ex. 入金チェック、保険管理、航空会社における契約遵守状況モニタリング

e) 機材管理
　ex. 技術評価、整備単価等評価、航空会社における機材整備状況モニタリング

f) 与信管理
　ex. 与信先財務分析、懸念先モニタリング、信用事由発生時の機材及び債権回収

g) リース期中及びリース満期時における再販活動（機材売却、再リース、リース延長）
　ex. 同業他社や投資家、航空会社等に対しての営業活動

　これらの業務のいずれにも従事していると認められる場合には、航空機の貸付けを的確に遂行するために通常必要と認められる業務の全てに従事していると考えられます。

　本件については、Ｓ社の役員及び使用人は本店所在地国であるＦ国において、上記a)〜g)の業務に従事しているとのことですので、航空機の貸付けを的確に遂行するために通常必要と認められる業務の全てに従事していると考えられます。

Q10 通常必要と認められる業務の全てに従事しているかどうかの判定

　上記Q9のケースで、S社の航空機リース業に係る業務のうち、次の業務については、それぞれ次のとおり委託を行っています。

⑴　「a）購買活動」に当たって、通関士に輸出入関連手続を委託
⑵　「c）条件交渉・契約書作成」に当たって、弁護士にひな型の作成を委託
⑶　「e）機材管理」に当たって、機体メンテナンスを整備会社に委託
⑷　「a）購買活動」、「b）営業活動」及び「g）機材売却」に当たって、グループ会社に製造会社及び航空会社等への取次ぎや調査を委託
⑸　「f）与信管理」に当たって、債権回収をサービサーに委託

　このような場合において、S社の役員及び使用人は、措置法第66条の6第2項第3号イ⑶に規定する航空機の貸付けを的確に遂行するために通常必要と認められる業務の全てに従事していることになりますか。

　なお、この航空機リース業に係る人件費の総額に占めるこれらの業務委託費の総額の割合は30%以下となっています。

A　実体のある事業を行っている航空機リース会社として事業基準の対象となる外国関係会社から除外されるためには、外国関係会社の役員又は使用人が、本店所在地国において航空機の貸付けを的確に遂行するために通常必要と認められる業務の全てに従事していることが要件の一つとされています。この「全てに従事している」かどうかの判定に当たって、委託を一切行ってはいけないと解するのは適当ではありませんが、外国関係会社の役員又は使用人が、通常必要と認められる業務の全てに従事していることとなるためには、補助業務を除き、業務委託に当たって、その外国関係会社が仕様書等（工事、工作などの内容や手順などを説明した書面その他これに類するものをいいます。以下同じです。）を作成し、又は指揮命令していることが必要であると考えられます（措通66の6−16）。

　そこで、本件については、上記⑴〜⑸の業務委託が行われているとのことですが、上記⑴及び⑵については補助業務に係る委託に該当し、上記⑶〜⑸の業務委託については、S社の役員及び使用人が仕様書等を作成したり、委託先に具体的に指示を行っていたりする事実があると認められる場合には、S社の役員及び使用人は航空機の貸付けを的確に遂行するために通常必要と認められる業務の全てに従事していると考えられます。

　なお、外国関係会社が航空機リース業を行うに当たり、その親会社等と協議し、その意見や承認を求めることもあると考えられますが、案件を提案したり、方針を策定したりするのが外国関係会社であるのであれば、この要件の判定には影響を与えないものと考えられます。

Ⅲ　部分適用対象金額に係る合算課税の対象範囲について

　平成29年度改正では、租税回避リスクを外国子会社の所得や活動の内容により把握するという方向性に沿って、いわゆる「受動的所得」として部分合算課税の対象となる所得の範囲及び合算対象所得の計算方法等の見直しが行われています。また、外国関係会社の行う事業の性質上重要で欠くことができない業務から生じた一定の所得について、部分合算課税の対象となる所得の範囲の見直しに伴い、租税回避リスクを所得類型ごとに判断し、外国関係会社にその所得を得るだけの実質を備えていると考えられるものを、事務負担も考慮して、個別に除外することとされています。

部分合算課税の対象となる所得の範囲の比較

（措法66の6⑥ 措令39の17の3 措規22の11）

【平成29年度改正前】（旧措法66の6④等）	【平成29年度改正後】（新措法66の6⑥等）
持株割合10%未満の株式等に係る剰余金の配当等（一）※	剰余金の配当等（一）◎（持株割合25%以上（注）の株式等に係る配当等を除く。）（注）一定の資源投資法人から受ける配当等にあっては、10%以上
債券の利子（二）※	受取利子等（二）◎（業務の通常の過程で得る預貯金利子、一定の貸金業者が行う金銭の貸付けに係る利子、一定の割賦販売等に係る利子、一定のグループファイナンスに係る利子を除く。）
債券の償還差益（三）※	
持株割合10%未満の株式等の譲渡益（四）※	有価証券の譲渡損益（四）◎（持株割合25%以上の株式等に係る譲渡損益を除く。）
債券の譲渡益（五）※	
－	有価証券の貸付けの対価（三）
－	デリバティブ取引に係る損益（五）◎（ヘッジ取引として行った一定のデリバティブ取引、一定の商品先物取引業者等が行う商品先物取引、先物外国為替契約等に相当する契約に基づくデリバティブ取引、一定の金利スワップ等に係る損益を除く。）
－	外国為替差損益（六）◎（事業（外国為替差損益を得ることを目的とする投機的取引を行う事業を除く。）に係る業務の通常の過程で生じる損益を除く。）
－	その他の金融所得（七）◎（ヘッジ取引として行った一定の取引に係る損益を除く。）
特許権等の使用料（六）（自己開発等一定のものに係る使用料を除く。）	無形資産等の使用料（九）◎（自己開発等一定のものに係る使用料を除く。）（注）無形資産等の範囲は、改正前の事業基準における無形資産等の範囲と同様。
－	無形資産等の譲渡損益（十）（自己開発等一定のものに係る損益を除く。）（注）同上
船舶・航空機の貸付けの対価（七）	固定資産の貸付けの対価（八）（本店所在地国で使用に供される等の固定資産の貸付けによる対価、一定の要件を満たす事業者が行う貸付けによる対価を除く。）
－	異常所得（十一）資産、人件費、減価償却費の裏付けの無い所得

上記※の所得については、事業（株式保有業等の特定事業を除く。）の性質上重要で欠くことのできない業務から生じたものは合算対象から除外。

上記◎の所得については、一定の要件を満たす金融機関は、合算対象から除外。ただし、異常な水準の資本に係る所得は合算対象。

Q11　「受動的所得」である受取利子等のうち活動の実体がある場合として除外されるグループファイナンスに係る利子の要件における通常必要と認められる業務の範囲

　内国法人であるP社は、F国を本店所在地国とするS社の株式を保有しています。S社は物品販売業を主たる事業として行う部分対象外国関係会社（措置法第66条の6第2項第6号に規定する部分対象外国関係会社をいい、同項第7号に規定する外国金融子会社等に該当するものを除きます。以下同じです。）に該当します。S社は、物品販売業とは別に、関連者等（措置法令第39条の17の3第10項第2号イからハまでに掲げる者をいい、個人を除きます。以下同じです。）に金銭の貸付けを行うために、F国において事務所を設け、F国においてS社の役員及び使用人がa)財務業務及びb)貸付業務に従事しています。

> 　このような場合において、Ｓ社の役員又は使用人は、同号に規定する金銭の貸付けの事業を的確に遂行するために通常必要と認められる業務の全てに従事していることになりますか。
>
> 　また、上記 b)に係る業務の一部を委託している場合はどうですか。

Ａ　多数の外国関係会社を構えて国際的に事業展開する企業グループにおいては、各事業会社の資金需給を調整し、グループ全体での資金効率の最適化を図るためにいわゆるグループファイナンス機能を有する外国関係会社を設立する場合があります。そこで、平成 29 年度改正において、本店所在地国において実体のあるグループファイナンス事業を行っていると認められる部分対象外国関係会社が関連者等に対して行う金銭の貸付けによって得る利子については、部分合算課税の対象から除外することとされています（措置法 66 の 6 ⑥二、措置法令 39 の 17 の 3 ⑩二）。

　部分合算課税の対象から除外されるグループファイナンスに係る利子とは、部分対象外国関係会社のうち、その本店所在地国においてその行う金銭の貸付けに係る事務所、店舗その他の固定施設を有し、かつ、その本店所在地国においてその役員又は使用人が金銭の貸付けの事業を的確に遂行するために通常必要と認められる業務の全てに従事しているものが、その関連者等に対して行う金銭の貸付けに係る利子の額とされています。

　ここで、グループファイナンス事業は、通常、グループ各社において以下のような業務を行っています。

a)　財務業務

① 　自社の投資計画や負債の返済見通し等を基にした資金計画の作成、資金需要の予測等の親会社又は資金管理会社※1への報告
  ※1 　グループファイナンスを実施する際に、多国籍企業グループは、通貨・為替、時差、法令・規制等の観点からグループをいくつかの範囲に分割し、その範囲の資金管理を統括する資金管理会社を設立している場合があります。また、地域統括会社が兼務している場合もあります。

② 　グループ各社から報告された情報に基づくキャッシュ残高や予測に係る情報に基づくグループ全体又は資金管理会社の管理する単位の資金計画の策定、金利設定等※2
  ※2 　資金計画の策定に当たっては、グループ内の余剰資金の有効活用のほか、外部からの資金調達をすることも考えられます。

③ 　資金計画に基づく具体的なグループファイナンス方法の検討※3
  ※3 　例えば、自社の資金計画や貸付時点の外部環境等を踏まえ、貸付方法（長期又は短期のロールオーバー）、貸付条件（変動又は固定）等について経済性を踏まえた検討を行うことが該当します。

b)　貸付業務

④ 　上記③に基づき貸付けを実施。契約事務、入金管理・回収等

　このため、Ｓ社の役員又は使用人が上記 a)財務業務及び b)貸付業務のいずれにも従事している場合には、当該部分対象外国関係会社の役員又は使用人は金銭の貸付けの事業を的確に遂行するために通常必要と認められる業務の全てに従事していると考えられます。なお、上記 a)の財務業務をグループ内で分担して行っているような場合には、上記 a)財務業務の①から③までのいずれかの業務及び b)貸付業務に従事している場合であっても当該通常必要と認められる業務の全てに従事していると考えられます。

　また、Ｓ社が銀行等の金融機関ではない場合、上記④の業務については、以下のとおり委託が行われることがあるようです。

　⑤　銀行等の金融機関の提供するキャッシュ・マネジメント・システムを利用し、上記③で決定した貸付先・貸付金額・貸付期間を設定して会社間貸借を適時自動的に実施すべく銀行等に委託

　⑥　上記④の入金管理・回収等を代行会社に委託

　部分対象外国関係会社の役員又は使用人が通常必要と認められる業務の全てに従事していることとなるためには、補助業務を除き、業務委託に当たって、その外国関係会社が仕様書等を作成し、又は指揮命令していることが必要であると考えられます。この点、グループファイナンスに関しては、上記①～④の業務が行われることが前提となっており、上記③で貸付先・貸付金額・貸付期間等が設定され、それに基づき会社間で金銭消費貸借契約が結ばれることとなっています。その上で、上記③で設定された条件等に従って上記⑤及び⑥の業務委託が実施されるものであれば、通常は、外国関係会社が仕様書等を作成し、それに沿って業務委託をしているものと考えられます。

（注）　上記⑤及び⑥の業務委託契約については、Ｐ社も含めたグループファイナンスを行う場合、Ｐ社とＳ社はそれぞれ銀行等の金融機関と業務委託契約を結ぶことになりますが、業務委託契約を１本化してＰ社と銀行等の金融機関との間のみで業務委託契約が結ばれることがあります。その場合の業務委託契約には、Ｐ社とＳ社及びＳ社とその子会社との会社間貸借を自動化する内容が含まれるため、その業務委託契約について、承諾書等といったＳ社及びその子会社がその業務委託契約に同意する意思を明らかにする書類を金融機関に提出するといった契約形態をとるときがあります。そのようなときであっても、その業務委託契約の条件が適切であるかどうかをＳ社内で検討・意思決定した上で、Ｐ社と調整してキャッシュ・マネジメント・システムを導入しているのであれば、Ｓ社と銀行等の金融機関との間で業務委託契約を結んでいる場合とその実態は変わらないので、Ｓ社が業務委託をした場合と同様に取り扱って差し支えないと考えられます。

Q12　グループファイナンスに係る利子の要件における「通常必要と認められる業務の全て」が当該事業年度内に行われていない場合において、役員又は使用人が業務の全てに従事しているかどうかの判定

> 　上記 Q11 のケースにおいて、前期にグループファイナンスに係る a) 財務業務は行ったものの、b) 貸付業務については当期以降に行うことが見込まれています。
> 　このような場合において、S 社の役員及び使用人は措置法令第 39 条の 17 の 3 第 10 項第 2 号に規定する金銭の貸付けの事業を的確に遂行するために通常必要と認められる業務の全てに従事していることになりますか。

A　上記 Q11 においてグループファイナンス事業を行う会社における金銭の貸付けの事業を的確に遂行するために通常必要と認められる業務の全てに従事しているかどうかの判定に当たって、a) 財務業務及び b) 貸付業務について、それぞれの業務の一部をグループ内で分担している場合であっても外国関係会社がいずれの業務も実施していなければならないとしているところです。Q12 は、前期において a) 財務業務及び b) 貸付業務のいずれか一方の業務が実施され、当期以降にもう一方の業務が行われる場合には、通常は外国子会社合算税制における合算対象となるかどうかの判定は事業年度ごとに行うことから、部分合算課税の対象から除外されるグループファイナンスに係る利子の要件における通常必要と認められる業務の全てに従事しているかどうかの判定に当たっても、事業年度ごとに判定する必要があるのかという質問になります。

　この点、例えば、貸付業務については利子を収受しつつ、最終的に全てを回収するまでには長期間を要することが見込まれるところであり、上記 Q11 の a) 財務業務の①から③までで貸付期間等が決定された上で、それに基づき b) 貸付業務が実施されているのであれば、その金銭の貸付けに係る a) 財務業務と b) 貸付業務とは一体として実施されたものといえることから、仮に b) 貸付業務が当期以降に実施されたとしても、金銭の貸付けの事業を的確に遂行するために通常必要と認められる業務の全てに従事していると考えられます。

Q13　デリバティブ取引に係る損益の額

> 　内国法人である P 社は、F 国を本店所在地国とする S 社の株式を保有しています。S 社は卸売業を主たる事業として行う部分対象外国関係会社に該当します。S 社は先物市場において取引される商品を取り扱っています。S 社は、商品を都度調達し、都度販売しますが、期末における商品の保有高とその

後の販売予定を合わせみると買い持ちが見込まれています。この商品の将来の値下りリスクに備えてヘッジ取引を行うことを考えていますが、商品の出入りがあるため、ヘッジ対象資産とデリバティブ取引等を紐つけるのは難しく、その買い持ち残額（差額）について先物の売り予約を行うこととしています。

このようにヘッジ目的で差額についてデリバティブ取引等が行われている場合について、措置法規第22条の11第14項のいわゆる事業者単位の特例となるデリバティブ取引等に該当しますか。

A　平成29年度改正において、租税回避リスクを外国子会社の所得や活動の内容によって把握するという方向性に沿って、デリバティブ取引に係る利益の額又は損失の額に係る所得の金額が部分合算課税の対象となる金額に追加されていますが、一定のデリバティブ取引に係る損益については、部分合算課税の対象となる金額から除外することとされ、ヘッジ取引として行った以下の損失の額又は利益の額は、部分合算課税の対象となる金額とされません（措置法66の6⑥五）。

①　原則

イ　繰延ヘッジ処理対応

ヘッジ対象資産等損失額（法人税法第61条の6第1項各号（繰延ヘッジ処理による利益額又は損失額の繰延べ）に掲げる損失の額に相当する金額をいいます。）を減少させるために部分対象外国関係会社がデリバティブ取引等を行った場合において、そのデリバティブ取引等がヘッジ対象資産等損失額を減少させる効果についてあらかじめ定めた評価方法に従って定期的に確認が行われているときのそのデリバティブ取引等（下記ロに該当するデリバティブ取引等を除きます。）に係る損失の額又は利益の額（措置法規22の11⑬一）

ロ　時価ヘッジ対応

ヘッジ対象有価証券損失額（売買目的外有価証券相当有価証券（法人税法第61条の3第1項第2号（売買目的有価証券の評価益又は評価損の益金又は損金算入等）に規定する売買目的外有価証券に相当する有価証券をいいます。）の価額の変動により生ずるおそれのある損失（期末時換算法により機能通貨換算額への換算をする売買目的外有価証券相当有価証券の価額の外国為替の売買相場の変動に基因する変動を除きます。）の額をいいます。）を減少させるために部分対象外国関係会社がデリバティブ取引等を行った場合において、そのデリバティブ取引等がヘッジ対象有価証券損失額を減少させる効果についてあらかじめ定めた評価方法に従って

定期的に確認が行われているときのそのデリバティブ取引等に係る損失の額又は利益の額（措置法規 22 の 11⑬二）

②　事業者単位の特例

　　部分対象外国関係会社がその事業年度において行ったデリバティブ取引等のおおむね全部がヘッジ対象資産等損失額を減少させるために行ったものである場合（次に掲げる要件を満たす場合に限ります。）には、その部分対象外国関係会社に係る内国法人は、上記①にかかわらず、その部分対象外国関係会社がその事業年度に行った全てのデリバティブ取引等をもってヘッジ取引として行った一定のデリバティブ取引とすることができることとされています（措置法規 22 の 11⑭）。

イ　ヘッジ対象資産等損失額を減少させようとする資産等の内容、ヘッジ対象資産等損失額を減少させるために行うデリバティブ取引等の方針及びその行うデリバティブ取引等がヘッジ対象資産等損失額を減少させる効果の評価方法に関する書類を作成していること。

ロ　上記イの書類において、その行うデリバティブ取引等のおおむね全部がヘッジ対象資産等損失額を減少させるために行うことが明らかにされていること。

ハ　上記イの書類において定められた方針に従ってデリバティブ取引等を行うために必要な組織及び業務管理体制が整備されていること。

ニ　ヘッジ対象資産等損失額を減少させる効果について、上記イの書類において定められた評価方法に従って定期的に確認が行われていること。

　　本件については、ヘッジ対象資産が流動的であるため、それと紐をつけてヘッジ手段を講ずることが困難であることから、期末における商品の保有高とその後の販売予定額との差額についてヘッジを行うこととしています。このため、ヘッジ対象資産とヘッジ手段の対応関係について具体的に帳簿書類等に記載することは困難であるため、上記①イの適用は受けられないものと考えられます。しかしながら、上記②の事業者単位の特例の適用要件については、ヘッジ対象資産とヘッジ手段の対応関係について具体的に帳簿書類等に記載することまでは求められていないため、当該差額をヘッジ対象として、そのヘッジ対象資産等損失額を減少させようとする資産等の内容、デリバティブ取引等の方針及び効果の評価方法に関する文書を作成し、上記②のロからニまでの要件を満たし、かつ、外国関係会社がその事業年度に行ったデリバティブ取引のおおむね全部がヘッジ目的で行われている場合には、事業者単位の特例を適用することができます。

Q14 商品先物取引業の通常必要と認められる業務の範囲

> 内国法人であるP社は、F国を本店所在地国とするS社の株式を保有しています。S社は商品先物取引業を主たる事業とする部分対象外国関係会社に該当します。S社の役員及び使用人は、F国において商品先物取引を行うための業務として、a)顧客の勧誘、b)顧客からの取引の委託及び委託取引の執行、顧客との相対取引、c)自己勘定取引、d)リスク管理などを行っています。
>
> このような場合において、S社の役員及び使用人は措置法第66条の6第6項第5号に規定する商品先物取引法第2条第22項各号に掲げる行為に相当する行為に係る事業を的確に遂行するために通常必要と認められる業務の全てに従事していることになりますか。
>
> また、上記a)及びc)に係る業務の一部をS社の指示の下、関連者に委託している場合はどうですか。

A　平成29年度改正において、租税回避リスクを外国子会社の所得や活動の内容によって把握するという方向性に沿って、デリバティブ取引に係る利益の額又は損失の額に係る所得の金額が部分合算課税の対象となる金額に追加されていますが、一定の商品先物取引業者等が行う一定の商品先物取引に係る損失の額又は利益の額については、部分合算課税の対象から除外することとされています（措置法66の6⑥五）。

　　具体的には、その本店所在地国の法令に準拠して商品先物取引法第2条第22項各号（定義）に掲げる行為に相当する行為を業として行う部分対象外国関係会社(その本店所在地国においてその役員又は使用人がその行うその行為に係る事業（以下「商品先物取引業」といいます。）を的確に遂行するために通常必要と認められる業務の全てに従事しているものに限ります。）が行う同条第13項に規定する外国商品市場取引及び同条第14項に規定する店頭商品デリバティブ取引に相当する取引に係る損失の額又は利益の額（措置法規22の11⑯）については、部分合算課税の対象から除外することとされています。

　　この商品先物取引業を的確に遂行するために通常必要と認められる業務ですが、商品先物取引業を主たる事業としている会社では、通常、以下のような業務が行われているようです。

a)　顧客の勧誘
　　ex.顧客勧誘方針の構築、実際の勧誘等

b)　顧客からの取引の委託※1及び委託取引の執行※2、顧客との相対取引（商品の組成も含む）※3
　　※1　ex.顧客の証拠金及び資産の預かり及び区分管理
　　※2　ex.顧客からの委託に従い、取引所市場において取引を執行
　　※3　ex.顧客の要望に応じて、商品を組成。また、組成した商品について顧客に販売

 c) 自己勘定取引

  ex.ブローカー業務を行っている場合には、委託取引と区分し、自己資金の運用の一環として実施している場合があるようです。相対取引を行っている場合には、顧客との相対取引で発生したポジションを適宜取引所市場や他の相対取引を通じて処分するもののほか、ブローカー業務と同様自己資金の運用の一環として実施するものがあるようです。

 d) リスク管理

  ex.リスク管理方針の構築及び実行（トレーダーのポジション管理等）。コンプライアンス方針の構築及び実行（顧客の勧誘、委託資産の管理等）

 これらの業務のいずれにも従事していると認められる場合には、商品先物取引業を的確に遂行するために通常必要と認められる業務の全てに従事していると考えられます。

 本件については、Ｓ社の役員及び使用人は本店所在地国であるＦ国において、上記a)〜d) の業務に従事しているとのことですので、商品先物取引業を的確に遂行するために通常必要と認められる業務の全てに従事していると考えられます。

 また、上記a)顧客の勧誘及びc)自己勘定取引に係る業務については、以下のとおり委託が行われることがあります。

イ 上記 a)顧客の勧誘に関して、Ｆ国以外の地域の顧客について、その地域の関連者に取引の取次ぎを委託

ロ 上記 c)自己勘定取引に関して、Ｓ社の営業時間外において、その保有するポジション（いわゆる「ブック」）の管理を営業時間の異なる関連者に委託

 このため、部分対象外国関係会社の役員又は使用人が、通常必要と認められる業務の全てに従事していることとなるためには、補助業務を除き、業務委託に当たって、その外国関係会社が仕様書等を作成し、又は指揮命令していることが必要であると考えられますので、Ｓ社は関連者へのこれらの業務委託に当たって、その内容を具体的に指示している事実関係を有している必要があると考えられます。

 なお、外国関係会社が上記 a)〜d) の業務を行うに当たって、親会社等と協議し、その意見や承認を求めることもあると考えられますが、案件を提案したり、方針を策定したりするのが外国関係会社であるのであれば、この要件の判定には影響を与えないものと考えられます。

Q15 外国為替差損益がある場合の取扱い

 内国法人であるＰ社は、Ｆ国を本店所在地国とするＳ社の株式を保有しています。Ｓ社は物品販売業を主たる事業とする部分対象外国関係会社に該当します。Ｓ社は商品をＦ国以外の地域に輸出して販売していますが、措置法規

> 第22条の11第20項第1号に規定する機能通貨以外の通貨（特定通貨）で決
> 済することとしているため、外国為替差損益が生じます。
>
> 　このような場合において、Ｓ社に生ずる外国為替差損益は、措置法第66条
> の6第6項第6号に規定するその行う事業に係る業務の通常の過程において
> 生ずる利益の額又は損失の額に該当することになりますか。

A　平成29年度改正において、部分対象外国関係会社が行う取引又はその有す
る資産若しくは負債につき外国為替の売買相場の変動に伴って生ずる利益の
額または損失の額（以下「外国為替差損益」といいます。）に係る所得の金額
が部分合算課税の対象となる金額に追加されています（措置法66の6⑥六）。
外国為替差損益とは、具体的には、各事業年度において行う特定通貨建取引の
金額又は各事業年度終了の時において有する特定通貨建資産等の金額に係る
機能通貨換算額につき法人税法第61条の8から第61条の10（為替予約差額
の配分）までの規定その他法人税に関する法令の規定の例に準じて計算した
場合に算出される金額とされています（措置法規22の11⑲）。

　ただし、部分対象外国関係会社が行う事業（外国為替相場の変動に伴って生
ずる利益を得ることを目的とする投機的な取引を行う事業を除きます。）に係
る業務の通常の過程において生ずる利益の額又は損失の額（措置法66の6⑥
六、措置法令39の17の3⑮）については、部分合算課税の対象となる金額か
ら除外することとされています。

　ここで、「業務の通常の過程において生ずる利益の額又は損失の額」の範囲
については、外国為替取引は、一般的には実需取引と投機取引に分けることが
できると考えられるところ、このうち実需取引に該当するものであると考えら
れます。実需取引とは、一定の経済活動に必要な取引であり、貿易取引や資本
取引のように、商取引において為替の売買が発生するような取引が該当し、会
社が行う輸出入取引や投資活動が中心になるものと考えられます。他方で、投
機取引とは、為替相場の変動に伴って生ずる差額を利得とするために行う取引
であり、取引そのものから利益を得ようとする経済活動が中心になるものと考
えられます。

　このため、本件について、Ｓ社に生じた外国為替差損益は、貿易取引によっ
て生じたものと考えられるため、その行う事業に係る業務の通常の過程におい
て生ずる利益の額又は損失の額に該当することになると考えられます。

米国 LLC に係る税務上の取り扱い

国税庁

【照会要旨】

　米国のリミテッド・ライアビリティー・カンパニー(LLC:Limited Liability Company)は、米国各州が制定するLLC法(Limited Liability Company Act)に基づいて設立される事業体です。LLC法は、1977年に米国ワイオミング州で制定されたのを皮切りに、現在では全米の各州(50州)及びコロンビア特別区において制定されています。

　LLCは法人(Corporation)に似かよった性質を有していますが、米国の税務上は、事業体(LLC)ごとに、法人課税を受けるか又はその出資者(メンバー)を納税主体とするいわゆるパス・スルー課税を受けるかの選択が認められています。

　米国の税務上、法人課税を選択したLLC又はパス・スルー課税を選択したLLCは、我が国の税務上、外国法人に該当するものとして課税関係を考えることになるのでしょうか。

【回答要旨】

　LLC法に準拠して設立された米国LLCについては、以下のことを踏まえると、原則的には我が国の私法上、外国法人に該当するものと取り扱われます。

① 　LLCは、商行為をなす目的で米国の各州のLLC法に準拠して設立された事業体であること。

② 　事業体の設立に伴いその商号等の登録（登記）等が行われること。

③ 　事業体自らが訴訟の当事者等になれるといった法的主体となることが認められていること。

④ 　統一LLC法においては、「LLCは構成員（member）と別個の法的主体（a legal entity）である。」、「LLCは事業活動を行うための必要かつ十分な、個人と同等の権利能力を有する。」と規定されていること。

　したがって、LLCが米国の税務上、法人課税又はパス・スルー課税のいずれの選択を行ったかにかかわらず、原則的には我が国の税務上、「外国法人（内国法人以外の法人）」として取り扱うのが相当です。

　ただし、米国のLLC法は個別の州において独自に制定され、その規定振りは個々に異なることから、個々のLLCが外国法人に該当するか否かの判断は、個々のLLC法の規定等に照らして、個別に判断する必要があります。

（参考）

　ニューヨーク州のLLCの法人該当性に関するさいたま地判平成19年5月16日及びその控訴審判決東京高判平成19年10月10日では、「本件LLCは、ニューヨーク州のLLC法上、法人格を有する団体として規定されており、自然人とは異なる人格を認められた上で、実際、自己の名において契約をするなど、パートナーからは独立した法的実在として存在しているから、本件LLCは、米国ニューヨーク州法上法人格を有する団体であり、我が国の私法上（租税法上）の法人に該当すると解するのが相当である」とされています。

【関係法令通達】

　法人税法第2条第4号

注記

　平成30年7月1日現在の法令・通達等に基づいて作成しています。

　この質疑事例は、照会に係る事実関係を前提とした一般的な回答であり、必ずしも事案の内容の全部を表現したものではありませんから、納税者の方々が行う具体的な取引等に適用する場合においては、この回答内容と異なる課税関係が生ずることがあることにご注意ください。

【資料3】

平成30年度税制改正
CFC 税制における
PMI 計画書の具体例について

平成30年 8 月

経済産業省

平成 30 年度税制改正
内国法人の外国関係会社に係る所得の課税の特例（CFC 税制）における
租税特別措置法施行令第 39 条の 15 第 1 項第 5 号ニに規定する計画書
（PMI 計画書）の具体例について

平成３０年８月
経済産業省
投資促進課

　平成 30 年 3 月 31 日に公布された租税特別措置法施行令等の一部を改正する政令（平成 30 年政令第 145 号）及び租税特別措置法施行規則等の一部を改正する省令（平成 30 年財務省令第 26 号）により、内国法人の外国関係会社に係る所得の課税の特例（CFC 税制）が改正されました。

　本改正では、海外 M&A 等により新たに傘下に入った特定外国関係会社又は対象外国関係会社（いわゆるペーパーカンパニー等）が、**外国関係会社の統合に関する基本方針及び統合に伴う組織再編の実施方法等を記載した計画書（以下「PMI 計画書」（※）という。）**に基づいて、一定の期間内に、その有する部分対象外国関係会社の株式等をグループ内の他の外国関係会社等に譲渡した場合において、その譲渡後一定の期間内に当該ペーパーカンパニー等の解散が見込まれること等の要件を満たすときは、その株式等の譲渡による利益の額は、CFC 税制における会社単位の合算課税の対象となる適用対象金額の計算上控除することになりました。

　本資料では、上記特例における PMI 計画書について、記載事項を例示しています（次ページ以降における基本計画書及びグループ再編計画書）。例示の前提となる組織再編成の概要は、次ページのイメージ図を御参照下さい。

　なお、PMI 計画書は、取締役会資料等を利用しても差し支えありませんが、租税特別措置法施行令第 39 条の 15 第 1 項第 5 号ニに掲げられている事項を漏れなく記載する必要があります。PMI 計画書の作成にあたっては、PMI 計画書の各項目と法令に掲げられている事項との対応関係がわかるよう明示してください。ただし、海外 M&A 等の目的や態様等により PMI 計画書は異なりますので、PMI 計画書の構成や項目の名称等が本資料と必ず同様である必要はありません。

　本 PMI 計画書は、特例の対象となる譲渡等が行われるまでに作成されている必要があります。また、作成してから当該譲渡等が行われるまでの間に、事業状況又は経済環境の変化やグループ再編等の進捗度合い等に応じて変更すべき事項があれば、適宜修正が行われる必要があると考えられます。

　なお、本件の内容は、財務省及び国税庁にも確認をいただいております。

　（※）PMI (Post Merger Integration)：いわゆる買収後経営統合

＜参考１：PMIのイメージ図＞

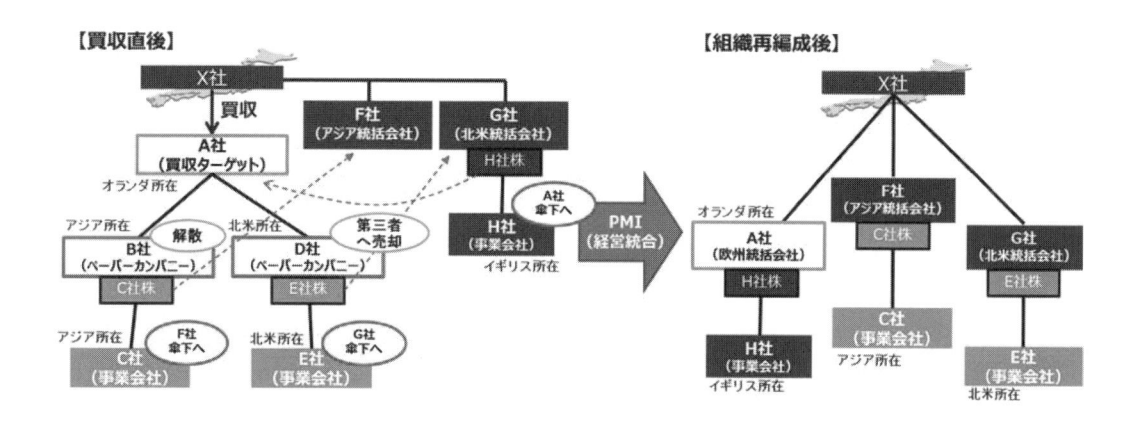

＜参考２：関係条文＞

租税特別措置法施行令

第39条の15第1項第5号ニ　次に掲げる事項を記載した計画書に基づいて行われる譲渡
　　　　　　　　　　　であること

　　　　　　　　　　(1)　外国法人に係る法第66条の6第2項第1号イ(1)から(3)ま
　　　　　　　　　　　　でに掲げる割合のいずれかが100分の50を超えることとする
　　　　　　　　　　　　目的

　　　　　　　　　　(2)　(1)に掲げる目的を達成するための基本方針

　　　　　　　　　　(3)　(1)に掲げる目的を達成するために行う組織再編成（略）に
　　　　　　　　　　　　係る基本方針

　　　　　　　　　　(4)　その他財務省令で定める事項

租税特別措置法施行規則

第22条の11第6項第1号　施行令第39条の15第1項第5号ニ(3)に規定する組織再編成
　　　　　　　　　　の内容及び実施時期

　　　　　　第2号　その他参考となるべき事項

基本計画書（例）

1．買収対象会社（以下「A 社」という。）概要
- ○ 名称：株式会社 A
- ○ 本店所在地国：オランダ
- ○ 設立年：１９８８年５月
- ○ 資本金：１，０００億円
- ○ 株主構成（株式取得後）：弊社１００％
- ○ 代表者：N・M
- ○ 事業内容：繊維複合素材の製造・販売

2．経営目標と本買収の目的

2－1．経営目標
○ 弊社（X 社）の中期経営計画において、グローバル事業の強化・拡大を目指しているところ、具体的には、20X5 年にまでに、世界総売上高 XXXX 億円、世界 XX ヵ国・XX 地域まで製造・販売ネットワークを拡大する目標を掲げている。中でも、XX 事業については年間 XXX 億円の市場規模であり、今後更なる市場の成長が期待されているため、特に北米地域での製造・販売ネットワークの強化や東南アジアなどの新興市場への参入が急務となっている。

2－2．本買収の目的
（「租税特別措置法施行令 39 条の 15 第 1 項第 5 号ニ（1）外国法人に係る法第 66 条の 6 第 2 項第 1 号イ（1）から（3）までに掲げる割合のいずれかが 100 分の 50 を超えることとする目的」に相当）

- ○ A 社は欧州地域での XX 分野において、業界の中でも知名度が高く、技術力やコスト競争力にも定評がある。A 社の XX 事業においては昨年 XXX 億円の売り上げを記録し増加傾向であり、さらに近年、欧州での知名度やブランド力を背景に北米地域や東南アジアにも販売・製造ネットワークを大幅に拡充しているところであるため、今後も堅調に成長していくことが見込まれる。
- ○ 弊社としては、A 社の子会社化をし、弊社の技術力と A 社のコスト競争力やマーケティングノウハウ等での連携を図ることによって、XX 事業における技術力・製品ラインナップの一層の強化・補完、優秀な外国人材の獲得・人材交流による相乗効果、製造・販売ネットワークの拡大、特に北米市場や東南アジア市場におけるシェア X%（または売上高 XXX 億円）を 20X５年までに獲得を（達成）することを目指している。
- ○ このため、20X0 年●月●日において、A 社の株式を有する○○から、金銭によって A 社の株式を取得することとした。なお、○○については弊社を含め日本国における居住者等株主等に発行済株式の 50%超を直接又は間接に保有されておらず、A 社及びその傘下の会社については、当該買収によって初めて居住者等株主等に発行済株式の 50%超を保有されることとなった。

3．本買収の目的を達成するための基本方針
（「租税特別措置法施行令 39 条の 15 第 1 項第 5 号ニ（2）（1）に掲げる目的を達成するための基本方針」に相当）

3－1．グループ再編（別紙グループ再編計画書に詳細記載）
○ 弊社と A 社及びその傘下の会社とのグループシナジーを最大限生み出すためには、3－2～6までの方策が必要となるが、その前提として、組織の重複機能の削減等を図るため、グループ内の組織再編を行う。具体的には、20X２年●月を目途に、A 社の子会社である持株会社 B の傘下のアジア子

会社 C を弊社のアジア地域統括会社 F の傘下に置き、同じく A 社の子会社である持株会社 D の傘下の北米子会社 E を北米地域統括会社 G の傘下に置くこととする。また、欧州地域については、A 社を欧州地域統括会社とし、G 傘下の欧州子会社 H を、A 社の傘下とする。なお、これらのグループ再編によって、不要となった A 社の子会社である持株会社 B 及び D については、20X4 年●月を目途に整理を行うこととする。

3－2．生産

〇 20XX 年までを目途に、A 社の持つ IT 技術の積極的活用によるコスト競争力の高い生産ノウハウに、弊社の省エネ力の高い製造ノウハウを組み込むことにより、低コストかつ省エネな生産プロセスを整備する。また、弊社全世界の生産プロセスについても同様に、A 社のノウハウを展開することで、グループ全体の生産プロセスの低コスト化を図る。

3－3．販売

〇 北米地域統括会社 G の傘下に置くこととする E 社の持つ北米地域の販売網を活用した弊社製品の市場参入の加速や、A 社の XX 分野の製品を活用した既存の北米市場での製品ラインナップの強化を行う。また、20X5 年を目途にアジア地域統括会社 F の傘下に置くこととする C 社の持つ東南アジア地域の販売網を活用して、弊社製品の東南アジア市場でのシェア XX％を目指す。

〇 20X5 年を目途に、弊社の既存の販売網や製造・物流拠点と、A 社の販売網や製造・物流拠点の最適化を目指す。具体的には、販売ルートや製造・物流拠点の集約・共有化を行い、コストの削減やノウハウの共有による効率化を図る。

3－4．研究開発

〇 研究開発体制を見直す。具体的には、これまでグループ内で行ってきた研究開発業務及び A 社の研究開発業務の最適化を図るために、20XX 年までに、グループ内の重複研究開発の整理・削減、A 社の強みが生かせる分野の研究についてのグループ内からの集約を行う。

3－5．組織ガバナンス

〇 A 社の組織ガバナンスに関する制度や規程の見直しを行う。具体的には、20X5 年までを目途に、まず、A 社の会議体及び役員体制の構築を行うとともに、A 社の責任・権限設計を行う。また、欧州・北米での効率的な経営を行うために確立された、A 社の会計・財務等の諸制度や業務マニュアルやグループ内取引ルール、グループ内で一貫してかつ明確な諸制度・ルールを構築する。また、IT インフラについては、グローバル規模で運用していた実績ある A 社のシステムを基礎にグループ全体のシステムを統一すべく早期に IT システムの統合プランを策定する。

3－6．資金管理

〇 弊社による A 社を含めたグループ内の統一的な資金管理を目指す。具体的には、20X5 年までに A 社の資金管理についても、弊社が導入している CMS 等を通じて、既存のグループ内の資金管理の枠組みに入れることで、グループ内の資金需要を踏まえた A 社の資金管理を行うこととし、グループ全体の資金管理の最適化を図る。

3－7．人材

〇 グローバル規模での競争や製品開発に対応可能な人材の維持・獲得をグループ全体として可能とするために、グローバル経営幹部報酬の設計・導入、両社の労働条件・処遇制度の比較した上での新制度の設計等を含む人事領域の計画を早期に策定する。さらには、組織文化融合に向けて、従業員とのコミュニケーションも積極的に実施する。

（別紙）グループ再編計画書（例）

＜記載にあたっての留意点＞

○租税特別措置法施行令第 39 条の 15 第 1 項第 5 号ニ(3)では、「外国法人に係る法第 66 条の6第2項第1号イ(1)から(3)までに掲げる割合のいずれかが 100 分の 50 を超えること」＝「買収すること」の目的を達成するための組織再編成についての記載が求められていますので、買収及び買収後に行われる PMI の一環で行われる組織再編成の一連について記載することが求められています。

○基本計画書3.3－1．グループ再編のうち、本特例の対象となる組織再編成について記載してください。ただし、本特例の対象となる組織再編成に関連する組織再編成がある場合には、当該組織再編成についても記載してください。

1．基本方針

（「租税特別措置法施行令第 39 条の 15 第 1 項第 5 号ニ（3）（1）に掲げる目的を達成するために行う組織再編成（合併、分割、現物出資、現物分配、株式交換、株式移転、清算その他の行為をいい、特定部分対象外国関係会社株式等の譲渡を含む。）に係る基本方針」に相当）

○ 20X0 年●月に A 社を買収して弊社の子会社とし、弊社グループにおける欧州統括会社にすえる。そして、20X2 年●月を目途に北米地域統括会社 G の傘下の欧州子会社 H を当該 A 社の傘下に置くこととする。また、20X2 年●月を目途に、A 社の子会社である持株会社 B の傘下のアジア子会社 C を弊社のアジア地域統括会社 F の傘下に置き、同じく A 社の子会社である持株会社 D の傘下の北米子会社 E を北米地域統括会社 G の傘下に置くこととする。なお、これらのグループ再編によって、不要となった A 社の子会社である持株会社 B 及び D については、20X4 年●月を目途に整理を行うこととする。

2．再編計画

（「租税特別措置法施行令第 39 条の 15 第 1 項第 5 号ニ（4）その他財務省令で定める事項（租税特別措置法施行規則第 22 条の 11 第 6 項各号）」に相当）

2－1．組織再編成の内容：A 社を買収して弊社の 100％子会社とする。
　　　　組織再編成の実施時期：20X0 年●月●日
　　（注）買収スキームは、複雑な場合もありますので、「買収における組織再編成は別紙のとおり」などと記載の上、既存の資料（別紙）を利用してその組織再編成の内容と実施時期を明らかにしていただいても差し支えありません。

2－2．組織再編成の内容：A 社の子会社である持株会社 B が保有するアジア子会社 C の株式を弊社のアジア地域統括会社 F へ譲渡（金銭を対価）
　　　　組織再編成の実施時期：20X2 年●月●日を目途に実施予定

2－3．組織再編成の内容：A 社の子会社である持株会社 D が保有する北米子会社 E の株式を弊社の北米地域統括会社 G へ譲渡（金銭を対価）
　　　　組織再編成の実施時期：20X2 年●月●日を目途に実施予定

2－4．組織再編成の内容：持株会社 B の解散

　組織再編成の実施時期：20X4 年 ●月 ●日を目途に実施予定

２−５. 組織再編成の内容：A 社が保有する持株会社 D の株式を第三者へ譲渡（金銭を対価）
　　　　組織再編成の実施時期：20X4 年 ●月 ●日を目途に実施予定

　なお、その他、本買収の目的を達成するためのグループ再編等の進捗度合いや事業環境の変化等に応じて、適宜適切な事業再編を行うこととする。

外国子会社合算税制の適用除外基準である管理支配基準の判定

（株主総会等のテレビ会議システム等の活用について）

平成26年1月

経済産業省

外国子会社合算税制の適用除外基準である管理支配基準の判定
（株主総会等のテレビ会議システム等の活用について）

【照会の要旨】

　内国法人である当社が 100％出資するＡ社はＳ国に本店を有し、当社製品を近隣諸国に販売する法人ですが、Ｓ国はいわゆる軽課税国であるため、Ａ社は租税特別措置法第 66 条の 6 第 1 項に規定する特定外国子会社等（以下「特定外国子会社等」といいます。）に該当します。

　Ａ社の現地における概況は次のとおりです。

① 　Ａ社には 4 名の役員（Ｗ、Ｘ、Ｙ及びＺ）が就任していますが、そのうちＷ及びＸは日本国内に居住し、当社とＡ社の役員を兼任する一方、Ｙ及びＺはＳ国に居住し、営業担当者に対する指揮監督等、それぞれＡ社のみの役員としての業務を行っています。

② 　Ａ社には 10 名の従業員が存在し、Ｙ及びＺの指揮監督下においてＡ社の営業業務等に従事しており、その職位に応じて、得意先との価格交渉等に対して一定の裁量権を有しています。

③ 　Ａ社の会計帳簿の作成及び保管等は、Ａ社の本店事務室内において行われています。

　当社の法人税申告に当たり、Ａ社は、外国子会社合算税制の適用除外基準のうち管理支配基準については、従来から、以下の点を勘案し、当該基準を満たすものと判定していました。

・　Ｓ国においてＹ及びＺが役員としての職務を執行していること

・　Ｓ国において会計帳簿の作成及び保管等を行っていること

・　Ａ社の株主総会及び取締役会の開催に当たっては、株主及び取締役の全員がＡ社に招集されており、Ａ社本店内の会議室において開催されていること

　ところで、Ａ社では、今年以降の株主総会の開催に当たり、出張旅費等のコスト削減等の観点からテレビ会議システムを導入し、議長であるＹはＡ社内において、また、当社から議決権行使の権限を委任されたＷは当社内において、テレビ会議システムを利用して同総会に参加することとしました。

　また、今年以降の取締役会についても、Ａ社は株主総会と同様にテレビ会議システムを利用し、議長であるＹ及びＺはＡ社内において、Ｗ及びＸは当社内において会議に参加することとしました。

　なお、開催案内の送付や議事録の作成等、株主総会及び取締役会に関連する業務は全てＡ社が実施しました。

　この場合、我が国の外国子会社合算税制の適用上、当社の特定外国子会社等に該当するＡ社は適用除外要件のうち、管理支配基準を満たすと考えてよろしいでしょうか。

【回答の要旨】

　標題のことについては、ご照会に係る事実関係を前提とする限り、貴見のとおりで差し支えありません。

【理由】

　内国法人に係る特定外国子会社等がその本店又は主たる事務所の所在する国又は地域において、事業の管理、支配及び運営を自ら行っていること（管理支配基準）の判定は、当該特定外国子会社等の①株主総会及び取締役会の開催、②役員としての職務執行、③会計帳簿の作成及び保管等が行われている場所、④その他の状況を総合勘案して行うこととされています（措置法通達66の6－16）。

　ご照会の趣旨は、従前Ａ社は①から④までを総合勘案した結果、管理支配基準を満たしていたところ、このうち、①の株主総会及び取締役会の開催に当たりテレビ会議システム等の情報通信機器を利用した場合に管理支配基準を満たさなくなってしまうのかという点にあるかと思われます。

　この点、ご照会の事実関係によれば、Ａ社の株主総会及び取締役会の開催場所については、次の理由により、たとえ株主や役員がテレビ会議システム等の情報通信機器を利用して出席したとしても、株主総会及び取締役会自体はＳ国で開催されたものと同様と認められますので、その開催場所が本店所在地国等である場合と同様に取り扱って、管理支配基準の判定を行って差し支えありません。

イ　開催案内の送付や議事録の作成等、株主総会及び取締役会に関連する業務はすべてＡ社が行っていること

ロ　役員として職務執行を行う等Ａ社における一定の権限を有しているＹが株主総会及び取締役会において議長を務めていること

ハ　株主総会の場合には議長であるＹがＡ社内において出席していること

ニ　取締役会においては、議長であるＹ及びＺがＡ社内において出席していること

以上

《著者紹介》

梅本　淳久（うめもと　あつひさ）

デロイト　トーマツ税理士法人　タックスコントラバーシーチーム　マネジャー

公認会計士・米国公認会計士

司法書士試験合格（2017年）

　税理士法人トーマツ（現　デロイト　トーマツ税理士法人）に入社後、税務申告業務、国際税務コンサルティング業務を経験し、現在は、相談・執筆・教育研修などの業務に従事している。民間専門家として、国税審判官（特定任期付職員）に登用され、国際課税担当として、国際課税事件の調査・審理を行った経験を有する。

　著書に『事例と条文で読み解く　税務のための　民法講義』（ロギカ書房）、『詳解　タックス・ヘイブン対策税制』（清文社・共著）、『国際課税・係争のリスク管理と解決策』（中央経済社・共著）、税務専門誌への寄稿記事に「外国法を準拠法とする契約に係る税務上の取扱い［１］〜［３］」月刊国際税務38巻12号〜39巻２号（国際税務研究会）、「過年度遡及会計基準の影響は？　決算修正の税務　会計方針・表示方法の変更」税務弘報59巻８号（中央経済社・共著）、「疑問相談　国税通則法　不服申立ての審理期間と再調査の請求又は審査請求の選択」国税速報第6538号（大蔵財務協会）などがある。

《執筆協力者紹介》

秋本　光洋（あきもと　みつひろ）

税理士

秋本光洋税理士事務所

勝島敏明税理士事務所（現　デロイト　トーマツ税理士法人）のパートナーを退任後、2001年に独立開業。

国際税務、公益法人等、事業体課税など専門分野を中心に相談業務を行う。

デロイト　トーマツ税理士法人

デロイト　トーマツ税理士法人は、日本最大級のビジネスプロフェショナル集団「デロイト　トーマツ　グループ」の一員であると同時に、「デロイト　トウシュ　トーマツ　リミテッド」という世界四大会計事務所のメンバーファームの一員でもあります。「トーマツ」ブランドが培ってきた信頼と高い専門性に加え、全世界150を超える国・地域で展開する「デロイト」ブランドの国際ネットワークを生かし、プロフェッショナルとしてクライアントのビジネス発展に貢献していきます。

私たちの最大の強みは、デロイト　トーマツ　グループの総合力です。国内外での豊富な実績を誇る税務サービスだけにとどまらず、監査・コンサルティング・ファイナンシャルアドバイザリー・法務の領域でもグループ内の連携を図り、組織や専門分野の枠を超えた総合的なサービスを提供しています。特にデロイト　トーマツ税理士法人は、日本の大手税理士法人の中でも最大級の国内16都市に拠点を設けており、全国規模で多様化するクライアントのニーズにこたえています。詳細はデロイト　トーマツ税理士法人 Web サイト（www.deloitte.com/jp/tax）をご覧ください。

【法律・政省令並記】

逐条解説 外国子会社合算税制

発行日　2019 年 7 月 10 日

著　者　梅本 淳久

発行者　橋詰 守

発行所　株式会社 ロギカ書房
　　　　〒 101-0052
　　　　東京都千代田区神田小川町 2 丁目 8 番地
　　　　進盛ビル 303 号
　　　　Tel 03（5244）5143
　　　　Fax 03（5244）5144
　　　　http://logicashobo.co.jp/

印刷・製本　亜細亜印刷株式会社

978-4-909090-27-0　C2034